山西民间文献粹编·第一辑　郝平　主编

郝平　辑录

黎城县碑文辑录

商务印书馆
创于1897　The Commercial Press

2023年国家社科基金冷门绝学研究专项学术团队项目"太行山传统村落文献的抢救性保护与数字化整理研究"（批准号23VJXTO20）

2022年国家社科基金重点项目"近代山西乡村账簿收集整理与研究"（批准号22AZD122）

山西民间文献粹编
总　序

历史是特定群体对过往岁月的集体记忆，型塑了当下现实中的自我认知，引领了未来理想中的自我预期。传统史学是史官之学，王朝政治遂成为中国人自我认知和自我认同的主要方式，上下五千年被浓缩在一首朗朗上口的朝代歌之中。普通老百姓在历史上是失语的，他们既没有话语权，也没有代言人。现代新史学诞生以来，史学研究越来越重视将民间社会历史纳入史学的整体叙事之中。然而，研究思路的转变并不是一朝一夕的事情，也不会立竿见影地体现在研究实践之中，两千多年的史学研究传统积累了深厚的基本观念、基本方法和基础史料，要想突破并非易事。仅从史料角度来说，新史学的诞生和新史料的发现密切相关，20世纪以来，甲骨文、简牍文献、敦煌文书、明清档案等的发现大大推动了新史学的发展，产生了一系列标志性成果。这些新史料要么是考古发现的石木载体刻写记录，要么是宗教徒封藏的写本文献，要么是近世官方档案文献。它们虽然也都反映了丰富的民间社会情况，但并非以民间社会为主体创造的史料。宋代以来，人口增长、商业繁荣、印刷术流行、识字率提高、民间文化兴起，这些因素都促使以民间社会为主体创制、传播、使用和收藏的民间文献日益增多。晚明以后，这种情况更加普遍，尤其是清中叶以后的民间文献目前仍大量存世。总的来说，除了徽州文书等少数区域性个案之外，现存民间文献尚未引起史学界的普遍重视。

山西历史悠久，文化传统深厚。由于地处山区，又毗邻唐宋以来历朝国都，凡中原有战乱灾荒发生，山西就成了民众重要的避风港，也成了历史文化的保留地。特别是北宋南渡之后，北方迭遭兵燹，朝代反复更替，华北平原人口凋零，唯山西稍显安定。宋代以来山西的这种区位特征决定了山西保留了较为丰富的民间文献。现存山西民间文献主要包括两大类：石刻文献和纸质文献。石刻文献主要是碑刻，主体是村落社会，大部分散落在村落祠庙；纸质文献主要是文书，主体是山西商人，大部分流散在文物市场。碑刻体现了村落社会宋代以来的长时段演变，晚宋时期社会经济的高度发展，国家治理转向间接的经纪型统治，以佛教为代表的建制性宗教走向衰落，村落社会经济和文化进入前所未有的兴盛时期。在经历了金元至明前期的曲折发展之后，文化传统得以延续，在晚明社会变迁的背景下，村落社会迎来了一个新的繁荣时期。村落社会实现了很大程度的自我管理，各种民间习惯法走向成熟，形成了独特的集体经济模式，以戏曲为代表的民间文化繁荣发展。文书有大量土地房产等不动产契约，也有不少民间借贷契约，但最具特色和学术价值的还是山西商人原始经营文书。单件类文书大多是商人票单契据，是商业经营的原始单据和凭证，是商业经营活动正常开展的重要文书基础，其中的民间金融票贴还涉及清中叶以来货币金融领域的重大理论问题。书信介于单件和簿册文书之间，反映了山西商人独特的书信经营模式，是明清时期专业化商人从事跨区域长途贸易过程中解决异地管理问题的制度性方案。簿册类文书多为商业账簿，反映了山西商人合伙制、会计体系、利润结构、商号管理等多方面微观经济的重大问题。商人规程、著述、课本和广告等文书大多是簿册类文书中的独特类型，属于间接经营文书，涉及学徒教育、经验积累、标准制定、商业宣传等方面，为商号直接经营活动服务。村落社会碑刻与商人经营文书这两类文献密切相关，村落社会是山西商人兴起的社会文化基础，山西商人是村落社会发展到一定阶段的转型和升级，将这两类民间文献研究结合起来能够展示一幅山西民间社会整体发展比较完整的历史面貌，也是宋代以来中国民间社会历史演变的一个典型缩影。

　　山西大学民间文献整理与研究中心是民间文献整理研究的专门机构，是山西大学历史学科长期发展的结果，也是适应学术新趋势和时代新使命的结果。山西大学历史学科历来就有关注民间社会的学术传统，从改革开放以前农民战争研究范式下的捻军研究、义和团和辛亥革命研究，到改革开放之初近代社会史研究方向的探索，再到近20年来水利社会史、集体化时期基层档案、传统村落与土地契约等研究领域的开拓，形成了"走向田野与社会"的学术传统。改革开放以来，史学研究进入新一轮的新史料挖掘、新方法引入和新领域开拓的阶段，特别是进入新世纪以来，文化遗产保护利用日益受到国家和全社会的重视，山西商人研究也促进了晋商文化收藏的热度，大量传统村落和山西商人民间文献井喷式地涌现出来。山西民间文献的学术价值和现实价值越来越受到相关研究者和有识之士的重视。在此基础上，历史文化学院于2013年成立民间文献整理与研究中心，立足山西、扩展华北、面向全国，专门开展民间文献的搜集、整理和研究工作。几年来，中心成员在民间文献的田野调查、文献整理和学术研究方面做出了很多探索工作。

民间文献要么散落于村落，要么流散在文物市场，田野调查是发现、搜集和理解民间文献不可或缺的重要研究方法。中心师生先后在10余个省，数千个村落或会馆开展常态化田野作业，确立了基本的民间文献田野作业方法论体系，包括"史料之搜集、整体之认识和同情之理解"的调查宗旨，"以村落会馆为单位，以建筑遗存为单元，以民间文献为重点"的调查目标，"选点式探查、区域性普查和专题性调查"的调查类型等。

民间文献整理目前缺少学术规范，也缺少标志性和范例式学术成果，这是制约这一领域发展的主要障碍。民间文献有一套不同于士大夫传统的俗文字和民间书法体系，还有一些地方性或专业性的语言文字惯例，这方面的研究基础都非常薄弱。民间文献在版本、装帧和制作等方面均有不规范之处，保存状况和市场流散等原因进一步增加了其整理难度。民间文献整理是这一研究领域的基础工作，涉及金石学、建筑学、文物学、文化遗产学、文书学、档案学、文献学等很多学科。几年来，民间文献整理与研究中心已经整理各类民间文献达数百万字，这方面研究工作仍处于探索阶段，目标是建立完整系统的民间文献学。山西民间文献在时段上主要集中于宋代至民国，区域上以华北为中心辐射全国乃至整个东亚，群体上主要是村落社会和商人，学科领域上主要是明清社会经济史，主题上主要涉及基层社会治理、村落社会惯例与经济、民间文化、生态环境演变、工商业字号利润及其制度基础、商品与市场结构、货币金融体系、商业惯例与文化、政治与民间社会关系、民间社会经济与文化互动等。几年来，中心围绕上述领域成功申请到2项国家级重大课题、2项国家级重点课题、多项国家级和省部级一般课题，出版著作10余部，发表论文近200篇，初步奠定了山西民间文献整理研究的学术基础。

在山西大学即将迎来双甲子华诞之际，民间文献整理与研究中心特推出《山西民间文献粹编》丛书的第一辑，作为中心献给母校的一份特别的生日礼物。这套丛书是对中心几年来所做文献整理和研究工作的阶段性总结，共包括6册，其中石刻文献4册，纸质文献2册，均由中心老师承担编著任务，是中心集体成果的一次彰显。

郝平辑录的《黎城县碑文辑录》是在县域田野作业基础之上完成的，2018年暑假期间，中心组织师生在长治市黎城县展开县域民间文献普查，这种研究能够揭示县域范围之内民间文献存量情况。截至目前，中心已经在山西高平、武乡、太谷和河北蔚县等地开展了县域民间文献普查工作，今后将拓展到其他市县。此书是这一类型民间文献搜集整理和研究工作的典型代表。刘伟国辑释的《沁河中游地区传统堡寨村落碑刻辑释》以村落为中心展开民间文献的整理研究，此书选取了晋东南沁河中游地区堡寨这一独特类型的村落为基本单位，立足于村落社会整体对碑刻文献进行系统搜集整理。几年来，中心已经完成的村落民间文献调查达几千处，积累了丰富的个案，目前急需开展类型化、谱系化的研究，这是推进民间文献整理研究最重要的方法。闫爱萍辑选的《山西关帝庙碑刻辑选》以祠庙为中心展开民间文献的整理研究，是作者长期开展关公文化研究的成果积累，体现了关公文化研究与民间文献研究的结合，表现出民间信仰研究从神灵中心转向祠庙中心的研究趋势。现存碑刻绝大部分位于各类祠庙之中，历史时期的祠庙承担了远超当代庙宇的复杂功能，祠庙是村落社会开展各类政治、社会、经济和文化活动的公共空间。与祠庙和民间信仰研究的结合是民间文献研究走向深入的重要途径。杨波辑考的《山西村社碑刻辑考》利用碑刻材料试图从整体上把握山西村社发展的长时段历史演变和综合研究的分析框架，地理空间、社会经济和文化都被整合在村社宋代以来的长时段发展历程之中。晏雪莲、周超宇辑释的《山西布商文书辑释》从山西布商这一行当角度出发综合搜集整理了各种类型的相关文书，包括规程、信稿、运单和契约，其主体是规程和信稿等簿册类文书。山西商人原始经营文书的研究首先要重视对各种形态文书的分类整理研究，更重要的是围绕特定问题综合运用各种类型文书来深化相关主题研究，此书就是这方面的一个很好的尝试。周亚辑释的《山西票号书信辑释》搜集整理了五件反映山西票号经营活动的"号信"信稿。山西票号是从事异地白银货币汇兑业务的金融机构，书信经营制度是解决票号异地经营管理、白银货币跨区域平衡调度、分号之间业务协作、商业信息沟通等重要问题的重要工具。山西票号书信是山西商人书信类文书最典型、最成熟的案例。

以上4部与碑刻有关的民间文献著作分别从县域、村落、祠庙、专题和整体四个不同角度展开，2部与文书有关的民间文献著作分别从书信、文书两个不同角度展开，这些角度大体上代表了目前山西民间文献整理研究的主要视角。

由于出版时间紧张，民间文献整理又异常复杂易错，计划中的几部书稿未能在这一辑中一起出版，收入这一辑的书稿也有部分内容不得不舍弃，这些遗憾只能留待以后弥补。民间文献整理研究尚处于起步阶段，问题不够聚焦，规范不够完备，方法尚在探索，各种问题在所难免，本套丛书的推出也意在抛砖引玉，希望学界同仁多多关注民间文献，共同推动这一研究领域不断向前发展。

郝　平
2023年12月

目　录

前　言 ·· 1

凡　例 ·· 4

一、黎城县黎侯镇

（一）东关社区 ·· 1
　　关帝庙 ··· 1
（二）仵桥社区 ·· 4
　　关帝庙 ··· 5
（三）下村 ··· 10
　　河东龙王庙 ·· 10
　　关帝庙 ·· 12
（四）北泉寨村 ··· 15
　　关帝庙 ·· 15
（五）上村 ··· 17
　　关帝庙（阁）·· 17

（六）县城……………………………………………………………………18
　　城隍庙…………………………………………………………………18

二、黎城县东阳关镇

（一）苏家峧村………………………………………………………………41
　　关帝庙…………………………………………………………………41
（二）龙王庙村………………………………………………………………45
　　龙王庙…………………………………………………………………46
　　观音庙…………………………………………………………………50
（三）秋树垣村………………………………………………………………52
　　关帝庙…………………………………………………………………52
　　观音堂…………………………………………………………………64
　　老爷殿…………………………………………………………………72
（四）前贾岭村………………………………………………………………73
　　观音堂…………………………………………………………………73
　　关帝庙…………………………………………………………………75
（五）椰坡村…………………………………………………………………78
　　观音堂…………………………………………………………………78
　　三官庙…………………………………………………………………79
（六）上马家峪村……………………………………………………………80
　　观音堂…………………………………………………………………80
（七）高石河村………………………………………………………………83
　　观音堂…………………………………………………………………83
（八）长宁村…………………………………………………………………86

大庙 ·· 86

　　仙姑歇马庙 ······································ 92

　　土地庙 ·· 93

　　西禅院 ·· 95

　　水井 ·· 96

　　墓志铭 ·· 98

（九）枣畔村 ·· 99

　　三官庙 ··· 100

（十）东黄须村 ··· 102

　　佛堂庙 ··· 103

　　文奎阁 ··· 106

　　三教庙 ··· 107

　　观音阁 ··· 108

（十一）老金峧村 ······································· 110

　　　北极庙 ··· 110

（十二）西长垣村 ······································· 113

　　　土地庙 ··· 113

三、黎城县黄崖洞镇

（一）西村 ··· 116

　　散碑 ··· 116

（二）清泉村 ··· 117

　　菩萨庵 ··· 117

　　圣水寺 ··· 119

（三）看后村 …………………………………………………… 120
　　寿圣寺塔 ………………………………………………… 120
　　二郎关帝庙 ……………………………………………… 122

（四）西头村 …………………………………………………… 123
　　三教庙 …………………………………………………… 124

（五）上河村 …………………………………………………… 125
　　马王牛王爷庙 …………………………………………… 125

（六）下赤峪村 ………………………………………………… 127
　　龙兴寺 …………………………………………………… 127

（七）南陌村 …………………………………………………… 130
　　圣寿寺遗址 ……………………………………………… 130
　　散碑 ……………………………………………………… 142

（八）小寨村 …………………………………………………… 144
　　佛庙 ……………………………………………………… 144

四、黎城县西仵镇

（一）西水洋村 ………………………………………………… 150
　　沼泽王庙 ………………………………………………… 150

（二）西仵村 …………………………………………………… 155
　　土地庙 …………………………………………………… 156

（三）赵店村 …………………………………………………… 159
　　潞王祠 …………………………………………………… 160

五、黎城县程家山镇

（一）南堡村……163
　　佛阁……163

（二）北流村……164
　　龙王庙……165

（三）路堡村……174
　　龙王庙……174
　　烈士亭……178

（四）隆旺村……179
　　烈士亭……179

（五）暴家脚村……182
　　关帝庙……182

（六）段家庄村……183
　　五龙庙……183

（七）蝉黄村……184
　　龙王庙……185

（八）凤子驼村……186
　　龙王庙……187

（九）张家山村……191
　　龙王庙……191

（十）程家山村……196
　　龙王庙……196

六、黎城县洪井镇

（一）白云村…………………………………………200
  关帝庙…………………………………………200

（二）洪井村…………………………………………205
  文昌阁…………………………………………206
  碑亭……………………………………………207
  关帝庙…………………………………………210

（三）李堡村…………………………………………212
  广庑庙…………………………………………212

（四）三十亩村………………………………………214
  烈士亭…………………………………………214

（五）王家庄村………………………………………215
  关帝阁…………………………………………215
  龙王庙…………………………………………218

（六）吴家峧村………………………………………219
  龙王庙…………………………………………220

（七）烟子村…………………………………………225
  五龙庙…………………………………………225

（八）长畛背村………………………………………227
  关帝庙…………………………………………228

（九）山窑头村………………………………………229
  龙王庙…………………………………………229
  观音堂…………………………………………232

（十）洪河村 ……………………………………………………………… 234
　　龙王庙 ……………………………………………………………… 235

（十一）柏官庄村 …………………………………………………………… 236
　　关帝庙 ……………………………………………………………… 236
　　圣母殿 ……………………………………………………………… 241

（十二）横岭村 ……………………………………………………………… 244
　　土地庙 ……………………………………………………………… 245

（十三）西庄头村 …………………………………………………………… 246
　　文昌阁 ……………………………………………………………… 246

（十四）黄草辿村 …………………………………………………………… 248
　　土地庙 ……………………………………………………………… 249

（十五）停河铺村 …………………………………………………………… 252
　　观音堂 ……………………………………………………………… 253

（十六）霞庄村 ……………………………………………………………… 254
　　王氏祠堂 …………………………………………………………… 255
　　春秋阁 ……………………………………………………………… 258
　　李氏宗祠 …………………………………………………………… 261

（十七）西黄须村 …………………………………………………………… 263
　　佛爷殿 ……………………………………………………………… 263

（十八）上台北村 …………………………………………………………… 264
　　村外 ………………………………………………………………… 265
　　龙王庙 ……………………………………………………………… 266
　　关帝庙 ……………………………………………………………… 270

（十九）苏村 ………………………………………………………………… 271

关帝庙 ………………………………………………………………271

（二十）元村 …………………………………………………………272
　　关帝庙 ………………………………………………………………272

（二十一）石羊坟村 …………………………………………………273
　　土地庙 ………………………………………………………………274

（二十二）岭底村 ……………………………………………………275
　　青龙寺 ………………………………………………………………275

（二十三）子镇村 ……………………………………………………277
　　玉皇庙 ………………………………………………………………278

七、黎城县西井镇

（一）南委泉村 ………………………………………………………281
　　社房 …………………………………………………………………281
　　西阁 …………………………………………………………………282
　　城隍庙 ………………………………………………………………283
　　东阁（观音阁）……………………………………………………286
　　烈士亭 ………………………………………………………………292
　　广生圣母阁 …………………………………………………………294

（二）车不滩村 ………………………………………………………295
　　土地庙 ………………………………………………………………295

八、黎城县上遥镇

（一）东社村 …………………………………………………………298
　　龙王庙 ………………………………………………………………298

	烈士亭	300
	关帝庙	302

（二）正社村 ································ 306
  文庙 ································ 306
  烈士亭 ······························ 310
  三义阁 ······························ 312
  申氏祠堂 ···························· 313
  龙王庙 ······························ 314
  土地庙 ······························ 317

（三）西社村 ································ 318
  玉皇庙三圣寺 ························ 318

（四）东柏峪村 ······························ 322
  龙王庙 ······························ 322

（五）西柏峪村 ······························ 327
  观音堂 ······························ 327

（六）上遥村 ································ 328
  碑廊 ································ 329
  广生圣母殿 ·························· 331
  烈士亭 ······························ 331

（七）榆树村 ································ 334
  龙王庙 ······························ 335

（八）郎庄村 ································ 336
  郎氏祠堂 ···························· 337
  佛爷庙 ······························ 338

（九）柏峪脑村 ………………………………………………………… 339
　　观音堂 ………………………………………………………… 339
　　白龙王庙 ……………………………………………………… 340

（十）大寺村 …………………………………………………………… 343
　　关帝庙 ………………………………………………………… 343

（十一）河南村 ………………………………………………………… 348
　　　村委会 ……………………………………………………… 348
　　　戏台 ………………………………………………………… 350

（十二）渠村 …………………………………………………………… 354
　　　戏台 ………………………………………………………… 354

（十三）中庄村 ………………………………………………………… 355
　　　关帝庙 ……………………………………………………… 355

（十四）行曹村 ………………………………………………………… 357
　　　三圣庙 ……………………………………………………… 357
　　　关帝庙 ……………………………………………………… 358

（十五）后庄村 ………………………………………………………… 360
　　　佛爷殿 ……………………………………………………… 360
　　　观音堂 ……………………………………………………… 362

（十六）古寺头村 ……………………………………………………… 364
　　　关圣帝君庙 ………………………………………………… 365
　　　佛庙 ………………………………………………………… 371

（十七）望儿峧村 ……………………………………………………… 375
　　　龙王庙 ……………………………………………………… 375

（十八）石板村 ………………………………………………………… 377

　　　　观音堂……378
　　　　昭泽王庙……379

（十九）广志山……382
　　　　玉皇庙……382

（二十）西下庄村……393
　　　　北观音堂……393

（二十一）岚沟村……396
　　　　三皇圣母庙……396
　　　　观音堂……399

（二十二）平头村……401
　　　　村委会……401
　　　　安泽庙……403

（二十三）后家庄村……411
　　　　关帝阁……411

（二十四）上马岩村……414
　　　　昭泽龙王庙……414

（二十五）葫芦脚村……421
　　　　观音堂……421
　　　　龙王庙……423

（二十六）阳火角村……425
　　　　龙王庙……425
　　　　关帝庙……440
　　　　观音阁……442

后　记……445

前　言

　　山西是碑刻文化资源大省，其遗存不仅分布广泛，而且数量浩繁，类型多样，承载了极为丰富和重要的历史社会信息。而学界对山西现存碑刻的搜集与整理工作也向来不遗余力，硕果累累，出版了一大批标志性的碑刻文集：既有像采集自清光绪年间《山西通志》的《山右金石记》、清人胡聘之《山右石刻丛编》这样著录较详、考证精细的重印古籍著作；也有以三晋文化研究会自1990年起编辑出版的《三晋石刻总目》与《三晋石刻大全》系列为代表的，深入民间、广泛收录的新编地方碑刻集；还出现了一大批诸如《山西地震碑文集》《山西戏曲碑刻辑考》《河东出土墓志录》《晋祠碑碣》这样的专题性碑刻集。据不完全统计，目前有关山西碑刻的书目已达二百三十余部。可以说，山西碑刻文献的搜集与整理工作取得了巨大的成绩。在各地新编碑刻文献不断涌现的热潮下，其编纂的体例混乱性、要素缺失性、采集随意性等问题也愈发凸显。因此，在以往成果的基础之上，如何取得新的突破，如何建立一种具有统一示范意义的碑刻整理规范与编纂体系，已经成为学界亟须讨论和解决的重要议题。

　　碑刻文献的搜集整理是山西大学民间文献整理与研究中心（以下简称"中心"）在田野作业中的核心任务之一。自2015年以来，中心围绕太行山一线开展广泛的田野作业，调查类型多样，分为探路式调查、重点调查和区域普查；调查方式多元，包括长期调查与短期调查、驻点调查与区域调查、参与调查与痕迹调查等。以传统村落为基本单位，以历史建筑为基本单元，以可移动历史文化遗存为基本元素，搜集到大量碑刻资料，积累了丰富的太行山民间文献搜集与整理经验，并逐渐探索总结出一套适用于传统村落文献搜集整理的方法范式。2018年7月至2019年12月期间，中心围绕地处太行山腹地的山西省长治市黎城县进行了县域普查。黎城县不仅历史源远流长，文化底蕴丰厚，被联合国地名专家组中国分部命名为"千年古县"，还是著名的革命老区，革命纪念地遍布，境内名胜古迹众多。在中心逐村逐庙式的田野普查中，共搜集到六百余通碑刻，其中相当一部分属于最新发现。现在呈现在读者面前的就是对所搜集的碑刻进行"全新"整理后的成果。该成果秉持整体、系统的学术主张，全面反映了黎城县各村碑刻的现状，并有如下特点：

一是兼顾了碑刻环境的"背景性"。本碑文集重视碑刻所处的村庄信息，记述其村落概况、村落环境、村落格局和村落变迁等历史信息，弥补了以往成果忽视碑刻所在时空条件叙述的缺憾。

二是突出了碑刻空间的"归户性"。本碑文集强调碑刻所处的建筑信息，梳理了产生或曾经保存碑刻的建筑或机构情况，包括历史建筑的基本要素（名称、地理位置）、历史建筑的结构要素（数量、形制、样式、装饰）、历史建筑的功能要素（历史作用）、历史建筑的现状要素（保存情况、现在用途）等，更能够体现碑刻的生成和发展过程，遵循文献学的基本规律。

三是还原了碑刻信息的"完整性"。本碑文集注重碑刻所载的文字信息，确保包括碑阳首题、碑阳碑首额题、碑阳纪年、碑阳内容、碑阴有无文字的情况、碑阴首题、碑阴碑首额题、碑阴纪年、碑阴内容，其他特殊位置碑文情况等内容的完整录入，不同于过往成果对碑阴、碑侧等内容的忽视。

本碑文集的收集与整理特点，体现了中心"以历史为主兼顾现实，以文献为主兼顾理解"的学术旨趣，希冀有助于研究者在实现"文献之获取"之余，对文献产生的时空环境获得"整体之认识"，从而在解析应用材料时能有"同情之理解"，完成从文献到认知再到价值观的递进过程。田野作业的主要意义就在于有助于认识传统村落的历史价值，碑刻文献是认识传统村落历史价值最直接、最重要的材料，是认识传统村落的传统建筑和非遗的基础，是重建传统村落历史变迁过程的依据，是讲好传统村落故事的根据。田野作业的结果之一就是碑刻文献的搜集整理，碑刻文献是构建传统村落历史基本叙事的史料基础。我们也希望集以上三个特点为一体的《黎城县碑文辑录》，可以为学界提供一种全新的碑刻整理范例，这是山西大学民间文献整理与研究中心学术创新的一个重要尝试。不当之处，敬请方家指教。

凡　例

一、以全面反映黎城县区域碑刻现状为原则，本书收录新中国成立前的碑刻。

二、全书碑刻以空间展开编排，以乡（镇）作为卷次划分依据。每一乡（镇）下统辖多个乡村，每一乡村下统辖多个庙宇，进而将碑刻归类到所在庙宇下进行编排。

三、每一乡村下分为三个部分，即村庄概况、庙宇概况与碑文简介。其中，村庄概况与庙宇概况的内容主要来源于实地调查，并结合黎城文保单位数据和《黎城年鉴2021》相关信息而形成。

四、每一通碑刻一般包括碑刻名称与录文两部分。其中，碑刻名称由时间、地点和事项三要素组合而成；录文中有明确碑阳、碑阴之分的，将分别标注并予以说明。

五、碑文除做标点句读外，繁体字、异体字直接改为简体字，错别字在后面加方括号"[ ]"补出正确的字，例如：舍木直[植]、的[得]钱一半。碑文中省略了的字在后面加圆括号"( )"补出省略的字，例如：刻意重（修）、十年以（内）。

六、碑文漫漶处可以识别字数的加与字数相同数量的"□"，不能识别字数的加"……"。

七、碑文中多个人物题名排序按照先中间，再依次一右一左的方式排序录入。

八、碑刻原文未分段的，根据文意进行分段。

一、黎城县黎侯镇

(一)东关社区

村庄概况

黎侯镇东关社区,位于县城东门外,地处沟内,东临东河,西与县城隔长邯公路毗连,西北部峰岭高耸,东南、西南部坡势较缓,南部为山中盆地。浊漳、清漳二河襟带南北。该村年平均气温10℃,降雨充沛,日照充足。清康熙二十一年(1682)《黎城县志》载"北关厢"。五代以前,包括今南关、城内、西关,统称白马驿。后因县治迁至,且为城防屏障,在县城东门外,固又更名为东关。现有人口932户,2780人,有1848亩耕地,以农业为主,东关大白菜誉满全县。

关帝庙

庙宇概况

位于东关社区北部,坐东朝西,东西宽6.68米,南北长12.7米,占地面积84.8平方米。创建年代不详,现仅存正殿一座,为清代遗构。正殿建于石砌台基之上,面宽五间,进深四椽,单檐硬山顶,筒瓦屋面;五檩前廊式构架,前檐檐下设有斗拱十一攒,柱头科六攒,平生科五攒,均为一斗两升;廊柱间置隔扇门窗,殿内设有神台,供有新塑像三尊。

碑刻资料

(1)咸丰七年(1857)东关社区关帝庙重修碑

大清咸丰七年,岁在疆围大荒落如月上浣之吉,黎邑东关厢合街士民，庇[庇]材鸠工，兴复文昌、关帝、八蜡庙，前后修建殿宇社房统三十楹，工程次第告竣，谋勒石吕志其颠末，余愧不文，窃仿关中横渠先生大顺城记而为之。

辞曰：缅维有宋，天圣二年，白马故驿，赤县新迁。资藉外捍，设立东关。聚族以处，生齿渐樊。明祀宜崇，蚩氓有愿。庐舍既营，庙宇斯建。宋迄元明，玉步几更。金戈角逐，铁马纷争。庙或倾陷，人急修营。清膺景命，阅二百秋。抚巡四海，奄有九州。家弦户诵，干戢戈投。祸生不测，变起遐陬，咸丰三年，岁在癸丑，时疏堵防，邑遭越寇。庶民纷逃，群庙谁守？逆党逞凶，赫然举火。木更相生，庙旋罹祸。焰由人炽，患甚天灾，殿俱为烬，像尽成灰。雪霜侵犯，风雨折摧。余每往过，踯躅悲哀。乙卯之春，悉膺香首，名参于三，数备乎九。欲伸微敬，发愿重修。胸有成见，商及同俦。同俦曰吁，且休且休。巨祸方脱，如疾初瘳。各营私计，谁参公谋。子虽奋勉，财将何求？余谓不然，吾人处事，须善持权。治家宜后，立庙为先。果其有志，何虑无钱？社中旧储，归落剽户。追获奸赃，不无小补。社旧培植，乔木数株，善价货变，可济时需。二项告匮，再作计议。同俦曰唯，务属乎公，任委于子，吾辈坐观，汝情永失。余承众委，忻然乐从。是岁之冬，营室方中，适当农隙，宜举土功，选材命匠，诹吉开工。余茂精勤，若或驱使，竭虑经营，毕力麾指。画堵具宫，按图课梓。时有爱余，乐为襄事。其姓曰秦，其命曰仁，怜余劳苦，代余艰辛，呼唤攻作，照管柴薪。冰凝晚岁，功俟来春。来岁丙辰，正月庚寅，恭具名柬，邀请乡人。乡人毕集，异口同辞，愿为助力，愿为捐资。财空闾巷，磐设路旁，募求行旅，化缘客商。经费有资，缔造非难，攻木刻镂，攻土泥镘。土木功完，施碧涂丹，采彰笔底，色设豪端，描摹龙马，绘画山水。从前惨目，至是适观。同俦临视，称余曰善，竟能成事，可告无怨。余惶逊谢，唯恐负惭，者番作苦，比户情甘，有力勉出，有财乐捐，众共为之，余何力焉。功成勒石，永永流传。姓名胪列，钱数分编。谁为斯记，里人高宣，事总凡百，布施二千。

襄事高晳　韩康　王汝梅　秦仁　高丹霄　韩国桢　高星照　唐正中　秦恒　王坤　王育　韩国梓　王永定　王永吉　高勤　王广文　张尊宗　张光宗　王永年　傅汝昌　杨文清　王恒　傅碧山　高达　韩复云　秦越　王斑　李麟祥　秦锦　韩立森　秦敬　唐毓秀　唐沂　李福　高映斗　韩植　傅清和　高镇　高梓　高松　高昆　韩腾蛟　韩景全　张复善　秦乐泮　王永义　王永德　高廷魁　杨昇　唐保定　王根　高淳　高渠　韩璟

阴阳高晳　木匠傅汝昌　张复元　瓦匠张雪祥　石匠康致祥　玉工李招财　画匠程有财　住持心吉　心俊

（2）民国十三年（1924）东关社区关帝庙后公地光复记
碑额：光前鉴后
碑名：关帝庙后公地光复记

自古关帝庙后有公地焉。径通往来，田可种植，以其收入为住持守庙之资，厥后住持懒惰，遂荒秽而成弃壤。有地邻某，乘其隙而利其土地，日侵月削，始则蚕食，终之鲸吞。竟筑墙垣、绝路径，以为己有焉。街人意难容忍，口不敢言者久矣。民国十二年蒙王县长委余为街长，负整理村范之责，街民每言念及之，罔不激动公愤。孟夏之交，合街人民并起而言曰：社地不复，村范难振。于是，云集响应，持器械而影从，遂毁其墙垣，通其径路，修其基址，整其径界，不终日而功成恢复。当经县长派员勘验，以庙迄廊为通衢之路，直出为限，南为社内地界，北为秦姓地界，界域分明，毫无含混。斯举也，人以为余之功，余何有焉？余以为吾东关之人不齐不和，独于斯举而同心协力，殆有神助于其间也。灵台之诗有云：庶民攻之，不日成之，谓其台曰灵台。余谓此地社地也，而实为神地，今不崇朝而功成恢复，虽由人民主张公道，实有神明为之扶持默佑焉。谓其地曰"灵地"，谁云不宜？用是勒诸贞珉，以志社地之径，以昭神明之显赫，且以表吾街人齐和之意也云尔。

山西法政专门学校毕业清附生前任晋城县管狱员东关厢街长唐世昌谨撰　副韩润之

东关厢国民学校主任教员黎城县师范传习所毕业前清邑庠生郭树声书丹

东关厢间长秦丕勋　高丕吉　高江　韩培之　王正心　秦瑞璋　杨松泉暨全体邻长及保卫团并合街人等立　玉工魏恩科刻石

中华民国十三年夏正四月上浣

（二）仵桥社区

村庄概况

黎侯镇仵桥社区，位于县城东北2千米处，东至下村1.5千米、中街1.5千米，东南至北泉寨1.5千米，西南临东关，西北至北坊1.5千米，北至七里店1千米。地处盆地之中心，东河流经中间，将全境分成东、西两部分，东部丘陵起伏，沟谷多且深，西部比较平坦。北都关帝庙东侧为村活动中心，南侧为村路，西侧为民居，北侧为空地。该村气候温和，年平均气温10℃。常见植被有杨树、柳树、槐树、松树等。清康熙二十一年（1682）《黎城县志》载"午桥"，清光绪六年（1880）《黎城县续志》载"仵桥村"。相传，古时有一仵姓人于村边筑桥一座，为纪念此人，定名仵桥。该村现有658户，2002人，以农业为主。

关帝庙

庙宇概况

位于仵桥社区中部，坐东朝西，一进院落布局，东西长30.93米，南北宽20.19米，占地面积624.47平方米。创建年代不详，据庙内碑文载清嘉庆四年（1799）、道光二十六年（1846）均有重修，现存建筑为清代遗构。中轴线上建有山门（倒座戏台）及正殿，两侧为南、北妆楼，南、北廊房，南、北耳殿。正殿建于石砌台基之上，面宽三间，进深五椽，梁架结构为六檩前廊式，单檐硬山顶，板瓦屋面；前檐下设有斗拱七攒，柱头科四攒，平身科三攒，柱头斗拱三踩单翘；墙体青砖砌筑，原置隔扇门窗缺失。殿内存有清代壁画，内容为关羽平生事迹连环画。

碑刻资料

（1）嘉庆四年（1799）仵桥社区关帝庙重建碑记

碑额：垂远

碑名：重建庙碑记

关帝庙坐村东南隅，创自何代，建自何年，邈哉莫考，盖无复有残碑断碣之存。已重修于乾隆元年迄今，仅五纪余耳，而瓦窜甍欹，柱穿残缺，神像几露栖焉。慨然与重新之谋，是虽修发举坠之常乎，抑亦帝君忠正之灵默为启佑之，故斯民三代之直有淳不可遏者。按庙旧制，前有舞楼四楹，自乾隆丙子重修后，正殿以相形稍卑，想当年董事诸父老，早逆计后之重修者必将有以高大之也。正殿基址高仅盈尺，左右夹殿各两楹，两廊庑各四楹，庖厨厕溷缺焉不备。堂稍卑而院稍短，入庙思敬，每叹观瞻之未壮焉。今是役也，经始于嘉庆戊午八月，落成于己未之九月，仰殿宇移前而后院落厂矣，易卑为峻，榱栋隆矣。如翼斯张，夹殿列也；如练斯拖，两廊迤也；右扶舞榭，庖厨具也；左连长廊，厕溷备也；金像壮严，肖浑金之品也；丹檐闪烁，为纯丹之心也。

庭除之宏阔，材木之巨赢，一取诸鼎，一取诸益。故不曰修而曰建。苟弗志贞珉，百千载后谁复知为何年何代哉。抑又思之，感人者神也，而事神者也。合村百余户，地仅十余顷，费数百缗以兴是役，而竟周一岁而告竣，谓非神之默启焉不可。然谓非人之力图焉？亦乌乎可。工役数千，莫不争先踊跃，如周民之为台沼焉，又可以征吾乡人心之和，风俗之厚矣。董是役者，合三年社首得十六人：提总者李济、李兰桂、李文肃、生员王赐信也，襄成者张凤降、郐建中、李文瑞、季文秀、李安林、李俭、李成功、李如锡、傅成兴、李赐祥、李光前、徐九成也，例得并书。至经费所从出，别泐右碣，用垂永久云。

例封文林郎吏部拣选知县己亥科举人己为乡与饮大宾里人冯端孝薰沐敬撰并书

丁巳年社首李文瑞　季文秀　李如锡　徐九成　戊午年社首李兰桂　李成功　王赐信　李光前　己未年社首张凤降　郐建中　李伦　李济　李安林　李文肃　傅成兴　李赐祥　泥水工王玉智暨子王行全　木工马文先　马文英　画工李光前　李永盛　石工郭法文

大清嘉庆四年岁次己未十月朔日敬立石

（2）嘉庆十八年（1813）仵桥社区关帝庙禁令碑
碑额：公议

合村公议。因赌博一事，有伤风化。今在帝君庙勒石，永远□□禁止。凡本村地界内，无论室中野外，倘有设局聚赌者，一经察觉，就地同社首严究，决不得徇私瞒昧，败坏社规。庶无从匪彝，各归正业，风俗亦渐厚也。禁止牧放麦苗，损坏数目，每年亦定为成规。用垂永久，立石为照。

严禁赌博、牧放麦根、残坏数株。

村众李兰桂　郐建中　李东亮　李安林　李兰□　李文功　李如

锡　李□□　付成守　冯源洙　李保林　李发基　王六公　李自宽　李义　靳大成　乡地李□　李永贵　帝君社首李文相　李兰芳　李金柱　徐起元　岚山社首李庆功　王锡信　石工郭法文

嘉庆十八年三（四）月初八日午桥村合村公立

（3）道光二十六年（1846）仵桥社区关帝庙重修碑

关圣帝君庙古有戏楼三间，历年久远，颓陊已甚。癸卯冬，乡人议而新之拓三楹为五□，易洞室为崇台，乙巳十月匠工告竣，开光演戏。

一切布施开列于后：

和合聚钱三千文　堆金社钱二千文　霍永固钱四千文　上台璧社钱二千文　张光宗钱一千五百文　复兴号钱一千五百文　□和□钱一千五百文　□金□□□安□□□□　永庆　义成号　杨增发　李文魁　王老中　三和号　下□花　中街村　东关厢　下赵家□以上十三名各钱一千文　任聊桂　王敏　樊振声　上村社以上四名各钱八百文　元□□　广□以上二名各钱七百文　李全忠　天和当以上二名各钱六百文　靳安泰　王三则　韩常命　太阳斋　段长贤　梁□　杨文德　郭友禹　范正运　□世信　李成已　高毕　□□□　李□祥　美盛当　信复兆　和兴公　魁锦号　高仰韩　许珍苍　罗光元　杨天和　柳应明　张丁旺　三合泰　韩今全　杨聚□　万顺号　宇容号　广泰店　复兴隆　和顺成　裕和号　□□□　……以上三十六名各钱五百文　王怀仁　杨文清　吴世福　遍松　涌益全　杨观　元和当　福顺当　张仁　王进德　王展　高仰范　春熙当　正心号　永兴号　申积武　公盛合　靳家街后社　七里店　□□□以上……各钱四百文　□□永　任生泰　万之富　王永年　郑得众　张坦　福凝堂　张永年　双盛号　申步奎　郝存安　生成号　永盛号　永顺号　杨国昌　公义号　隆泰号　王牲善　许元国　许美□　许珍干　王富仁　井来学　兴隆

号　万盛号　靳家街前□以上二十七名各钱三百文　祝遐□　唐国贤以上二名各钱二百五十文　公义店　新义店　恒盛店　德兴号　双□店　大兴隆　泰兴店　王绪统　郭廷松　申天福　郭维新　郭安邦　范士权　吴青云　张永丰　白坊村　冯承烈　赵建禄　冯朝义　赵开□　李戊戌　王廷弼　李培均　秦建福　郭长财　王和公　靳子恭　李长才　崔玉美　同仁堂　同丰锦　永和堂　同义号　增兴号　王清　范生辉　郭满青　高林　东德盛　祝经　祝遐龄　王建福　张鹏兴　王锦林　王玉堂　许元恒　双成店　双裕店　王全琮　王□　张九忠　天成木铺　刘逢源　同福当　王嵩生　梁俭秀　梁抡秀　王锡魁　复兴永　通和号　兴源店　和合店　永合布店　义和布店　李庆长　复盛号　合义方　王永盛　顺兴染坊　李文锦　李光国　兴隆德　郭廷栋　回生堂　王富锡　张湖　王守明　正兴木铺　合义店　申□　志盛店　王焕长　程永隆　王廷俊　赵裕　杨焕章　李泰和　李琳　杨生林　杨孝章　史立业　赵大禄　张端　德源泰　许士俊　许士吉　王金盛　靳溥　兴盛公　郑又兴　郑又钱　郑好贤　郑济众　郑温玉　张迪垒　张兴贤　张宗彪　张守黑　三同行　□盛□　王世兴　王□长　申素　张起清　王开基　进兴盛　太兴木铺　元亨店　大兴店　积亿号　高聊霄　祝世全　祝桂枝　祝存则　祝林　祝松心　祝金玉　申积魁　栗声　武有文　陈瑞　顺兴当　高澍　永泰号　王英伦　靳湘　三合益　连思义　崔清　李长山　王本立以上一百四十一名各钱二百文　栗仁　栗宽　栗信　武金　栗芝　栗芳　陈□　韩小龙　张森麟　张涛　张联轸　赵保川　许荣禄　田永仓　申权　李有财　祝耀　王永礼　王永禄　王密　祝众　申义　王尊　唐溁　杨发恒　王汝梅　刘明　韩锡田　王攀桂　杨永昌　张振宗　复盛传　岳锡光　□合号　□□盛　霍增财　宋魁　郑光龙　李发枝　兴盛店　刘明亮　马守成以上四十二名各钱一百五十文　李如锡　赵百龄　赵松云　赵义　赵鹏隔　杨世兴　王庆云　申三多　申王成　申廷敬　聂清弼　聂

清臣 祝长登 祝发忠 祝长明 李自富 祝盘 祝□ 高埵 □佩□ 王本立 靳绪欸 付运昌 王占鳌 高林 复兴号 高如轸 张烜 王庚 韩良相 郭凌云 正兴号 杨发兴 中兴号 王复骧 王复仁 张永祥 王保铺 王退□ 王增礼 杨奇元 杨桂彩 天福长 张守福 张守祯 王发蒙 贾联珠 李文德 仁恕堂 胡维正 王加禄 王巨川 张培信 刘恒昌 花占鳌 温璠 申积元 申积祥 王苍 王鳌 申积学 李景川 栗建财 栗建文 郭永隆 李广全 正兴裕 敦仁堂 丰义永 郭泮云 王希天 杨廷魁 赵登魁 杨永谦 顺成号 崔生保 复盛永 郑秉玉 张云□ 张桂 张丙兰 唐允中 唐汝中 张沛 杨景林 杨汝桂 杨汝佩 杨申寅 张兆麟 唐泽富 唐立中 高秉兰 董玉明 王成孔 李德勤 三和号 陈日仓 陈奎华 陈鹿鸣 陈广玉 崃纪 陈九峰 王日增 永盛店 王维城 张文耀 魁盛店 赵文兴 赵国富 赵金珖 赵增荣 赵增贤 花占源 刘进新 张禄泰 张先春 梁俊秀 梁廷秀 赵桂林 靳金桂 王泰成以上一百二十一名各钱一百文 傅继光钱五千文 李庆成钱五千文 李光成钱五千文 王裕泰钱三千文 李金柱钱一千六百文 李克勤钱一千五百文 张锐义 王鼎户 邵廷奎 李克已 李守已 李辉元 张福申 李克锁 李逢辰以上九名各钱一□文 李攀麟 李有桂 李忻以上三名各钱□百文 邵廷□ □泰 李一渊 李复恭 李克举 李敷桂 李喻已 李钦 李绅 李朴 李凤仪以上十一名各钱五百文 李招财钱四百文 李金名 李金昌 李钊 李直已 李克□ 李丰财 李兴 李杼 李复昌 李秀 王展 韩治全 李永吉 李永盛 李发元以上十五名各钱三百文 李恩魁 李福魁 李如魁 李保则 李克敏 李吉则 李伏则 李兴臣 李兴泰 李兴盛 王黑女 李向暄 李向阳 李向□ 李复昌 李复兴 李克歧 李桃喜 李朝臣 王德命 李克明 李梓 李泰昌 李广嗣 李发盛 付云山 付群山 季子敬 李凤信 李二湖 李永仓 王进财 李克伦 李凤升 李全则 李根

成　李新朝　李进宝　李焕章　靳大德　李□□　李图麟　李戊寅　李亨财　张配义　李复伦　韩进喜以上四十七名各钱二百文　王廷俊　李丑女　李聚财以上三名各钱一百五十文　李水则　李宽　李双财　李余财　李向垒　徐狗孩　李根则　徐敬修　李发　李春　李六则　李作□　李可□　王安义　李薰　李馨　李敬　李法科　李法全　李广信　王丙冬　李广善　李积善　李凤吉　付景山　付六义　王浩然　付喜则　李和　李克让以上三十名各钱一百文

道光二十六年岁次丙午□宾月　午桥村合社勒石

（三）下村

村庄概况

黎侯镇下村，位于县城东1.5千米处，东南至上村1千米，南至望北1.5千米，西至仵桥1.5千米，北至中街1千米。地处沟内。东河流经中间，将全境分成东、西两部分，东部丘陵起伏，沟谷多且深，西部比较平坦。龙王庙东、西两侧为民居，北侧为村路，南侧为空地。该村气候温和，年平均气温10℃。常见植被有杨树、柳树、槐树、松树等。清光绪六年（1880）《黎城县续志》载"下村"。宋朝前，名宋村，后因缺水而数户下迁，称下宋村，简称下村。现有160户，370人。以农业为主，兼营养蚕业，豆芽菜以下村所产为佳。

河东龙王庙

庙宇概况

位于下村村西，坐北朝南，二进院落布局，东西宽14.1米，南北长43米，占地面积606.3平方米。创建年代不详，据庙内碑文载"清同治三年重修乐楼",现存建筑均为清代遗构。中轴线上由南向北依次建有山门(倒座戏台)、过殿、正殿,两侧为厢房,西厢房仍存,东厢房已毁。正殿建于石砌台基之上,面宽五间,进深五椽,梁架结构为六檩前廊式,单檐硬山顶,板瓦屋面;前檐下设有斗拱十一攒,柱头科六攒,平身科五攒,均为一斗两升出耍头;墙体青砖砌筑,原置隔扇门窗缺失。

碑刻资料

(1)同治三年(1864)河东宋村重修歌舞楼碑记

碑额:永久

碑名:河东宋村重修歌舞楼碑记

尝思古人之创修楼台也,本为岁时致祭香华展敬计耳,一则壮一村之威武,再则耸众人之□望。于是乎,有歌台舞榭之设焉,从□知春祈秋报不忧歌拜之,无地迊[匝]神赛社共庆唱和之有方,虽□□古用之而有余来今用之而不足也。弟思规模狭隘,难容舞蹈之侣,而栋梁朽坏,莫支岁月之远。以此观之□得而不修,遂因于癸亥冬季合社人等公议兴工,讨社项所存难给工费。遂按地捐资以备使用,共得起钱二百千有奇,重修戏楼三楹,以便报赛洵为一劳永逸之计,工程既竣,因将姓名开列于后,以垂永久云。

童生张竹桢撰书　维首唐汝中　张兴生　张宗源　张宗珠　张起顺　张起□　张祥云　张□□　张起群　杨艺林　张作桢　张丙午　张松林　张芝　木工李春荣　张宗运　泥水工张鹏兴　玉工侯僧富　魏仁丰刊　同治三年岁次甲子三月戊辰二十六日合社仝立

(2)下村河东龙宫碑

碑额:楞严庵碑

□□由　□进京　李时安　刘库　□仁　辛约　曹友余　杨

□□　李景福　王刑法　王大□　宋□宁　□逢节　□性　□成　陈门李氏　秦邦彦　□□□　□忝□　□□□　王堆□　金□　申胜□　陈守贵　□□成　穆进交　王景仓　□□□　徐自进　杨梅　□永丰　梁豹　许朝臣　许朝坐　崔朝京　张六稳　张广朝　王国卿　连仲福　韩仲库　魏如□　曹岚　李桐　郭好春　王好春　王世交　郭以明　郭尚德　□□优　□□朗　杨□□　郭□□　崔景秋　刘进遗　王豆鼓　张□科　省景秋　杨时吉　□进泰　申加□　申贵　申进余　□成　申泰□　申一松　申才山　赵希□　杨志□　杨进□　李时吉　王门氏　王□□　吕天□　张以□

阴阳生王学书　木匠任廷荣　木匠杨志军　墕匠宋孟春　塑匠□已　王珮　绘匠贾贵　贾松　妆匠刘素舜　□帝禹　石匠李孟□　温村寺僧正聪　觉荣　涉邑僧人妙峯　□

关帝庙

庙宇概况

位于下村村西，坐东朝西，东西宽7.18米，南北长8.87米，占地面积63.68平方米。创建年代不详，现仅存正殿一座，为清代遗构。关帝庙建于石砌台基之上，面宽三间，进深五椽；梁架结构为六檩前廊式，单檐硬山顶，板瓦屋面，前檐下设有斗拱七攒，柱头科四攒，平身科三攒，均为三踩单跳；墙体青砖砌筑，原置隔扇门窗缺失。

碑刻资料

民国十三年（1924）下村重修关帝庙碑记

【碑阳】

碑名：重修关帝庙碑记

　　古人创建庙宇所以开千百世之伟观也，而时代云遥，尤不免有倾圮之一日。邑东之下宋村，旧有关圣殿一所，历年久远，不详创自何时，惟明崇祯间曾有重修一珉，厥后历三百载，未知补葺与否，从无碑碣可稽。代远年湮，栋宇圮毁，春秋岁祀之典，几无地以举行矣。张公敏文、双喜，里之倡义人也，睹残毁之状，兴改作之心，集合同志，按夏秋捐粟，以为建筑之豫备尔。时岁丰谷贱，储积数载未成巨款。旋复邀请钱会两次，拟欲别建武庙，作殿于正北而筑台其南，惜胜地始卜，二君已先后永决矣。民国初年，同事张锐珠欲赞成其志，乃问谋于父老，佥谓斯殿原居庙之兑位，座临白虎，堂映斗牛，与帝之乃武乃文，正相关照，何必更事迁移哉？爰循故址，阔大其规模，阶增三尺，基展一寻，雄伟壮丽，举三百年之废坠，焕然一新，时民国纪元之四年也。既竣，未及刻石，而锐珠亦古矣。迁延数岁，大众恐没其善，属余作文以记之。余不敏，虽栖身艺圃，每耻才不及人，何敢以鲁钝之笔勒诸贞珉，以贻万世羞，然犹思此举也，同社诸君子咸与有力，不可以无传，姑就事之始末为之，聊缀数语，以志不忘云尔。

前清郡增生师范传习所毕业张暄撰并书

维首张荷　张敏文　段玉山　张双喜　张存文　张庚寅　张锐珠　张习文　杨世桢　张三牛　张满仓　张崇文　张东泉　董玉锐　张永才　张清印　张秋和　张喜全　张□旦　张玉林　张沛兴　张安义　唐焕章　张炳和　高贵良　张根孩　张暄

沟底有古槐一株，由大社经管。

阴阳高陞　石工王赃孩　木工杨辇则　杨崇仁　泥工张玉参　玉工王清　敬刻采画李逢玉　祝人锁

中华民国十三年荷月十三日穀旦　村副张庚申立石

【碑阴】

望壁社施钱十二千文　城内堆金社施钱八千文　中街社施钱十千

文　上村社施钱四千文　东旺社施钱四千文　停河铺施钱四千文　靳云阁施钱三千五百文　仵桥社施钱三千文　李堡社施钱三千文　上台壁施钱三千文　下桂花施钱三千文　斗行施钱三千文　赵店社施钱二千五百文　东阳关　厘金局　五大社　财神社　本村太阳斋　北泉寨　仁庄社　董壁社　子镇社　北社村　城南社　南村社　上桂花以上各施钱二千文　北停河　元村社　靳家街　南社村　港北社　古臬社　烟子社　山瑶头　后贾岭　郭家庄　长畛背　霞庄社　港东社　北桂花　乔家庄　麦仓社　李庄社　上赵□　北马社　郎庄社　东水洋　小反村　源泉社　源庄社　石背底　上清泉　看后社　小寨村　岭头社　西井镇　西井堆金社　彭庄社　北桑鲁　南桑鲁　北委泉　王家庄　兰沟社　南关厢　岩井社　董北寨　西□社　西仵南社　南桥沟　南枣镇　长脚底　秋树园　马家峪　东黄须　西黄须　龙旺社　东关社以上各施钱一千五百文　洪井社钱一千五百文　小南街　壶口村　上湾社　下湾社　香炉峧　洪峧河　东□社　土岭社　西仵北社　东仵社　和晟兴　岭西社　西西社　龙王庙　辛村社　善业社　新庄社　路堡社　范家庄　暴家脚　东下庄　高仲秋　大停河　苏村社　西宋村　南信社　洪岭村　吴家峧　高石河　椰坡社　前贾岭　东骆驼　西骆驼　□□庄　朱家峧　鸽子峧　塞里村　镇川社　坑东社　坑西社　靳曲社　上遥镇　正社村　东柏峪　霍家窑　樊家窑　南坡社　王家窑　寺底社　河南社　五十亩　下清泉　东崖底　北陌社　南陌社　西头村　上合马王社　上赤峪　东井社　背坡社　下寨社　南委泉　下黄堂　牛居社　车园社　委泉衡须义　前庄社　中庄社　兴曹社　后庄社　古寺头　平头社　西下庄　石板村　渠村社　西河南　河西社　孟家庄　东北方以上各施钱一千文　李福谦　城西社　前白云　后白云　北信社　洪河社　西北方　下赵□　上庄社　坑南社　东庄头　白寺峧　隆兴成　王庆德　申□祥　高占鳌　西关社　秦晟　下台北　青南社　坌峧社　北枣镇　岭西东

社　后荻峪　厘科　李贞固　西长垣　王鹤今　榆树平　张汉和　李逢玉　常大海以上各施钱五百文　陈村社施钱一千五百文　公议班施钱一千二百文

（四）北泉寨村

村庄概况

黎侯镇北泉寨村，位于县城东部，在县城东 1 千米处，东北接下村，东南至望北 1.5 千米，西至东关 1 千米，西北至仵桥 1.5 千米。地处沟内。东河流经中间，将全境分成东、西两部分，东部丘陵起伏，沟谷多且深，西部比较平坦。关帝庙东、西、北三侧为民居，南侧为村路。该村气候温和，年平均气温 10℃。常见植被有杨树、柳树、槐树、松树等，动物有鸡、鸭、牛、羊、猪等。清光绪六年（1880）《黎城县续志》载"北泉寨"。东邻沟壑之陡峭，名"寨"；西临涧水，曰"泉"；北者，涧水渊源之方位，故名。现有人口 133 户，349 人，系独村。以农业为主，北泉寨大白菜誉满全县。

关帝庙

庙宇概况

位于北泉寨村村中，坐南朝北，一进院落布局，东西长 15.6 米，南北宽 9.14 米，占地面积 142.58 平方米。创建年代不详，据庙内存碑载民国二十六年（1937）重修，现存为清代遗构。中轴线上现仅存正殿；两侧存东、西耳殿，厢房（新建）。正殿建于石砌台基之上，面宽三间，进深六椽，单檐硬山顶，板瓦屋面；梁架结构为七檩前廊式，前檐下设有斗拱七攒，柱头科四攒，平身科三攒，均为三踩单跳；额枋下设有雀替，为龙凤牡丹图案，雕刻精美；墙体青砖砌筑，斜棱格隔扇门窗。

碑刻资料

民国二十六年（1937）北泉寨村重修关帝庙碑记

碑名：重修关帝庙碑记

前清岁进士候铨教谕高丕昌撰

东关王煜书

精忠大义，炳若日星。护国保民，功同天地。凡有血气者莫不尊亲而托福庇于无穷也。北泉蔡旧有关帝庙宇一所，历年久远，风雨剥蚀，渐就倾圮。兹拟修葺，奈蕞尔微区，力难胜任，欲雕墙峻宇之翻新，无点石成金之妙术。空言无补，何以庆乌革而咏翚飞。合村公议，邀请社会二道，每道以银币三圆成会，以三十六分定额，经理十年，会始完结。积得的款四百五十余圆，庀材鸠工，盖有恃而无恐矣。于正殿之两旁添建角殿，一奉观世音菩萨，愿众生之普渡[度]；一奉马鸣王尊神，保六畜以兴旺。歌舞台傍添设小楼，天井院中易土以砖，塑像画彩，金碧辉煌，自民国二十四年开工，至二十六年告成。嘱余为文，以垂永久。余自揣谫陋，曷敢率而操觚！然义不容辞，责有专归。本不没人善之意，胪列其事实，略叙其巅末，亦以欲创而建之，继而修之，后之人勿忘前功，嗣而葺之，庶几斯庙之不朽而终古常新也。是为志。

总经理韩钰 韩镕 韩锐 韩敏德 韩振德 经理韩锜 韩贵德 申锡钝 韩土德 韩明德 韩怀德 维首 申永样 韩金德 韩贺 张冈 韩江 韩浙江 韩狗 木工杨辇 泥工张书琴 丹青王永安 张根仓 玉工温书文

大中华民国二十六年岁次丁丑相月穀旦

（五）上村

村庄概况

黎侯镇上村，位于县城 2.5 千米处，东南至东神脑 2.5 千米，西南至望北 1 千米，西北至下村 1 千米，北至下台北 1.5 千米。地处沟内。东河流经中间，将全境分成东、西两部分，东部丘陵起伏，沟谷多且深，西部比较平坦。关帝阁东侧为村路，其余三侧为耕地。该村气候温和，年平均气温 10℃。常见植被有杨树、柳树、槐树、松树等。清光绪六年（1880）《黎城县续志》载"上村"。宋朝时，名宋村。后因缺水而数户下迁，称下宋村。原址始称上宋村，简称上村。现有 156 户，445 人，以农业为主。

关帝庙（阁）

庙宇概况

位于上村村西，坐西朝东，东西宽 5.42 米，南北长 7.41 米，占地面积 40.16 平方米。据阁内碑文载清乾隆四十九年（1784）创建，现存建筑为清代遗构。此阁由两部分组成，下层石砌基座，中设拱券过道，上建关帝殿。关帝殿面宽三间，进深五椽，六檩前廊式，单檐硬山顶，板瓦屋面；前檐下设有斗拱七攒，柱头科四攒，平身科三攒，均为一斗两升出耍头；墙体青砖砌筑，内置隔扇门窗缺失。

碑刻资料

（1）正德九年（1514）上村关帝庙（阁）碑

【碑阳】

碑额：贤观碑记

……其真□而立为……莫知……而往来耶，由是聚贤之名，端不负于千万世焉……

铭曰：黎之河东，有圣遗宫。其□巍哉，上□太空。羽荣频来，乃杨其风。仰此玄微，匪测匪穷。石默乎心，庶几其通。

正德九年岁次申戌阳月吉日　李鉴　张玺立　本观主持栗寿岩　王洞良　□县石匠李本　路成　贾海刊　木匠郭□□　□匠李本贤　□匠宋仲贤　宋安　丹青申祥　张成　阴阳王相

（2）上村关帝庙（阁）碑

……首事张岱　冀得义　张武城　张崈容　梁瑞　张际清　冀□祥　张中庸　张起雷　张际越　长子张大松　张锐翊　梁恭达　张际宋　长子庠生张□文　□□□　张起株　邑庠生张振翊　张琚　张瑄仝

住持□人□诚美　徒采信善

玉工张福兴镌

（六）县城

城隍庙

庙宇概况

位于县城河下东街95号，据《黎城县志》载，创建于北宋天圣年间，元至正年间焚于兵火，明洪武二年（1369）重建。嘉靖十六年（1537）、康熙四十年（1701）和宣统三年（1911）均有重修。现山门为明代遗构，正殿为清代遗构。坐北朝南，一进院落布局，东西宽 36.23 米、南北长 52.65 米，占地面积 1892 平方米。中轴线上由南至北依次遗有山门、正殿，山门两侧遗存有掖门。1996 年被山西省人民政府公布为省级文物保护单位。

碑刻资料

（1）黎城县城隍庙唐故阳君之志

碑名：唐故阳君之志

君讳合，洪农人也。吕□之后，晋大夫胤□阳，只因官临为上党，遂逢烈土封疆，玩乐逍遥。然居此邑，临池玩好，纸缀篇章，清□竹林，横琴对酒。又蒙诏授平原县令。春秋八十有一，去上□年，七月四日，随□□□。祖香，隋任齐州长史，□如□□，□□九州。夫人刘氏，祖之裔孙，宿缘闺间，□秦官，不兼□箪，恭姜守志。春秋八十有八，去乾封二年五月十六日，适逢风烛，命遂无常，气化（沫）泡，悲留后代。粤以大唐三年□穴景子十月己未朔廿七日辛酉，盏于黎城县东南卅五里刘壁村东北三里。东□□□，西□大王。呜呼哀哉，今求绝有□□□□□名。

（2）黎城县城隍庙大唐故齐王府队正冯公及夫人元氏墓志并序

碑名：大唐故齐王府队正冯公及夫人元氏墓志并序

自玄黄质判，包万象以疏源；清浊气分，控百灵而流族。是以人伦绮错，册典颁颇，懿哲连衡，惟公者矣。

公讳琼，宇才干，冯翊人也。周文王之令胄，曹葛万之裔绪。良□代运，轩□盖于新平，马弈仁英，列星冠于上党；朱轮□辙，九卿曳授于扶风；翠盖盈途，三公□珪于京兆。疏基累憓，峻峙飞□，□袭宾王，因官居此。祖干，□任通州司户参军。父宝，随任兖州别曲，并以经文纬武，入孝出忠。维量辉灵，挺芳华于翰苑；横飞溢思，穷奥迹于儒津。昌誉早闻，英名远扼。公，齐王府队正，职理僚务，恢烈陶镕。意钊挥锋，智铗分于松剑；言泉激润，德水控于咸池。神府□关，响金声于凤律；灵机潜运，映朱彩于罗云。岂谓风骨不恒，阳阳沉曜，以显庆元年七月五日终于甲第，春秋六十有二。以宅兆未定，摧殡随时。夫人元氏，河内侯为之令胤。步若凌虚，惑香分于月桂；逻如拾翠，定液合于洛津。曳履兼臣，孤游绣岭。以永隆元年版授绵田乡居，神标迥振，精质爽灵。延及二年，加授沁阳□。右颐玄风，驱四生于正觉；凝姿净土，衍十诫之微言。思遵寂减之仪，庶免无常之行，大哉巨量，难得名焉。不谓玉质催轮，阴精早坠，以永淳元年四月十日终于本第，春秋八十有三，粤以其年岁壬午十月庚申朔十四日癸酉，像数言良，方□同吉，合葬于黎城东南八里之原，礼也。孤子，上骑都尉义玄，季子义方，筠枯入恨，怆怆寒泉之悲；柏死侵哀，痛结严霜之泣。冀得衣礤石磷，肱股之节逾贞，海敛田平，芬芳之风更远。圖□式篆，乃作铭云：

攸攸襄气，扰扰含灵。渴奔阳水，疲投幻城。暗崖独宿，苦路孤□。唯仁擢秀，自裂繁缨某□标霜竹，恩包利砥，歼露朝晞，风枝夕起。骸归陇墓，魄栖蒿里，识思松居，尘生帐几。其二。

（3）黎城县城隍庙唐故栗府君墓志铭并序
碑名：唐故栗府君墓志铭并序

君讳简，字孝策，河间人也。帝辛之苗裔。远祖因官述职，遂编潞州黎城人。若乃梃生俊□，禀五行之秀气；凤承缨□，作四海之规模。兼平众美，其唯栗君者矣。曾祖仁，隋任卫州司法。祖贵，任募校尉，悬陈七札之要，以□四科之首。父行，珪璋重叠，包□天，兰桂芬芳，气含风露。唯君克岐克嶷，立德立言，恭俭温良，逊悌仁义，魏魏也代英□，堂堂乎人之领袖。所冀寿静菊水，长怡黄耇之欢；何期魄敛蒿原，永结苍旻之思。春秋七十有六，开元十六年正月三日终于私第。

夫人张氏，南阳人。一固其节，礼□□夫，三从其邻，义光训子。阳台易寂，遽散朝云，阴魄难留，空悲夜月。春秋六十有三，开元三年五月十五日奄辞幽閤。粤以大唐开元十八年岁次庚午十二月辛巳朔日庚子，合葬百谷村东北甲地之原，礼也。后邻三陇，前俯一漳。□□巢父之隈，近接望夫之岫。嗣子温良克播，华构弥崇，企昊□天之恩，营宅□之礼，迁□神仪，敬题铭曰：

帝辛之绪，周王之胤，族称望首，人标英俊，共启松埏，同归梓衬，一刻贞石，千龄不振。

（4）黎城县城隍庙唐故陇西李府君雁门周氏夫人墓志铭并序
碑名：唐故陇西李府君雁门周氏夫人墓志铭并序

府君讳用，陇西郡人也。祖少孤，不知其墓，父讳进，胤嗣连芳，宗亲玉叶弥隆，皇道辉□，天枝远□，根□流深，源派当代之苗裔乎。先祖徙官，家□黎阳，因官大庙之傍，居久漳滨之侧矣，府君才雅高耿，英气知明，武擅九功，文精七礼，加以直而不仕，保又怡神，远近钦风，少长洽义，家重五帛。尊寿不永，疾奄天龄。以大和四年三月廿八日殁于私第，六十有一。夫人慈爱贞和，恩颜丽质，礼奉君子，德训女男。霜露可期，运返难卜，以咸通四年二月廿六日奄于是家，世命八十有四。嗣子元素，恨严训早违，痛夜台之永隔；慈颜失荫，倾天地之哀心。长女适褐氏，次女适弓氏，小女适徐氏，并悲泣朱泪，啼悲断肠。嗣子新妇，武昌郡史氏，佶乘敬养之诚，空结辰昏之苦。孙子四：孟宽、仲刘、季环、幼琮等，积涕成流，感深呜咽。嗣子元素等，正惊神含声骨体，想逝川无舍，未全金冗之仪；思寘路宽，长礼堂之孝。村东北一里，筮易经卜，得形胜岗，东西隐轸而势张，南北穹隆而盘郁。以咸通五年岁次甲申，十二月甲寅，十四日丁卯，合附同于一茔。是时也，玉葬霜明，银河月净，仪昇排而万百之般，亘凶事而断乃还续。行路伤感，乡里嗟吁。由恐桑田尚变，高谷更迁，刊石记文，为词曰：□寂八方，凤献圣唐。公降斯雁，为之贤良。雁门夫人，配李□官。仪合秦晋，鸾凤俱轮。零落哀女，偏露孤男。孝之以礼，同契墟龛。剖石记文兮不减。

（5）黎城县城隍庙晋故李府君墓志铭
碑名：晋故李府君墓志铭

府君讳行恭，玄元皇帝之苗裔，胤封江下王后，为上党太守，墓在城西北二十里，茔广八亩。其后子孙流迸，逐便东西，于潞城县西四十里封仁村有地宅焉。因官历任，来至黎城县东北七里白岩山下元村，广务田园。高祖坟在村西□里，曾祖讳季宗，改葬村东甲地。府君冠年英杰，礼乐立身，名系辕门，太原守职，仗自先皇委注，补充五院都头。为国忠勤，于家孝敬，加以边偶寇乱，磁隰未宁，奉敕剪□□奸党已天祐十四年终于彼地也，春秋六十有一矣。夫人本东陈村，乃陈氏之女也。夫人以芝兰秀异，如芳桂之贞，□□光元年八月五日忽因寝疾奄弃高堂，享年六十有四矣。去开运三年丙午之岁，十有二月丁巳朔二十三日，遂别卜茔兆，改葬于村东一十五里皇后岭西，其地势也，南山巍巍，地北平平，左望长途，右连幽谷。有嗣子，有四：孟子重兴；仲子重裕，倾因不幸，早奄泉台；次子弘；小子彦珣。女有二：长女宇郎妇，笄年及待出娉西邻；小女惠，七岁出家，依年授戒，名声高达，道□幽深。有新妇二：牛氏、马氏。孙男有四：福荣、福超、小师、惠清[倩]。孙男高留范新妇有二，孙女有八：岂郎妇、郭郎妇、刘郎妇、小刘郎妇、张郎妇、小师姑、谢郎妇、八姑□。内外姻亲同修葬事。

（6）洪武二年（1369）黎城县建城隍庙记
碑额：□隍庙□

碑名：黎城县建城隍庙记

凡天下府州县通祀城隍皆有庙，府城隍间有封王爵者，州县则未闻有封也。大明皇帝龙飞之元年，诏封府州县城隍爵位有差，县曰监察司民城隍，显祐伯，锡以七旒七章、玄衣纁裳，冕服焜煌，承天之宠光。于戏，盛哉！黎城县旧庙毁于兵，岁久榛没。明年正月，予佐知县崔君来董是邑，县治亦毁废，民皆逃散，大惧，弗称图帷安集，俄而四民来归，议欲复庙城隍。适太守廉使金华潘公，以天子命，立庙设像。乃仍旧址为重屋，十有二楹，中置神像，侍以内官。周环墙垣，崇峙门庑，绘彩翚焕，仪卫森列，晨昏有钟，享祭有仪，礼制备具，不奢不腧，气象规式，于邑适称，足以奉扬明命，足以揭虔妥灵。夏四月癸酉，经始营之，六月甲戌，落成荐享。人神交孚，民大和会。见此盛典，仰瞻欢慕。相与语曰：曩邑民切切于祠事，为强兵之所窟宅而不敢为也，困有司之所微敛而不暇及也。今逢圣朝，特锡封爵，而太守加惠，我民惟恐不及，县官以宽简从事，不劳而成。吾侪小人，岁时节朔，岂惟得尽香火之敬，而水旱疾疫且将有所祷焉。其□幸亦大矣。又谋与书厥成，予曰：城隍者，一邑之主也，诰封"鉴察司民"。"鉴"者，烛民之诚伪；"察"者，体民之善恶；"司民"者，管摄乎民者也。且祠而为屋，主而设像，所以示民之所当畏敬也。即其祠宇，则凛乎其如将见之也；拜其威仪，则俨然如在其左右也。幽明交际之间，莫非神灵之所临鉴，苟或越礼踰分，利己损人，一念不庄，祸福响应，虽于国法侥幸万一，而神之攸司则有所在矣。其可忽诸此圣天子之锡封意也。夫以黎邑之民，罹患难、历艰险，凡十有三载，靡所焉托也。既达于太平，相安于田里，免租之条既下，科徭之役不作。天运昭回，神介景福。阴阳时而风雨调，疵疠消而气应。疮痍未复者渐复，颠连无告者有归。熙熙然仰事俯首，兢兢乎饮食必祝。上承□明之惠泽，下感神祇之灵贶，乐千百年无疆之庥者。予于此，盖有占矣。是为记。

洪武二年己酉六月十三日

将仕佐郎□□黎城县主簿临川严杞撰文

潞州黎城县知县项城崔凤立石

正殿王曲社民所造

门屋李保村众姓所立

劝□□□□塑像画壁，则邑人刘忠信、刘善、申明德乐施。

提调吏杨滋　范诚　王通权　典吏王焘

书丹权学事吴善

石工长宁坊赵伯祥镌

（7）洪武六年（1373）创建潞州黎城县公廨记

【碑阳】

碑额：创建黎城县公廨记

碑名：创建潞州黎城县公廨记

将仕佑郎潞州黎城县主簿临川严杞撰文

将仕郎潞州黎城县丞萧山□友南题额

潞州黎城县主簿青田林彦铭书丹

黎城县治古有之，元至正戊戌之变，僭窃分土者侵欲而不顾法，县遂疮痍，井邑丘废墟，生民殆无存者。天厌丧乱，我国家削平海内，建极于中。洪武元年泽、潞、平，诏设官隶之。明年己酉春正月，以项城崔兰为黎城令，杞自通许改授于黎。至邑之日，瓦砾苍莽，百姓逃散，凶强啸聚，大军进讨，天创草昧之时也。于是营度经费，以躬率之。远近效顺，欢承争趋，旬日之间，寨破兵捷。乃宣明皇帝德化，大新其典，凡事有约，泛宜致治。流亡既来，忧危渐泰。复置版籍，收集丁口，赋税毕具，田野安宁，雨阳顺调，岁益有秋，民有余力，始建官治公厅曰"悦来"之堂，外门曰"抚治"之门。厅之左曰"清简"，官属之所燕息；右曰"莲幕"，长问之所隶事。东西廊房各十间，吏、胥、簿、书之案也。厅之后为堂三间，房二间，左右屋六间，以待宾使也。仪门三间，以通往来，旁屋六间，以贮什物。门之东，土地祠三间。正东建立按察分司衙一区，为室一十六间。公廨之后，知县宅为屋七，西偏主簿宅为屋五，典史宅为屋三，吏为屋各一。以楹数之得一百七十二。鼓楼则因其旧，钟楼则起而未完也。规模措置，悉尊朝命，按图而为之。至若顶帐仪仗之设，椅案帷座之奉，厨庖井湢之所，亦皆备具。是岁九月至明年三月而毕。夫以小邑归顺之初，生民安居之始，聿兴废土，气象宏敞，黝垩鲜明，视旧加伟。梁栋壮丽，而不知材木之所出；工徒扰弱，而不见徒役之所及。盖因废缺而移置之，劝其有余而补助之，此所以事不劳而民不扰，作有日而功有期也。斯言也，非夸美也，姑偫其实也。若夫行抚绥之政以安民，且有誉造之令出焉，赋役之□□□，取之不中，民则相与诽且笑，而为政者恬不知之，则吏得以乘其奸而民重词矣。方且侈兴作之以为美谈，虽不自怍于人，其于心得无愧乎？可不惧哉！余之才谫德薄，无所补益，得贤令尹主张而维持之，今既得代黎之民与邑士掾史，咸请志其本末，以纪诸石，俾后之来者庶知开创所自也。噫，余然后知其无愧于黎矣。于是乎书。六年癸丑闰十一月望日记。

洪武六年闰月吉日

将仕郎潞州黎城知县崔凤　吾儿峪巡检邓德等立石　时监工吏张如□滋　杨直　韩进　范□　王通　杜荣　苏舟　东维纲　张文诚　王复□　石工王进　赵伯祥刊

（8）嘉靖二十二年（1543）黎城县城隍庙石匾

【石匾1】

匾名：中州外翰

大明嘉靖二十二年季春吉旦

巡抚河南都御史秦中李宗枢□

【石匾 2】

匾名：中州外翰

大明嘉靖二十二年季春吉旦

巡抚河南都御史秦中李宗枢□

（9）万历四十二年（1614）黎城县城隍庙直指按晋巡廉谨刑约言

碑额：按晋约言

碑名：直指按晋巡廉谨刑约言

  今朝廷辖束有司，贪酷有禁，载在总约，字字斧钺，宜人知涤虑而愁后矣。乃今各州县掌刑官，志趣清莹，心地慈祥者，固自有人。乃有朘剥民膏，草菅民命；政以贿成，贪以酷济者，往往可屈指数也。岂知民一丝一缕皆民之命也。为民牧者，奈何通暮夜之金，重科罚之条，既滥准词状以明攘之，又批发衙官以阴擭之。百般巧取一味渔猎，令茕茕小民家室破碎。无论污蔑名节，玷辱官常，清夜扪思，于心忍乎？无论机关败露，身名俱丧，捆载而归，宁常享乎！恐鬼神忌盈，亦阴瞰其室矣。舆言及此，热肠冰冷，欲念全消矣。凡按属有司，宜猛然思，憬然悟矣。又刑者不得已而加之民者也，用以明国法，杀一人正所以惧千万人，杀之实所以生之也。犹且体天地好生之德，广皇上钦恤之仁，不忍尽法以掩恩，况用以逞威渔利！则敲骨锥髓总是私意！上干天地之和，下造子孙之孽，端由于此矣！独不思死者不可复生，绝者不可后续。人谁不爱其性命，又谁不爱其肢体发肤，吾为民父母，奈何淫刑以逞乎？今后各有司，非人命、盗情，捱刑不吐者，不得一概滥用夹拶，致伤民命，违者定以酷论。其佐二首领尤不许轻用夹拶，重大事情应夹拶者，呈堂官亲问。如有私置擅用，掌印官之不能钤制佐领可概见矣，定以罢软论。以上言贪言酷，总是常谭。本院窥思天理良心总不外此，原有司其深思之。牌行司道转行该府，刊成一帙，转发各州县，置之座右，触目警心，未必非相成之一助也。若贤有司则固真清真慈，追综前哲，无庸本院喷喷矣。

　　巡按山西监察御史李若星撰发　　黎城县知县毛学鲁勒石

　　万历四十二年正月吉旦

（10）万历四十六年（1618）黎城县城隍庙莅官总要

碑名：莅官总要

　　廉洁以守自己，谦和以待士夫。忠厚以待僚友，慈祥以抚百姓。勤慎以事上司，严限以销未完。清谨以临仓库，明慎以审狱囚。缜密以防奸诈，节用以备不虞。

　　万历戊午秋吉　　知县王永福立

（11）天启三年（1623）黎城县城隍庙布政司明文

碑额：布政司明文

　　山西潞安府，申严库役赔累之禁，以肃官箴，以苏民困事。天启三年正月十二日，蒙山西等处承宣布政使司同□□本府，申蒙本司信牌前事，仰本府官吏照牌事理，即通行所属各县，将本司节憝清宣甲里费之弊，着实遵行。看库一□尤当彻底裁洗干净，库吏除看守锁外，一毫不□□□□□供应，如无库吏即于六房吏选轮看守，无吏即于六房书办内选输，不许再命里甲殷户以开骗局、设祸井。其六房书办查照全纸□于自理纸牍内支□，工食于州县各役小□扣银内□□□□□□里书供应顶差种元元之冤案，如有未□事，宜听议妥条陈酌处，毋得坐视民累，深负父母二字，以重本司之咎。蒙此遵依，随即备行所属长治等八县查议去□。

今处长治县□□□得本县领解钱粮，□令快手，六房纸□□之□官，原与库役无□而买办供应尤不知为何事矣。本无赔累之苦，何有倾家之患。只因十数年前，寥寥数吏，非其拯贫，则其最狡，当事□□□库不累人，而反累库。于是于审编之日，择敦实忠厚者，每季一人，责以看守，延至今日而人颇相安，则诚去其所以害库役者耳。然陷阱之苦虽得免于调停，而佥派之名未免留于里甲。今将前佥派库吏，尽放归于农，随令六房史轮休看库。

长子县申称：查得本县库内见参典史贾从翠，周岁役满，候缺者接参接管，看守并无编佥殷户，其一切纸札等项俱在本县自理，纸赎许各役小建食内扣银支用，亦无坐派里肩供应，备查明白。

屯留县申称：查得本县地瘠民贫，六房并无吏典，安有看库□□倒换，循环造写申文，俱系拘拿书手办事，至于征收钱粮，奉文革士分收头佥银，里长、看柜、记簿报数。如遇开柜钱银，本县当堂亲验明白，饯给银行，买银倾销成锭，比时起解，多则遣官，少则差快手押送，绝不与库支相干。其本县六房，日月纸张并笔墨朱红，俱系自理。纸赎银先行给价，然后送用，并不亏损行户。如赎不支，外动俸资贴给，书办工食自设处，亦无扣除小建。虽无上司赎银，存留不多，凡动支收解，本县当堂亲验，因□□□□□□管，虽有二人看库，止在外防护，节年系上手自报，下手必悉实者乃□典守也，并无倾家破产之累，亦无佥报十二名之苦。若各房书办皆系窭人庸书，原无身家，较之长治长□不啻□□矣，□□不可□虑□本县也，未敢轻任之也。

襄扭县申称：查得本县不持库藏永众更□即六房科□兵房□张大臣一司吏耳。余者尽缺，至经承书办，系户房带写循环文簿，其征解钱粮，系各里排甲，自收自理，与银库并无干，□所□者，不过各上司皆须赎缓，凡征收支解，本县当堂亲收封发，簿籍锁钥皆系县官收堂第官库，干系匪轻，非殷实忠诚者不能司也。故此，前官凡遇审编佥派，每年一名，特借该役在库□巡□□□，全无破资倾家之累，并无佥报每年十二名之弊，无冤查议。

潞城县申称：备查先年前官，因无力典委的，编审每年佥坐殷实库役十二名，守掌钱粮。今□前因照得库藏之设，所以□□□上司，臧罚一应钱粮，库不设革，库役当革，若无人守掌，则何以分别收支簿籍循环数目□卑县山城小邑，止有吏房一吏苗应升，非长治等县吏典收受可比，合无每年坐委，或县丞或典史管理锁钥，收□□项线粮，如遇起解百两以上者差省祭，五十两以上者差快手，十两以上者差阴阳生。至于造编簿籍、库书承管，起解银盘费及纸札所费，俱本县自行设处，□将库役彻底洗净，尽放归农讫。至于□□之金费之何处，出之何名，职到任未久，目未经见，不敢自诬。

黎城县申称：查得库藏钱粮旧规，于六房科见参吏典内拣选忠实者，每季更换一名，代办库务一应钱粮，遵行已久。卷查于万历四十八年五月二十九日，奉州府帖文，蒙布政司批处，本府□为乞恩俯从，遵例改参，库吏事案发，库吏部之屏□县参老库吏□，又蒙本司案发，库吏赵文魁、韩复兴，各□换次参为库吏，周岁准作一考。止是掌管上司纸赎银两，其夏秋线粮俱系看柜里长经管，随折随解，并为审编佥坐里甲库役名色，今蒙查议。

壶关县申称：查得本县自万历四十三年审编佥报库子，每季轮拨二人掌管库藏，其供应买办等项，自本县今岁到任以来，杂项便资，尽行除革，六房日用纸张，出自本县俸银，差人赴府易买在堂柜内，日每使用登记，数月出入收放钱粮，库内书手登记簿籍，经官当堂查验。其工食即于在街各役小建□□量给。今差役□，行即吏换。与见役吏李时高等六人轮管库藏锁钥，其拨解镁粮，选差殷实快手解纳，并不佥派里甲库役。今蒙行查。

　　平顺县申称：查得库藏自万历四十七年以前，俱系六房见参吏掌管。至四十八年，本县掌印□□□，委壶关县知县□□审编本县均徭，六房缺吏，该智知县，比照该县每季金坐库子二名执掌库藏，其供应杂项使费，自本县知县张鸣，时天启元年二月内莅任以来，悉行痛革。本县与六房日用心红，□□□□县自理纸赎差人赴府易买，公堂贮柜支使。出入经收、钱粮库书、登记簿籍，当堂查验，入柜封锁。工食即于各役小建内扣除量给。今查六房，止有吏四名遵依，即便换见役吏李栖凤等四名，轮管库藏锁钥，一年一□□，解纳钱粮，选差□□有身家快手起解。原金库子赵稳等尽放归农。

　　□缘由各具申到府处，此查看得库役之金报殷实户也。其赔之害，诚有不可言者。今奉明谕，尽行革去，一洗漏规，则小民可无金报之患，库役亦免赔累之苦矣。等缘由具申照，详蒙视库役一并诸弊可清，是在贤有司设诚而力行之耳，其未尽事宜，仍望明悉条议，以匡不逮。缴蒙此拟合就行申饬□□仰本县官吏照帖备蒙批详内事理，文到该县，勒石备刻原文，竖立堂左，不得□□审编金坐自身，库役赔累小民，一概洗除，永与遵守。将刻石印帖二张申府，以凭转报施行，毋得迟违，未便须矣□者。

　　天启三年正月二十九日

（12）天启四年（1624）黎城县城隍庙黎侯曹公调停院台经过善政碑记

碑额：程法永赖
碑名：黎侯曹公调停院台经过善政碑记

　　黎为上党山城，地号冲衢，民鲜生理，自力田以外别无营焉。而田又非膏腴广原，金牙、漳源相据强半，其间崎岖瘠土仅十之三耳。兼以役繁赋重，即终岁勤劳，家无石储，故曰皇皇焉。靡为输纳之忧，则为糊口之虑，所称穷乡下邑，其此为甚迩者。

　　院台往过，每为常规，诸上齐集，其公馆支户铺垫、夫役马匹，金报摊派，所费不赀，而又催呼编坐者习难苦索，初无厌足。间间膏脂，若堤溃之，奔溢四泛而莫可塞也。民方日切蚊虻负山之忧，幸遇公来莅兹土，下车甫越月□焉，台事竣，道经其邑，公目击时艰，心切民瘼，劳神借箸，多方璧□，举凡支户等项，悉扫而更之，权处银两给与衙役、令员，应用各色物料，仍选精干吏役三五人，使之收掌总理。凡各公绾、下程小饭中火所用物料，着令各处听事吏在总管处分领。一有差误，即罪当时之人。公馆内应用一切器物，即令公绾主出办，不复别派。所用马匹，每里止于十名，里役不得管私妄报。诸项料理，井井有条。及事毕，计算仅费三十余两，可省民间三五百金之费。财既省矣！而事亦不至发缺，民不扰矣，而上亦得其欢心。故无论市井、乡村，老少、男妇，无不鼓胀欢呼，相庆道路。黎之子若孙，受其遗泽，殆世世无穷矣。黎民何厚幸哉！即古之□竹、潘□、范□、刘钱不少让者。时当入觐之期，黎之士庶谓公或留内，而良法美意恐至湮灭，因肃言走使，恳文勒石，以垂不朽。公讳更新，号绘川，直隶宁晋人，登乙卯进士。

　　巡抚宁夏替理军务都察院右佥都御史魏云中撰　省□官李思孝书　……

　　天启四年岁次甲子十一月吉旦立

（13）天启七年（1627）黎城县城隍庙兵巡道禁约
碑额：兵巡道禁约

　　山西潞安府黎城县为申明禁约事，蒙本府信牌、蒙钦差整饬潞安兵备分巡冀南道山西布政使司右参议兼按察司众事韩宪牌前事，仰县官吏照牌备，蒙宪票内事理，即将发去单开。

禁约条款，该县即勒石竖大门外，各摹一张径申本道，仍申本府一张查验。蒙此遵依，本县随即勒石竖大门外，遵守施行须至碑者。

计开：

一革去库农民，令库子看库。革去仓老人，令典史经理，并不□纷，更暗星众派。

一排甲止许看柜，给串纳户，各自封自授，并无羡耗，其起解倾销等费就于明出，余银照例给发。如令排甲暗赔、里下私摊者，访出坐脏论。

一排甲轮甲，应当周而复始，就中借一二殷实之家看柜经收，一切起解添赔，并不累及。以为地方劳苦一年而止诸杂役俱豁免。如仍在甲内，希图津贴，借口赔费，科害众人者，访出挐究。

一马户一名，止当一名。原议本役工食自足，支费屯留，有二户贴一之说，不知创自何年，因仍陋规，合郡再属有类此者，通行裁革。衙官快手，并不许擅骑马匹，长差短拨，省以便民，肯循是力行，马户告苦，不信也。

一上司到任安设，原无成议。止为新官体面，饬其帐幔等物，要亦私情，近襄垣指称，粮厅安设摊加粮差五百七十两以上，况潞城两处供应乎？以后新官到任，量行安设费五十两而止，不得加派，指一科十，借公剌剥。各官升任，床桌等项，留为后官之用，不得花费一空，致劳从置。□违者并议处。

天启七年六月□日知县吴从众

（14）崇祯十一年（1638）黎城县城隍庙创修寝宫记

碑额：创修寝宫记

碑名：创修寝宫记

当闻皇家建国要图有云：人才之盛衰，于文庙中规模验之，□物之安危，于城隍庙中之体格寓焉。然则整饰庙貌非但云媚神明，实为国计长久。我城隍庙建于邑中之至北，方位正也，居于县堂之东，尊莫亢也。其前面以三截楼作门，并势如屑峰叠翠，□□凝眸而视之，气象万千，巍巍乎其大观也哉！其前殿廉隅整饬，檐阿轩幽，堪为神明攸济之所，□后殿唅正而哕实，亦堪为神明攸竽之所。至其后，名为寝宫者，正神明攸宁处也。正面止三小楹，□而且窄，不蔽风雨，并无两廊。不特堪舆至而短之，凡有识者皆以为病。嗟乎，人虽言之，谁为为之？是真筑室道谋而功终不底于成。于崇祯五年至七年，遇流寇之猖獗，其踩躏于吾黎弥甚。其贼据于城外之四面者如蜂如蚁，乡村尽已摧残。至城中之民，贫者皆为寓军苦，富者亦为助饷累。哀哉，吾黎斗大一邑，能当此寇贼之分头乱窜，相为窥伺者乎！然而莫为御之而若或止之者。此果城之峻欤？隍之深欤？由今思之，有形之城隍不足恃，无形之神灵显为佑也。敕之以为一方之保障者，不当此际而益彰明较著哉！然，民虽至愚而亦至灵，当此患难困苦时，忽然而兴创修寝宫念。乡之耆老李光选，起而首其事焉。县之长而好施者连仲库、李元和、王天祥、连日知、王本，闻而善之。如是合谋而董其成。素无里社攒积，并无旧迹因仍，各出己资，正面创建寝几一座，建东西廊房二座。至八年春，吾黎流寇之事寝，而寝宫亦随告成焉。然而成功不足异，功成于难成之日，足异也。成功于难成之日亦不足异，然人灵与神灵之相验焉，大足异也！故因而记之。

崇祯十一年岁次戊寅孟春吉旦　儒学廪膳生员徐世弘谨撰

阴阳官王化麟　看庙道官王静宇　赵静□书丹

（15）顺治九年（1652）黎城县城隍庙按院明文
碑额：按院明文

山西潞安府黎城县，为洞谋原情，批示勒石，永为定规，庶除连害。事奉本府帖文……巡按山西监察御史刘批，据本府呈，蒙本院批据：

黎城县人贾长用等禀称，痛思本县山嵎小邑，地瘠民贫，节遭兵燹，民不堪命。极苦者……冯户已经官养走□□□柜头之害犹□病民切，照旧头征收一切钱粮，系十年俟甲，应当义不敢辞，独有分外苦累……惟小□草料等项□□□头出。又本县日用朱红、笔、墨、纸张等项亦取给于柜头。又上司差，后提取钱粮，安置使费亦摊……各衙门添□使换，俱□□赔甸，凡遇轮役，无不倾家荡产鬻子卖妻。适逢代天老爷按临三晋，兴利除□，诸弊悉革。唯有本县，此害未除，恳□老爷将冯□官养，钱粮官解，并柜头苦累，一概行县查革，仍批令勒石垂久，永为画一，阖邑感德……矣等情，具禀院蒙批私派等弊，本院屡有严禁，乃尚有如此苦民之事，是真貌不知有三尺矣！言之切齿，仰……作速报院以□法□痛单也。此缴紫此遵依，随将该县经承并原禀贾长用等行提到官，□年赋审□□。黎居山僻小邑，素称……之后，茕□承遗赋尚苦虽办，宁堪私派重累，种种苦民有如柜头之四害乎。浚民膏而吸民髓，痛心切齿，莫此为甚，三尺具在……也然常金严纪，其弊由来久矣。盖被参张知县以前事也。自宪台入境来，明禁森严，黎之署篆与新令，具已竞竞遵守，曾经剔革第柜贾头长用等，尚尽速处，以令……恐将来复蹈此辙，民命何堪及今，宪台按临，诸弊悉除，百务维新。故复将从前积弊，历历敷陈，恳乞永为革绝，勒石以垂不朽耳。

原禀贾长用等并经举胡愿忠等众口一洞。如此卑职不敢擅便，谨据实回报。为此，今将前由同原蒙批词，理合具呈，伏侯宪裁定夺施行等情呈详本院，蒙批柜头四害亟当严革，仰府速为勒石，以垂永久。如敢故违，本院访问后，以违禁殃民，飞章重参，决不姑贷。

此缴蒙此拟合，就行严革，勒石为此。仰县官吏，照帖备蒙宪批事理，即将贾长用等，□禀柜头蒙□□严革，勒石以垂永久。如敢故连，或□本院访闻，或本府查知，定以违禁殃民，飞章重参，决不姑贷。先具遵依报府，以凭立等转报施行，连□□至帖者。

顺治九年二月一日

知县彭可利　县丞缺典史李淑统　教谕吕伟　□学生员王时行　祝大年　刘惟进　李□黄　李经世　张崇仁　王家□　徐□壁　举人李□黄　李元　贡士马玮　郭卫城　李□蒙　王正谊　张一□　郑□□　乡民贾长用　李汝盛　刘进京　李震　韩威凰　申自保　王道广　秦恒吉　王凤垦　何□　张文□　郑光□　李□光　□□望　李当阳　杨美□……

（16）康熙四十三年（1704）黎城县城隍庙奉禁陋规碑

碑额：奉禁陋规碑

山西潞安府黎城县病民之陋习，再请严除格水之井，求□宜□禁恪，遵功令用，广宪仁事。蒙潞安府正堂加一级□□帖文，奉布按二司劄案，康熙四十三年九月十七日蒙巡抚加五级噶□验，本年八月初九日，据平阳府呈详前事条陈陋规七条，申请通饬禁革等。因除详北三晋大□莫如重耗□□本，圣□□莅任之初，即已将一切私派重耗以及馈送陋规□有□及于里民行户者，次第刊示革除，并通饬勒石竖立于州县衙所署前……谕取，具碑摹□。

题送部在案，今据详称□□近复有科派累民苛索累官等弊具见，该道体察周悉，严厘有方，但□属辽阔，前守此邑大肆其贪□保……令乘此滥加火耗私派，里民以为逢□之具乎，仰即一并通饬严在并摘□简切条款再行勒石于府州县前，永行禁□□□摹报查……禁缉凶恶好□一款毋庸勒石，该道即严加申饬，此后遇有此等好□凶恶事发□官即从重治之，以法以□效尤，□也……饬查严禁缴水拟□就行为此司官吏□照□内事理，即便转行，□□二本通饬严查，如有前项陋弊，亦作□一并……府州县署前永行禁一□碑摹□院查考等因到司行□备行到县，蒙见合□叙条款勒石县署前，永行禁止，可也□□□。

一□买□□□□三项理宜官办，官□即额□不敷自应损□不详□□急宜禁革。

一后秀及廪增生员加□贡监某处□纳即行文本地为官出具无碍印结，由州县而府司结到具转，不得勒送银两，方舆出结。

一办买价值不得给价短□发，以□银亏克行户，若累商民，所当痛革。

康熙四十三年十二月□日知县董□立石

（17）雍正二年（1724）黎城县城隍庙奉宪饬禁

碑额：奉宪饬禁

山西潞安府黎城县为叩乞洪恩，恳催审讯事。本年闰四月初一日，蒙潞安府正堂加四级记录四次丘帖文；本年四月二十七日奉布政司札，付本年三月二十九日蒙抚都院诺批。据祁县武举郝培彝、闫人龙，生员郝培壁、张高第，乡民张进彦、康新运、赵希明、程三舍、闫铁等票称："窃惟陋例殃民，祸生衙蠹，民困倒悬。"已行饬禁。又奉旨敕令粮户到官完纳，不许巧立名色。唐处致治，周召贤风。本月初三日，其恳天案蒙批，本府即日确查详覆，府复批县，速行查革，奈恶吏神奸巨猾，不遵宪谕，轻视王章，虽云不用里长，仍要各都甲首。甲首与里长何异？是若虽除而实未革，弊暂去而迹犹存。况前逞所开衙蠹，尽系擅权日久之吏。且有既革职而仍然把持县事，远害民间。似此刁强无忌，理法难容。当今东作在即，万民引导而望不得已开单，再恳代天仁慈大老爷照乐积弊，俯恤以生，速催审讯，律究衙胥，勒石远垂，永除祸种。不惟德被一时，仰且逍恩千载，文王路不失衣，夜不闭户之风于今再见。

恳蒙批晋省遭数十年食官污吏，巧立名色，横征私派，日甚一日，有加无减，在上之溪壑难填，而在下之脂膏已尽。本院奉命抚晋，访闻至此，不禁恻然，亟欲尽斩根株，拯民水火。是以将通省州县，彻底调换，从头整顿，牌行各属，令其将一切陋规再行革除，已不啻三令五申，犹恐未能周知，复大张条示，广咨遍访，令具呈有司转详。如有隐匿不行转申者，许民赴辕具呈，以凭批行，勒石永禁。乃不意有祁县蠹吏渠圣书等嘴贪手滑，以弊窦为利，欺蒙新县，尚欲留此从前陋习以为克剥民生之计。已据郝培彝等公呈，将玩法书吏人等亲提严密，尽法究惩。但不查明勒石，恐弊绝于一时者，终不能垂于永久。且开书明文禁示：有倘乃妄萌故者，巧肆神奸，而州县各宵利令智昏，因循旧弊，如祁县之类者正复不少，使本院徒有为民除害之名，而百姓并未受革除陋规之实，深为未便，仰布政司府查照前批呈词，查明祁县一切陋规，一并勒石永禁。该司仍抄批通行各属，再行严饬，勒石禁革。并将勒石过牌文印刷呈报存查等，因到司蒙此拟合就行，为此仰府官吏查院批事理即使通行各属，再行严饬，勒石禁革。并将勒石过牌文印刷呈报抚院并本司查考毋违，奉此拟合就行，为此仰县官吏查照院批事理，文到遵即，勒石禁革，并将勒石过牌文印刷经报院司并本府查考毋违等因到县蒙此拟合，勒石永禁。为此示仰县属绅衿士庶及书役人等知悉，嗣后俱遵照祁县武举郝培彝等所呈陋规内或系黎邑所有者，即永行革除。如具属陋规内尚有祁县所未闻者，许尔等逐一据实呈禀，以便再行示禁。所有禁革条款开列于后□至示者。

计开：

每季原差催认状银二两　每季民房基银五两　每季收书银五两　每季印红银三两　每季提差银五两　每季倒换兑批银一两　每季总神原差银五钱　每季散批银一两五钱　每季押粮原差银一两五钱　以上每季共费银二十两一都　四季费银八十两二十四都　共费银一千九百余两……

雍正二年七月印黎城知县田楫立石通知

（18）乾隆五年（1740）黎城县城隍庙碑

坟地第三□十六亩，西至第二□，东南至道，北至沟右，共地八十七亩四分，该粮银三两五钱七分二厘，于雍正二年正月内，仁、义、礼、智、成，五门分居时，均为认讫并识。

张公祠地亩记　附

太守张公者，公讳玉振，字集菴，陕西人，余家福星也。时先祖捐馆后，先叔为当时者所陁一时，宵小乘隙□山一带因田土，借端控告者蜂起，赖公神明，力雪诬枉，因感公德，为立祠于土岭村之路东，复置香火地若干亩，为住持糊口之资，今将地段开列于后：

寺南三段　七分　东李大宅　西官街　南瘟神庙　北本祠

寺北三段　一亩六分　东农坛　西街　南本祠　北道

街西上一段　六分　东第二　西王轼　李成　南道　北王天福

街西下段　一亩一分　东官街　西第一段　南道　北王天福

□□光一段　一亩二分五厘　东范三　西农坛　南王家坟　北李四宅

北内化庄则后一段　五亩五分　四壁俱至道

北内化小池上　七亩　东北俱至道　西乔士通　南至崖

右共地一十七亩七分五厘，除关厢基地无粮外，余该粮银九钱整，于雍正二年正月内，仁、义、礼、智、成，五门分居时，均认讫并识。

高岱　高荸　高献　高岎　高劳谦　高扚谦仝勒石

乾隆五年四月吉旦

（19）乾隆五年（1740）黎城县城隍庙碑

上得罪于天地祖宗，中为亲戚族党所指笑，下为后世人伦之殷鉴，可胜怵哉。吾家子孙勉听余言忍让为心□蹈覆辙，天福人归理之必然，今谨按籍分析，详载各册，以为各门乘业之据云尔。

时康熙四十八年乙丑岁四月吉旦　柔辱道人聚六氏题　胞侄献薰沐敬临

乾隆五年岁在庚申四月吉旦

胞侄岎　献萼　岱　岩　孙劳谦　侄孙扔谦　时谦　福谦　履谦　益谦　铭谦　曾孙曰□　恭　明仝勒石　玉工杨荣华镌

（20）道光二十四年（1844）黎城县城隍庙汉关内侯子明冯公之墓

碑名：汉关内侯子明冯公之墓

道光甲辰仲秋

前任安徽按察司照磨代理黎城县知县　五十二世裔孙询　孙谦敬立

（21）黎城县城隍庙碑

狭路重关起，风吹扑面沙。悬崖深似海，怪石乱如麻。战斗昔三晋，车书今一家。天朝历数永，未许界中华。

才度深山外，相看又日西。春寒初驻马，时晚渐栖鸡。问俗遥通晋，巡方近入黎。未许夸险胜，荒歉正栖栖。

（22）黎城县城隍庙碑

君讳彻，字仲达，韩州黎城人也。源夫三代继业，殷武王推天下之尊；五霸乘基，宋襄公长诸侯之位。是以家传余庆，无绝升降之朝；世不乏贤，长显昏明之国。赵上党太守龙，君之九世祖也。桐乡有受，托葬不归，茅社怀恩，因封即住，故得居为冠族，处必豪家。公府贵于就徽州郡重其应命。高祖郎，州主簿。曾祖恭，郡正。祖小，郡司功。父生，镇远将军、并州府司马。年在弱冠，即入周行，乃除镇东将军、郭州司土。六条班政，事必经曹；万□宣风，言多在职。又迁长平郡守。春秋七十有七，终于土里。大随十八戊午之年，十一月戊辰朔，十八日乙酉，改葬大墓。霜露有追远之年。仰书遗行，敢勒玄石。

二、黎城县东阳关镇

（一）苏家峧村

村庄概况

东阳关镇苏家峧村，位于县城东北11千米处，地处山坡，东至东石铺2.5千米，西至四桥沟2千米。当地年平均气温9—11℃，年平均降水量350—780毫米，气候温和，土地肥沃，自然条件优越。褐土质地，草木覆盖率41%，主要植被有松树、柏树、榆树、楸树、槐树，经济作物有核桃、柿、杏、人工杨树、刺槐、荆棘等。现有人口550人，耕地1266亩。村民以农业为主，主要种植玉米、小麦等。土特产有柿子、核桃、花椒等。

关帝庙

庙宇概况

位于苏家峧村村中，坐北朝南，一进院落布局，南北宽4.65米，东西长8.45米，占地面积39.29平方米。创建年代不详。现存正殿为清代遗构。庙院墙已毁，新砌，现仅存正殿。正殿建于长10米、宽8米、高1.08米的沙石砌筑的台基之上，面宽三间，进深五椽，六檩前廊式构架，单檐硬山顶，柱头科一斗二升斗拱，前檐六抹头方格纹隔扇装修。

碑刻资料

（1）光绪十六年（1890）苏家峧村关帝庙创修碑记

【碑阳】

盖人生宇内，端赖神功之默佑，而物育世间，全凭圣泽之培养。自生民以来，未有能离神圣而独立者也。顾神圣不一，求诸功盖万世，名震千秋者，恒难数数觏见也。惟关圣帝君，精忠贯乎日月，凡有血气者，莫不尊亲；威力镇乎乾坤，凡被声色者，谁不致敬。今有苏家峧村，合社公议，草创关帝神庙，胼手胝足、勇于经营者，如同夸父之逐日；筑室作堵、严于造就者，不啻愚老之移山。未几而栋宇皆作矣，未几而功程告竣矣。殿立三楹，灿然其可观。像塑三尊，慢乎其如见鸟革翚飞。非独有以蒙神佑，亦且有以壮村威也，岂但外观有耀而已哉？然敝邑之藐小，化费虽难以独支，而贵村之赞勷姓字，何可以弗彰？遂使良工拣选美石，琢磨成碑，将四乡之善信永垂于其上，以为万载之不朽矣。

邑庠生李天龄沐手撰书

阴阳赵增贤

维首

总管李清山施钱一千文

佃钱　李治广施钱三千六百文　李天福施大殿地三分　李连祥施钱二千文　张永宽施钱五百文

佃钱　李春荣　郭永隆各施钱五百文　郭清春施钱三百文　李林生　李丙□施钱一百文　李永德　李经施钱五百文　李积良　李枝施地一分

石工李广枝　王起业　王天发又共施钱一千文　王有仓刻石　王有明各施钱一百文　蒋锁财施钱二百文

木工杨贵义施钱二百文

泥水匠李长财

丹青乔国成

李兴则四桥路外施池一个

李天福　郭清春　李经　李綖　李林生　李红和　张京保　张京贵　张李保共施禁山一处

大清光绪十六年闰三月吉日立

【碑阴】

碑额：万善同归

涉邑辽城社施钱一千文　峪里村施钱八百文　佛堂村　王堡村　岭后村各施钱六百文　上温村　索堡社各施钱五百文　常乐村　杨家山　河南店　南温村　李家庄　小曲峧　赤岸村　曲里村　活水峧各施钱四百文　塔耳庄　半峧村　和邑白万兴　林邑申九坤各施钱二百文

潞邑排行社施钱二千文　东阳关社首　乡首各施钱五百文　东财神社　西财神社各施钱一千文　和顺楼　米升堂各施钱四百文　官盐局　德顺店各施钱三百文　义隆和施钱二百文　增盛永施钱一百五十文　隆盛太施钱一百文　李治伦施钱五十文　张全明施钱一百文　善业村大社施钱五百文　瓦窑施钱四百文

辛村大社　太阳斋各施钱一千文　徐恭让施钱三千二百文　何仲仁施钱二百文　徐金水　宋岩林　宋改则各施钱一百文　元村大社施钱三百文　胡贵昌施钱二百文　东长垣大社　徐有盛　苏村社　七里店　曹庄社　五十亩　榆树平　岩井社　小口村各施钱五百文　太阳斋　太阳斋　霞庄社　城南社　望壁社各施钱二百文

河南王新仁施钱二百文　靳家街前社施钱五百文　子镇杨三林施钱一百文　皇后岭施钱八百文　西黄须大社施钱一千文　斋内施钱三百文　上湾村施钱一千文　下湾村大社施钱五百文　太阳斋施钱二百文　张东钰施钱三百文　香炉峧大社施钱五百文　太阳斋施钱二百文　程玉仓　张继东　郑永良　郑永安　郑法禹　郑长则　郑丙和各施钱一百五十文　郑永太　程金财　张考业各施钱一百文

侯家滩大社施钱五百文　段孝义施钱二百文　段孝礼　张若仓　王林士各施钱一百文

　　小亭河施钱三百文　宋家庄大社施钱七百文　崔廷宣　张谨堂　江丙申各施钱一百文　坟峧社　东下庄各施钱四百文　后狄峪村大社施钱八千文　八观斋　李端瑞各施钱一千文　李端积施钱三百文　前秋峪村大社施钱一千文　李明则施钱二百文

　　岭西村大社施钱二千文　八观斋　太阳斋各施钱三百文　李秋施钱二百文　三街村大社施钱一千五百文　程有水　程世俊　程世海各施钱二百文　程世兴施钱二百五十文　长脚底东庄村大社施钱三千文　太阳斋施钱二百文　西庄村大社施钱三千文　八观斋　太阳斋　郭继林各施钱三百文　李祥林　李景芳各施钱五百文　李益祥　李起余各施钱二百文　李丙午施钱一千文

　　南峧村大社施钱一千文　赵发达　李俊　杨培恭各施钱二百文　郭永富施钱一百文　马家峪大社施钱二千文　太阳斋　马有骠各施钱三百文　张恒兴　马有长各施钱二百文　李世盛　李世德　马震各施钱二百文　马家拐　东骆驼各施钱一千文　槲坡村　前贾岭　郭家庄各施钱五百文　高石河大社施钱一千文　郭丙□　王占元各施钱二百文　赵永林施钱一百五十文　后贾岭王廷良　朱家峧各施钱三百文　龙王庙大社施钱一千文　李广林　李焕章各施钱一百文　楸树园施钱一千五百文

　　长凝村正庄施钱三千零五十文　太阳斋施钱一千文　西庄施钱六千二百文　西前庄　八观斋　太阳斋各施钱一千文　西后庄太阳斋施钱八百文　西南庄施钱二千三百六十文　正南庄施钱一千二百五十文　东南庄施钱四千四百文　八观斋施钱五百文　东庄施钱二千九百廿文　八观斋施钱五百文　李考林施钱三百文　李琦施钱一百文　本村　八观斋施钱八百文　李丑牛　李起荣各施钱三百文　李补生　张京贵　李义各施钱二百文　张京保施钱一百五十文　李长　李大昌　李继　魏振邦　李继温各施钱二百文

本社共地六倾一十二亩半，每亩起钱一百七十一文

（2）民国十七年（1928）苏家峧村修井碑

尝闻，积善之家必有祯祥，积不善之家必有祸殃。本村旧特无池，人民之用水困苦艰难，实是难言。自余祖父李□生，目睹心伤，施田五分□池一个，为泉水之用。于是乡间便利，人人咸□，诚美事也。迨至民国十七年，池□□墟无人修理。余协同村中父老重葺而新，为砖完之。计此，前者之善作，而后者之述也。一时老幼咸集公议，立一字碑以为千古不朽耳。

池北不许大社栽种树木□年，大社共施地主纳□四□正。

李□二敬书

维首张景□ 李□

石工□全

中华民国十七年十月十日吉立

（二）龙王庙村

村庄概况

东阳关镇龙王庙村，地处半山区，南连深沟，北临北脑山，位于县城东北20千米处，东至楸树垣1千米，西至下马家峪1.5千米。当地年平均气温9.1℃，年平均降水量550—650毫米，四季分明，冬夜长夏夜短，日照充足，气温温和。褐土质地，草木覆盖率23%，主要植被有人工杨树、刺槐、荆条等。现有人口736人，耕地1665亩。村民以农业为主，主要种植玉米、小麦等。土特产有柿子、核桃、花椒等。

龙王庙

庙宇概况

位于龙王庙村北，坐北朝南，一进院布局，东西长23.29米，南北宽13.83米，占地面积约322.1平方米。创建年代不详，现存山门为新修，其余为清代遗构。中轴线上有山门、正殿，两侧为东西厢房，山门为新建。正殿建于长15.26米、宽12.85米、高0.5米的石砌台基之上，面宽五间，进深六椽，七檩前廊式构架，单檐硬山顶，灰布板瓦屋面，柱头科一斗两升。

碑刻资料

（1）嘉靖二十七年（1548）龙王庙村龙王庙创建香台碑记

时嘉靖二十七年岁次戊申，九月癸酉□越二十二日，合村□□。山西潞安府黎城县平县乡长垣里秋园，祖贯□□。今有本村庙主王仲、江代刚二人，谨祭虔心，建香台一□，永远香□□记立碑。

皇明嘉靖二十七年季秋九月二十二日

石匠□□□

本村香老□□□　江景和　王仲　长男□□□　江代□　长男□□□，肖　李付□□□　王景山　崔□　李进□　张大□

一方虔心

下秋树园村香老江□　牛洪　李余　牛昶　江女仓　牛余良　江有金　江会　牛□满　牛景全　牛□全　江代□　江代正　牛余根　江代臣　江代□　江保　江奉　张山

（2）万历四年（1576）龙王庙村龙王庙重修碑记

维看守庙宇陈真道

大明国山西潞安府黎县玉泉乡北陌里秋树园□

时万历二年重修庙两廊房俱全

香老江代交　牛聚才

时万历四年岁次丙子十月己亥日造立

香老江思道、牛子名二人□□虔心□□合社人□□□舍资财木失上下村二里，共造石贡桌三□，石界□俱完，土□云终福禄善庆，花名开俱于后：

牛景全　江代安　江代方　牛□□　牛代川　牛子阳　牛子登　牛子□　江世文　江思艰　江思虎　江思信　江思锦　江得苗　牛子□　江思仁　江思路　李文才　江世忠　江世良　牛聚库　牛聚厫　牛聚友　牛继□　牛进科　牛进条　牛进方　江思孝　马氏　牛进朝　张代金　王□□　张朝京　马朝用　李朝臣　温甫　李徙结　牛进朝　师友库　李强　张朝先　杨进才　刘代金　张道　刘朝付　郭来　方费　王恭得

丹清［青］赵龙

万历二年兴工　木匠杨志臣

维阴阳生唐继宗　弟子芦春□

大明国山西潞安黎城县平贤乡长垣里西坡庄方园，祖贯居住信士，本方施主江世隆等，总领众社人等，谨发虔心，至万历三年岁次乙亥二月十九戊子，起工重修龙王庙东西两廊石贡桌三张，接次兴工。万历四年院备，永保吉祥。

本方香老江景和　王朝用　江世隆

庙主江奈

一社人等喜舍资财木□花名开列于后：

张文□　□□□　□□□　□□　王朝用　江玉科　肖友库　李友库　江世坤　王朝相　李自位　江宰　马世姜　江世任　白来保　杨添才　王世友　崔富　李世兴　王谷金　李守宝

万历四年十二日立

石匠杨进善　张思义　郝丙仁

（3）天启二年（1622）秋树园重修碑记

碑额：奏厥成功

碑名：秋树园重修碑记

  且先王建社稷以安天地，民间立庙宇以妥神功。开创者既立常存之体，守成者岂越古制之旧？要不过审其时、谕其世，颓靡者须当补葺，狭小者理宜恢弘。黎邑东北四十里许，有沼泽龙神庙，古来远矣。挽近垣墉毁坏，砖瓦破碎，不惟不能坚一方之威震，且招五路之邪魔。有香首江玉福，与庙主生员张可立，同议修饰之事，众皆悦服。各人喜舍资财，同心协力，共成圣事。正殿三间，不难，易三而为五；两廊歪斜，夫且矫偏而归正。致令殿宇高洒，□户玲珑，山岩拱秀，焕然一新，至是则栖神有所而祭灌有地矣。伏愿五日风而十日雨，冰雹同旱魃以俱免，生民祇乃粒之休；九年耕而三年蓄，福泽偕时雨以常流。百姓荷无疆之利，岂非神人两有所凭哉。呜呼，当连岁薄收之日，独出精力以勤劳，又众口难调之会，不惧人言以凑续，岂非真心诚意，默与神圣相往来，鲜不半途而废矣。斯其功亦伟矣，肯使湮灭无传哉？试刻诸石，以为后志云。是役也，始于四十四年八月初四日，成于时天启二年十一月二十一日立。

  辽邑生员杜士奇书撰

  石匠刘君美　胡进才

（4）道光元年（1821）龙王庙村创修月台碑记

碑名：创修月台碑记

  念佛斋头　牛门郭氏　牛门赵氏施钱六百文　贾门李氏　张门赵氏　张门牛氏　李门李氏　各施钱六百文　李继味施钱二百文

  社首张芝　马复秋

石匠刘琚

道光元年甲午月壬子日立

（5）民国二年（1913）龙王庙村龙王庙重修碑记

碑额：流芳百世

碑名：龙王庙重修碑记

神人有相依之势，古今乐似续之德。厌故喜新，比比然也。况为一乡之尊崇，四方之观望者乎！昔明天启二年，庙属秋树垣，伊村江玉福重修之，本村张可立帮助之。尔时秋树垣在槐庄居住，距庙百余步。后缘地方狭小，迁徙于北，以离村遥远，祷祭不便，于其村重建庙宇，而庙遗焉。张可立以德报德，遥请村人各捐己资，助彼成功，以通秦晋之好。创修日久，四方行人趁荫歇息，就馆启箸，南来北往，共知龙王庙之所在，遂即以名村焉。又逾二三百年，墙壁倾倚，房屋颓毁。村人有好事者，计及锱铢，穰成巨赀，积谷百余石，又募化四方，以作兴工之费。喜歌舞者高大戏楼，曰"不必"；好宽阔者开展庙宇，曰"无须"。古人曰："仍旧贯如之何，何必改作。"于是筑登登，削平平，不数月而工程告竣。楼阁玲珑，光彩射日，神像辉煌，威严极天。落成之后，作歌以颂之：南望凤岭，北达清漳。东连西接，郁乎苍苍。浿河来朝，名山远扬。歌楼偏暖，神台极凉。旱魃远离，伯师争芒。和风适节，甘霖普降。快哉斯域，大哉龙王。

　　大清庚子科郡庠生李培梓寻撰之　李彩麟图写之　培梓子待三　□村里三甲　□□□

　　维首邑庠生恩赐乡饮介宾李春芳　李景章　李焕章　李文魁　杖乡恩例乡饮耆宾董发祥　宋美景　徐保库　董富全　张保仓　贾松玉

　　乡约张乃庚　李永仓

　　林邑木工李秋园　铁笔孙三香　泥水冯毓秀

丹青涉邑苗敏树　本县牛富仓

民国二年正月初六日吉立

观音庙

庙宇概况

位于龙王庙村南4千米处，坐北朝南，单体建筑，东西长7.82米，南北宽4.38米，占地面积约34.25平方米。创建年代不详，现存观音殿为清代遗构。该殿整体青石砌筑，面宽三间，明间辟圆拱门，两次间开圆窗，室内为拱券无梁殿结构，单檐硬山顶，柱头科石雕一斗两升。

碑刻资料

（1）至元三十年（1293）潞沁黎城县前主簿重修装塑壁画记

碑名：潞沁黎城县前主簿重修装塑壁画记

夫观音者，神心动照，□默为宗。既启观音，宜遵佛敕，方能辅翼之心教果，光扬祖道，利他自利，功不浪施。若乃郡县官僚，共结良因，以至工商咸资福报。

平阳□□　至元三十年岁次癸巳七月二十三日

维那都功德主　平阳路黎城县前主簿□尉兼管诸军奥鲁焦老夫人宋氏　男焦锡康　焦汝翼　焦□□　焦庭□

辛村重修殿维那田讃　李信　刘添　王贤

司吏任谨　□□　□明让　张世英　任珪　王英

典史曲庭玉

平阳路黎城县主簿兼尉兼管诸军奥鲁冯

征事郎平阳路黎城县尹兼诸军奥鲁劝农事成

进义副尉黎城县达鲁花赤兼诸军奥鲁兼劝农事　也孙□

本村乡老徐□才等立石

石匠邯郸陈二刊

程□书

（2）康熙五十年（1711）龙王庙村观音庙重修碑记

碑额：碑记

尝观庙祠之设，多设于要路，何为乎？为其为四方之保障焉，亦□□往来之捍□焉。□□□□近□，岂浅鲜哉？古之地名，有野槐树者，临近之村庄俱无，而晋卫之接壤不远，殆所称要路，非□□。□□□石殿一所，名曰观音堂，不知建自何时，创自□人。□则年又崩坏，风雨□折。往来行人憩息于此者，皆寓目伤之。最□□者，无董率之人耳。一旦，秋树园有善人牛金珮者，大发虔诚，不惜已有创立茶室数楹，以为施茶□缘之所。不意厥功未成，忽然而逝。由是善念所感，相率而起。共襄善事者，历□有□□□土大之费。□石殿叠叠俨若峻宇雕梁之美。厥后其子牛邦淋继父□善，独塑正中菩萨一尊，金装绘画，焕然一新，洵可谓善继父志、善述父事者。今事既观成，问序于余。鄙陋文固辞，不得，聊赘数言，以为世之作善而父子不继者劝。

信士牛金珮　妻田氏　男牛邦淋勒石

江南池阳陈□□敬书

念佛会牛门陈氏　连门□氏　田门江氏　靳门江氏　牛门魏氏　牛门连氏　贾门李氏　牛门闫氏　李门牛氏　李门向氏　连门秦氏　牛门李氏　王门牛氏　李门李氏　贾门张氏　李门刘氏　路门杜氏捐银二□

康熙五十一年十月十五日

玉工刘景□　□弘功　王良仝立

（三）秋树垣村

村庄概况

东阳关镇秋树垣村，位于县城东北21千米处，地处晋冀边界，东至东平沟2.5千米，东北至河北省涉县峪里村1.5千米，西南至老槐庄1千米，地处山沟，西望西山，东望东垴山。当地年平均气温9—11℃，年平均降水量350—780毫米。气候温和，土地肥沃，自然条件优越。褐土质地，草木覆盖率41%，主要植被有松树、柏树、榆树、楸树、槐树、人工杨树、刺槐、荆棘等，经济作物有核桃、柿、杏。现有人口1086人，耕地2091亩。村民以农业为主，主要种植玉米、小麦等。土特产有柿子、核桃、花椒等。

关帝庙

庙宇概况

位于秋树垣村北，坐北朝南，一进院落布局，南北宽21.11米，东西长23.65米，占地面积499.34平方米。据庙内碑文记载，创建于明代，清雍正七年（1729）、乾隆四年（1739）、嘉庆二十年（1815）、光绪十年（1884）多次重修，现存为清代遗构。现仅存献殿、正殿，山门、东西配房为新建。正殿建于青石砌筑的台基之上，台基长16米、宽14米、高1.08米。面宽五间，进深五椽，单檐硬山顶，六檩前廊式，柱头科三踩单昂，昂头皆断；前檐明次间六抹头斜方格纹隔扇装修。

碑刻资料

（1）雍正七年（1729）秋树垣村重修帝君庙记

碑额：碑记

碑名：重修帝君庙记

神圣之福世，犹日月之经天、河海之行地也。日月容光必照，河海不择细流，神圣之极天蟠地也，何独不然。关帝君挺生汉代，忠贯金石，义薄云霄，千载下□祀血食，周遍海内，其他名臣烈士载在祀典，往往限于一方，求其绝域穷□，莫不尊亲者，终莫京于帝君也。黎邑属有秋树园，居民勤俭，劳于率作，频年来年丰时和，百废俱兴。独有关帝庙坐北向南，为一方之保障，民物赖其庇覆。其为功于地方也匪浅。但庙宇狭隘，年久颓圮。有雍正三年社首牛兴珩、江云芝纠领阖村人等，输财输力，共发虔诚，重修此帝君庙，增其旧制。自三年以至七年，厥功告成，欲刻碑铭以志不朽，祝予作文以记之。窃思帝君发祥于蒲阳，厥地庙貌壮丽，甲于天下。兹山僻微区，亦获庇覆，岂非日月之容光，河海之支流乎。然自帝君在天视之，则巍峨轮奂，不见其宏，斗室数椽，不见其隘，方且沛正气于两间，极□沦于六合，安见蕞尔祠宇遂远逊于兰宫桂殿耶？不然，诚敬不足，虽有杰阁崇台，流丹耸碧，亦具文之设耳，夫何取焉。是为记。

涉邑廪生崔岳撰

李松年施梨树一株　杨锡施银一两

本村施银开后　江□施银七钱八分　江□施银一两三钱　□弘施钱三分　牛□银□□□钱　牛□银□两二钱　李□□银□两□钱　□□□银一钱二分　王建臣银四两一钱　杨□□二两七钱　金妆正神牛邦海施银一两　□□□银□钱六分　江□□银二两六钱　牛加□银一钱五分　牛□银二两九钱　杨承富银□两□钱　牛兴珵银□两五钱　江守国银二两　江守满银二两三钱　江云法银二两二钱　江云□银一两□钱　□□凤银七钱三分　牛□张银三两三钱　杨承锡银□钱　牛达银四两二钱　江云□银二两三钱　□□明银一两四钱　牛兴□银四两四钱　牛登银四两四钱　牛封赵银九钱五分　连□□银二钱四分　杨承芳银一两七钱　杨起□银一两五钱　江云端银二两二钱　牛封银三两　连弘臣银一两□钱　牛□银一两九钱　牛□银一两六钱　牛门杨氏银二钱七分　杨承□

六钱七分　牛思恭银三两二钱　牛□荣银二两九钱　□□□银一两九钱　江云芳银一两六钱　江云烈一两一钱　牛封全银一两二钱　牛封魏一两三钱　牛□祥银二两　牛兴□一两□钱　杨承贵银一钱　牛兴□银三两九钱　李珍□银四钱　牛封贤银四两七钱　牛兴太银一两七钱　牛□一两六钱　牛兴枝银二两二钱　连弘相银二两九钱　江守□银五钱五分　牛昌银一两六钱　江守□银一两二钱　杨承纪银二两四钱　牛起发银一两四钱

本村念佛会领斋善□张门张氏法名照□

靳门江氏　牛门魏氏　李门乔氏　贾门李氏　□门贾氏　牛门连氏　□门杜氏　牛门杨氏　江门王氏　牛门李氏　牛门江氏　牛门李氏　贾门刘氏　江门王氏　贾门张氏　杨门牛氏　牛门贾氏　王门牛氏　张门李氏　李门刘氏　牛门李氏　江门王氏　牛门许氏　牛门王氏　牛门史氏　牛门□氏　魏门□□　□□□□共捐银一两五钱

连门秦氏　江门赵氏　牛门闫氏　牛门杨氏　牛门米氏　江门张氏共捐银六两　牛加好村凫施银四两一钱

木匠王惟能　马翚

瓦匠郭有道

泥水匠陈有

□□匠牛封鲁

画匠王之昌　王廷谏

雍正七年九月二十日立

玉工王良友

阴阳杨□士全建立

（2）乾隆十四年（1749）秋树垣村建立香亭碑序

碑额：流芳

碑名：建立香亭碑序

伏以精忠贯日，历万古而恒明；大义参天，统千秋而不坠。庙貌星列，宇宙神感，普适尘寰，凡有血气者莫不尊亲。古有敕封关圣伏魔大帝，金阙玉锁，宝殿巍巍，坐一方而有治国安邦，镇一乡而增万福，天光紫气，圣像神威，保绥万姓而常乐福寿之康宁。求生而无所不应，求富而世世昌荣，无所不符。雨旸时若万灵如响，诚为一众依怙之主。僧及维首叹曰：此之累岁，社绪无停，以为常行，院缺香亭以致圣事。乾隆十年，维首及僧与合村善信人等恭议，目击心伤，纠领一乡人氏，施一工而装修垣墙，舍一粟而积成无漏之因，际一木而成圣果。庙貌其间，瓦成其鳞。今逢十四年季秋之月，彩丽其檐，妆画其饰曰：虽则善功以成，不免钟声繁絮，纳子勤劳，晨暮焚修，□诵大乘，祝一乡之大德，升檀那之威光。今以香亭绘致，万古流芳，勒石刊志，以扬后世无朽云耳。

圣泉比丘海金□撰

牛兴瑞施银六两三钱九分　江云□施银五两五钱五分　李弥光施银四两八钱五分　牛封鲁施银四两七钱六分　李铨施银四两五钱三分　王建廷四两二钱四分　牛达施银三两九钱九分　牛兴玮施银三两八钱八分　牛恩则施银三两五分八钱　牛栋施银三两五钱　杨小世施银三两三钱　牛□施银三两　王慧施银一钱三分　何□施银六分　连弘臣施银六钱七分　牛奎施银一两七钱八分　牛登施银二两六钱五分　牛科施银一两一钱九分　牛发施银一两四钱五分　江云升施银二两七钱八分　江大宾施银二两三钱二分　牛成基施银二两五钱三分　牛起法施银二两八分　牛思楷施银二两四钱　牛封德施银二两六钱九分　牛法祥施银一两八钱四分　杨承□施银一两八钱　牛兴□施银二两二钱　王建臣施银二两四钱九分　杨□强施银一两四钱五分　江大熬施银一两二钱五分　江大仁施银一两二钱八分　王长往一两五钱一分　江云显施银一两三钱四分　江大文施银一两二钱二分　江守□施银一两七□□分　江云芝施银二两二钱八分　连周元施银一两三钱五分　连弘

相施银一两一钱四分　江守臣施银一两五钱八分　牛兴□施银一两八分　□云芳施银八钱七分　连三祥施银一钱八分　杨门王氏施银一钱八分　牛发富施银一两五钱一分　牛发贵施银一两□钱二分　牛封晋施银一两四钱六分　牛兴坤施银一两五钱五分　牛□□施银一两九分　杨起明施银一钱一分　江云宽施银八钱二分　江云魁施银七钱九分　江大贤施银九钱七分　牛仓施银八钱四分　牛列施银六钱六分　牛封赵施银六钱二分　牛封和施银九钱六分　牛封仁施银六钱　江云明施银六钱八分　牛元施银二钱六分　牛兴珍施银七钱三分　江云贵　江云玺施银一两三钱四分　江云端施银一钱四分　江云富施银五钱四分　江云武施银六钱二分　牛思舜　牛思聪　牛思禹施银一两三钱八分　连周起施银一钱五分　江云凤施银三钱六分　牛发金施银四钱一分　牛加福施银四钱　连同赴施银四钱九分　牛忠施银一钱二分　江守宰施银一钱五分　秦谈施银二钱九分　牛封佐施银二钱五分　牛封齐施银二钱

　　维首牛兴玮施银五钱　江云芳施银二钱　江云芝施银二钱　江云升施银三钱　牛丹玺施银七钱　王建廷施银三钱　牛思恭施银三钱　牛兴琮施银二钱　牛广施银三钱　李□光施银三钱　江□□施银三钱　牛兴瑞施银三钱　连弘相施银二钱　江大宾施银二钱

　　社首牛封□施银二钱　江守国施银二钱

　　□□庙念佛会领众女善人等　贾门李氏　贾门张氏共施银一两

　　村念佛会领从女善人等　牛门宋氏　牛门吴氏共施银二两五钱

　　乾隆十四年屠维大荒落无射榖旦

　　住持比丘海潮　徒寂镜建立

　　石匠牛封秦施银一钱　连同赴　牛思□

（3）嘉庆六年（1801）秋树垣村关帝庙重修碑记

【碑阳】

　　帝之硕德伟望，灿然如日月之经天，耸然为太华之镇地。盖不待知者而后知也，所以山陬海澨之间，各建庙宇以崇功而报德。而吾乡亦有关帝庙之旧迹焉，然而天下事兴于百年之前，未必不替于百年之后。时异势殊，往往有之，又何怪于帝君庙之圮毁也哉。纠首连登科，于乾隆之乙卯春，诣同事者谋其事，诸人亦力任之而无辞。于是目竭心营，捐资者若何，鸠工者若何，舍其旧而新是图，时不过一易寒暑而工遂峻。至今睹其庙貌，焕乎备物采之华，而帝之生气凛凛，宛若当年，可以壮威灵而肃观瞻矣。当明禋之暇，四顾徬徨，□见夫山花放蕊，则秉烛之赤心犹存；水月沉钩，则单刀之义胆如在。此又景外之景，览之而不尽其趣者也。余谨陈俚词，援笔而记之，□惟彰神功之显赫，抑亦不掩人善之意云尔。

　　邑庠生连登甲占黄氏撰

　　生员连登三升菴甫书

　　敕授九品秩衔耆年

　　照德　照宣施钱九千八百又钱一千八百文

　　牛恩瑞钱六百文　牛思松钱五百文　牛思周钱二百文　牛万英钱一百文　牛万春钱一百文　牛万宝钱一百文　牛太山钱□□文　牛怀山钱□□文　牛□山钱□□文　牛思□钱一百文　江水□钱五百文　牛有仓钱九百文　江大伦钱三百文　江大□钱九百文　牛□□　牛□山　牛□粮钱二千文　牛长才钱一百文　牛大成钱二百文　牛思义钱一千八百　牛臣钱五百文　李克消　李克明　李克工钱四百文　李清芳　李□□钱一千二百　牛□恒钱一千一百　牛有明钱一千四百　王□林钱二百文　王思□钱七百文　王瑞璋钱二千文　王思松钱一千文　江进成钱二百文　牛得□　牛得□钱四百文　江云超钱二百文　连治国钱一千一百　牛思

禄钱一百文　牛思福钱一百文　郭保成钱一百文　江承□钱八百文　牛万秋　牛万英钱二百文　江承梁钱一百二十　江大惠钱二百文　江承□钱三百文　马起山钱二百　宋□钱九百　江大成钱四百　连启先钱一百　牛得全钱□百　牛有成钱二百　牛库钱二百　连登魁钱一千四百　连登三钱九百　连登林钱七百　连登甲钱一千　连登朝钱一百　连登春钱一百五十　连登□钱二百　江云端钱四百　江大川钱一百　江大金钱九百　江水渊钱六百　李式钱五百　连登贵钱八百　牛武□钱四百　连登□　连登公　连登进钱四百　牛万聚钱三百　牛万金钱二百　李俊钱八百　李杰钱一千　李春阳钱一百五十　牛得望钱二千　牛有□钱四百　牛思水　牛思河　牛思□钱二百　连治南钱二千　李宏俭钱二千五百　李道福钱四百　李道祥钱四百　李□业钱五十　王建祥钱一百　牛法才钱二千　王扎根钱□百　申贵成钱一百　李尚材钱二百　杨逢语　杨逢□钱五百　杨卜易钱二百　杨□孟钱八百　杨登礼钱八百　杨得福钱三百　牛万福钱四百　牛生□钱一百　牛生□钱二百　江□敬钱一百　牛思恺钱六百　牛玉锡钱三百　牛玉朝　牛玉玺钱三百　李道祯钱二百　牛封田钱四百　牛思忠钱八十　牛□锐钱五十　江大如钱五十　牛崑山钱五十　杨小黄钱一百

　　维那杨卜年施钱二百文　牛思𬱖施钱二百文　牛万珠施钱二千文　王□业施钱一千七百文　连登贵施钱二千文　牛兴珍施钱三百文　连周全施钱二千文　江云端施钱三百文　江云升施钱八百文　王建廷施钱一千文　连登科施钱二千二百文　牛朝施钱二千文　牛封赐施钱二千文　牛栋施钱二千文　牛思恺施钱三百文　李大成施钱二百文　江承桂施钱三百文　江大成施钱二千文

　　嘉庆六年岁次辛酉七月丙申吉立
　　住持普照秘德等众
　　玉工李兰水　杨掌成

【碑阴】

……李才益钱一百文　王进新钱一百文　赵兴贤钱一百文　王永起钱一百文　曹目贵钱一百文　□□平钱一百文　贾□□钱一百文　六合号钱一百文　□□号钱一百文　□□号钱一百文　进兴号钱五百文　通和号钱二百文　李□□五百文　□□店钱二百文　正盛号钱二百五十　永盛号钱一百五十　朱雀号钱一百文　和顺号钱一百文　丰盛馆钱一百五十文　德胜馆钱一百文　和成号　李金贵钱一百文　□金唐钱一百文　李金锡钱一百文　贾美才钱一百文　刘天□钱一百文　杨□□钱一百文　贾□□钱一百文……崔□□钱一百文　张朝□钱一百文　史大伦钱一百文　王□洁钱一百文　杨得山钱五十　田立基钱一百文　田怀宗钱一百文　田□钱一百文　田□钱一百文　田金成钱一百文　田实苞钱一百文　张宗朝钱一百文　史文传钱一百文　史文粲钱一百文　史文东钱一百文　□□曾钱一百文　□文□钱一百文……杨瑞占钱一百　史□年钱五十　□□立钱一百文　□文明钱二百文　李永清钱一百　史久明钱一百　李继周钱一百五十　贾景□钱一百　贾景□钱一百　贾连干钱一百　贾□林钱一百　贾英伦钱一百　贾五□钱一百　贾金树钱一百　贾升钱一百　贾□钱一百　贾藕根钱一百　贾凤鸣钱一百五十　贾美忠钱一百　贾美兰钱一百　椰坡村李玉英钱二百　李玉□钱二百　张□国钱一百　张金成钱一百　张世传钱一百五十　张世用钱一百五十　李务实钱一百五十　张世进钱一百五十　张世□钱一百五十　□培□一百五十　张金林钱一百五十　□□□钱一百五十　王□钱一百　长宁村赵景知钱□□　赵景情钱一百　赵景林钱一百　□□玉钱一百　□二□钱一百二十　□□全钱一百二十　郭□□钱一百　李□□钱一百五十　宋义钱一百　宋□枝钱一百　韩廷臣钱二百　程名川钱一百　程名□钱一百　宋宽钱一百　李□□钱一百五十　李□共钱二百　李俊彦钱二百　李魁春钱二百　李兰苏钱一百五十　李济美钱一百　李似珊钱一百　李

宏志钱一百　李怀珍钱一百　段长元钱一百五十　段九□钱一百　关成□钱一百　□□□钱八百八十　牛法□钱一百　白钱□□二百　□崔□钱二百　□□□钱二百　善业村赵自修钱一百　□明钱一百　□继□钱一百　董观中钱一百　董天□钱一百　史□□钱一百　□□德钱一百　□伏安钱一百　王克己钱一百　李□敬钱一百　王朝□钱一百　李逢时钱一百　赵天祥钱一百　吴敬钱一百　吴敏钱一百　吴□钱一百　王伏祥钱一百　王可知钱一百　吴大□钱一百　李玉章钱一百　村内散捐钱一千一百文　斋会施钱五百文　原南村张□进钱一百五十　张重朝钱一百……辛村石□□钱一百　李□□钱一百　李□光钱一百　徐□□钱一百二十　徐□钱一百二十　李文广钱一百二十　村内捐钱五百五十　杨家湾刘进仁钱一百　杜李公钱一百　李思香钱一百　常宽钱一百　合村捐钱一百　□□　文祥茭子五斗　王永宗钱二百　王永礼钱二百　贾耀钱一百五十　李□太钱一百　李进美一百五十　王济开钱二百　杨文成钱二百　高石河捐谷二斗　贾岭后村　王洪钱一百　王富春谷二升　郭□文钱一百　田□伏钱一百　村内捐米一斗二升　皇后陵捐钱五百　前贾岭郭□□钱一百　郭□□钱一百　□□钱一百　王□□钱一百十　王□□钱一百　王□□钱一百　元庄村□□□钱一百　□□□钱一百　王□谷一斗　□□□谷一斗　董成谷一斗　王丙谷一斗　王世相谷一斗　王□林谷一斗　郭夫相谷五升　王忠仁谷五升　毛岭底杨永先谷一斗　张富山钱二百　张清山钱二百　张遇山钱二百　杨令林钱一百五十　张景山钱一百四十　张孟兴谷一斗　张伦钱一百五十　张尚科钱二百　□□桥　师正中钱一百师□□　师子法　师广原　师重□共施钱一千六二　王忠钱一百　王广德钱一百　王广思钱一百二百　广承钱一百　祥祯钱一百一十　悟□钱三百　王东忠钱一百五十　郭继文钱一百　心统钱普□钱二百　□广钱一百　会□钱二百　祥□钱二百　祥昧钱一百　祥英钱一百　□□钱一百　徐柱钱一百　元果钱二百　元□钱二百　庄子村住持钱八十　朝元宫钱二百　亭骖宫钱一百　广生宫钱

一百五十　道树钱二百四十　普观钱一百　广礼钱一百　半峧庄闫宗禹　□正□　周代明　闫逢福施谷一斗　半岭底　张伏春钱一百　杜□□钱一百　石门村李良钱八十　杨共□钱□十　王国玉钱□□　董世英钱七十　江□扬母钱七十　张汉周妻钱□□　王□张妻　王校张妻　赵金祥妻张氏共谷一斗三升　江振安钱一百十　杨其文钱二百　梁标文钱二百　杨方业钱六十　杨□□钱一百　赵立仁钱一百　刘人全供一桌　桃城张复钱二百　赵进贤钱四百　赵张氏钱二百　花成思钱一百　□九明钱一百廿　刘杞信钱一百　刘进敖钱一百　常观堂钱一百　刘索钱一百　刘杞祥钱一百　宋逢敖钱一百廿　常观荣钱一百　刘忠细钱一百廿　李子贤钱一百　赵尽良钱一百四十　南峧村　散仓谷一斗五升　杨增业　杨长根谷二斗　杨得业钱一百五十　□□峧捐谷一斗五升　斋会钱五百斗　□文章钱一百　崔□登谷三升　崔□□谷五升　初大□谷一升　祁得广钱二百　相振宗谷一斗　塔儿庄张振基钱二百　张浩花钱二百　张□□钱一百　闫进贵钱二百　李魁意钱一百五十　李魁元钱一百　□□叙钱一百五十　贾凤仪钱一百　贾永和钱一百　赵□□钱一百　牛法才荬子二升　□众会　闫九靳秋钱一百五十　靳科钱一百五十　靳明钱一百　靳和　靳恩　闫九川　靳祥　张良　靳光明共谷二斗四升　长脚底郭建山钱一百五十　郭建业钱一百廿　郭建成钱一百二十　郭建祥钱五十　李世信钱一百　李留年钱七十　村内捐钱四百　郭□□谷□斗　村内散捐谷四斗

　　马家峪李□□钱一百五十　李大通钱一百五十　李信钱一百　李玉□钱一百　李玉环钱一百　李玉川钱一百五十　李玉晶钱一百二十　李玉钦钱一百二十　李玉贵钱一百　李玉敬钱一百五十　李玉义钱一百五十　李玉□钱一百五十　李玉□钱一百　李建花钱一百　李秉成钱一百五十　李秉直钱一百五十　李玉温钱七十　李克项钱一百五十　张秉云钱一百五十廿　张孟□钱一百　马进禾钱一百　马进德钱一百　江玉秋钱一百

更落村江玉林钱一百　张孟□钱一百　龙王庙村村内捐谷五升　贾□全钱二百　李□天钱二百　李智元钱二百　李仁文钱一百　董山秋钱一百　李粮□钱一百　李文钱一百　贾永富钱一百　贾如珍钱一百　李玉相钱一百　贾永太钱一百　贾永法钱一百　李□□钱一百　张芝钱一百　张凯钱一百　张萦钱一百　贾如珠钱一百　李玉宰钱一百　王元钱八十　张伏松钱八十　张芝宝钱五十　马春堂钱一百　马思仓钱一百廿　马思□钱一百四十　马贤德钱一百　马晶德钱一百　马伦德钱一百五十　马群德钱一百　马才德钱一百廿　□□村　刘振登钱一百　刘俭钱一百　□林钱一百　刘振兴钱一百　□□先钱一百　□成钱一百　□正□钱一百　刘成强钱一百　张在进钱一百　朱□海钱一百　李明正钱一百　牛□钱一百　朱安国钱一百　芦全信钱一百　芦全美钱一百　刘恭钱一百　刘振彦钱一百　芦自成钱一百　牛成钱三百　杨进□钱四百　□牛氏钱三百　芦□钱八十　芦吉钱八十　朱都下钱八十　李明□钱八十　李□钱八十　张再和钱八十　朱都下钱八十　郝秀钱八十　芦连钱八十　□德钱八十　□运钱八十　徐孟林钱八十　芦三树　张再□散捐谷二石二斗　念佛会捐钱二千　马善友　牛申氏　牛芦氏　马□氏　江杨氏　牛李氏　牛程氏　牛杨氏　牛申氏　牛李氏　李马氏　牛武氏　牛李氏　芦□氏　连贾氏　王连氏　王徐氏　江李氏　牛刘氏　江曹氏管戏午饭　化捐钱二千一百文　李王氏钱八十　连李氏钱八十　牛思满钱二千　连登发钱五百文　连□太钱一百文　王思义钱二百文　江云适施树一株　江大惠施树一树　李道禄施谷一斗

众维首各有所施木植在内

（4）道光七年（1827）秋树垣村创修药王庙珉记

碑名：创修药王庙珉记

吾乡之北，亦风脉所金之域，倘无庙貌以镇之，其何以藏风而聚气乎。兹巷中同议，创建药王庙一所。鸠工庀材，各捐其资，不三月而厥功告竣。虽曰人事谋善，亦莫非神功之默佑也。勒诸贞珉，以示不朽云尔。

　　□有余捐钱一千一百五十文　马保玉捐钱一千一百五十文　马越山捐钱七百文　牛得宝捐钱一千一百五十文　□□捐钱五百文　王成聚捐钱二千一百五十文　牛得仁捐钱二百文　牛得全捐钱一千五百五十文　郭有粮捐钱五百五十文　□维栓捐钱六百文　江成什捐钱六百廿文　江峰青捐钱二百文　牛万增捐钱一百文　李秉聚捐钱五百五十文　牛维庄捐钱五百五十文　江成□捐钱四百文

　　大清道光七年十二月二十日立石

（5）民国元年（1912）秋树垣村碾主香亭前檐碑记

碑额：革命纪绩

碑名：碾主香亭前檐碑记

　　礼云：有其举之莫敢废也。勤祀事者所以有念斯言而不敢替焉。村之北旧有关帝庙一所，廊无乐楼，规模全备。其正殿之中，左奉龙王，右供疠疫。凡村人祷风雨、禳疮疡，皆于是乎。赖焉。然历年久远，颓废堪忧，有信民等目睹心伤，共谋而修葺之。兴工于宣统三年，至民国元年而工始告竣，虽不□敢舍□□新是图，要必使前人创造之艰，不至殒越与兵□，□□中而后为快厥人心焉。意者我协天大帝有以□佑而隐抉之耶！是亦相小民深为时盼。□□事成，求序于余，余不文，谨志其勤恳之诚，以表其大略云尔。

　　前清候□□谕恩贡生□文□撰文

　　□庠生□□介宾牛步廷书丹

　　大中华民国元年仲冬既望穀旦勒石

　　住持□□

观音堂

庙宇概况

位于秋树垣村中，坐东朝西，南北长 11.19 米，东西宽 5.74 米，占地面积 64.23 平方米。创建年代不详，现存为清代遗构。一进院落布局，现仅存正殿。正殿建于长 7 米、宽 6 米、高 1.08 米的沙石砌筑的台基之上，面宽一间，进深四椽，单檐硬山顶，五檩构架，无斗拱；前檐六抹头方格纹隔扇装修。庙内存清代供台一座。正殿周围新砌砖围栏。

碑刻资料

（1）康熙五十五年（1716）秋树垣村重修观音堂碑记

碑名：重修观音堂碑记

  维首牛邦海　牛□□男牛成施银三钱　连弘军施基地二分　□承绪□施银一钱五分

  本村施主开后　王□施银一钱三分　江冰满施银二钱　江守祥施银二钱　江进孝施银二钱　江守安施银二钱　连弘臣施银二钱　连弘相银二钱　牛邦清施银二钱五分　牛邦□施银二钱五分　江守福施银二钱　王宾施银二钱五分　杨宗海施银二钱　江景秀施银二钱　江守宝施银二钱　连三禄施银一钱五分　秦□施银一钱　江守禄施银二钱　江守广施银一钱五分　江守廉施银一钱五分　江守臣施银二钱

  李之奇施银一钱四分　江守节施银二钱　牛兴乐施银一钱五分　牛兴朝施银一钱五分　江云□施银一钱　江云起施银一钱五分　江有施银□分　王禄施银一钱　江景云施银一钱五分　王兴□施银一钱五分　牛兴□施银二钱　杨小维施银一钱五分　杨小纪施银一钱五分　牛兴□施银二钱　牛兴沆施银一钱五分　江云法施银一钱五分　牛□施银二钱五分　牛特施银二钱　牛加好施银二钱　牛□施银二钱　牛兴□施银一钱五分　杨承富施银一钱五分

牛伦施银一钱二分　杨承锡施银二钱　牛公施银一钱　江云芳施银一钱五分　牛文施银一钱七分　江云芝施银一钱五分　牛川施银一钱五分　牛成基施银二钱　牛昌施银二钱　牛广施银一钱五分　牛法祥施银二钱　牛封□施银二钱　江进□施银二钱　牛兴恩施银一钱

砖瓦匠牛兴奇施银三钱　牛加富施银三钱

念佛会阖斋人等施银一两

康熙五十五年七月十六日立

玉工王武烈　王从惠仝立

（2）乾隆元年（1736）秋树垣村观音堂重修碑记

碑额：碑记

碑名：重修

从来庙宇之立，固一乡之钜观，亦人民所赖以保障者也。黎邑东北四十里之□秋树园，古有观音堂，由来旧矣。其所以威镇一方，莫安斯民者，实藉虔灵焉。奈年深已久，风摧残而神像颇散，无论非□□安神，亦非所以状一乡之巍望也。有维那牛兴□，目□伤，因而纠合村人等，各输己业为之。鸠工庀材，以妆其栋宇；丹漆□圣，以焕其彩色。而金其像，而庙貌巍峨，神光辉煌，巍巍乎大有可观者哉！是工也，经始于五月中，以至于月旬，厥工告竣。诚恐传之既久，湮没其重修之苦，□且无以为后之有志者□敫□也，爰笔而勒石于左，为之永垂不朽耳。

弟子唐文元熏沐撰

塔儿庄施银一两　长宁庙施银六钱六分　善业村施银二钱二分　辛村施银一钱二分　明空施银一钱　阎宗□施银一钱　崔珩施银一钱　崔锡施银一钱　海金施银一钱二分　普方施银一钱二分　□方施银一钱二分　智祥施银一钱二分　德修施银一钱二分　史加修施银一钱二分　贾

仁会施银一钱二分　贾仁满施银一钱二分　靳玉施银一钱二分　贾仁相施银一钱二分　贾景礼施银一钱二分　李林施银一钱二分　田□内施银一钱二分　李松禾施银一钱三分　李秾禾施银一钱三分　李宗柏施银一钱三分　李贵□施银一钱二分　李鸣奂施银一钱二分　李金福施银一钱二分　李金重施银一钱二分　徐逢贺施银一钱二分　郭深施银一钱　魏进隆施银一钱二分　张金佩施银一钱二分　张永兴施银一钱　李立米施银一钱　张金林施银一钱　马锡施银一钱　马强施银一钱　李鸣恺施银二钱　唐文元施银二钱　海潮施银二钱　江守□施银一两二分　李景秀施银一两二分　江云兰施银一两　牛兴珩施银一两五分　牛封学施银一两五分　江云芳施银一两三分　王进科施银一两三分　牛兴璋施银一两三分　牛兴玮施银一两二分　牛承基施银一两二分　江云起施银一两　连周起施银八钱五分　牛运施银五钱二分　牛方施银一钱　牛兴瑞施银五钱　牛兴珤施银五钱　牛封贤施银四钱五分　江守玉施银四钱　牛金施银四钱　江守纪施银四钱　牛昌施银三钱　江永相施银四钱　牛广银四钱　牛成施银四钱　江进孝施银三钱五分　连弘臣施银三钱　江守安施银三钱　牛登施银三钱　牛封魏施银三钱　杨承贵施银三钱　江守□施银三钱　牛起□施银三钱　杨起云施银三钱　李珍施银三钱　牛封全施银三钱　王建臣施银二钱六分　江守满施银二钱五分　杨承续施银二钱五分　牛法施银二钱五分　牛登祥施银二钱五分　牛封晋施银二钱五分　连周赴施银二钱五分　牛封赵施银二钱五分　江云明施银二钱五分　江守臣施银二钱二分　江云唐施银二钱六分　牛苍施银二钱　江云秀施银二钱　牛元施银二钱　江云显施银二钱　牛封越施银二钱　江大仁施银二钱　牛登贵施银二钱　江云芝施银二钱　江云凤施银二钱　李进元施银二钱　江守禄施银二钱　牛加禄施银二钱五分　江云龙施银一钱五分　牛财银一钱五分　王有仁施银一钱五分　□□施银一钱五分　牛登富施银一钱五分　牛列施银一钱五分　牛□施银一钱二分　牛加富施银一钱二分　杨承方施银一钱二分　牛同施银三钱　牛忠施银三

钱　牛科施银一钱五分　连三祥施银五钱五分　江门徐氏施银二钱　牛门杨氏二钱　江门徐氏施银一钱　牛门李氏施银一钱　牛封生施银一钱　男斋□李太　牛兴瑞　李温资　张连　李有　牛□　王进□　李立烈　□德　牛适　牛封□　张永泰　□苍　牛法祥共施银一两二钱　男斋海潮　江金　牛封丹　牛封越　江□　江云芝　牛□　□成玉　牛达□　□相　牛兴□连　周赴　江云□　牛加福　杨承基　牛兴□　牛封魏共施银三两五钱

女斋路门杜氏　□门牛氏　□门李氏　牛门李氏　张门张氏　李门贾氏　牛门许氏　贾门张氏　李门杨氏　赵门木氏　李门刘氏　温门吕氏　牛门江氏　牛门王氏　牛门崔氏　李门梁氏　李门牛氏　牛门张氏共施银一两二钱

女斋牛门魏氏　牛门贾氏　牛门米氏　牛门吴氏　牛门牛氏　连门杨氏　牛门魏氏　牛门李氏　牛门李氏　江门杨氏　江门赵氏　□门□氏　连门万氏　江门牛氏　江门米氏　连门贾氏　牛门米氏　贾门刘氏　江门王氏　牛门贾氏　牛门李氏　牛门杨氏　□门李氏共施银五钱

维那江云起　牛兴瑞　江云芳　牛封晋　王进科　牛承基　连周起　牛兴玠

社首牛兴玮

大清乾隆元年七月十九日

阴阳□广生

木匠马贵

泥水匠闫宗□

画匠王孝

玉工王良文仝建

（3）乾隆五十九年（1794）秋树垣村观音堂重修碑记

碑额：慈悲菴

碑名：重修碑记

　　观音之为灵，濯心也。法像显光，救人世之疾苦；慈航普渡［度］，济苍黎□迷无□□工昔妇人、小子无不□其□□□。观□堂之所由建也，□□□湮日久，物过境迁，庙貌倾圮，岂相周□非所以安神而福人也已。家君讳周全，与牛万钦等，念菩萨之宏恩，思兴复之微衷，乃于乾隆丙申，嘱善信而谋之。鸠工庀材，始于春季；丹楹画壁，成于秋中。捐贵效力，□比户而皆然。投匦启筒，亦邻乡之间有鸟革翚飞，一时称美。金容玉像，千古流芳。告竣之后，家君命余作记，承命悚悸，不敢以其□□，谨叙陈□末，用能昭兹□许□。

　　□□村闫□钱八十　闫林钱一百二十　刘在钱一百四十　刘全钱一百文　刘珍钱一百文　杨国贵钱八十　杨成钱八十　芦玉□钱一百四十　刘配钱一百文　芦成己钱八十　刘贵钱五十　芦玉生钱一百文　芦安钱八十　芦温钱八十　芦敬□钱八十　牛步贵钱八十　芦公己钱八十　石门村杨得福钱八十　江德敖钱八十　赵□□钱八十　□□文钱八十　□□钱一百文　□□庄闫进贵钱一百文　张怀孝钱一百文　闫九玉钱一百文　贾有福钱一百文　张怀礼钱一百文　□沛然钱一百文　贾佩钱一百文　宝□岩钱一百文　外捐三百文　靳秋钱一百文　靳□钱一百文　外捐五百文　闫宗于钱一百文　周林夏钱一百文　赵名林钱一百文　外捐钱二百文　祁大桂钱一百文　崔斗钱八十　柏天奎钱八十　大□寺钱三百文　徐明富钱八十　李长春钱一百文　贾福钱一百文　何善交钱三百文

　　东阳关郭永和钱二百文　□国栋钱三百文　六合号钱三百文　杜廷瑞钱二百文　贾偶根钱一百文　贾美□钱一百五十　贾门李氏钱一百五十　李宏志钱一百文　史□公钱一百文　善业东社钱六百文　高石河王诰钱一百文　王佑钱一百文　□文成钱八十　□门杨氏钱八十　王丰钱八十　□门康氏钱八十　前家岭王广德钱二百文　王广恩钱三百

文　王广惠钱四百文　王长金钱一百文　□位□钱一百文　□位金钱一百八十　王门张氏钱三百文　李□安钱八十　李文士钱八十　芦根知钱八十　李能富钱一百文

皇后陵心□钱一百文　普观钱一百文　杜廷目钱一百文　梁立柱钱八十　□□钱三百文　善业村李其钱一百文　吴大□钱一百文　吴才章钱一百文　王瑾钱一百文　王宗希钱二百文　外捐钱四百文　长□底郭敬钱二百文　郭□章钱八十　□□山钱一百文　杨□□钱一百文　杨林业钱一百文　元会钱一百文　普成钱八十　李世宽钱九十　南岭捐钱二百文　东石铺钱二百文　吴□钱一百文　李爱钱一百□十

榔坡村□□祥钱一百文　□□思钱一百文　□臣钱一百文　连周钱一百文　王永□钱□□□　玉□钱一百文　庙上村李显□钱□□□　李夆科钱一百文　贾彦钱一百文　李玉□钱八十　贾永全钱三百文　李□钱一百文　李□钱八十　牛宏才钱三百文　李玉□钱一百文　贾永□钱一百文　李元方钱八十　李知□钱八十　李根方钱二百文　王元钱一百文　□伏松钱二百文　李三自钱一百文　董祀先钱二百文　贾□钱一百文　李玉□钱二百文　□□位钱二百文

马家峪马宗□钱一百六十　马金□钱一百四十　马□法钱一百一十　马恩明钱一百六十　马国注钱一百一十　马□注钱二百文　马见注钱一百文　张孟利钱一百文　张□云钱一百文　马累注钱二百文　张孟花钱一百文　□□中钱一百二十　马俭注钱一百四十　马才注钱一百文　张孟真钱一百二十　马思□钱一百文　张生福钱一百文　张生禄钱一百文　张生寿钱一百文　李玉科钱一百文　李克顺钱一百文　李克解钱七十　张生富钱□十　李便钱二百文　李玉岂钱一百五十　李花钱一百文　李全钱一百文　李□钱一百文　李正必钱一百文　李仓钱一百文　李廷花钱一百文　李□会钱一百文　李玉平钱二百文　李玉冈钱九十　李正注钱一百文　李□钱一百文　李玉虎钱一百文　李平钱一百文　李玉生钱一百文　李保钱一百文　李玉坤钱一百文　李春钱一百文

外捐二百卅　斋佛会江　马等善友共捐钱一千二百文　河南村张善友钱八十　峪里斋钱□□□

本村按地公起钱并佣工管饭姓名开后：

李□钱一百文　连登贵钱一百文　牛计财钱一百文　李□仁钱一百文　牛思全钱一百文　李安俭钱一百文　李宏□钱一百文　江门牛氏钱一百文　牛门李氏钱一百文　李门王氏钱三百文　马家峪念佛会共捐钱五百文　李忠钱一百文　牛□□钱一百文　江云端　牛□　牛法□　牛封青　牛□□　江大稳钱一百文

江大信　牛兴坤　王松业　江云武　牛得仓　连国宽　江云□　连□□　连□□　连登□　连登□　牛思高　牛思敬　牛思禹　牛□赵　李□光　牛栋　连登先　江大全　李□　杨起□　杨起松　江大□　江大斌　牛思青　牛封晋　李大□　杨小□　牛封便　牛登　牛荣　牛□权　牛封山　牛封泗　牛思恺　牛门李氏　□小上　□下顺　牛高　牛□□　牛万歌　牛万锁　江云□　牛思成　牛思松　牛封芝　牛□臣　江大用　江大敏　江大□　牛思明　牛生兰　牛生玉　牛生良　牛玉良　牛良春　张成　李成林　海潮　牛兴珍　牛得玉　李春阳　秦九思　马□成　李尚□　牛朝　牛封赐　江大惠　杨□年　牛保玉　牛万金　连周全　牛保全　王建廷　江大英　江大□　江大锡　牛思俊　江大金　江跟基　连登花　李大成　牛□恭

维首人等　杨永维　江大英　牛□□　江云适　王建廷　牛法贵　牛兴珍　连周全　牛万钦　江云端　江云玺　牛朝　牛封赐　照德　江大惠　牛□玺　江大德

本村斋头牛善友等共捐钱九百文

生员连登三升三甲□甫撰书篆额

大清乾隆五十九年岁次阏逢摄提格姑洗月上浣吉日立石

玉工牛思松　牛玉朝敬刻

阴阳贾景节

丹青连周宣

木匠魏进孝

泥水匠张永金

住持□善友　芦善友

（4）道光二十六年（1846）秋树垣村观音堂重修碑记
碑名：重修碑记

大凡事之足以垂后者，不必其在丰功伟烈也。一行之善，亦足志矣！是村旧有观音堂，历年久远，日就倾坏。然其人民诚信，各出己赀，不数月而殿宇辉煌，焕然一新。岂非乐善不倦，忍令其久而无闻乎？故序齿题名□刻石而为之记。

邑增生张泗源谨撰

念佛会地亩□愿出资，按户助力。

连环妻李氏钱一百文　连立京妻宋氏钱一百文　牛有仓妻李氏钱一百文　牛有富妻李氏钱一百文　牛承信祖母李氏钱一百文　牛廷弼母刘氏钱一百文　牛永安母王氏钱一百文　牛永富妻李氏钱一百文

维首牛荆山施钱二百文　江嗣宗施钱□百文　牛有聚施钱三百文　牛思海施钱五百文　牛有智施钱一千文　连环施钱一千文　李世增施钱三百文　江正宗施钱三百文　杨金兰施钱二百文　连根京施钱二百文　牛腾山施钱二百文　牛有文施钱一百文　牛保全施钱五百文　连治南施钱二百文　王成章施钱二百文　连治安施钱二百文　牛思湖施钱五百文　江水潮施钱二百文　牛天锡施钱二百文　牛廷弼施钱三百文　江浩施钱二百八十　牛广禄施钱二百文　杨守银施钱三百文　牛广田施钱五百文　连永京施钱三百文　连守京施钱二百文　牛永安施钱三百文

社首杨守金施钱五百文　江海玉施钱二百文

大清道光二十六年七月立石

木匠李世禄

泥水匠张鹏兴

玉工郭成

丹青崔美珍　郭金枝

善友牛得辰　王□

老爷殿

庙宇概况

位于秋树垣村中，坐北朝南，一进院落布局，南北长 18.91 米，东西宽 9.35 米，占地面积 176.89 平方米。创建年代不详，现存建筑为清代遗构。现仅存戏台、正殿。正殿建于青石砌筑的台基之上，台基长 12 米、宽 13 米、高 0.25 米。正殿面宽三间，进深五椽，单檐硬山顶，八檩前廊式，柱头科一斗两升。戏台近年局部修缮，木雕精美。

碑刻资料

（1）道光二十年（1840）秋树垣村老爷殿创建舞楼小引

碑名：创建舞楼小引

且夫贞珉之作，非仅志功，亦志善焉。乃吾村之中，有空□殿一座，由来久矣。而舞楼不作，何以安侑于神明。迨己亥春，□□□□众，勠力同心，计亩捐资，按户效力，不数月而工竣矣。当斯时也，第见如鸟革，如翚飞，所谓美轮而美奂者。非耶，斯楼□，虽曰人谋，□□神圣之默使然哉。故□□□辞，亦功与善，兼相志之意焉耳。

邑庠生连朱九曲氏撰书

共费大钱五十八千一百三十文。卖禁山柴与荆条，进钱二十五千文。卖西坡上小池，进钱□千文。卖寺坡楸树一株，进钱一十二千文。除进，下短钱一十五千一百三十文，按地亩均出。

维首李世增　连治安　江继宗　牛有聚　连永京　江永潮　牛保全　连百地

　　催工维首牛有辰　连环　王成章　牛万斗　江□□　牛□智　江承林　连治南　江□　牛廷福　牛万成　江有玉　杨金兰　牛广田　李建宗　江水玉　牛广恩

　　社首牛万川　江有平

　　大清道光二十年岁次庚子荷月吉日立石

　　李世增　□海泉　李世禄　□百明　□□□

（四）前贾岭村

村庄概况

东阳关镇前贾岭村，现已并入聚龙村，位于县城北40千米处，地处山谷，东北至后贾岭1.5千米，东南至椰坡2.5千米，西至程家山3千米，西北至西骆驼1.5千米。常见植被有杨树、柳树、槐树、榆树等40余种。常见野生动物有豹、狼、獾、山猪，飞禽类有布谷、红嘴鸦、黄莺等。当地四季界限分明，"十年九旱"是其基本特征，年平均气温10.3℃，年平均降水量仅320毫米。据清光绪《黎城县续志》载"前贾岭"。明朝末，始为崔、郭、王三姓首居。因独处岭谷之沃壤，又因"贾"与"嘉"、"岭"与"陵"皆为同音，遂俗化为贾岭。前与后相对，因此也有后贾岭。现村中人口242人，系独村，以农业为主。

观音堂

庙宇概况

位于前贾岭村村中，坐东朝西，一进院落布局，东西长12.3米，南北宽 8.46 米，占地面积 104 平方米。创建年代不详，现存建筑均为清代遗构。中轴线上建有大门、献殿、正殿，两侧建筑无存。正殿建于石砌台基之上，面宽一间，进深四椽，单檐硬山顶，筒瓦屋面；檐下无斗拱，墙体红砖砌筑，无装修。殿内存有清代重修碑两通。

碑刻资料

乾隆四十八年（1783）前贾岭村观音堂重修碑记

碑额：旧迹复新

碑名：观音堂重修碑记

　　窃闻开辟以来，历代之神圣屡出，有难以悉数者矣。要皆有功于世，莫不立祠以祀之焉。独大士以慈悲为念，超拔为怀，救苦救难，普渡［度］众生，现身说法，指引愚迷，其功德之荡荡，岂可以言语名之哉！是以灵应所感，溥天之下，率土之滨，凡有血气者莫不尊亲焉。不惟邦畿州□建庙报德，即僻处遐荒者，亦设祠以酬功□。故黎邑东北三十余里，有一前贾岭庄，庄之南有古观音堂一所，观其坐落之区，颇属名胜之地，何以见之？其立台巍巍，普陀山也；宫殿隐隐，乐茹洞也；草木蒙茏，紫竹林也；池沼汪洋，南海水也。风迎钟声，余音袅袅而不绝；鸟栖林枝，仙禽栩栩以常飞。或登而远眺，如在半天，履坦而仰视，直接云汉。如斯之胜境，不可与天下之名山洞府并称哉！然是兹庙之立并无碑记，未详知自何代，近来世高年远，风雨漂［飘］摇，殿宇将有倾覆之患，神像亦多残缺之失。时有三五父老，目击心伤，相聚而叹曰：古迹废坠，坐视而不救，吾侪之耻也。遂共议重为修葺，仍因旧贯，饰以砖壁，复立香亭一座，石梯十有余级，迨告成之日，轮焕可观。虽云重修，其功倍于创作矣。自乾隆辛丑春二月吉日兴工，至秋十月工成，越二岁，癸卯七月初刻石，因嘱余为文以记之。余深愧樗栎之才，又无博通之学，大士之玄妙难尽其万一。因固辞不获，不得已而援笔献丑。真可谓庸人鄙句，辞不达意，徒遣人笑耳，敢云文乎哉！不过聊叙之始终之来历，以□久远不息焉已耳。

  本庄耕夫郭蛟文撰兼书 施银二钱五分

  维首王广恩施银一两 郭进仓施银三钱 郭维纲施银三钱 王尔桢施银三钱 王广惠施银一两

  总计一切共使钱六十九千文

  石匠李广业

  木匠刘献玺

  泥水匠王新林

  丹青匠连周宣

  玉工李广业 同长男承先刊 又施银一十二分

  时皇□□□皇帝龙飞乾隆四十八年岁次癸卯孟秋瓜月下浣四日刻石

关帝庙

庙宇概况

位于前贾岭村村中，坐北朝南，一进院落布局，东西宽11.04米，南北长23.69米，占地面积250平方米。据庙内碑文载创建于明崇祯十三年（1640），清代、民国均有重修，现存为清代建筑。中轴线上建有山门（倒座戏台）、正殿，两侧仅存西廊房。正殿建于石砌高台之上，面宽三间，进深五椽，单檐硬山顶，筒瓦屋面；梁架为六檩前廊式构架，前檐下设有斗拱七攒，柱头科四攒，平身科三攒，均为一斗二升；墙体青砖砌筑，内设隔扇门窗。

碑刻资料

（1）同治十一年（1872）前贾岭村关帝庙重修碑记

碑名：关帝庙重修碑记

  从来庙宇之建也，皆前人创之于前，后人修之于后。然后人修之之心，每欲胜于前人创之之意。故历观乎通都大邑，穷巷僻壤，而庙宇之所以万古常新者，惟赖此修葺之人以继之耳。是以前贾岭旧有关帝庙一所，创自明季崇祯十三年。尔时有靳尚选者，默祝山林之中，获免流寇之乱，乃立东殿三楹以祀焉。可见帝君之灵，有求必应，感而即通，真如影响之捷也。至乾隆甲申岁，乃更址南向，重为鼎新焉。嗣后屡次重修葺。迨至同治十年，山墙倾颓，神像毁坏，乃兴工于辛未之夏，落成于壬申之秋，越年余而功程告竣。村中求记于余，余以思帝君之德，乃圣、乃神、乃武、乃文，志在春秋，功着汉室，其功烈之大，言之莫罄，德泽之深，民无能名，余岂敢为文哉。第以其普天率土，莫不尊亲，朝野上下，无不享祀。愈以见灵感之神也，孰敢拟之，因略陈始末，亦聊以志其事焉已耳。

邑庠生郭清兰撰并书

佃钱维首王玉书施钱一十五千文

总管账目钱项募化维首郭清兰施钱二千文

经管维首排饭募化杨克玉施钱五百文　催工募化王玉山施钱二百文　石泥工募化工王玉德施钱一千文　募化刘得辛施钱五百文　木工郭宗美施钱一百五十　画工郭青令施钱二百文

泥工申大□

玉工刘保魁

木工王□升

画工郭林明　郭林秀

又重修三教堂一所，接建戏楼一间，三宗通共花钱一百七十三千文。道光三十年刘永泰、王廷桂栽柏、槐树一株。

大清同治十一年岁次壬申八月开光　癸酉春立石

（2）民国十四年（1925）前贾岭村关帝庙重修碑记

碑名：关帝庙重修碑记

稽自黄帝作合宫以祀上帝，嗣后则凡有功于世者莫不立庙以祀之。所以酬功报德，使当日之勋劳不泯没于后世，而令人之景慕有所兴感者也。迄欧风东来，吾华之奉神者日息，甚至焚庙毁像，盖亦不察之极矣。今民国肇兴，百弊俱革，昔迷信之端悉除，而崇拜之典大振，即稍有功于民者，犹敬之，况亚玉仁勇大帝，其功德之大，难以言语形容者乎！吾村旧有关帝庙一所，自吾曾祖父经手重修，年代虽非甚久远，只因经理不完善，西墙陷裂，庙宇烟薰，若不重修，恐遂倾颓。于是村人公议，举行重修，先扩大社房院旧基，而重创建社房院一所，然后始将本庙西墙重筑，前檐换修，创建西楼，仍筑东墙，乐楼则重建，而较昔高阔，阶级则增多，而自今延长，非敢为奢，亦即吾曾祖所谓后人修之之心，每欲胜于前人也。乐楼西又建耳房一楹。陆续以及，全村庙宇无不重修。金碧辉煌，焕然一新，庶符崇拜之大典而易令人景慕也。工竣属文于予，予自以不胜其任，不过略叙其梗概以志不忘云。

　　中学毕业郭子文撰并书
　　总维首兼管账郭松茂
　　催款维首刘天保　王绍科　王金水　王友谅
　　管木料郭经邦　李连增
　　催工李虎金　郭安邦
　　监工刘嵩山　郭庭财
　　□工栗树公
　　丹青范广畲　李谨
　　上庙丹青王明山
　　玉工王清
　　中华民国十四年五月十五日榖旦立石

（五）榔坡村

村庄概况

东阳关镇榔坡村，现已并入聚龙村，地处半山区，北临北山，南连石拐沟3千米。当地年平均气温9.1℃，年平均降水量550—650毫米，四季分明，冬夜长夏夜短，日照充足，气温温和。褐土质地，草木覆盖率23%，主要植被有人工杨树、刺槐、荆条等。现有人口319人，耕地1007亩，村民以农耕为主，主要种植玉米、谷子、马铃薯等农作物。

观音堂

庙宇概况

位于榔坡村南，坐北朝南，东西宽10.49米，南北长14.14米，占地面积约148.28平方米，创建年代不详，现存为清代遗构。一进院布局，中轴线上有山门（新建）、正殿，两侧有新建的东、西配房，周围砖砌围墙。正殿建于长5.5米、宽3.5米、高0.35米青石砌台基之上，面阔一间，进深五椽，单檐硬山顶，六檩前廊式构架，柱头科三踩单翘。

碑刻资料

崇祯九年（1636）榔坡村观音堂重修碑记

　　大明□山西潞安府黎城县□村里（榔）坡□□观音堂一座，年深日久，风崔[摧]雨淋，毁坏圣像□大半无修补。本庄善人霍志升妻张氏谨□□番盖多□，金妆菩萨、十八罗汉，上十师□年刘冠所过□塌，力薄，具无一人响前，那补张氏与男霍满□，母子舍死往生，典田卖地，揭办银两，金妆一堂圣像，新鲜完备，匠人工价银两分文不少。立刻碑记，开名于后：

　　重修施主善人霍志升妻张　同男霍满□妻郭氏　男霍来九

　　布施人张可立舍木直[植]　张可行舍木直[植]　生员杜南台银一钱　省祭郭文升银二钱　张其真银二钱五分　王门霍氏银一钱　刘门江氏银二钱

　　木匠□祁翠

　　□匠　石匠杨世高

　　丹青□□□□

　　皇明崇祯九年二月十五日立碑记人霍维敬

三官庙

庙宇概况

位于椰坡村东外，坐北朝南，普通规模，面阔三间，正殿供三官神像，左右两侧祀土地和马王。有新碑一通，旧碑两通，分别是正殿西侧土地殿前一通嘉庆二十二年（1817）《重修三官庙序》，正殿前一通民国三年（1914）《重修三官马王土地庙珉记》。

碑刻资料

民国三年（1914）椰坡村重修三官马王土地庙珉记

碑名：重修三官马王土地庙珉记

　　鬼神之为德，其盛矣乎，神无往而□有感，而斯通福庇小民。于是乎，在□旧有三官马王土地庙一所，在村之□，创修代远，莫名其年。而前清嘉庆光绪经两次重修，于民国三年甲寅二□，有马家峪疯癫李永昌，入庙毁坏神□十三位，或亦神之历劫，与何其伤。□有如斯□村中长者周议重修，加两砖，按亩□钱，七十余千。李永昌包□文□，是六月开工，时及月余而告成，丹青焕然一新。是人赖福佑神藉□庙宇神像之如故，于是乎成焉，后□而□之□斯庙宇之不朽也，故为之。

前清同治三年建立庙前大石

光绪十五年张恒德同众

恩贡生□巫昌撰文

维首王□□　□□□　□□

……

民国三年瓜……

（六）上马家峪村

村庄概况

东阳关镇上马家峪村，现已并入马家峪村，地处山谷，长龙渠水流经村南之山腰。在县城东北20千米处。东北与下马家峪毗连，东南与四桥沟隔山相接，西南临榔坡，西北界前贾岭。全村56户，160人，耕地面积315亩。

观音堂

庙宇概况

位于上马家峪村东，坐东朝西。单殿规模，面阔三间，进深四椽，顶部样式为悬山顶。长5.37米，宽4.7米，高4.2米。有旧碑两通，分别位于正殿东侧山墙一通康熙五十八年（1719）《重修观音堂碑记》，正殿山墙内一通民国三年（1914）《重修观音堂珉记》。

碑刻资料

（1）康熙五十八年（1719）上马家峪村重修观音堂碑记

碑额：碑记

碑名：重修观音堂碑记

　　古黎金牙山之北，离城三十里地名马家峪，木广森严，烟火数十家。其风土人民往往称为醇厚，村中有观音堂一所，由来久矣，□惟有以感发人之善心，亦且为当一村之风脉。然以稀数□不足以避风雨，规模狭隘不足以壮观瞻，且墙壁颓圮，瓦木亏崩，神无以□宇焉。本村居民李□□等目击心伤，不觉谓然叹兴曰：庙破村穷，自古为然。于是会众□议，各捐己资，以为创建之本。然土木之费浩大，独□难以扛举，更为募化四方，共相厥成。古云：□□□□道□理自不爽也，不然积善天降以百祥，积不善天降以百殃，天何以说焉。斯举也，造端于康熙五十五年二月二十日，落成于康熙五十八年六月二十四日。往来过者，见庙□增其二□圣像□然改观□□□群力众擎易举，将见金碧交辉，神体攸宁焉。工既告竣，人心感慰，欲刊石以垂不朽，求志于余，不揣愚陋，偶出俚言，虽不敢为将来之龟鉴，亦足以表修建之善心云尔。

邑学生王恂撰书

　　□□会刘门宋氏施银四钱　长宁村程□施银一钱　□如林银一钱亭河铺王名贵银二钱　王□信银五分　□□王正律银二钱　照样银一钱

　　秋树园牛邦清　牛邦琳　牛兴凤　秦谈　牛兴太　连弘臣　牛显连弘相共银五钱　温福　李加周　贾荣桂　李昌　李元　李津　贾宗桂张连　李景云　李友能　温自法　李景生　李浸　田真　吕兴　李小巴共银六钱

　　六间斋李家聪李氏　李□相贾氏　李显武　李加太张氏　李桂李氏张门刘氏　李加治王氏　李显烈康氏　李□李氏　李星李氏　李月李氏张求兴李氏　张未盛李氏　马之林董氏　张求太李氏　张金林张氏　张金王贾氏　张金珮赵氏　马之云赵氏　马之雨董氏　马克福王氏　马克元王氏　马祥李氏　马清王氏　李显祯　李门王氏　李门王氏　李显云李门李氏　李□　李门温氏　张门李氏　□门李氏　马□李氏　□□□

氏□李□共银一两一钱六分　张求兴银一钱　张求盛银一钱　张□银六分　李敬银一钱　李斗银一钱　李月银一钱　李星银一钱　李显祥银一钱　张金斗银一钱　李唐银一钱　李极银一钱　李显君银二钱　李显烈银二钱　李显伦银一钱　李显绪银一钱　李玉贤银一钱

本村李门李氏　李门王氏化银一两五钱　李加聪银二钱　□之云银二钱　李显武银三钱　马之林银一钱　张金珮银八钱五分　张金臣银二钱　张门李氏银三钱　马成长银一钱　马祥银一钱　马门李氏银一钱　马之雨银一钱　李显贞银二钱　李显云银二钱　张金林银二钱　张金凤银一钱　张金玉化银四钱　马锡银二钱……李显功银一钱　李芬银二钱　施杨树一株　李成银一钱　马之云化银……

康熙五十八年□七□月□二日立石

（2）民国三年（1914）上马家峪村重修观音园珉记

碑名：重修观音园珉记

从来□□观音立祠，慈航普渡［度］，有感斯□安心济世，深益于人而无穷也。不意日火侵蚀之患，不免倾圮之忧顿兴，甲寅年夏末，吾兄于舒，鸠工揭瓦，木植□而易之，□气缺而增之，且增且易，告成于秋□。斯时也，即□□□□神□空事，遂不果，越两载，社首李子魁夜梦老母曰：予衣已敝，急与更之。睡□有感。翌日，□吾兄各备酒饭一顿，恭请维首六七人，流丹散彩，壮其观瞻。神像增光，耀时斗牛，金碧交辉，彩映□□，喜观乎何其美丽耶，□而赖神助而成也。月余，内崖塌土，大□屋覆于魁于土底，全无被伤，皆曰：老母济救也。书云：影响亦此之谓合。观前碑果见，观音之为灵，昭昭也，岂可忽乎。余学谫陋，不敢云文，□示善信以记，不忘而已。

毕业生员李逢昌子芳□撰文

前清俏生李泰昌子舒□书丹

马高

维首李联生子子舒施钱两千五百文　张廷珍施钱六百五十文　马□□施钱六百五十文　□□马有□　马有□施钱二百六十文　介宾李子□施钱六百五十文　李世弼施钱六百五十文　李有□施钱六百五十文　李□□施钱两千五百文

玉工张树兴

……

木工马□□　马海潮

丹青□□……

碾工按地亩起□□通施钱六十五千九百一……

时民国三年开工揭□六年告竣八月下浣立石

（七）高石河村

村庄概况

东阳关镇高石河村，现已并入聚龙村，地处半山区，南连正背峪2千米，北临槲坡1.5千米。当地年平均气温9.1℃，年平均降水量550—650毫米，四季分明，冬夜长夏夜短，日照充足，气温温和。褐土质地，草木覆盖率23%，主要植被有人工杨树、刺槐、荆条等。现有人口301人，耕地987亩，村民以农耕为主，主要种植玉米、谷子、马铃薯等农作物。

观音堂

庙宇概况

位于高石河村东一处石砌高岸上，坐北朝南，一进院布局，东西宽6米，南北长9.96米，占地面积约59.76平方米，创建年代不详，现存建筑为清代遗构。中轴线上从南到北仅有献殿、正殿，周围砖砌围墙，山门为新建。正殿建于长 12.85 米、宽 11.26 米、高 0.25 米的青石砌筑的台基之上，面阔三间，进深五椽；六檩前廊式构架，单檐硬山顶，灰布筒板瓦屋面，柱头科五踩重翘；门窗装修缺失，梁架残存彩绘，木雕精美，保存完整。

碑刻资料

（1）同治元年（1862）高石河村重垒观音堂石堰碑记

碑名：重垒观音堂石堰碑记

且从来设祠奉神则必宽广之地以定根基，岂赖有石堰哉！然通都大邑，卜宅较易，固无需别有所增，而山□□□狭隘维艰，积石成堰，以广其基址，而后□正其方位。即如高石河村，旧有观音堂一座，周围俱有石堰，长计八丈余，高至三丈许，奈历年久远，近因霖雨侵蚀而坍焉。里人王济□、杨汝骧，目击心伤，纠众共议修垒□者，靡无谓工程浩大难于成功矣！孰意此念，倡众谋佥同，有力者佣工，有财者捐资，未三月而工告竣焉。时宪章王公问志于予，予思夫高石河之小小村舍，而遽完□此莫大之工程，虽曰善士所为，亦安知非神灵有默属鼓舞于□之中耶？因不降荒疏，安赞俚言以志之，非敢云文也，不负人之所托云尔。

邑庠生榔□李建和希惠氏撰

□生王廉能清和氏沐手敬书

......

维首赵法□　秦法宝　王丕德　王恒昌　郭成起　王堃

社首王长栓　秦万库

石工赵国

玉工□□

大清同治元年九月十七日榖旦

（2）光绪十年（1884）高石河村观音菩萨堂重修碑记
碑名：观音菩萨堂重修碑记

　　高石河村中旧有观音菩萨堂，村之望也。然基址狭隘，垣墉卑陋，昔人时欲修葺，奈点金乏术，善心往往中止。于同治年间，菩萨施药瘳病，远近求者无不立愈。由于香火之费日积月累，由少而渐多焉。况董事王金岐等，□于料理，到光绪九年，遂积至二百余串之多。村人欣然喜曰：今者神功默佑，人力踊跃，项从或不足，再以地捐之，募化继之，何难？相有成。于是，筮吉择日，庀材鸠工。嫌其狭隘也，拓其基而展之；虑其卑陋也，崇其阶而□之。加以雕□，檐牙露焉；饰以绘画，金碧焕焉。穆穆皇皇，洵足以妥神明而壮观瞻也。于癸未春经始，秋毕告竣。工成之日，王占魁、王建智、王宪建述其事于予，求为之序。予素不文，何敢妄为操觚以获戾于是神明，固辞，不获。遂事之巅末，详为指陈，究其堂之情由，略为铺叙，不过使后之览者，知斯堂之何以始、何以终云尔。

　　岁进士候铨教谕范明勋撰文

　　敕授军功从九品王瓖书丹

　　维首王占元　王建智　王金岐　王占魁　王宪魁　秦起家　王景福
杨汝宽　王桢

　　石工赵茂　李琦

　　木工王富仓　王福相　王学易

　　泥水匠王思敬

　　丹青匠张高岩

　　大清光绪十年岁次甲申七月十九日大社用工勒石

（八）长宁村

村庄概况

东阳关镇长宁村，位于县城东北 12.5 千米处，地处壶口关之西，东南至大树沟 2.5 千米，南至小口 2.5 千米，西毗辛村，北至小树山 1.5 千米、东会 2.5 千米。勇进渠从村西北入境，通向东南又曲折西南。当地年平均日照时数为 2450 小时，年平均气温 9—11℃，年平均降水量 350—780 毫米。气候温和，土地肥沃，自然条件优越。褐土质地，草木覆盖率 41%，主要植被有松树、柏树、榆树、楸树、槐树、人工杨树、刺槐、荆棘等，经济作物有核桃、柿、杏。现有 602 户，1500 人，常用耕地 6413 亩。村民以农业为主，主要种植玉米、小麦等，兼有多种杂粮蔬菜。村西有千余亩平川，抗日战争期间曾修建过八路军的飞机场。村中有义学，还有李瑛黄、李甲黄、李芳黄等的府第、古宅多处。

大庙

庙宇概况

又叫灵源圣井庙，俗名圣王庙，位于长宁村中部主街旁，一进两院布局，坐北朝南，南北长 49 米，东西宽 31 米，占地面积 1519 平方米。创建年代不详，现存大殿为元代遗构，其余为明清遗构。中轴线上由南向北为砖砌照壁、山门（倒座戏楼）、献殿、正殿、后殿；东西两侧有夹屋、配房、耳殿、廊房等。正殿建于青石砌筑的台基之上，台基长 11.26 米，宽 2.85 米，高 0.75 米，面阔五间，进深六椽，单檐悬山顶，琉璃脊饰，四椽栿对前乳栿，通檐用四柱，梁架用自然弯曲木材，结点古拙；前檐柱头斗拱五铺作双下昂，蚂蚱形耍头；补间铺作为枋上隐刻；前檐门窗木装修新作，殿内正中石砌神台。山门由两部分组成：一层为入庙通道，二层为倒座戏台；主山门两侧又各增设一圆拱偏门。2007年公布为市级文物保护单位。

碑刻资料

（1）至正十六年（1356）长宁村大庙碑

至正岁下亥子，移馆长宁，暇日登卧牛峰，眺北极，跻绣屏山，偕孝子申克让，医谕徐伯禄、赵显忠，儒士李济渊、周乡济川，同往，贡生张迪、赵奎、郭炳皆从，诗以记之。

前进士漳溪连絮题卧牛峰
山作牛形自古名，一峰突兀若为情。
疑从脱驾桃林后，芳草青青卧太平。

眺北极山
撑破白云□翠环，孤峰高倚北辰关。
黎川历历凭高望，几点堙村落照间。

绣屏山
削王青山列卧屏，野芳如绣照人明。
天教遮护黎侯国，不敝西周讨乱兵。

进士思齐□江受益和卧牛峰
不分山骨与牛形，坡肋荒芜石卷平。
恨煞农夫鞭不起，一犁春雨误时耕。

北极山
嵲然崔崒出云霄，更比终南太华高。
万叠烟霞深有意，向久招隐莫徒劳。

绣屏山
翠屏横列隔尘寰，烟霭空蒙隐映山。
千古若非佳胜地，白云安得一生闲。

时至正岁丙申孟夏中旬吉日　李济川　李精立石

门生李谦书

石匠赵和甫

（2）康熙九年（1670）长宁村大庙碑

静观斋

和绣屏

厌杀封家肉作屏，明岚雨岫历年明。

主人高韵时舒啸，不独江东有步兵。

和卧牛

太极分形太牢名，午眠得处若忘情。

春风秋雨随时卧，妪笛声中出太平。

和北极

积翠苍烟昏晓环，长松矗拂天门闲。

时偕谢朓惊人语，吹气成虹碧落间。

里人孝廉金漳李甲黄次韵

康熙庚戌岁十月十二日长孙孝辉沐手普勒

先伯水部郎君售有和元连漳溪江田齐先生，绣屏诸山诗，时值苍桑，久未勒石。一日宗里诸贤佥曰：先生之人之文不世，而有何可不识于吾乡？使后学小子睹懿迹而志不忘。爰搜奚囊，用镌贞珉，在先伯不知许焉不耶？而今昔共事未见者，御等亦不敢不继先伯之意而并列诸左。昔命和者，先祖学博赠君冲虚，亦君一时同事，则先叔祖千兵□，谥忠烈，养善太学眷损，先君子邑学生行漳郎君，族伯寓郡孝廉元茂才，一素姻戚。龚昌郡司马徐先生文献，同里慈利人秦先生恒泰，长葛令何先生胜光，今日则余升郡司马，鼎黄、芳黄两公，天台令占黄、建德令瑛黄两公，茂才题黄、登黄两公伯；茂才佳品一人，兄太学馥一人，弟茂才、挺秀、吉葳、蕤、泽、深、□、□开、濂、□、涵、□、

□十三人，奉祀生菲一人，儒士□一人，侄茂才孝辉、儒士庭辉二人，社友茂才何氏胜禧、胜愉、献龙三人。来观者寓肥乡宗伯父司寇郎贞茂三人，张中宿二先生、表弟高氏孝廉星雯、茂才漠雯、垣雯昆仲三人，□士耶。□马巨任医生，郡人王新也。

  长侄邑学生御谨识并书

  侄□学澍同观

（3）乾隆五十二年（1787）长宁村重修义学小引

碑名：重修义学小引

  本村义学之设，创自于余六世祖公艺苑公，建瓦屋三座，为肄业之所。施肥田十二亩，为筵师之资。一时乡间俊秀，咸以诵读为便，诚美事也。厥后历数十年而屋宇倾圮，先祖驾鹤仙公□雍正庚戌岁，克绍先绪，独力重修，可谓明者善作而后者善述矣。及今历年□久，而修地复□□□父□朝宗公尝刻意重（修），乃有□未逮，而旋即弃世，□于先父殁之明年，目睹心伤，不忍□列祖之绩，□□而□□，先父之志讫无成□也，□□□如洗而称贷不□，□是鸠工庀材，依旧制而□□，□祖父之志事，聊□不□云。

  大清时乾隆五十二年岁次丁未浦月穀旦

  里人李时升 □□

  儒生李廉 □□

（4）长宁村大庙碑

绣屏游草同长葛令何云辉先生饮月

  人生穷易老，终日醉何妨。

  试看惺惺者，空劳两鬓霜。（其一）

皓月明如洗，忘眠竟夜看。
天涯随处好，偏照客心寒。（其二）
题建德令李翰苑词盟精舍
放眼邀晨早，朱帘傍晚开。
茅檐新雨后，竹苑好风来。
鸟语初宣树，蛙沿半入苔。
径幽童未扫，落花几成堆。
□天台李杏苑词□村居喜雨
汎汎麦田风，悠悠云四起。
老龙吸地精，旋喷化作水。
□敷蜥蜴兴，湍□悲蜓死。
尘秽此俱尽，楼台凭浣沚。
蕊珠林叶饱，清藻花神喜。
身目添佳况，胃肠消俗鄙。
烹茶耽幽赏，持觞如对垒。
农歌登万宝，沃野□千里。
社鼓乡村东，欢腾声未已。
此中作逗留，尽可寞游履。

和水部李金章先生，卧牛、北极二首
卧牛山
苔鲜毛疏石骨坚，春来茅草自芊芊。
无心泷□争驰逐，高卧云烟不记年。
北极山
北极高登山上头，去天尺五近牵牛。
从来廛迹驰驱少，祇许闲云驾鹤游。
同二守李艺苑词盟茂才李桂郎龙门孟门仓之
潜子之怡如显庵，断玉中中秋漫兴。

商风剪剪鸣秋圃，桐井筛荫叶乱舞。
净扫浮云见太虚，怜人清况风光古。
且喜归巢易见树，落英满径防蚁度。
雁行唤友欲南征，蟋蟀呼群将近户。
晚凉衾思独□徊，梧月兰风送好怀。
正忆清潭酌小饮，同人恰报桂初开。
五色芬芳香自别，个中最艳飞丹屑。
拟从天上折将来，况是广寒开兔穴。
玉绳□渡压栏干，影落澄潭浸玉团。
坐客饮瞻秦国镜，嫦娥遥荐小晶盘。
无衣影烛行山麓，沈醉何妨三百斛。
不须曲水羡兰亭，管弦漫自夸金谷。
李云谢树米家山，悦目怡神信可攀。
莫道今人□阮籍，凭虚一啸声冷然。
喧阗金苹绿兼竹，醉后脂香仍厌俗。
急呼免颖写长歌，饱啜秋光当良肉。
花前潦倒月偏明，共助闲心一段清。
但愿月圆花不老，万年珍重主人情。

忻郡张天斗中宿甫识

康熙己酉十一月，余有母之丧，越庚戌之九月，窆事乃竣，其旧圹仅奉先严一棺，而后土以□尤形，家所最已。若夫不泥格套死法，妙裁生乎心，巧夺造化之秘，实维山人张中宿之力。山人，三督奇人也，其行事绝不犹人，而卒为世之所不可及人。苟负血性具鬓眉不侈，谨气□而每每见势则见利，斯迁阿睹，是逐而气谊横地也，此翁不然。山人以盖世之胆识，不惜呕心敝舌，竭全副精神助予兄弟，遇大事其逆进而顺取也。命工戒役，备极苦心，层层披削，不伤元气，拟之运斤绝技，补天妙手，何多让焉。始事而泉皆骇然，迨事济而匹夫鹅子□然抱首卷舌曰：山人真奇人也，行不犹人而卒为人所不及也，真敦气谊而藐势利，畏疑忌惮之所不恤也。予于山人为莫逆交，地师也，天人也，学仙学佛，俱臻妙境而不穷。其所至年来，缥缃之业甚富，兹特撮其风晨夕月，子昆季亲承意旨者，命匠寿石以永不朽云。

时康熙九年十月之三日也。

棘人李瑛黄翰苑甫题

按家乘□□系凤翔，至元间迁于黎而卜居绣屏之麓，始祖事稼穑历云仍而弗易其业，逮高曾爱客，推□富而能礼，肇□诗书之绪，时有林塘郭君及燕赵之奇人每下榻焉。阿祖实轩公子胜国袖宗以圆南交才，奋迹北雍，彼数世之天荒自兹始矣。先君子负绝世之心眼益常，十年馆粲□□□□亥泊。余昆季赋鹿鸣者，司空见也，待州司马兄及弟也；长百里而字众者，予与弟翰苑也。伯仲损□□声气颇广，且一时诸□□玉翘□蔚起，然孰非山灵之所孕秀而牛眼之有指授者哉。时余宫先慈葬甫里，座有山人张中宿为堪舆大家，为风雅之盟，固余廿年老友也，凤有标题"绣屏山"之作，将寿之石，顾余纪盛事，因勉为言，师□□世爱客之报一时宾主之善云尔。

里人李占黄杏苑甫题

铣笔养通　养正

仙姑歇马庙

庙宇概况

位于长宁村东北，单殿规模，面阔三间。庙前有400年前古柏树一棵，有碑三块。

碑刻资料

光绪十三年（1887）长宁村仙姑歇马庙重修碑记

碑额：重修

光绪十三年三月十五日

余村东北隅有仙姑凹一所，与绣屏山接壤，乃仙姑修真炼性之处。昔人□建庙于其上，以白云为藩篱，碧山为屏风，昭其俭也。但历年既久，风雨剥蚀，村中首事人目击心伤，爰集同志庀材鸠工，不数日而厥工告竣。凡出资财以勒□盛□，不欲湮没弗彰，故述其始末刻着于石。以垂不朽，使后之览者与我同志嗣而葺之，尤余之所厚望也，夫是为记。

……

土地庙

庙宇概况

位于长宁村东，一进院落，坐北朝南，东西长31.1米，南北宽25.59米，占地面积795.8平方米。创建年代不详，现仅存的正殿、山门均为清代遗构，其余为新建。正殿单檐硬山顶，布瓦布脊，面宽三间，进深五椽；六檩前廊式构架，灰布仰俯板瓦屋面，柱头科一斗两升交麻叶拱，前装修改换。庙内存清代重修碑两通。

碑刻资料

民国二十四年（1935）长宁村重新土地祠碑记

碑额：重修

碑名：重新土地祠碑记

善哉善哉，神圣之感人，人力之合作，真有不期而至、适出望外者。原兴工之始，其他有求必应者无论矣，自枣镇村郑献臣为母求神药，病见效情，情愿绘画乐楼三楹，以圆了愿。此亦画工者之能力，视为最易也。继又有本村人张子棋君等，乐善好施、仗义疏财，念及村人之所敬重者——吾土地也，视乐楼虽新，正殿犹旧，若不极力维持，非所以肃观瞻、壮神威也。张君协同心诸人，各捐银洋若干元，绘画一切。又恐自立不足，不敢专擅，遂协和村间长□及村中士绅李丕焕等，一倡百和，自觉胜任而愉快，按家户不按地亩，随便捐资，统共集合大洋二百余元，诚善事也。自工程告竣之后，演剧三日，大开神光。上栋下宇，金碧辉煌，不但内蕴之重新，足见外观之有耀。除入本村之香资，又添远乡之协助。因将布施多寡刻着于石，善信姓名勒碑于后，一则历久远而不磨，继且蒙显应于无穷。故村人欲序事垂后，属予作文以记之。予才学浅陋，不善为文，但不过寻章摘句，聊叙其颠末而为之志云。

前清邑庠生李兰台撰文

李焕辰代书

村副李维唐施洋一元

村长李逢文施洋二元

村副程群祥施洋五角

间长郭金锁施洋八元五角　李丕三　李金水　李书□各施洋一元　李力田　郭久生　宋达顺各施洋六角　赵起群　程文奇　魏焕章各施洋五角

息讼会张琴施洋八元五角

监察员宋清□施洋一元　李新明　李丕钧　李崇善　李根景　委国秃各施洋五角

李富□施洋一元　李佐□施洋八角　李秀清　郭支顺　各施洋五角　李殿臣施洋一元五角　李俊义施洋二角　李有奇施洋五角

士绅李江华　李丕焕　李焕辰　李文魁各施洋一元

社首郭金锁　李福奇　李丕绪各施洋一元　程□则　李木桂　李松德　李得胜各施洋六角　赵桂兴　魏元旦　韩四孩　张琴各施钱五角　李书田施洋二元　李红蛋　李连升　李喜堂　李保生　李富群　李河棠　刘广勋　任□　宋富永　源兴公　张桂廷　冯和宣　张逢山　各施洋一元　李有仓　李德仓各施洋五角　李金海施洋三元　郭庆元施洋五元

民国二十四年岁次乙亥梅月穀旦

石工常凤山

善友郭庆□

西禅院

庙宇概况

位于长宁村东南部，坐南朝北，一进院，东西长19.2米，南北宽19米，占地面积364.8平方米。据现存创建碑载，创建于清代乾隆五十一年（1786），现存建筑皆为清代遗构。中轴线上由南向北依次存有山门、照壁、正殿，山门两侧有倒座夹房各三间。正殿面阔三间，进深五椽；六檩前廊式构架，斗拱一斗两升，单檐硬山顶，布瓦布脊。庙内存创建碑一通。

碑刻资料

乾隆五十一年（1786）长宁村东南堂创建西禅院碑记

碑额：碑记

碑名：东南堂创建西禅院碑记

今夫人安守成业，则思创业之艰难。欲志前事之始末，以示不忘，若其忧劳勤劬，缔造维艰，则更欲志其事之始末，以示不忘所遇之忧乐，虽异而欲播之。当时传之后世，以示不忘其情□也。吾乡之东南隅，旧有观音堂一所，其创建未详何代。住持心举者，武安县人也，其始自小河底隆兴庵中削发为尼，后云游斯地而挂锡焉，讽诵之余，勤于职业，俭以自奉，日积月累，财贿颇觉丰裕。乃置基址地，于堂之西偏，与旧堂基址相接，而实不附于旧堂焉。于是相度地势，谋建大殿三楹，东西房二座，临街房一座，以为讽诵退休之所。顾营为伊始而工程浩大，支费不给，可奈何？乃颇为募化之举，而四方善信莫不踊跃捐输，共襄盛事。阅数年而工始就。理曰，吾力所能为者，无不营建于一时，吾力所不能者，犹可俟之于将来。登斯地也，虽东空犹阙，而正殿、西室与临街，已焕然一新矣。工竣，语余曰："吾之室无可记，即吾创建斯室之意，亦无足记，但诸檀越各捐已资而助之者，吾不忍忘勒之贞珉，用垂永久，是亦不没人善之意也。"余闻其言而感之，夫云游四方而不为基址产业之立者，此释氏之常令心举尼僧也，其贻谋之远，若此而又不掩人善焉，则其志其才，固有大过人者。勒石而垂后世，虽以志其营为之劳者，亦以志其成功之乐矣，使后世之传其衣钵者，嗣而葺之，无忘创业之难焉，是又余之所深望也夫。

同里后学李星熠焕若氏撰并书

各处布施开后：

涉邑新桥村施银一两　下内化施银二两　陈村施银一两　仁庄施银一两　王北施银一两　董北施银五钱　下村施银一两　子镇施银一两　东凹施银五钱　上广　台北施银二两　东望施银五钱　□则峪施银一两　小口村施银五钱　上下湾里施银一两　三街里施银五钱　秋树园施银一两二钱　岭则西施银三钱　前狄峪施银三钱　善业村施银五钱　火巷道施银一两二钱　东阳关施银一两　辛村施银一两　城内施银六两　本村施银二十两　李门任氏　李门程氏施银五两　任建端施银一钱　何世端施银一钱

　　住持心举　徒原体　原清　徒孙广照　广缘　广川　曾孙　续应仝勒石
　　玉工任建端　何世端刊
　　乾隆五十一年岁次丙午孟春下浣穀旦

水井

碑刻资料

（1）弘治十六年（1503）长宁村重修大通寺记

碑名：**重修大通寺记**

周昭王甲寅二十四年，释迦佛生利□□京，初正鸿胪寺世筑殿宇以事佛像，遂□岳太山仁圣祠谓之右，远南观玉盆米粮□之方，山峰叠秀，松桧掩映，风气完固，峰腰□。敕赐曰：大通寺也。重建是刹，唐尉监修兵燹之后，□苏待我朝混一区宇。弘治十六年，住持满良睹兹本山古□，圣境塑造□□似极乐之天宫，其有佛殿三门，部经一会水陆义文全部□□五堂罗□三架，次修造功勋、维那、会首，显于后列扬□代不昧，国家列圣相承，钦崇大雄氏之法，天下□□胜利□，圣天□万万寿在此于乎满良用心缜蜜□一方□□。

乡进士文林郎……

将仕……

儒学……

藩府内臣王兴保　王充凤

时大明弘治十六年岁次癸亥仲秋□旬庚六日……

（2）长宁村大通寺无题名残碑

……出家□天人师，汉明帝时，腾阑始自西域，以白马驮经来……村里大通寺，东临卧牛垴，紫微庙谓之左，旋西近东……详其山形则四凤潮池之地，观其水势则二龙戏珠……登少室，日记千文，超群乎；文如罗赵，出众乎；字若……息躯命遍募檀那重补寺院妆彩新鲜如弥陀之……百二十余轴总水陆一会，计五轴十王三会五大……皆全东厨、西库，各起五间，方丈、僧室百间有余，累……功备以记，惟我……

后学本县愚术景子创撰

本寺会□僧道隆　道深

……贾凤

……杨封

本寺僧成□　满兴书

本县□城□石匠杨普　王男　杨文举刊

墓志铭

碑刻资料

（1）长宁村清故岁进士侯选学博龙门李君墓志铭

碑名：清故岁进士侯选学博龙门李君墓志铭

　　太行之阳，维上党而黎城县古之黎侯国也，名卿烈士辈出。雍正惟李姓为最，着若学博。李讳御，字若膺，别号龙门者，称为翘楚焉。考之李谱，伊始祖思义，始迁于黎，再传而□黄公举四子，长曰御郎，若膺，其仲……少号聪……备弟子，食廪节焉，文坛执牛耳……笔墨月异，人文山川草木……大志不屑，为谱纪年……悟斋治黎甫东乡，黎志稍润色之，黎邑之乘，粲然可观，若膺之力居多。酉戌之间，奉父汤药，□□发不卸衣，夜则焚香，天丧之后几年成性。癸丑□□若膺之才，使用优悠，下帷读书，科第如拾芥耳，奈何流光若赴王楼之耶，岁在己巳，余从平顺篆于黎绅士平，诵若膺之，人及，若膺悟道之余，真有仲叔风。使信无，士云，若膺已矣，帐犹存。己卯十月，四弟述于余，以求铭志。余方奉敕命校士武围水霜清若书夜靖共秉烛之暇，走笔成文，不过平日之为人而铭，若膺一生之素行也，何虚誉之有哉……生于明天启四年一月初六日申时，卒于清康熙三十三年七月初九日午时，距其生，享年七十有一，原配韩氏，侧室张氏、史氏。男一联辉，邑庠生，张氏出，娶增生张公讳德佩女，继娶庠生公讳上远之子知会女。女一……庠生申公讳应章之子。孙男一。

　　铭曰：太行之灵，上党之英，惟兹黎国实生星寒，青云凤阁传声，曰孝，曰弟[悌]，勿添。

　　敕授文林郎敕监试官河南道监察御史年家眷弟杜之昂顿首拜撰

甲子科举人年家眷晚生陈舜斋顿首拜篆

丙子科解元年家眷□侄周锡□顿首拜□

国监监生从第□顿首拜书

不肖三　四弟　葳　□

不孝男□□□□勒石

（2）民国十九年（1930）长宁村碑

碑名：碑记

谚云：聪明正直之谓神□者，阳□□□□之在天，下如水之在□□不能□食千秋，亦不能咸立祀而俎豆之，惟我□文公扑夫子□□□□功开衡岳之云，学贯天□□□鱼之□敌□□□□□□。

民国十九年岁次庚午荷月穀旦

（九）枣畔村

村庄概况

东阳关镇枣畔村，位于县城东北8千米丘陵区，东至张家背1.5千米，西接枣镇。当地年平均日照时数为2450小时，年平均气温9—11℃，年平均降水量350—780毫米。四季分明，气候温和，土地肥沃，自然条件优越。褐土质地，草木覆盖率41%，主要植被有松树、柏树、榆树、楸树、槐树、人工杨树、刺槐、荆棘等，经济作物有核桃、杏、柿。明洪武年间有陕西凤翔府王氏迁来居住，因田间枣林丛生，取名枣畔。现有100户，280人，常用耕地1201亩，以农业为主，主要种植玉米、小麦等，兼有多种杂粮蔬菜。

三官庙

庙宇概况

位于枣畔村南 50 米，坐北朝南，一进院布局，东西宽 21.8 米，南北长 37.1 米，占地面积 808 平方米。创建不详，现存为清代遗构。中轴线上现存倒座戏台、正殿；两侧有东、西廊房各五间，东、西耳殿各一间（西耳殿西墙部分塌毁）；戏楼下部正中南向辟门。大殿建于 0.6 米高青石台基上，面阔五间，进深五椽；六檩前廊式构架，单檐悬山顶，筒板瓦屋面，柱头科一斗两升麻叶拱，额枋下有精美木雕骑马雀替。戏楼单檐硬山顶，面阔三间，进深六檩，柱头科三踩单翘斗拱。

碑刻资料

（1）嘉庆六年（1801）枣畔村施地珉记

碑名：施地珉记

嘉庆六年二月，本乡绅士王斗南，同子龙飞，将自己下领边地六亩，愿施□庙内。亲同本年社首王永吉出此地，契书交与社中经管，后二年社首□永林以慷慨乐施美□也，勒之珉，永志不朽。

嘉庆六年□月十五日社首王永林刻石

玉工王正道

（2）光绪六年（1880）枣畔村重修大殿碑记

碑名：重修大殿碑记

礼有五经莫大于祭祀，典之重由来尚，古黎邑东乡枣畔村旧有三官、龙王庙，诚一村之巨镇，众庶所瞻仰也。其明灵盼蠁无往弗格祝厘、祈祷，诚应响捷以故崇庙貌而奉苾馨，告虔者历有年所□，其创建始于康熙三十六年，但年深渐朽，岁乏添修，门垣既已倾颓，柱石未免剥落。是以嘉庆八年，村人公议而重修之，规模宏大，佳丽壮观。不意世运多变，忽遭大劫。咸丰三年，楚氛不靖，红□贼沿路烧毁庙宇，八月二十三日从东阳关窜过，波及村中，余众将庙焚毁。自思功勋浩大，村社既分析力难支持，至四年间夏成熟，五月十七日，水及尸余，累日，犹十村人大□，咸曰：庙貌妥神之所，失其凭依，何从祈祷。五年，事者复议创造，爰鸠梓里同人共作瑶台胜事，高升画栋，欲如彩电，双飞大建，雕楹图兴，祥云并艳，见轮奂常，昭享记弗，替兴云雨，以蕃嘉谷，大呵护以阜较着而好善乐施者，未可湮没，弗传也。既已同助同勤，成兆民者不在兹乎，夫修废举坠者，固甚彰，成兹巨剧，犹望亦步亦趋，继其芳踪厥功告竣。勒诸贞珉，嗣而葺之，讵不懿欤。

  长凝村邑生李嗣昌谨识
  里人喆苏沐书丹
  维首王遵业　王恢业　王长业　王丕承　郑建业　王辅清　王明镜 王连孝　王泮银　郑创业　王克宽　王继仓　王魁法　郑景让
  住持主广福
  大清光绪六年岁次庚辰孟秋穀旦甫立

（3）光绪六年（1880）枣畔村社地珉记
碑名：社地珉记

  社内之地，旧瑾四亩，在桥之南头。此地有神庙一所，系南北畛，东至甲地，西至郑，南至崖底，北至桥头，载粮银二钱四分整。后光绪四年，村人谓：社地，持少难留。住持社人，共议又买地五亩，在青南垬一段，系南北畛，东至郑金牛，西至甲地，南至□道，北至沟底，载粮银二钱五分正。又有当岭道边地一亩有余，亦系社地，村人恐其久而混淆之，故勒石以志之。

  光绪六年孟秋穀旦甫立

(4) 民国六年 (1917) 枣畔村创建珉记

碑名：创建珉记

盖以神之为灵，昭昭也，无□文蜀无远弗□其灵应之，有感于人者，深且远也。吾村旧有东顶娲皇圣母社，经首事人家奉神像一轴，以昭诚敬，每□三年进香一次。窃思家庭之中，总非肃静之地，非所以妥神明而重祭祀典。因合□共公议，卜地于观音堂之左，建筑殿宇一所，经之营之，不日告竣。遂择吉奉神于兹，俾合村人等，咸得随时致敬焉，是为序。

王宽……

总经事人王□

民国六年秋七月立

(5) 民国十四年 (1925) 枣畔村施地珉记

碑名：施地珉记

有本村王栋珉兄弟二人，乐善好施。兹将□□道圪白地二块四亩，愿施于观音社内，当同年香首、社首，将此地契交出，付给社中产业。空日久湮没，故勒诸石珉以永垂不朽。

社首王福顺　王金兴

民国十四年正月十五日立

（十）东黄须村

村庄概况

东阳关镇东黄须村，地处半山区，南连峪石桥沟，北临老顶山。该村年平均气温9.1℃，年平均降水量550—650毫米，四季分明，冬夜长夏夜短，日照充足，气温温和。褐土质地，草木覆盖率23%，主要植被有人工杨树、刺槐、荆条等。现有243户，710人，常用耕地面积3241亩，村民以农耕为主，主要种植玉米、谷子、马铃薯等农作物。相传村西面有一条涧水名须，混浊色黄，俗称"黄须水"，村名由此而得。

佛堂庙

庙宇概况

位于东黄须村中，坐北朝南，东西宽25.49米，南北长29.14米，占地面积约742.67平方米，创建年代不详，现存建筑为清代遗构。一进院布局，中轴线上从南到北依次有山门、献殿、正殿；两侧现存东、西夹房各一间，东、西廊房各三间，东、西耳殿各三间。正殿建于长12.85米、宽11.26米、高0.45米的青石砌筑的台基之上，面阔三间，进深七椽，单檐硬山顶；八檩前廊式构架，灰布筒板瓦屋面，柱头科三踩单下昂；明次间装修斜格棱隔扇门、直棱窗。

碑刻资料

（1）万历四十年（1612）东黄须村重修石佛庵碑记

碑额：重修碑记

碑名：重修石佛庵碑记

  大哉能仁之教，其来远矣。基乎西域，肇乎东汉，梦金人而临玉殿，驻白马而馆鸿胪。中华庵寺自此而始。事佛之侣，号曰沙门，而天下山村、城邑靡不有之，靡不尊崇而敬礼之。迨我朝御极，尤为特隆焉。若黎邑北东黄须，东有圣井，西有岚山，东北有北极，西北有白岩，亦所称名乡也。故古建立石佛庵一所，关王、迦蓝二殿，继建龙王殿，圣像严肃，金碧交辉，殿宇整齐，垣墙巩固，甚奇观也。迨今历年久远，神像倒毁，金色残淡，殿宇□圮，垣墙倾颓。白岩寺僧宗寿名者，朝夕诵经于兹。与众议曰：吾睹此神像业已废坠矣，欲捐财修复，恨无赞襄以副吾志耳。众佥曰：义举也。遂各发虔心，协力赞相。乃鸠工集财而整理之，不数月而满堂神像。继塑十闫，并左右修廊，莫不焕然一新。依像设之庄严，体□林之布致，诚大有工于释氏者。固众善人维持之力，而寿僧劝导之功居多焉。讫工，请记于余，余曰：天下之事兴起有时，鼓舞在人，而所以激发之者则存乎一心而已。今僧首倡义举，感以此心，乡人乐输财力，应以此心，遂使延神之所，衍穰香火，咸有依凭。厥功何鸿钜耶！稽之宋臣何尚之进言于文帝曰：百家之乡，十人持五戒，则十人醇谨；千室之邑，百人修十善，则百人和睦。夫能行一善则去一恶，去一恶则息一刑。即此而推，先王以三纲五常治万民，佛氏以十善五戒化群生，其理可以互论也。今勒碑石，日复一日，月复一月，流芳及于万□；广种福田，子而又子，孙而又孙，兴隆绵于弗替。盖亦阴祐于冥冥之中所必然也。庶不负释教欲人同归于善之意，而倡之者，暨成之者，不□有休光也哉！余如是勒石，以传不朽云。

  时万历四十年岁次壬子闰十一月吉旦
  吏部听选太学生敬庵王好贤薰沐撰书
  维那王好义 陈自安 张□□ 郭孛思
  社首郭尚贤 郭代成 杨志明 崔时平 刘加寿 郭国翰 王求宁 崔巍 刘求安 王连 王复性
  僧宗寿立
  金妆匠马……
  仝建立

（2）乾隆五十一年（1786）东黄须村重修闫君殿碑志
碑名：重修闫君殿碑志

  夫人即不自鉴于善恶，岂竟不知祸福哉？福以赏善，祸以惩恶，地府之炯或亦昭然也。传称寇韩二公作去阴曹，颜卜两□，修文地下。以及曹操死后，备极箠楚；秦桧命亡，痛遭凌辱。想□幽明，参通不爽之理也。地藏闫君殿，建于佛堂西偏，□阴教也。既而渐即圮毁，宜加修葺。值乾隆中，得善女等四人，捐赀数十金，因举练事□，六人合起而增修之。庙貌既新，而地府赏罚之例，更为之涂形绘像，灿如星布，诚暗室巨灯也。但后之谒庙者，见夫金桥银栈，善者若此，奈河刀山，不善者若彼。呜呼，可不惧哉！书于石，非仅志功，且以示劝戒云！

  邑庠生丽光王叔夏薰沐谨撰

  邑庠生良弼王梦赉沐手敬书

  维那刘氏　王丕显母　赵氏　□祥法母　郭氏　王□之妻　马氏□□□□　杨卿　王新成　庠生王尔昌　王行一　刘献鲤　郭士选

  丹青郭士男　石匠郭令文

  大清乾隆五十一年岁次丙午七月吉日立石

（3）嘉庆二十五年（1820）东黄须村重修各神祠东西廊钟楼志

碑名：重修各神祠东西廊钟楼志

  吾侪之安享优游，皆神赐也。拥护切而报答□□灵爽凭而处所宜肃，补苴之，更张之，可无其人哉。各神祠与诸工程之建修，昔有明纪，然阅历多不籍，漂［飘］摇之患亦残缺甚。斯有缮完之期，首事祝三公、王华封、王西桥，功竣即议兹举，诸同人欣然从之。由是复正庙之后墙乃两侧殿之残□，东西廊则拓其基而增以楹，钟鼓楼则□明者，为何如欤？其余资又修一文昌阁之水箕，储石觅工，匪朝伊夕借，非首事□，旋之善，此间输将之勤，恐力废半途，功亏一篑矣，乌容不为之志。

  县学生郭生兰撰

  郡增生王华云书

维那监生王复善　庠生郭生兰　庠生杨敷青　刘发　庠生王开泰　王华封　王文祥　耆老刘连升　庠生魏国昌　崔育清　王思忠　王昭夏　郭围　王文清　郭起业　刘孔昭　王九州　监生王致中　增生王琳　刘发枝　王梦松　壬钟寅

阴阳郭锡文

木匠王文富

石匠郭万金　王富顺

泥水王金□

丹青郭□□

玉工郭长成

大清嘉庆二十五年庚辰十月吉日立石

文奎阁

庙宇概况

位于东黄须村村南，坐南朝北，东西长7.63米，南北宽5.17米，占地面积约40平方米。创建年代不详，现存为清代遗构。该阁为上下两层建筑，下为石券基座，中辟通道，券洞高约3.1米，深5.12米，宽2.4米，北向门额题"文奎阁"。基座上建阁楼，面宽三间，进深五椽；六檩前廊式构架，单檐硬山顶，灰布筒板瓦屋面，柱头科为异形拱，前檐装修缺失。

碑刻资料

乾隆四十六年（1781）东黄须村文奎阁碑文

碑名：文奎阁碑文

自孔子出文教休明，学者宗之，万世如一，而与孔子并敬斯文者……府化身于一十七生，一则像现空霄分度于二十八宿……子则合享并祀，固其宜矣，此地旧有文昌阁，创始不知何年……之历数十年风摧雨剥，尔然而衰矣，乾隆甲午□□间□恢懔……丑春，首事多方周漩[旋]，始克成其识，由是夫意□□先倾□□□数而……材设色其取物也，较精而用之也，较□□此原长□所谓改□而更张……文昌于左，供□□于右□□文奎阁勒首……嗟乎北面凤山，南临湏水，□□阁……

邑廪生……

邑庠生王尔谦……

维首……

乾隆四十六年十月吉日立石

三教庙

庙宇概况

位于东黄须村北，旧时为北阁，坐北朝南，单殿规模，有少量壁画。庙中中间供奉佛像，左侧供奉孔子，右侧供奉老子。在正殿的三位主神像的后方，供奉皮相爷。正殿面阔三间，进深六椽。庙中有旧碑、新碑各一通。

碑刻资料

崇祯三年（1630）东黄须村新创三教碑记

碑额：三教碑记

碑名：新创三教碑记

予闻溯道统者，必折衷于孔氏之门，盖道一而已矣，何有于三圣教云者。鲁未生孔子之前，先有老聃生于周初，虑人之流于恶也，而着其教曰"玄门"，作三千余言，无非以道醒人之迁。释迦生于周中，而标其教曰"沙门"，垂万言经咒，不过以道觉世之寐。此二圣者，固于世有补，于民有赖，孰□周当□造化，不胃庭人，不标野幸。有孔子生焉，尼山毓秀而大成独集，圣固天纵，而生民缘，有删述六经，垂教万祀，殆犹日月经天而九州悉耀，木铎道路而六宇皆灵，虽不获登帝位于上，亦得称素王以下也，当时名其教曰"儒门"。总之，其名有三教，其实则一道也。今有黎阳北乡东黄须村信士王永吉，享年七旬有四，尊奉佛道，崇重儒校，喜舍资财，独创石阁一座，殿宇三间，前塑三教大圣，后妆势至菩萨，东庑十帝闫君朝地藏，西庑三十三天觐玉皇，帝君居左，□神居右，且也三官位于牗西，韦陀立于牗东，至于天地人曹牛王赔伤无不备焉。远观台殿焕然，近睹圣像一新，不惟功德及于神圣，已福利庇于乡邦。不佞才识不堪，谨掇俚言以扬人善，以垂不朽云。

  庠生耀所张令显撰 弟王永宁 男王检心 王□心……

  庠生天章崔汉齐书 弟廪生 王永贵 男王恒心 王正……

  王门路氏施银一两 王门曹氏施银二两

  崇祯三年岁次庚午四月辛巳朔日吉旦 信士王永吉妻王氏 长男王鍊心 次男生员王□心 孙王士魁 王士□ 王士英 王士□ 王云□ 王□奇 王立□ 王□□ 王□□立

观音阁

庙宇概况

位于东黄须村村北，坐南朝北，东西长7.63米，南北宽5.17米，占地面积约40平方米。创建年代不详，现存为清代遗构。该阁为单体建筑，分上下两层，下为石券基座，中辟通道，券洞高约3.1米，深5.12米，宽2.4米；基座上建阁楼，面宽三间，进深五椽；六檩前廊式构架，单檐硬山顶，灰布仰俯板瓦屋面，柱头科一斗两升；前檐装修缺失。

碑刻资料

（1）光绪十四年（1888）东黄须村重修观音阁志

  碑名：重修观音阁志

  吾乡之观音堂，维七所焉，而是则有与他所独异者，有三。其势据中立，衢通四面，异于他之偏安者，一也；其高耸而出重霄，巩固而临无地，异于他之卑陋者，二也；至其北承凤嵒，南吞漳□，平分两衮，登临万状，又异于他之湫隘者，三也。似此三异，而凭凌之际，有不肃然起敬者哉！但斯阁自乾隆间迄今，几至颓靡，众中王守勤等崛起善心，即行鸠葺，赀财则勿俟外助，匠工则勿烦旁求，皆环阁而居者卅余家之所自储而自效也。岂非更有所异乎？工竣之余，属余为序，余本才学疏略，又兼久骛岐黄，竟不揣固陋以聊志不没云尔。

木植砖瓦、丹青匠工，一切共花钱三十五千零。

王廷琳施柳树一株

刘玉明施麦子二斗

郡郡廪膳生王炯谨撰

郡邑庠生郭蓝田敬书

维首王元秀　王守勤　王保枝　王俊彦　郭蓝田　王炯

木工王守斌　王记全

瓦工张玉森　刘建义

丹青王元秀

玉工郭春桂

大清光绪十四年瓜月朔日立

（2）民国十年（1921）东黄须村开凿新井珉

碑名：开凿新井珉

自古铭珉勒石异垂不朽者，非修补桥梁，即创建寺庙，若仅凿一井何以记焉？然而有不得不铭珉者，有二大原因：旧井颓坏，水不敷用，早欲另凿，奈无资助，不□能开工。幸有井上柳树一株，卖钱一十八串，始得开工，此不得不记者一也。至于新井地点界限，南、北、东俱至道，西至墙外根。旧井地点，今已填平，成为平地，培养树木。但新井台上已成树者，现有五株，两处合计，树株不下十株以外，此树成材后，许修井，观音堂所用，此不得不记者二也。大池水口西边有旧井地点一处，南至池，北至道，东西两丈许。余本才疏学浅，不能为文，仅以俚言，以志不忘云尔。

井龙社首刘全胜　王松安　郭江城

中华民国十年二月二十九日立石

（十一）老金峧村

村庄概况

东阳关镇老金峧村，位于县城东北12.5千米处。东至辛村3千米，南至寨上1.5千米，西南至半截沟1.5千米，西北接马水峧。地处山区，四面环山，地势中部高，东西低，以皇后岭为界，西是丘陵，东是山区和半山区。当地气候温和，土地肥沃，自然条件优越。常见植被有松树、柏树、杨树、槐树等，动物主要有山鸡、野猪、红嘴鸦等。山有二峰，宛若金鸦，名金鸦晚照，俗名老金峧。现有人口67户，168人，年末常用耕地面积476.9亩，以农业为主。

北极庙

庙宇概况

位于老金峧村北山上，坐北朝南，普通规模，庙内供奉紫微大帝，上山路的上坡处有残碑一通。庙内有脊坊题字，庙外有残碑两通，山脚下有残碑两通。

碑刻资料

（1）至正十三年（1353）大元国潞州黎城县□□村重修北极庙碑记

碑名：大元国潞州黎城县□□村重修北极庙碑记

前黎城县簿尉潞州学正权履道篆额

乡贡进士黎城县教谕传商佐传

进士李秀书丹

赵琪刊

天官有曰：中宫天极之星，居天中央宫。气立精之谓神，神而星，星而帝，帝常居极中而不移，极之南曰"太阳"，极之北曰"太阴"。日月五星行之，太阳则能照行之，太阴则无光，为昏明。寒暑之限，阳气之北极也。七星十二辰二十八宿，卫中外，列尊卑，均四时齐也。政施环绕，以拱尊之，故明王仰观，奉若设都，以王公建国，以诸侯立家，以卿大夫、百官，以之治人伦，以之叙上下。有常贵□斯位，而国家诸正，皆上本于斯，前贤知其然，必立庙貌，奉禋祀以报本，反始重人道、敬天象也。黎侯故墟之西北几十里，有山曰"金牙"，襟绣屏袖，白云衡漳，经其南玉泉，出其北落落万仞，上千云霄。山之南面联峰抱峙，巉岏而稍毕视其前，则峻极不可阶，径其脉则崎岖。或可上林木森郁，风尘夹垲之地也。地旧有庙，曰"北极"，前玉皇，后紫微，名神列曜，式叙其左，右甍连栋接，几半百楹。使后之人，岁时伏腊奔走，荐献者宜若登天，然顾此经始之难，片瓦寸木，心计足趋，陟降阢险，难乎其难。然不知肯堂肯构者为尤难，惜无碑石考其所自第年数。既远雀鼠之穿穴，栋梁之蠹腐罅漏欹，倾风雨弗能庇一日。耆艾□□、申进、□□□，聚而相谓曰："王制之民庐、井邑，居各有常处，彼斯地、我斯地也，凡所兴作，同心协力，彼之先、我之先也。今北极庙废，若不增葺，是其父析薪，其子弗克负荷，曷免弃基之诮哉。"余曰："诺。"遂鸠工计费，等力第财，兼请力□。社中自三官殿始，编次以新之。庙去村甚远，时或旱干，唯水为艰得。虽老媪、室女，肩摩踵接，宵旰以供之而不倦。及紫微殿□，旋之，□涸井枯池□不给雨，众虔祷于冥冥中。是夜，片云忽兴，骤雨大作，黎明辄止。檐溜所得用之□，既书所谓"至诚感神"，神降之德，其是之谓乎□□自甲寅年之象宾，毕工于至元丙子。岁之南□，于是弊者复新，缺者复完，歆者复正，阙者复增，塑绘丹臒，崇饰倍当□不谓□难。□□事乎，玉泉观徐道弘、本村江演喜，乡人夲劳获功，克终无间，义昭先勉后件右其事，嘱仆为记。仆曰：诸鸿文大笔，乡先生在前，仆……拙辞翰不是发扬诸公之能事，辞固请力，不敢以文胜谨，再拜书其岁月之始末，云仍□之以诗，其辞曰：天官中官居中央，含元敷化分阴阳。宫气流精神帝光，十二宫神森卫匡。外建四时临四乡，人道天时咸纪网。报□□始礼所当，城隅西北遥相望。金牙庙古摩穹苍，仙列四围屏翠张。霞□□楹犹上方，世远基摧风雨伤。邑里增修今倍常，刻石纪功遗后芳。高□□□□□，子子孙孙期无忘。

至正十三年岁次□□□月日　劝□人社长□□□徐道弘　江演立石

黎县主簿兼□韩显

黎县尹刘□

黎城县达鲁花赤□□

（2）永乐十三年（1415）老金峧村重修北极庙记吴思敕与弟吴思伯……本县官□艺助缘耆老碑记

碑名：重修北极庙记吴思敕与弟吴思伯……本县官□艺助缘耆老碑记

潞川黎城县，古□西伯戡黎祖□□国也，在县治之东北……记事不辍，考诸传记，而北极惟尊号天□五□缠度而无□位则二……精也，实造化之妙，元气之所钟，天运无□三光迭□而……纶未之道也，北极之□□□□表，位居其中，寂然不动……二月二十九日，与偕□□任□素□于金禾之山，抵于北极，上有玉皇、紫微……观其形势者，直若登天，然……同心协力，耆老曰："诺。"修之半工，山岩之下涌泉出水，灵神感应……绝遐□翠峦□穷野樵歌牧唱鸟道云□腾身凌于九霄圣……人间世也，余承之邑庠，与诸生授经，今二年矣……以记之。

潞州知州……

黎城县县凌善道　宣和　县丞　汪勉　汪澄……

……永乐十三年四月初八日儒学训导

（十二）西长垣村

村庄概况

东阳关镇西长垣村，现已并入长垣村，位于县城东北，东与东长垣隔沟相望，南至沟河，西南至东黄须，北邻山。当地四季界限分明，"十年九旱"是其基本特征，年平均气温10.3℃，年均降水量仅320毫米。常见植被有杨树、柳树、槐树、榆树等40余种。常见野生动物有豹、狼、獾、山猪，飞禽类有布谷鸟、红嘴鸦、黄莺等。现有94户，204人，常用耕地面积806亩，以农业为主，主要种植小麦、玉米等农作物。清康熙二十一年（1682）《黎城县志》载"长垣"。垣者，围墙也。相传，系古代所筑。后因水患，分成两村。该村居西，为西长垣。清光绪六年（1880）《黎城县续志》载"西长垣"。现围墙虽已无存，而西长垣一名历代不改。

土地庙

庙宇概况

位于西长垣村北，坐北朝南，一般规模。村落曾经在两三年前修缮，有戏台，戏台柱子背后刻有同治年的戏员名字，戏员大都是涉县人。主殿三间面阔，进深五椽，供奉的是佛祖（中间是佛祖和两尊菩萨，左右各有八位罗汉），在正殿右侧墙角有一块完整的碑，时间为同治四年（1865），是一块无题名禁约碑（长1.34米，宽0.57米，厚0.15米）。侧殿面阔五间，进深四椽，南侧供奉的是土地爷，北侧供奉的二郎真君，在南侧墙壁上有壁碑一块（长0.84米，宽0.5米），时间为民国二十二年（1933），保存完整。戏台三间面阔，进深六椽。

碑刻资料

（1）同治四年（1865）西长垣村土地庙碑

  合社公议，严禁赌博。有私开赌局者，罚大钱八千文，所罚之钱，入社一半，捉拿人者得一半，不遵社规，禀官究治。

  维首马履坦　马□□　马复魁　马景新　马□□　马□□　马成命　屈学金　马思昌　马继昌

  社首马丙辰　马思元

  乡约马东林

  同治四年闰五月二十二日立石

（2）民国二十二年（1933）西长垣村土地庙碑

  西长垣村，旧有土地庙一舍，创建不忆何时。村人常感神功之默佑，于甲子年春，起土地社会一道，拴钱三千文，及癸酉年拴满，积银洋四十五元八角二分，清查数目，毫不欠少。某夜，假公所地址，集会首议"钱之何所使"，或曰献戏，或曰悬匾。是时，余适坐侧，不禁曰：处此经济拮据、民生倒悬之秋，献戏一时之光景，悬匾虽历久而生息漠然。求其生息历久，决唯购地。后卒购地，名"山石头垗"，良田三亩，粮银一钱九分八厘平。无何，会首俾余为序，余遂为之序云。

  山西省立第四中学校毕业马忠驷撰

  黎城县立第一高级小学校毕业康廷宾书

  维首马清松　马兰昌　屈孔良　屈孔骠　马登龙　马财林　马旦则

马逢太　马乃堂　马映堂　马秋成　马江生　马老虎　马福祥　马白旦
屈希贤

玉工马富魁

民国二十二年十二月十五日立石

三、黎城县黄崖洞镇

（一）西村

村庄概况

黄崖洞镇西村，位于县城北 50 千米处，地处山沟，东北与东坡毗邻，东南至小寨 1 千米，西南至依园山，西北至霍家庄 1 千米。村民委员会驻西村，村民以农业为主，兼营铁矿开采，当地盛产花椒、柿子、核桃、党参等。该村现有 196 户，649 人。

散碑

碑刻资料

（1）嘉靖七年（1528）西村重修碑

崖地至□四至分共纳夏秋……祖来、祖英、祖兴、祖□、祖□等卓锡栖隐朝经夕梵……祖来，号印心，同施王延□林等□心翻盖正殿一所，妆塑□□教圣人山，塑十……觉十大明王，十六罗汉，东西廊庑，其工完美，焕一新，□尽楼台□叠嶂，创开兜率一重天□□远之新民立归崇……之福地也，勒成础石，遂铭年华茸其所行之事，永贻不朽云耳。

时大明□集嘉靖七年岁次秋菊月□□涧吉旦　栖隐僧印心立石
本县石匠赵文智　□举□　男赵越镌

（2）西村重修三教□□堂碑记

碑名：重修三教□□堂碑记

　　□赐□太□山隐叟性空书撰

　　□析□□□流者乃法化乾坤之坦夷□然不治而不乱，不空而不有，几圣绝表理事双彰□□□寂而妙，乃天地□□根，万物之□□□见性表释氏之妙理也，忘言息虑实腹心虚独守□□玄北□龠攒五□而会八卦□□气而证三元修心□□□乃道之玄失灭诤怀仁□□□□明明一德而穷□观□勤也，而授道听之，莫闻视□，莫睹穷理，尽性概儒氏之大□也，然则法门虽殊，理归一……古黎郡县北百十里，□北□里□□□曰太行山，曰三教堂，其地峰峦秀丽，迥出……嵯峨而□似带傍观碧嶂，□□□如□□接□猿树幽鸟噪芳林经尘远隔清……

（二）清泉村

村庄概况

黄崖洞镇清泉村，位于县城北55千米处，东北与左权县南窑隔清漳河相望，西南与河北省涉县郭家村为邻。据清康熙《黎城县志》载"清泉"。因村居于清漳河岸边，河水常年不涸，清澈透明，村以河名，故名清泉。村中有人口433户，1895人，盛产核桃、花椒、柿子等。

菩萨庵

庙宇概况

位于清泉村东山上，坐北朝南，一进院落布局，东西宽18米，南北长26.5米，占地面积477平方米。创建年代不详，现存建筑皆为清代遗构。中轴线上建有山门（倒座戏台）、正殿，两侧为看楼。正殿为二层建筑，下层为石窑两孔；上层正殿面宽五间，进深六椽，单檐硬山顶，筒板瓦屋面，梁架结构为七檩前廊式，前檐下设有斗拱十一攒，均为坐斗出耍头，墙体青砖砌筑，原置隔扇门窗尚存。正殿内东、西墙上绘有壁画，分别为地府轮回转世图和佛祖讲经图。2003年被黎城县人民政府公布为县级文物保护单位。

碑刻资料

（1）嘉庆五年（1800）清泉村重□碑记

碑额：重□碑记

黎邑北山多奇峰异壑，羊道山圣泉寺之西北山麓，有精舍数间，甘泉细流引入僧舍，不携瓶而水已盈盆，实奇观也。山有白花茶，多蜂蜜，酷暑炎热，游山寻胜，僧人烹白花茶，煎蜜水，洽撒肺蹄，香浸齿牙，无不流通，不忍去顾地居竣绝，无田可耕，若不稍置恒产，无以安僧人，即无以护佛宇也。旧属看后、清泉村经管，稍存山田，但碑石烟殁，无可稽查，余佐治此地，因奉宪缴查烟户保甲，适有因公施入地数亩，舍前所置共有若干村众谋，欲刻石垂久，祈余为文，余曰：此举也，善事也，即走笔而书之，用以留后人之游山寻胜者，得有所憩息之所耳。

看后村信士江安栏书　本县正堂徐大爷讳天琳□　右堂鲁老爷讳鹏翱撰

所存地……　南头沟一段二亩　天□□一段二亩　南平上一段一亩　上水泉一段一亩　水泉里一段一亩　共地一十五亩照壤……菩萨岩壶口粮银□钱六分正，此粮系□村里九甲所管。

皇清嘉庆五年桂月

(2)清泉村□和□□重修

碑名：□和□□重修

　　至正五年四月十五日□为记，弘治十二癸丑年发心僧可聪重修盖殿三间，文殊士菩萨，关王真□，观世音菩萨，普贤菩萨，伽蓝土地，黑羊锁灵侯。

　　平姚县丹青段仲□　段仲贤　本里丹青郭景隆　本县石匠杨普江刊立石记可聪

圣水寺

庙宇概况

位于清泉村杨岐山上，坐北朝南，东西宽22.3米，南北长24.5米，占地面积546.35平方米。创建年代不详，现存建筑为清代遗构。一进院落布局，中轴线上建有山门、正殿，两侧为厢房、耳殿。现仅存正殿、东耳殿为原构，其余均为遗址处新建。正殿建于高2米的石砌台基之上，面宽三间，进深六椽，单檐硬山顶，筒板瓦屋面；梁架结构为七檩前廊式，前檐下设有斗拱七攒，柱头科四攒，平身科三攒，均为五踩双昂，平生科出斜昂；墙体青砖砌筑，原置隔扇门窗尚存。寺内现存静公和尚塔、愚公禅师道行塔、奇妙和尚塔等。2003年被黎城县人民政府公布为县级文物保护单位。

碑刻资料

康熙五十年（1711）清泉村圣水寺布施碑

　　清泉山圣水寺下院疃上基地功德主计开：

　　丁克仁、丁克义，施南坡庄基地一处，东至施主，南至连氏，西至丁君还，通下坡，北至行□，其地粮艮，施主上纳，有契。丁自奇，施南坡庄基地一处，东、西、南三至丁克义，北至行道，其地粮银，施主上纳，有契。丁自珮，施南坡庄基地一处，东至丁克义，西至丁君还，南至行道，北至王学义，其地粮银，施主上纳，有契。丁□还，丁□惠，施南坡庄基地一处，至本寺西、南、北三至行道，其地粮银，施主上纳，有契。北李□□□董心□四十八年十二月初六日，卖到本寺地四亩，价银三两二钱，其地粮银二钱三分，卖主情愿自己上纳，以为本山香火之资，求远不与寺内相干。

时康熙五十年七月初六日立　乔端书　石匠杨玘吉　杨玘寿

（三）看后村

村庄概况

黄崖洞镇看后村，位于县城北52.5千米处，东北至左权县云头底1.5千米，东南至清泉村1.5千米，南濒清漳河，北至佛崖底2千米。据清康熙二十一年（1682）《黎城县志》载"看后"。相传，古时有一皇后前往寺院进香，路经此地而病居于此，满朝文武获悉后前来看望，故而得名看后。村中人口共509户，2190人，以农业、林业为主，盛产核桃、柿子、花椒等。

寿圣寺塔

庙宇概况

位于看后村村南，为八角五层楼阁式石塔，边长0.6米，占地面积1.1平方米。据塔铭文载："明嘉靖三十三年建，塔高二丈三尺，角铃四十个。"塔身平面八角形，束腰仰覆莲须弥座，塔身刻有铭文及佛、菩萨、力士，造像94尊，八角攒尖顶。1991年被黎城县人民政府公布为县级文物保护单位。

碑刻资料

同治四年（1865）看后村重修黄岩山寿圣寺序

碑额：天地三界

碑名：重修黄岩山寿圣寺序

　　世所谓西方净土有如来佛者，乃天竺国番王世子也，轻富贵重性□，破愁城为乐土，化愁海为情波，教立沙门良有以也，乘超般若，岂偶然哉，顾攘而斥者，唐有韩昌黎诋而排寺，明有刘伯温何□尔□其莲□□胸，而不以先王之道为道，仅称奇于天花散彩，贝叶成文焉，良可惜已。粤稽广记凡扰岛梵宫有仙释者，存其名而下□其事，况我佛之善果法轮，近乎仁义者哉，则古刹之不朽也，亦宜古黎山寿寺创建之代，勒诸贞珉，可考而知，迄今世远年湮，风蚀雨剥，将栋之残者有之，栈之缺者有之，画壁圣像之倾圮尘积者亦有之，几乎月灯风帚无由供养香花矣，村中好善者，有感于此，重修佛殿五楹，东西廊房各六间，后院一所，鸠工庀材，踵事增华，勾之残缺者补苴之矣，倾圮者结构之矣，尘□者染浴之矣，朴□黝□垩焕然维新，虽曰道抑，亦人谋也，盖佛以善化工，以善兴，以善感，善□斯寺之与山并寿也，是为序。

　　岁进士候铨训导邑人杨清韵　壬戌科举人吏部拣选知县邑人王□□薰沐撰文　本村术士高峰沐手书丹　佃□□□□太□主

　　郭思聪施钱六千九百文　郭思魁施钱六千四百文　张子惠施钱七千一百五十文　王邦相施钱七千二百文　张占魁施钱十千零三百文　郭选清施钱九千二百文　江千祯施钱六千九百文　霍永勤施钱三千九百五十文　连□施钱三千六百六十文　张广仁施钱三千三百文　王高主施钱四千二百文　管账高峯施钱二千七百文　监工□□　维首杨富余施钱三千六百文　刘天成施钱一千四百五十文　汪登洲子有财施钱三千六百文　江登云施钱二千四百五十文　霍生余施钱三千三百文　张

子□施钱五千□百文　张治业施钱三千六百文　□工王起运□孩施钱一千二百文　王法运施钱一千文　管杆□　管石板坯土　管麦糠　管米石　管□□　维首□永法施钱一千八百廿文　王起富施钱一千三百五十文　申金桂施钱一千九百五十文　刘德施钱三千八百文　麻和施钱一千二百文　江登堂施钱一千七百四十文　江有富施钱一千五百四十文　王德全施钱一千六百文　霍生金施钱三千三百三十文　申九□施钱一千七百文　讽经大众　心吉师施钱五百文　广明师施钱一百五十文　源聪师施钱四百文　定来师施钱五百文　法广师施钱五百文　觉魁师施钱一千文　觉津师施钱五百文　悟乐师施钱三百文　首运师施钱五百文　维芬师施钱二百文　能忍师施钱二百文　义广师施钱二百文　铁匠□□云六百文　石匠刘保魁　王世福五百文　木□杨苦秋一百文　杨德全一百文　泥匠杨生德八百文　申藏珠　画匠□俊一千五百文　李升花　本寺住持僧比丘圆旺　徒慧琳　圆□　圆曜徒慧珠等　麻田寺家师定隆施银五百文　泽城寺续法师　智生师合施钱五百文

大清同治四年九月二十二日开光圆满立

二郎关帝庙

碑刻资料

崇祯五年（1632）看后村建□重修二廊庙碑记

碑额：重修碑记

碑名：建□重修二廊庙碑记

伏以□□□分青气□天浊气，为地三皇□世五帝为君盘古至今□记□间□古迹二廊，担山赶于看后村，坐立神堂，东临辽阳山川境□，南连涉□漳河□有云禅九凤山岗□靠□屏砘山□□全半立二廊庙宇，古刹三间，后添二间，年□日久，毁坏以□重修，□□□番复又伤损倾颓，有维那□王命，选张长□二人纠镇□□诚心□思劳苦，晨昏不寐，昼夜不眠，踵□乞化众善人等，喜舍资帛搬运土□木植筑立高台，起建正殿五间，内有诸位龙神□艳一色，新鲜□厄厦三门，三门三间，新建乐楼一座，□间□□俱以□备，保佑一村人口平安，家家美乐，户户康宁，风调雨顺，国□千秋，□□施财管饭□工人数刻石芳名□载，永不朽耳。

在城祝三敬施银一两　□□行施银二两　王天祥□□□□施银七两　□登□银一□　□希年银四钱　王干施银一两　连□□□□钱　申□祥□□□　张一桂银三钱　党明乡银一钱　连应明银二钱五分　王鱼海银三钱　纠首王命选银一两五钱　丁弥□□□两　江湖□七两□钱　张长明□□张恒明钱七两五钱　催工人王□郎银□钱　□尚谋银五钱　李加谋银五钱　丁思银一钱　武进才银一钱　杨进科银一钱五分　催□□人□□银三两　李交广银一两五钱　丁义银一钱□分　□□□银一钱　□晋保银一钱

皇明崇祯五年十月二十七日扶立碑记　本村丁九乡……

（四）西头村

村庄概况

黄崖洞镇西头村，位于县城北 44 千米处，207 国道从村边经过，东北临南陌，南至南雨沟 1 千米，西南至赵姑 2 千米，西北至红崖上 1 千米。清光绪六年（1880）《黎城县续志》中无此村名。因居于南陌西隶属南陌，故以西头名村。村中现有 182 户，625 人，以农业为主，盛产核桃、柿子等。

三教庙

庙宇概况

位于西头村村中，坐北朝南，东西长约 12 米，南北宽约 4.8 米，占地面积 57.6 平方米。创建年代不详，现建筑为原基址新建。

碑刻资料

雍正八年（1730）西头村三教庙碑记

碑额：碑记

　　石碑是记载西头百年历史的宝贵史证，因年久失□石质分化，字迹不清，经过几天的精心整理，方才完成，为将永久相传，特将原文重刻如下。

　　黎城县南陌镇西头村旧有教殿一所，由来久矣。前于康熙己丑，奉官令着手重建殿宇，宜将至圣先师之像，宜为□童帝君之像，于是因将先师之像化毁而帝君之未补止普释道二教，偏坐于左者，盖二十年矣，其于雍正四年，有僧人普从观其殿宇倾圮，神像不全，目击伤心，毅然有重修之意，奈独力难成，因与村人首蔚洪隆、蔚盛隆、麻得富、苗玺等人，共认其事，皆慨然悦股，一昌而群应。为富者输财，贫者输其力，正殿两厢重塑圣像，前院宏敞增亭厦三间，未及三载，工程告竣，一时观者大悦，咸谓是举也，故修教殿以妥神住至安也，以补风脉至固也，以壮观瞻至肃也，夫观善事有终自应勒石传后，因而问于余，夫余之离乎斯地也，遥矣，其始终本末亦未知其详明，规模壮大，景色之焕彩，余无多赘，而惟深嘉夫普僧之立老也，诚与夫社像之趣事者敏也，于是平亭。

　　维首蔚洪隆　麻得富　苗玺　雇工蔚明　段记成　延其文　王贵昌　选文　王都主持普从

　　时雍正八年夏季吉日

（五）上河村

村庄概况

黄崖洞镇上河村，地处山谷之间，位于县城北部，沿 207 国道至此 42.5 千米，东北至西头 1.5 千米，东邻南雨沟，西南至下赤峪 2.5 千米，西与后上河接壤，因村居于下赤峪河之上游，故名上河。全村现有 159 户，603 人，耕地面积 428 亩。

马王牛王爷庙

碑刻资料

（1）康熙五十四年（1715）上河村创立牛王庙碑记

【碑阳】

碑首：创立碑记

碑名：创立牛王庙碑记

夫神尊居侯位有感必应，来龙甚活地脉□信此乃兴隆之山也，建立神庙谋佑村乡之耕牛，岂残鲜哉。今有山西潞安府黎城县玉泉乡德化北□□里人氏，见在上河桑牧赵拱王庄居住□□一社□黎处，诚社首王进□、樊雯升，率庄善信人等，情愿施舍，共成圣事，功已完结，洪恩难忘，是以刊碑扶立，以垂世于不朽云耳。

增广生员刘馥远书　施地基主高京敖　粮□　泥匠王贵龙　施工价徒王伦　施工价　木匠路显光　施工价　塑匠郭永太　石匠　杨起才

康熙五十四年季春吉旦立

【碑阴】

  上□村郭……　西头村……蔚昌隆银五钱　蔚成起银五钱　王景元银五钱　蔚□隆银三钱　南陌镇普文　□□□　郝丙仁　□□□　四人银五钱　大圣寺照瑞施银五钱　照元银五钱　普悦银五钱　赵□庄王……李成银一十五钱　王□有银九钱　王□银一钱　□□庄王进禄施银一钱……王显大梁一根廪二根□□□　王□银五钱柱一根　樊文炳柱二根　韩兴旺柱二根　段□□六支　上河庄陈法施一梁一根□□　杨进才银五钱门□二根　陈亮银五钱廪一根　□宣银五钱椽五支管饭三人　张□祥柱一根　陈明银一□五钱廪一根椽八支　□□三十一人饭　郭思君管三人饭　樊文升……管四十五人饭施银二十六钱……

（2）道光二年（1822）上河村重修牛王庙碑记

碑额：重修

碑名：重修牛王庙碑记

  自古……弗彰莫为之后难盛弗传，是二者未□不□□□村之东岭旧有……溯其创建之由，固有为之于前而栋□榱崩□无为……是岁之香社首杨立……商于予曰，是庙创立重修于祖上，莫不尽心竭力，迨□□予岂敢神□□劳观……为之弟孝□果不辱命，同社首维那捐赀本社籍财邻村乐事劝工□岁而工告竣□矣□堂庙貌维新矣，岂不美盛哉，迄今书名于石，以彰前傅后云尔。

  儒生樊□思撰　　□□蔚春楠书

  □郝廷玺钱四千二百文……孝思纯银四千二百文　孝纯钱四千二百杨立业钱五千六百　王汝霖钱三千五百　杨文明钱三千五百　□武清钱四千……杨文有钱二千一百　王二国钱二千□百　段文清钱二千……木匠何……

时大清道光二年岁次……

（六）下赤峪村

村庄概况

黄崖洞镇下赤峪村，位于县城北43千米处，东南临207国道，东北至上河2.5千米，东南至南山1.5千米，西南至南峧沟1.5千米，西北与上赤峪为邻，地处山谷。据清康熙《黎城县志》载"赤峪里"。此村名有两说：一说桃花女在此与奴隶主英勇奋战，血染山谷，得名赤峪；二说因该村地处花岗岩所形成的岭谷丹崖，故名赤峪，后因村民增多而村址扩大，分为两村，该村居前故名下赤峪。"下"与"上"相对；赤，红色；峪，山谷。村中现有353户，1246人，主要以农业为主，盛产核桃、柿子等。

龙兴寺

碑刻资料

（1）万历三十六年（1608）下赤峪村重修观音堂碑记

碑额：重修建立三间碑记

碑名：重修观音堂碑记

夫此堂宇溯诸创建之□乃先祖忘福志禄先父进峰进用□遗迹也……其神惟观音与二十四诸天而已，圣像孤□堂宇狭隘□且倾坏不□不……者□□□自击倾坏之□于□癸……

大明万历三十六年岁次□申□月榖旦立

金妆匠汎朝卿　汎朝□　汎朝用　塑匠王……　木匠王恩义　王恩□　工价银六钱　石匠杨汝经　杨汝滨　维首……

（2）乾隆四十四年（1779）下赤峪村重修庆寿庵十王殿及僧房碑记

【碑阳】

碑额：千江一月

碑名：重修庆寿庵十王殿及僧房碑记

庆寿庵建于桃花山之麓，欲问其始事，而故老尽矣，前明兵燹之际，里人捐资□力重为修理，余高祖云升公，喜其年饥而民不变也，曾为文以记其事，康熙□□秋，先祖讳便者，与郭君思聪者，亦嗣而葺之，数十年来，补继无人，庙貌、神像摧□于风飘雨渍之中，谁复谒而问焉者，己亥春，住持僧融泰欲重修之，谋其事□□众而需费不给，几至中废，住持谋诸余，余曰，非众维首不能完其功，僧乃重为□，旋中有不悦者，余善言以慰之，于是或捐金，或输粟，十方募化而阎王殿及禅室，焕然维新焉，事既竣，属余作文以记之，余谊不容辞，详其始末后□人踵事而增新焉，□斯庵之不朽也。

　　□比丘僧福□钱一百

　　邑庠生栗锦鳞撰并书　金妆阎王十尊善人　霍门栗氏施钱三百　栗门常氏施钱三百　贾门郭氏施钱二百　栗门乔氏施钱六百　樊门赵氏　樊门姜氏　樊门王氏三人施钱一千　韩门张氏　贾门武氏施钱四百　栗门杨氏　樊门栗氏施钱五百　贾门高氏施钱五百　维首李维富施银五钱　贾富珍施银八钱　郭琮施银一两二钱　生员栗锦林施银二两　栗举林施银一两　栗广林施银一两　贾璜施银八钱　栗发聪施银六钱　郭子珍施银五钱　诵经僧人丹青　□□　心法　普登施银一钱　觉恬施银五钱　庆桂施银一钱　觉喜施钱三百　源邃　广玉　真亮　真□　大圣寺施银五钱　住持僧融泰　圆满住持庆济　皂厨贾有珍施……　沙阳西戌村铁笔　郭□

　　大清乾隆四十四年十一月初六日立

【碑阴】

碑额：重修碑记

各村施主开列于后：

辽州张魁英银二钱　李天士银五钱　李顺银三钱　田□银一钱五分　田茂银一钱　杨文贵银二钱　张林银一钱　郭良银一钱　李建极银一钱　刘忠善银一钱　刘存仁银二钱　刘三多银二钱　闫锡□银一钱　李□银一钱　郭武秀银一钱　刘□青银□钱　田生□银一钱　郭进□银五钱　本□施主生员霍载朝钱一百　□□□聪钱一百　□生李在公钱一百　庠生王师钱一百　韩斌银一钱　张宝财钱一百　王家栋钱一百　王富银一钱　李富钱七十　李法银一钱　武德银□□　申风和银一钱　申彦银一钱　申虎银一钱　申全银一钱　延显明银一钱　延显清银二钱　郑法银一钱八分　裴锐银一钱　郑炳银一钱三分　裴座银一钱五分　武宰银二钱　郭记银二钱五分　冯功银二钱　冯龙银二钱五分　张□符银二钱　高文科银二钱五分　杨克敏钱二百　张云翼银一钱　延孟□钱一百　张翱翼银一百　王□银一钱　翟善银一钱　申伏清银一钱　段□□□一百　郑魁相钱□□百　申国□□□　蔚门魏氏钱一百　申门□氏银一钱　申门□氏五钱　延门胡氏银八　段门王氏银一钱　延门郭氏银八　延门郭氏银八　上□本村施主　栗端林银二钱……栗法升银一钱　栗法祯银一钱五分　栗法云银一钱　栗法贵银一钱　栗法富银一钱……武贵□□　武华银一钱　武□银一钱　武公银一钱　武宝银一钱　武显□银二钱　张自立银□□　栗□□□　贾□□□　尚进孝银二钱　贾琮银一钱五分　贾云银一钱五　贾宝珍银一钱……

（七）南陌村

村庄概况

黄崖洞镇南陌村，位于县城北44.5千米处，地处谷底平川。东临东崖底，南至瓦窑沟1.5千米，西南与西头毗连，北至北陌2千米。南陌村，据清康熙《黎城县志》载"南陌"，陌，古人指街道。地处山谷间平地之南，民舍较诸村整洁而独具街道，故名南陌。该村历史悠久，为本县古镇之一。清乾隆《潞安府志》载"南陌镇"。村中现有281户，890人，主要以农业为主，盛产核桃、柿子等。

圣寿寺遗址

庙宇概况

位于南陌村村中，坐北朝南，东西宽约35米，南北长约50米，占地面积约1750平方米。创建年代不详，现存为明代遗存，遗址现已成为耕地，遗存较少。另村中散落有石质水槽、基座等构件。

碑刻资料

（1）正德七年（1512）南陌村重修水陆殿记

　　碑名：重修水陆殿记

　　　　前判海州事归隐林下古黎后学……
　　古黎县治之西北百里曰南陌，建寺曰大圣。创始于东晋泰和之岁，重修于胡元至正之间。自古迄今，兴废盛衰，迭迭相兼，不可枚举。自天顺壬午岁以来，所有者仅正殿三间，前殿一间及外一门。待有住持僧道广僧其后殿一座，前面三楹，九架后檐，里用一十七间，内藏水陆神画,名曰水陆殿,建立以后,历年许久,倾颓圮坏,渐为废弛。有僧德文,乃本里贾氏之子,自幼聪敏,谨守戒行。悯前辈之劳心,继后世之久远。于是先捐已资,会集众僧,以为斯殿倾颓,如不重修,后将泯灭矣!合曰:"诺。"文公遂命匠抡材,多方募缘,经之营之,始兴工于正德辛未春,完矣美矣,落成于是岁冬十月,不周期而倾者覆之,圮者植之。甓瓦雕梁,坳垩丹漆,焕然维新。工既告成而内则空空亦不可也,复绘神像百余轴,笼龛于内,所得坚久。文公秉至公之心,存无我之念。计其钱帛谷粟尚余,不为公有,又起钟鼓二楼,朝参暮礼,鸣之击之,为一寺之观瞻。以至前后僧舍,宾客居处,周围墙垣,整齐严肃又其密也。若德文者毅然有为,诚僧中之巨擘者也。其用心竭力,不易而成。越明年春,县令苟公,乃陕右商州之茂族,慈祥岂弟之君子,时流贼□攘,公负干蛊之才,闻于巡抚,命之阅视麻田隘口,道经于斯,睹其功迹浩大,穹壮弘丽,诚不可□,遂命宜纪于右,使后人有所考见。故领命征文,以请其记。愚谓佛氏之流,其来尚矣,自汉明帝梦金人飞入殿庭,遗使迎骸而有寺于洛阳,则天下后世莫不建立,绵绵崇尚而加敬于释教焉。原其所至,无非劝善戒恶而然耶。观斯寺之兴,实由于此。矧地居要路,官客往来,商贾经营,人民祈福,络绎不绝。诚一邑之深概,因其所请,固辞不获,芸□老耄,忘其荒芜。姑录其行事之实而强书之,俾览之者知所自云。

　　黎城县文林郎知县苟……　迪功郎县丞……　将仕郎主簿……　典史……　防守泽潞等处领军往来巡□圮……

　　时大明正德七年岁次壬申仲秋一□吉旦

(2)嘉靖十九年(1540)南陌村大圣寺重修三官庙庄塑十王记

碑额:三官庙记

碑名:重修三官庙庄塑十王记

　　夫造化阴阳者,一元之气也,经纬天地者,三官之神也,乃大帝而化之圣，圣而不可知之神也。粤自遂古之初，鸿荒判世，亦有神圣之钦！厥后大唐之始，灵迹□焉，欲使神功悠远，遍覆天下后世无穷也。其庙者，在黎阳北，距迫邑八十余里，斯其形南视牛峰山，瑞彩而光接连天；北倚瘦姑山，云影而飞乱坠。东瞻囤府崖青松而势直冲霄；西顾桃花寨碧嶂而俯仰天底。踞坐风岭□云，卷卷如衣，目睹南川溪明，条条似带。四山环绕，境趣嘉幽。呜呼！欲斯巍峰，足可为神居之地者也。洪惟我圣朝万玑之下，德被诸邦，恩沾四海。钦崇圣教大阐，敦化道□于世矣。故之祠宇，屡值兵燹，萧然颓敝，一无存焉。正德十年，耆老张才旺施其地基，鸠众构造正殿一所，同侪何渁、王允仍塑三官尊神。嘉靖二年，住持僧广云兴心募化，山西王令臣增修东殿一所，诚心弗足。嘉靖十六年，麻田里施主李勤书并同社众，内塑地藏十王之神，穿檐邃宇，刻楠丹髹，金碧辉藻襘饰之，甓瓴补之，葺理庄銮，一期圣事，无不完美而尽心矣。若非僧之盛德并众之才，曷能如是履福地而起信心：登精舍而生善矣，落成之日，勒咸诸石，谒余为记，辞之弗获，累将葺之功而为记之，庶之方来，永贻不朽，为之轨范云耳。

  朝阳洞赐法子大圣寺野叟圆证撰

  时大明国嘉靖十九年岁次庚子孟冬十月中瀚吉旦

  修造僧广云立石　本县铁笔赵文定　赵文才　赵越刊

（3）弘治二年（1489）南陌村重修大圣寺最后毗卢殿碑记

【碑阳】

碑额：重修大圣寺记

碑名：重修大圣寺最后毗卢殿碑记

  古黎后学玉泉渔拙子赵初撰

  佛教之流，古本无闻，始于汉明帝一梦而金人入庭，中华大振，于是智愚贤否，莫不小信，传白鬃负经，而人皆悦服，曹溪留衣，达世慨慕。唐宋□来，志士仁人流于沙门者，往往不知其数；屡代所建珍楼宝台者，日谈不可悉举。然其间或有豪杰之才，圣贤之学而产于世者，厥弗惑于兹，曾未之而俾斯教之迹憩也，挚平城一先之使，然非人力而至此耶，亦非人力而绝之耶。盖大圣乃居古黎之北，相蹋八十余里左右，俱危峰邃涧，盘岩叠翠；幽峪堆水而林木郁然畅茂，道路迢然趑趄，其基赟凛乎，不可以粲语形容。又东连古砘而西接太行，有确乎不易之规，莿对牛峰而后倚姑山，其森乎庄严之境。门环碧水，院藏古木异葩，灵禽不时而有，信哉，吾邦幽胜之境也。日升月沉，寒催暑继，禅僧释客得不睹其雅趣而云集大中。故曰，名山大川必聚高土，佳林秀壑必撩尘俗。夫大圣之建于此，良有因矣，至东晋泰和创始，胡元至正重修，遂延于国朝正统、景泰复建，由是历年不一，兵燹屡抵，风雨屡催，故殿宇佛像每每甚至倾覆。成化丁未，住持德进、德爱，览斯锡之不说，悬悬于念虑间，尝立盟曰，若兹寺罔复启肇，将使前僧创修、复修之功，徒为尾灰而已。我当坚立信心，演经募缘。不二载，乃弘治敦匠集材新建毗卢殿六楹。殿外缭之以垣，垣内树之以柏，梁栋饰□彩，佛像饰□金。迨前后旧殿，左右两庑一如完补，自是德文、德爱一朝相谓，洞阙梵寓，罗集众僧而告曰："今大毗卢宝殿已成，瞿昙可阐，尔众僧行益为我立之以碑，用礼以求杰士之文，彰于永久，垂于无穷也，不亦善哉！"予为孔子徒，弗能造释氏语，因有所干，遂不辞，予为之记云。

潞州黎城县文林郎知县高凤　医学训术赵怡　迪功郎县丞李昉　僧会司僧会绍亨　将仕郎主簿陈端　典史王安　礼房司吏韩通　寿圣寺住持僧圆□书

时大明国弘治二年岁次己酉十月乙亥二十五己酉日

修造住持德爱立石就篆额　平阳府石匠薛宗镌

（4）隆庆五年（1571）南陌镇大圣寺重修二殿山门记

碑额：重修大圣寺记

碑名：南陌镇大圣寺重修二殿山门记

　　山西潞安府黎城县尉古青青乐安少渠张东铭撰　县学生省菴张黄棠篆　安斋王永定书

　　隆庆庚午秋七月，余奉巡按山西侍御饶公委命，诣晋阳执事场屋，迨事竣，由榆经辽，历五日，度桐峪岭为南陌镇，即黎疆也。镇有大圣寺焉，因憩寺中，四顾瞻望，山峰峭拔，其砘龙、锡冈、桃花、仙姑诸山，嶙峋环抱，亦胜地也。寺当诸山之央，址基爽垲，殿宇宏邃。因询及诸僧创建之由，皆以古刹，莫知所自为对，回视大雄、诸天二殿，蔽而弗治，山门隘而弗称，余深慨为瞿昙旷典而亦思兴废者之乏人也。及今岁夏仲，余承檄散本镇社仓储蓄以济民不给者，复停骖于斯，俄见二殿葺而新之，山门廓而高之，焕然改观矣，无何释氏明镇者叙其修葺颠末以请纪念。余幼读原道崇正等书，固耻谈墨者事，今观镇是请，殆亦浮屠之有志者，道不辞芜谬而为之记，曰：夫佛之明心见性、轮回劫化之说，固幻置无容言，求其切近可指，日夜教人者则不外斋戒持律、诵读其书、崇饰塔庙，三者而已。而其徒或者以为斋戒不如无心、诵读不如无言，崇饰不如无为。夫中无心、口无言、身无为，则饱食嬉嬉，为世大蠹，是为大以欺佛者也。镇尝于嘉靖改元，刺颊断指，募财鸠工，创诸天殿一，钟鼓楼二。葺前后水陆、伽蓝诸殿，山门、石桥等役，绘塑圣像若干尊，铸造铜鼎器用若干件。今年历五纪，寿届八旬，而犹甘劳□忘衰疲，使二殿复新，山门恢拓，盖虽未见斋戒持律，诵读其书、而崇饰塔庙，实所优为，可谓不以欺佛为心者矣。使后之衣缁者咸若人焉，斯刹也，将永久不废也哉！抑又有说焉，浮屠蔑伦逃世，固吾人所不屑，然能操笃志、淬苦行，老而不衰，而事亦卒济。如此矧为吾人者，此志一立，宇宙间事何不可为耶！故曰："志之在人，如矢射的。"

又曰："有志者，事竟成。"南陌去县百里，寡儒风，民多好讼。自今伊始，有志于业儒，则可以兴礼义；有志于息讼，则可以登善良。否则，将浮屠氏之不如矣。凡吾民游于斯、息于斯，观斯记也，其可不惕□也哉！是工经始于庚午五月，仅一期而告成，其财募于好施，其力协于诸僧云。

大明隆庆五年岁次辛未夏五月吉旦立

修造僧明镇立石　邑人宋朝佐

（5）万历四年（1576）南陌村大圣寺金妆三官神记

碑额：金妆三官神记

碑名：金妆三官神记

甚矣！三官之神也，可以感发人之善心，可以惩创人之逸志。其用归于使人得其善恶报应而已，是知斯神诚万世斯民之福。此历代君王由亘古迄□于今，所以崇奉极隆也，□况斯庙自创始于正德以来，未获全美。于是东川张道之等忧心惶惶，夙夜匪宁，倡首输财，劝募修理，而本方男妇之善士感其诚笃，亦皆赞相而协力焉。工兴去岁，重修于东殿三楹，内塑地藏十王，尽行金妆。西廊三楹以为守庙之居，南建三楹以作立石悬钟为门。至今岁仍复输财买金，美彩三官之神。金埴辉煌，焕然一新，庙之雄丽亦罕见焉。其形胜也，龙头高耸而四面瞻仰，诚一方之甚，然东川子为其事而成其功，于以见利世之仁焉，承继之德焉，备众美于无量焉。谓非世得之贤者，曷克臻此？本方之善士而与力焉者，其亦知所响往矣。事既竣，可不镌石书名以垂诸不朽云耳。

维那郭好整　赵天秩　姚世鹿　连成　高土山　邑人岐山李朝阳书
金妆三官神记榆社庠生丹山柴楹撰　府吏后山郑九□……辽州石匠杨进科　杨进礼　杨汝定　祁县画匠马应其

时万历四年岁次丙子孟秋吉旦

（6）万历二十四年（1596）南陌村大圣寺重修三官十王殿碑记

碑额：……十王殿碑记

碑名：重修三官十王殿碑记

夫三元者，乃元受真仙之骨，受化更生，元始之化，现一气之所生。三桃落海，□□三身，威容赫赫，法力无边，通天达地。于是天尊封为天、地、水三官之大帝，管辖三界，考较善恶鬼神等众，超度济民，无量无边。圣□□巍巍，不可明也，今据山西潞安府黎城县南陌里，本镇居民、社首，信士赵守信、高应学、高应魁，□东岳泰山老母，显赫通灵，应感十方。聚积钱粮，凡十大节，兴修善果，累年不一，不敢奢废。二人□见得本境正殿三官老爷，东殿地藏、老母、十王等众，西房一座，楹门三间，年久倾颓，瓦木凋零，漏毁金像。与众善人咸议，用工翻盖，换墙壁一新，添修阶石，彩画梁壁。少瓦缺木，工匠杂用，共使银十一两，尽是老母感应。钱粮输支，神圣功德，复不可说。三人劳苦，众民竭力，用工人等，开芳名刻石于后，永贻不朽云耳，是为序。

时万历二十四年六月中旬吉旦竖立碑记

壁术赵天□拙　郭永浩　黄章石匠杨汝容　杨汝全　杨应春　杨世山　杨世泉刊

（7）万历二十四年（1596）南陌村大圣寺重修大圣寺水陆殿碑记

【碑阳】

碑额：重修水陆殿碑记

碑名：重修大圣寺水陆殿碑记

切谓佛体幽玄等虚空而不坏，化身应现周沙界以无穷。浩浩呼□□廊彻，巍巍呼妙湛恢□，横弥六合，竖□二善，□寂于空劫之前，影形于司鹿之外，虽云亦有不无能显无中妙□。然曰，非空非色，克分色裹，真空譬若桂魄孤辉，千江现应，菱花一照，万象俱明。是以天地共仰，凡圣同瞻，故号四生，利乐八难，沾恩济，拔群迷，耿耿不幺者矣。近观山西潞安府黎城县北玉泉南陌里大圣寺，有水陆殿一□明九暗一十七间。迄今年深月久，风雨霖漏，椽檩瓦木，齐矣□陁。有维首僧真学、真书、真安、真味，如贵、如便、如翠、如法，同众议曰：葺理殿宇常住□粟都营，奈因薄少募化，十方施主钱帛助起腾事。其殿梁柱、升斗、墙壁、阶台更改一新，遗于后代，永为建造云耳。本县典史徐后申，岁次丁酉年临春三月，金妆当阳大佛，香花二尊，共是一十六人，喜舍资财，同发良心者矣。

　　本寺埜子如收撰书

　　金佛僧人真学　真明　真绪　真安　真住　真相　真味　真有　如金　如冬　如便　如贵　如春　如□　如法　如展　如秋　修造僧人真学　真书　真安　真味　如贵　如便　如翠　如法　立石　住持僧人真甜□　本寺僧人真云　真相二钱　如法五钱

　　时大明万历丙申年应钟月下旬七日全竖

　　唯大明万历丙二十二年四月初八日重修西廊房一十间　住持僧人如贵　辽州黄章里石匠　杨汝容　杨汝金　杨应春　杨世全同刊

【碑阴】

　　金佛僧人真学　真用　真相　如金　如冬　如贵　如翠　如展　真绪　真安　真住　真味　真有　如便　如春　如法　如秋

　　大寺僧真云　真相二两　如法五两……

（8）万历四十二年（1614）南陌村重修大圣寺碑记

碑额：重修碑记

碑名：重修大圣寺碑记

清凉山禅僧理明撰书

夫皇极无形，太平有象。极者，妙而绝言，太者，用而显妙。故谓体用双彰，权实具备者，此事理应现耳。曰动静之辞，阴阳转变，天地用化者，论莫及焉。闻昔日佛降迦毗，瑞现周朝，此乃圣心悬鉴慈憨故也。又汉明帝感梦金人，果有腾兰二梵僧持画轴，而白马驼经，教传东旦，于是光迈圣殿，祥贯山河，帝赞莫能穷耳。自焚经后，覈假研真，敕建白马寺，为初腾兰师为祖。古今兴化，善恶影响，乃利人为善者乎。兹黎城邑北九十余里南陌里，古迹名曰大圣寺也，其寺五殿两廊等处，历代兴修，至今年远，殿宇颓毁，圣像凋残，渐渐辜古之劳耳焉，不惭乎？兹本寺合山大众同议，奈因力薄不敢向为，与本里施主高应、栗永宁等议曰：善德之能，僧家正轨，岂不美哉。各施珍资，以为圣基也。预将本寺钱粮为主，次化十方檀那，随心布施，僧众者，量力输资。合寺举已维首僧如贵、如翠、如收。住持僧性太，乃僧中纲领，教诲栋梁，与本寺大众同心努力，尽量相撼，不息身劳，并大小僧众，昼夜殷勤，作务行工，先将转角中殿三楹翻□周完，新增前楼一座五楹，上塑弥勒佛一尊，下作山门三路，人天交接，□圣互参。故曰，瞻之而巍峨解陡，顾之而凤彩龙鳞。碾房、垣墙、门楼等处，俱以革旧从新，成有待也。外观景趣嘉奇，内睹幽爽精丽。梵宫肃静，僧舍清宁。寺外有山，峤崎巇峻通仙府；堰前有水，湛寂清凝撤斗牛。香风透鼻，松日穿帘，云堂演法，而钟鼓云乎哉。惟愿皇畿永固，帝道遐昌，山河亨泰，社稷崇隆。善信者吉祥永远，僧众者首悟玄规。既则功成焉，负行苦。命予整囊，略一荒序，刻石遗记，标贻善果，同成圣道云耳。

本寺维首僧真想　理福　如冬　如贵　如翠　如法　如收　如顶
住持僧性依仝立石　四执事僧如恩　海清　海淮　海泽

时大明万历岁次甲寅月值无射蓂凋十一荚吉旦立

辽州黄章石匠杨应春　杨应夏　杨世栋刊

（9）乾隆六年（1741）南陌镇重修大圣寺中殿山门碑记
碑额：碑记
碑名：南陌镇重修大圣寺中殿山门碑记

　　黎邑百里许有南陌一镇，或古胜地亦未可知耳，然览其形势，实属黎北之要辖也。镇之南建古寺一处，名曰大圣寺，其功程浩大，与黎内五大寺不分甲乙，于我国朝乾隆六年，主持僧心惺，并南、东崖底、西头三村人等，因历年久远，寺院颓败，目不忍睹，复修先僧人本寺捐款，后四方募化，共效善事，重修佛殿一所。三月经始，四月落成，余日偶遇住持僧心惺，固命撰文……义不容辞，不得已聊以俗言采其大略云耳，非敢云文也。因□夫山农野叟，咸知□善，匹夫匹妇，或可募义于本寺之修，不啻垣墙庭帷［围］几旬要荒为一国之防维，然则寺守禅堂何非一村之保障所在也，其利益数村，岂声同曰大圣一寺，南庄一镇之伟观。北聚万壑之秀气，及臻厥成，殿宇辉煌，佛法之广大，寺院之久远，土木之壮丽，前人已言之矣，概不复赘，偶有览者，希恕其齿，勿哂其鄙则幸甚。

　　黎城县文林郎知县丁弘远　黎城县儒学正堂王经　黎城县□□□□普兹拙笔书　金大佛三尊三家施主　信士裴门秦氏　裴珠　孙裴进福　裴进禄　裴进寿施银十二两三钱一庄　信士栗门郭氏　子栗枝松　栗枝旺　栗枝盛　孙栗科林　栗儒林　栗夆林　栗珩林　栗武林　栗川林　重孙栗席保　栗代保施银十二两三钱一庄　信士冯门杨氏　子冯国乡　冯国臣　冯喜存施银十二两三钱一供　□□菩萨二尊　二人施主　信士李门秦氏　子李发　重孙李信　李□成施银三两一供　柏树村施主□富子□□□□施银二两　上河庄施主樊安升　子庠生樊型　贡生樊□　孙樊禄全　樊福全　樊□全施银七两　本寺永峰庵僧通授施银十两　三村

维那王□元施银一两五钱　张力芳施银二两　蔚珠施银一两　募缘僧普结　心情　□□　四执事僧……本寺僧普滋施银一两　心证施银一□□□□

　　大清乾隆六年岁次辛酉十一月建寅子十三日吉时
　　住持僧心□立石　西井石匠郭昆才

（10）南陌村大圣寺遗址碑林碑
【碑阳】

　　……任教论　安纲撰　……寺于洛阳厥后天下之广□九夷八蛮以至华夏之地莫不绵绵□寺……形势东连古□之危□，西接太行之绵岭，后倚姑山凛凛而势矗青霄……而蔽日月，俯瞰清流一派，潮江汉而皈，渤海有林泉，幽静之趣无市尘……黎绝胜之处，老僧禅客安体眷神之佳所也，自创□于东晋泰和之……灵光独存，而风摧雨剥，不无损圮，是以行周道者，莫不□茂草之……慨古刹之倾颓愍□之不□矣□是兴心募化以及檀那减□已资……起造俱新及景泰庚子本里僧道广复栖于此，至成化乙酉岁……未尝筹备其僧道广一□逝矣，道成，乃广之昆季也□继胜工不……者补之，藻绘湮没者□之，革故鼎新而璨然夺□可谓增光于前侈……与有荣焉，虽先贤在天之灵，有以阴祐默于要亦天道谋之□□也……是役也，非慕其□焉，□□其福□也，盖修举废坠用职焉耳，岁之日……退隐□经以□济□□云豁丐予为文以记其废兴之故，予之皈……以记事，才不兼人不是以传后敢辞，僧曰，子早登甲科以文□于四……命遂援笔为之记，予学孔孟者也，不能为释氏语，故以是复之俾勒。

　　……廊菴书　辽阳隐士张弼篆额　……住持僧德进立石　……匠崔文　男崔征　崔琦　孙南　崔瑾镌

【碑阴】

……杨名　赵能　陈用　何亮　何清……贾选　贾宗　贾郁　贾琛　贾□　刘真　王进……张□　祁□段……樊义　连荣　连成　张士能……郝□　郭顺　郭□安……皇甫苗……

（11）南陌村大圣寺残碑
【碑阳】

……世得其徒之贤者以□守而扼□几何其不至于泯灭也，耶故□自……代而入中国，六传而惠能与秀为再比之，分禅法之源，皆本于此，迄今……之教之大端也，所以世人诚事帝代钦崇今山石，晋冀之东南县……古之名刹也，创始不□晋泰和至我……倾□佛□□损□□僧□明镇化于四方，乃烧砖瓦未开修而卒……别号东□张□□□忧□惶惶夙夜匪宁，倡首输财劝募修理……兴于奔岁仲……成于□□□□乃斯殿内塑大佛一尊十大天王……咸愿刻石以……请予为记，予曰，寺□事也，释□我不相为谋……本乡□志于……文不能以□□必请为记，予不得已而□之……所自为□精深□□□教□清净为宗，以慈悲为用，以输回因果……之所必然者，愚□□诸经传于□□□木曰，积善之家必有余庆，积不……佛果报之说谓今世为人，后世为异物，负怨于阳明之界，而敢偿于阴……无补于后世也，遂书之以纪岁月，凡献资效力者，其诸姓氏具载于……山□柴楹撰

……募缘僧真琏　真孛　真绪　真云　真平　真安……李朝阳书

散碑

碑刻资料

南陌村水井旁散碑

　　……许大元一钱　魏国□□□　许宝通□□　邢准五十　王永昌五十　徐林业一百　郭宝□一钱　邢世隆一钱……张保民一钱　杨文贵五钱　许□□一百　张金一□百　李见吉一百　□忠善一钱五分　□表星一百　田□□一百　郭□□一钱　郭进宝一钱　刘尔清二钱　张喜……祁天有……典国珍一□　典育秀一□　典育松一□　典板一□　典英鹤一百　典□□一□　典聚才一□　典振□一百　典振□一百　典□□二百……昌业三钱　王魁一百　郭立业一百　□秀仁一百　李秀仁一百……王养□二百二十　□□□一百　杨起法一百　王典一百　□□鲁一钱　王盘二钱　胡良法一百　丁金一百　刘可才一钱　王英一百……韩起□一百　李□□一百　于养成一钱　乔御世二钱　李通贵一百　张杜保二钱　崔锡英一钱　唐永济四钱　乔京一百　韩一敖一钱　乔小□一钱　杨起才八钱　刘金中一钱　赵自成一钱五分　丁法富一百　江盛□二钱　原天宾五钱……刘公义□□　刘进智一百　高逢□二钱　李贵林一钱　杨蓬义一百　王帮福一百　江科一百　王起元二百　秦先召三百　宋公悦三百　赵丙寅二百　王宝一百　李良贤一百　宋□□二百　赵国□一百　□□□一百　周□□一百　贾清二百　王起全二百　秦□□二百……贾魁珍一钱五分　裴功一钱五分　贾广珍一钱五分　裴锐三钱　裴座五百　李池一百　李国安一钱五分　丁养清一钱五分　郑王二钱　郑天元三钱　贾信二百　李清二千五分　李贵三百　李三百五十……才二钱　延长善二钱　武保一钱　武永一钱　闫□□一钱　郭伏一钱　郭珮一钱　李元一钱　郭玉□一百　郭天叙一钱　贾富珍二钱　贾根仁五钱……高文书十钱　□□池三钱　武华一钱　王有

□□□ 刘创业□□ 延□清五钱 延罡□五钱 延罡荣五钱 张玉海二钱 王科一钱五分 有贵一钱 延良满三钱 延良海二钱 延□□六钱 延朋伏二钱 申起清五钱 李贵一钱 申君二钱 郭有□□□ 赵万一钱 延良□□□ 延良秀二钱 延方金二百 武相二钱 李□□二钱 李秉义三钱 申起聪二钱 李培才一钱五分 王进富三钱 李培□一钱 张朋起一钱五分 魏起富二钱 王见□□□ 陈有贵一百 王立一百 □增福一百 □□法一钱五分 王仁业一钱 □□□三钱 郭天伏二钱 郭富三钱 连成富一钱 郭元英二钱 杨主春一钱五分 王守业一钱 冯金三钱 冯□□三钱 武应魁三钱 郭要三钱 王翠一钱 武静三钱……胡良富二钱 胡良才一钱 郭元稹一钱五分 杨生山二钱 郭天禄一钱五分 马有良一钱五分 冯宋一钱五分 郭天金一百 郭俊一百 杨宽一钱 □重业二钱 杨金一钱 蔚文耀二钱 靳成功一钱五分 段文相二钱 王进二钱……耿进香二百 □□法一百 李文才四钱 □天成一百 胡清一百 张保一百 延天佑三百 隐珍一百 杨克勤一百 申起运一钱 申起景一钱 王剑业一钱……

将用工花名开后：

申继宽四日 郭俊三日 王天□四日 连成富四日 郭天良四日 冯步文四日 冯□□四日 冯龙四日 郭富二日 郭宝二日 武净二日 郭元四日 胡法元一日……王仁业一日 王□业四日 王守业一日 王天禄一日 郭□金三日 郭天相四日 郭好二日 冯□□四日 王□福二日 郭元珍三日 郭元重一日 李尚□一日 李尚喜一日 冯仁四日 武宁五日 □利四日 杨法一日 郭天禄三日 刘世祥一日 武应虎二日……延良才一日 杨克勤二日 刘世伏二日 崔天成一日 赵京二日 王忠七日 申起景三日 高唐二日 张鲲翼九日 王创业一日 洛正□二日 王□二日 李喜二日 高成□三日 张小三二日 胡言清□日 连成美□日 胡言寿□日 郑□□□□ 裴永禄□日 张有□□□ 延天佑□□ 高嗣臣十二日 高嗣唐五日 王宇五日 张继温七日 张

玉贵五日　张翼七日　董补喜六日　高升周三日　郑魁用三日

（八）小寨村

村庄概况

黄崖洞镇小寨村，位于县城北49千米处，地处山沟之平川。村口有207国道经过，东南至方向村2千米，西南至马家庄1.5千米，西北至东坡1千米，北临左权。据清光绪《黎城县续志》载"小寨村"。相传，该村建村时，不但小于诸村，而且晚于各村，故名小寨。寨，村子。村中现有267户，800人，主要以农业为主，兼营铁矿开采。盛产柿子、核桃、花椒等。

佛庙

庙宇概况

位于小寨村村中，坐北朝南，单体建筑，东西宽8.02米，南北长11.42米，占地面积91.5平方米。创建年代不详，现存为清代遗构。佛殿建于石砌台基之上，面宽三间，进深五椽，单檐硬山顶，板瓦屋面；梁架结构为六檩前廊式，前檐下设有斗拱五攒，一斗两升，两根角柱柱头无斗拱；墙体青砖砌筑，设有隔扇门窗。殿内两山存有壁画4平方米，殿前建有牌楼一座，牌楼正中辟拱券门。

碑刻资料

（1）嘉庆二十三年（1818）小寨村佛庙重修碑记

碑名：重修碑记

黎邑之地皆山也，旺气则自西而来也，地脉则从东而聚也，南望奇峰，北瞻排岫，对峙回环而抱者，地势胜也。斯村之西有关圣大帝庙一所，英风万古，□以振纲常也，南有佛与菩萨合为一庙，普济万载，足以昭慈悲也。奈历年久远，向之焕然一新可观者，今则闇[黯]然无色也，然而作于前者必有继于其后。改其旧制，增其规模，始焉立其基址也，继焉而度其栋梁也，终焉而涂其丹艧也，经之营之，不日而告成者，神功佑也。由是瞻庙貌之辉煌，仰正直之威烈，神功浩大，上焉可以护国，下焉可以庇民也，而且西山爽气与殿阁而交加，恍同西域之胜地也。南河清流与户牖而掩映，宛然而使如鸟斯革，如翚斯飞，二庙之常新者是又有待于后人也。

　　辽州儒学廪膳生员原籍生员刘玉章薰沐撰　施钱五百文　本村霍永固薰沐书　金佛　霍希孟母侯氏钱五千文　霍永年母裴氏钱三千文　王二牛母延氏钱三千文　王世兴母栗氏钱三千文　王小三母延氏钱三千文　杨富有祖母延氏钱二千文　功德维首介宾延良士　子万有　万选　孙继贤　继志　继业　曾孙赐福施钱一百千文　施下滩地四亩　下段地二亩　霍尔东施钱四十千文施正殿基地四分　施枣林地二亩　施小滩地三亩　申玘云　子□元　太元施钱四十千文　施寺峪峧地六亩　维首延良忠　子世光施钱三千文　施马连坡二亩　庙烟地一亩　北陌陈□垴地三亩　霍继元　子生珍施钱四千文　延世成　子宗善施钱四千文　延继善子满喜施钱四千文　申玘金　子九武　九文　九畴施钱三千文　申玘凤　子九江　九海施钱三千文　延世栋施钱三千文　霍永固　子丹桂施钱三千文　本村同心号施钱二十二千文　同德号施钱二十千文　人和号施钱七千文　同□店施钱二千五百文　赵自亮施杨树一株　江多兰　江登士施柳树一株　王安花　王安惠　王安五　王安福　王安财施核桃树□株　延六股施槐树一株　延良友施钱四千文　延良东施钱五千文

　　木匠郭之善　泥匠郝□魁　石匠崔永凤　画匠白凤　王义庆

　　大清嘉庆二十三年十二月吉日

（2）小寨村佛庙布施碑

……李□元　武□□　□敬□　□□贤　李光让　张双成　永吉当　光裕当　恒裕当　六合当　天盛当　义和当各一千　□□号　天盛公各八百　和盛当　程思训　段培　聚恒太　天顺号　隆顺号　长盛号　史清宁各五百　武志□　复太永　聚义公　和盛源　集成公　聚盛合各三百　得宝□　信成号　三义公　丰源太　复隆恒　王应保　李格各二百　韦以晋三千　复成裕二千四百　郭栋　郭珍　郭琅　郭琳　郭□　郭玺各五百　韦克昌三百　史封动　李根良　韦清各三百　冯□　郭我保　郭我备各二百　李丙□　李维□各二千　郝建喜一千文　复□当一千文　李对之一千　李树之八百　郝廷吉六百五十　李蔚之　德成号　万盛号　韦子仁各五百　庆居号四百　刘成梁　万顺号各一□　赵□□广聚号各五百　白映琳三百五十　常胜号三百　刘万禄　三义店　三益号　赵永令　万益号各三百　义盛恒七百　永宁号三百　万和堂　董福元　□世傅　田金法　苗成栋　郁发贵　王聚财　高聚林　苗名扬　兴元号　丰盛号各一百五十　安文选　张太奎　徐□富　张连　史江念各一百……庆典当　李笏　李解元　李鹤　李晋　李秀□　李□元　李忠各三百　□方禄　广庆号　广居铺　德成号各三百　李秉元三□　张□□□□　石声远　赵聚福　李锦　赵昌禄各三百　崔世□一千　刘书双五百　王永俭　董仁斌　卢禄保各三百　刘伦百五十　复庆号六百　天顺号三百　万兴号　胡进珍　王有仲各二百　德隆合　谦益号　长典号　复盛号　三合店　□生隆　杨□□各百五十……王福　王信　梁□各百五十　李登法　张□广　王天林各三百　白殿辂一千　安神七百　天合□　万□□　广和当各一百　恒足当六百　广合号　郝的福各三百　大兴号　三□号　广福号　□□大　□天□　暴□□　安有庆　□院桂　魏翠　赵明　张义方　冯□　胡天义　安尔金　安有道　李如进　窦保□　安依仁　李和　张文□各二百……长盛号　三成号　义盛公　张

□□　□庆号各三百　天义长□百五十　太和号一百五十　白和一千兴□山　天□山各一百　□廷元三百……韦愈贤　张□□各二百　张□蔚　张梅　韦上各百二十……张□俭　张的考各一百　□□业　韦士才　张□富　□□□　张□□　□有才　胡有法　张……梁学仁　□义□各百五十　□增祥　安□笏　安元　李佳林　李俊　李□□　李三□　李花□　□致中　□□禄　□廷维　梁文科　□天保　□成定　□廷有各百五十　安凤□　刘□□　李赤□各二百　□月昌三百　安文□　□□　王有□　王元伦　王元成……天□合　广兴工　广丰永　李金库　常文进　赵天福　赵□的　赵□□　梁增法各二百　段起明五百　赵顺显三百　王成　郝永珍各百五十　复盛公一百　李□五百……赵春光　冯善义各百五十　苗法云一百　苗昕阳　李恒阳　赵□州　□有庆　□□□　郝世□　□雪玉　杨……张成全三千　赵□六百……姜□□百五十　刘会成五百　张者□三百　赵喜　刘□　崔务各二百　李咸业百五十　□□　韦进才　胡……韦存仁二百　魏□贵一百　杜有玘曹□　史有钱　刘元昌　乔的元　韦□廷　曹谟　连儿财　赵北　李兴各二百　李成和百五十　史有才　李□□　靳文花　胡有登各一百……张裕三百　梁□百五十　□士□一百　□义□三百　刘武成二百　李□存　栗有才　丰□才　□□□各百五十　□存有　刘世□各五百　李天王　□保粮各一百　王元□二百　陈□□一百四十　席仁四百　李成金　董聚才　李喜　李□□各二百　李□　张□□各二百七十……张来福四百　辽州□□村　王廷□　王大和　杜□宽各四百　李中登　李芳保　王□奎　赵金尧　田金□各三百　王天富　王天玉　王鸾和　巨明大　田加富　张玘云　梁大义　张大兴　杨生法　大和店各二百　巨□　李贵生　巨才富　刘方成各百五十　李兴□一百　河东村　皇甫□七百　皇甫□五百　李才唐四百　皇甫海　皇甫琅　皇甫珥　魏□德各二百　庄上李金□五百　刘□四百　申国才　李□金　李□礼刘……李唐义　王□英　李唐金　李唐□　李□忠　侯□林　侯山林

刘□寄　李聚银各一百　□镇　张金镇　刘忠善　田□林　孟□　许有仓　赵王金　杨法□　郭刀□　霍□才　杨保　程北□　□□□各一百　杨家岐　李□理　李金花　李□　白和各二百　关文正百五十　□兴良　李法□　□元玉　魏的元　关朝各二百　松树□　李的喜百五十　郝□善　李智　李和□各一百　□□村　赵大用　赵天□　赵永庆　□元……

（3）小寨村菩萨庙布施碑
碑额：万善同归

　　顺德立□□□　乔享□四十　刘文□　□□□　平林　李□　苑□秀□一千……义锦号　□益号　李……李福才　董寻□　□□仔　□□□　刘有林各百五十　李怀书　韦宁玉各一百　林训　李保儿　柴□□三百……郝钟秀各二百　李成　同兴号　□□□　恒裕号　贾富奎各二百　陈贵仓　积玉号　贾福贞　成□店各百五十……秦的礼　秦的各三百　宋守业一百　典育艺五百……三百　□王生　□钟秀　□王业各二百……□王秀各百三十　□振碧　□王萌　□王　□礼宗　何进成各一百　相安百五十　王清保　王英杰各三百　刘□鸣　刘修元　王玉兰　法敖　连喜各二百……连珍百五十　王如勤　何天修　典克明　王泽珠　连治民　张连元　栾玘芝各一百……中和当五百　恒长号　李茂富　李松年各二百　王善成三百　海泉　王若　王善道　王善隆……董世会各一百　建云号一百　王晋三百……太富一百　王保　王盛号　同盛号　公合成　重盛号……各三百　双全号一百　王家瑶　王子宽　王文达各五百　下展村霍有吉　霍宋　马国云　马登云　霍玘福各三百　天和当五百……同协号各三百　永福号　庆裕号　腾桂　王和号　王法育　王凰　贾礼各五百……李春明四百……郭福贵　复盛号各三百……

（4）小寨村菩萨庙布施碑
碑额：百世流芳

南□镇王世兴三千　同义当　延□各二千　义顺号千五百　兴盛号　王成□　王成□　张继成　绪□　高福□　杨克□　西□当……义李　王世里　□文□各三百　李清秀　□永成　赵□□　张□□　孟文纪　□生□　郑有□　李交□　郑□□　高司堂　高司清　张举壁　杨成□　□生金　申□□　郑□□　郑有□　王世□　王义庆　北陌村霍永明千五百　霍维义八百　延氏长仓七百　武振月六百……赵喜　张□　□中孔　郭各二百　周习□　□世珍　李如□　李如□　周习孔　赵□秋各百五十　李丙良一百　上清泉二千　下清泉王安泰三百　□□信二百……王正交　王安生　刘有才　王安　刘可才……叶忠与　叶忠相　刘明金各百五十　叶忠知一百　马贾氏四百……郭天文　胡氏……西村……各四百……各三百　张王夏　延保　王进喜……延思信各百五十　霍家庄　霍永的　霍永才各五百　霍永富四百　霍永良三百　万保义　霍永昌　霍永盛　张忠良各二百　林礼　霍生春　傅条其　张成　范贵　张王　霍永益……霍永唐　霍宁　张全　霍永杨……张典书　张典师……王九喻　李仓　徐文秀　徐中明　李生鑫　右廷左　杨加英各百　杨如科二百　徐中敏　徐子法各一百　申玘俊二千五百　延良均千五百　申九章千五百　霍永武千四百　延世　叚有财　梁玘贵　霍元……延世其　申元春……

四、黎城县西仵镇

（一）西水洋村

村庄概况

西仵镇西水洋村，位于县城南9千米处。该村地势低平，东西邻山，中间平坦，南有浊漳河冲积河滩，西面浊漳河从水洋滩急转向东环绕，东有小东河从北向南穿越。据清康熙《黎城县志》载"西水阳"。地处漳水之阳，方位在东水洋之西，故名。清朝一位卜者认为"阳"不如"洋"好，遂改村名为西水洋。现有人口570户，1282人，张姓居多，人均5亩耕地，农历三月十二赶会唱戏。以农业为主，兼营林果业，盛产花生。常见植被有杨树、柳树，动物有野兔、山鸡。当地年平均气温10℃左右，年平均降水量为300—400毫米，日照充足，四季分明。

沼泽王庙

庙宇概况

位于西水洋村东南，坐北朝南，一进院落布局，东西宽24.43米，南北长35.11米，占地面积857平方米。创建年代不详，现存建筑均为清代遗构。中轴线上由南至北依次遗有山门（倒座戏台）、正殿，东、西两侧遗存有妆楼、廊房、耳殿。正殿建于石砌台基之上，面宽三间、进深五椽，单檐硬山顶，灰布筒板瓦屋面；梁架结构为六檩前廊式，前檐设斗拱七攒，柱头科四攒，平身科三攒，均为三踩单下昂；后檐无斗拱；墙体青砖砌筑，门窗装修已改换。山门（倒座戏台）下层石砌基座，中设过道，上层戏台面宽三间，进深五椽，单檐硬山顶，板瓦屋面。东西廊房面宽七间，进深五椽，六檩前廊式，单檐硬山顶，板瓦屋面。

碑刻资料

西水洋村沼泽王庙漳源首渠规约碑

【碑阳】

碑额：世守

谨将本渠规条列左

第一章　总则

　第一节　定名

　　第一条　漳源首渠由西而南，西水洋村居首，因南区旧名漳源乡，而路堡渠又在下游，故定名为漳源首渠。

　第二节　位置

　　第二条　本渠自本村西北界之石门起，至赵店村南池止。

　第三节　□流之支配

　　第三条　本渠上游为干渠，下流支为里、中、边三渠。中渠又支为四，边渠支为二。干渠均宽六尺，支渠各宽三尺。

第二章　分则

　第一节　执事人员之设备

　　第四条　本渠设渠长一人，会计员一人，均由有本村土地之花户中推举。

　　第五条　本渠设干事员八人，工头二十五人，均由各村花户中轮流派充。

　　第六条　本渠雇用巡渠一人，监闸一人，当差一人，均由渠长雇佣。

　第二节　各员之执务及权限

　　第七条　渠长总理全渠事务及监察违规人等，如其人跳梁跋扈、不受罚则者，得送县严惩。

第八条　会计员管理钱项出入，花户按亩起工，水渠应用什物以及各项簿记。

第九条　各村干事员经管各村钱项，估量工程及其他一切事宜。

第十条　工头专司修筑，用工若干，督率花户按亩派工。

第十一条　巡渠、巡查渠堰倒塌及违章盗水、私放牛羊、折伤树枝一切事宜。

第十二条　监闸监理各口闸板启闭时间及保存一切公用物件。

第十三条　当差听渠长指挥，召集各员，分送工帖及催工、催款各事宜。

第十四条　渠长、会计员、干事员每年正月二十推□派充，均以一年为任期，不得连任，惟渠长不在此限。

第十五条　每年阴历二月初一日，各执事人员须会同一次，推收各村地亩及验看本年工程大小。

第三节　款项之处置

第十六条　本渠所需经费，由灌田之户按亩摊派，无论何村，每年均限阴历六月十六日起，□二十日交接，以备当年费用。若有罚款时，亦作为本渠经费。

第十七条　本渠渠长、会计员、干事员及工头概不支薪，惟会计事务较繁，每年津贴钱五千文。

第十八条　巡渠、监闸每年工食钱三十千文，当差每年公食钱八千文，由各村均摊。

第十九条　本渠岁修渠费，除花户按亩起工外，如雇佣匠工、购买物料时，仍由各村按亩均摊。倘有支吾不出者，不得用水。

第二十条　本渠出入账目，每年正月二十日，会计员会同渠长及各干事员结算之。

第二十一条　结账后，会计员须将上年出入清目，分别列表张贴各村，俾众周知，并将历年账簿交下任会计员接收之。

第四节　田地灌溉及渠畔规制

第二十二条　本渠各支渠备有水签三枝，令灌田之户插于地头，彼此传授，挨次灌田，无签者不得强灌。

【碑阴】

碑额：弗替

第二（十）三条　放水宜有次序，上次由里而外，下次由外而里，以昭公允而免争端，即遇河水缺乏，只够一两渠用时，其先后次序，以此例推，不得捣乱。

第二（十）四条　本渠每年春分开闸，夏至闭闸，如天气亢旱，必须灌田时，经渠长及各村干事员议妥方准放水。

第二（十）五条　灌田自上而下，按亩分天。凡地在百亩上下者，分水一天；地在五十亩上下者，分水半天。如旱既太甚时，亦得会同渠长及各村干事员公议，按日减半。

第二（十）六条　灌田不分昼夜，挨次轮流，倘有水过自误，未及灌田者，须俟下次水过再灌。

第二（十）七条　河水涨落无常，如此次灌溉未周，下次须先将未灌之田补灌完毕，方准复始。

第二（十）八条　浇地不分肥瘠，惟地面高渠之地，须另加一番人力者，渠费做工只摊二分之一。但浇地时必在渠旁掘水池，不得到正渠中打水。

第二（十）九条　如所灌田地系典业租借之契，须将开渠时摊费若干，批于契券后，而期在十年以（內）原主购地，如数付偿。

第三十条　渠畔宜多植树木，以资公益。但所植之树，由地主栽植者，属各地主人。由各村栽植者，属各村渠社。

  第三十一条　荒滩、石滩以及道路两旁公共之地，各界归各村渠社出赀开垦，花户不得妄争，由社出卖。

  第五节　禁制及惩罚

  第三十二条　巡渠遇违规人等，如故徇私情，置之不问，经花户报告确是者，量过议罚。

  第三十三条　监闸遇天气阴雨河水暴发时，即当预防闸口，如故不小心致遭不测者，扣工食一半。

  第三十四条　渠水原属因势利道，渠路须由渠社指挥，无论何人不得阻挠，亦不得任意挑掘。

  第三十五条　土地花户如将其地出卖外人时，本渠地亩花户簿中不能更改，且以后浇地领签，违规受罚，摊工摊费，仍唯原主是问。

  第三十六条　本渠开创之始，每亩起钱一千三百文，以后陆续有愿灌田者，须加倍出费，但所出之费入总渠社一半，其余一半系某村之户，留作某村渠社之费。

  第三十七条　本渠规则附刻石碑，俾众素印脑府，倘有故意涂抹碑记者，罚大洋二元；怀怨击毁者，罚大洋十元。

  第三十八条　分渠闸板，任巡渠启闭，倘有不同巡渠私自启闭闸板者，罚大洋二元。

  第三十九条　灌田之时，如有不领水签私自抉口偷灌田地者，每亩罚大洋五元；不足一亩者，按分折算。

  第四十条　灌田不按秩序，逞其私便，或应灌不灌而复拖故强灌，以致彼此滋闹逞凶打架者，不论曲直，先罚大洋二元。

  第四十一条　拦水入地，必用木板，如有用石渣、土块拦堵者，罚大洋一元。

  第四十二条　夜间灌田，逐段必挑掘水口，倘有浇毕不将水口填塞妥实者，即以私自抉口论。

第四十三条　渠水须顺地势，若地面稍高，勉强壅水，致毁公共渠路者，量工议罚。

第四十四条　各人浇地，水口须各人修筑，倘修理不固，致毁他人田地者，量工议罚。

第四十五条　渠路无论干路、支路，均宜疏通，倘有向渠内投石壅土，掷堆渣草者，罚大洋一元。

第四十六条　牧放牛羊，石渣最易拥坠，如有贪食渠草，致塞水路者，罚大洋二元；咬伤树木者，罚大洋一元；拔毁树干者，视其树之大小多寡议罚。

第四十七条　修渠用工若干，事前由当差先送工帖，倘有支吾不到，致误限期者，花户欠工一个，罚钱三百文。

第四十八条　以上罚款，由巡渠拿获送社者，赏其罚之半，由他人拿获送社者，赏其三分之一。

第三章　附则

第四十九条　本章程如有不适宜处，经渠长及干事员之议决，得随时修改之。

第五十条　本章程自宣布之日施行。

（二）西仵村

村庄概况

西仵镇西仵村，位于县城南5千米处，东至东仵1千米，南至赵店1.5千米，西北至躲战沟1千米，北至西洼1.5千米。该村地势低平，东西邻山，中间平坦，南有浊漳河冲积河滩，西面浊漳河从水洋滩急转向东环绕，东有小东河从北向南穿越。有漳北、勇进两渠流过。当地年平均气温10℃左右，年平均降水量为300—400毫米，日照充足，四季分明。常见植被有杨树、柳树，动物有野兔、山鸡。该村现有人口695户，1980人，耕地1995亩，以农业为主。相传古为"仵村"，因仵姓居此得名。乡政府驻此，西仵镇供销社、信用社、卫生院及中学均在此地。每年农历二月初五、七月十五为关帝庙会。

土地庙

庙宇概况

位于西仵村中部，坐北朝南，规模较大，二进院落布局。

碑刻资料

民国三十六年（1947）西仵村纪念烈士碑文

【碑阳】

碑额：永垂不朽

碑名：西仵村纪念烈士碑文

抗战开始以来，由于日寇万恶疯狂的进攻，强占我土地，屠杀我人民，迫人民于死地。在此抗日高潮中，我爱国青年刘廷良忍无可忍，即奋起报名参军，前后经过八次战斗之多，总是冲烽［锋］勇往直前，战绩卓著，由战士而任排长，最后在他坚决为民战斗消灭敌人的勇气下，于一九四六年七月辉县战斗中而英勇牺牲，给中华民国创建了宏业伟功。

日寇消灭之后，全中国人民都在迫切要求民主和平，但蒋美反动派不为人民而体念，而暴行专治独裁，调兵遣将进攻人民，出卖祖国。我辈青年郑文理、王麦成同志为整个儿的人民幸福而投农从军，未曾片息而到前线，每次在战斗枪林弹雨中，不惜任何牺牲而坚决消灭蒋政，为民立功，于一九四五年在长屯战役中而光荣牺牲。

现我西仵全村群众，为永远纪念诸烈士的宏功伟业永垂不朽，特创建烈士亭以作留念。

孙贵廷，年二十七岁，民国三十二年参加五十团，任战士，三十五年光荣牺牲于安阳范家庄。

刘廷良，年二十三岁，民国三十年参加二团，任排长，三十五年光荣牺牲。

郑文理，年二十八岁，民国三十三年参加五十团，任战士，三十四年光荣牺牲。

王麦成，年十九岁，民国三十二年参加五十团，任通信员，三十四年光荣牺牲。

花时荣，年四十岁，民国二十九年任民政助理员，三十三年在长治光荣牺牲。

王金魁，年二十四岁，民国三十三年参加五十团，任战士，三十五年光荣牺牲于安阳范家庄。

撰文人区长范任卿　书文人花应禄

建碑委员会　村长宋夔　政治主任韩兴旺　武委主任张捧章　农会主任高砚物　民事主任花水宽　全体群众敬立

玉工温书田　温书文

民国三十六年四月

【碑阴】

碑额：万善同归

碑名：咸丰施银碑

堆金社施钱□十二千文　南街社　北大社　焦世□以上各施钱五千文　西□社　东仵社　程三台以上各施钱四千文　财神社施钱三千五百文　积长玉　彭庄社　堆金社　刘世卿　上遥社　刘辅贤　范家庄社　□□社　靳曲社　下桂花社　长盛泉施钱□千文　元庆号　大社　金生

永　古渠社　南关社　□□社　□□社　东水洋社　正社社　广太久□鲁社以上各施钱□千文　赵店社　堡上社　南桥构社　田生福　张廷霖　□东社　北社　□□社　石板社　西水洋社　□□社　源泉社　石盆底　□□社　东井社　□□社　□盛公以上各施钱□□□文　北□庄　坑南社　东北坊社　西黄须以上各施钱十千文　常村社　上村社　卫春□　□□亩　□□房　□仕仓　胡斌魁　东阳关振兴栈　□□社　四□龙　冯晟□　义聚公　张太禄　太和号　德太成　王俊田　刘清和　□□立　□□□　秦运昌　德□□　□和立　刘同二　徐德善　西庆元　崔洪盛　义兴粮　□□　北流社　罗云福　樊家窑　霍家窑　东长垣　上下马家峪　东黄垣　寺底　原庄　□□社　枣畔社　□□□□玉　王克□　□□杰　王桂枝　李金玉　钟秀　苏金诏　高登之　□□六　晏清河　吴家峧以上各施钱一千六百文　五十亩　□狄峪各施钱一千五百文　子镇社　香炉峧各施钱一千二百文　孟家庄　黄蒿岭　龙土庙各施钱八百文　上湾社施钱六百文　张家山　焦□□　城南社　洪峧河　赛里□　上庄社　洪河社　前白云　□□□　隆兴成　港东社　洪岭社　麦仓社　港北社　东阳关攻峧社　新安社　清泽口　张启庚　万胜顺　王东有　南社社　王迢廷　王之斡　□□□　石羊坟　花园社　张庄社　魏家庄　王家庄　德寿堂　一□社　义宣德　吏房　德盛永　永茂和　义隆和　襄邑恒盛□　德□□　邑□三德当　三钱□　河南社　河西社　贤坊社　南信社　古县天裕厚　恒德堂　全顺兴　复元湧　复盛杨　德兴隆　德顺冀　复盛程　恒生太　晋源兴　赢余厚　新合永　德丰裕　恒兴裕　德元厚　义庆兴　恒德祥　□□社　绪村社　义和永　德茂永　郭兴唐　□□□　史书云　西长垣万年社　和合店　官运局　前狄峪刘肇基　三席珍　张河清　张緻　德和生　义慎鹤　忠义亨　韩国珠　连新俊　贾海维　义盛又　王太长　张德昌　龚万寿　韩维新　王树魁　王庆□　王镛　王垍　王合魁　□□　停河全德堂　七里店　苏村以上各施钱五百文　洪井李板　李富以上各施钱四百文　谷驼社　天

兴当　德知恒　童北寒　福德贞　□□裕　赵公尺　杜德飞　王□　益顺公　乔本深　德和魁　连新田　连新旺　晏凤昌　陈金樑　李呼孩　李家庄　王锡玲以上各施钱三百文　西义成　双和店　德茂恒　裕太永　义合成　和兴魁　粟怀昌　陈鸣雄　央盛当　刘国央　王建　范顺昌　杨光明　太合公　郭泮桂　长盛公　聚盛魁　郭永昌以上各施钱二百文　杨暄施钱一千　高石河施钱五百文

咸丰年间　花长春　王金□　王锡命……

共化钱四千九百余串

（三）赵店村

村庄概况

西仵镇赵店村，地势低平，东西邻山，中间平坦，南有浊漳河冲积河滩，西面浊漳河从水洋滩急转向东环绕，东有小东河从北向南穿越。常见植被有杨树、柳树。当地年平均气温10℃，年平均降水量为300—400毫米，日照充足，四季分明。赵店村现有人口419户，998人，王姓居多。以农业为主，人均耕地2亩，主要种植玉米、小麦等农作物，盛产红枣、花生。东接309国道，西至隔道，北依西仵，南与潞城区相接。辖内有赵店、东窑两个自然村。据《黎城县志》载"古称白杨村"，因白杨丛生得名，后因地处漳水渡口，又由赵氏设立，路人顺称赵店。每年的惊蛰为村里庙会，原有十三村合伙庙会。原来，东西阁附近各有一个关帝庙，村内现存庙宇有佛阁（位于村庄南部，坐北朝南），佛爷庙（百姓俗称"大庙"，位于村庄北部，坐北朝南），西阁（位于村庄西部，坐西朝东），东阁（位于村庄东部，坐东朝西），牛马王殿（位于村庄东部，坐北朝南）。村内现存庙宇较多，但碑刻保存极差，数量极少。

潞王祠

庙宇概况

位于赵店村中，坐北朝南，一进院落布局，东西宽8.97米、南北长36.87米，占地面积330.7平方米。创建年代不详，据庙内碣记载为大清光绪二年（1876）重修。现存建筑除两侧外，皆清代遗构。中轴线上由南至北依次遗有山门（倒座戏台）、献殿、正殿，东西两侧建筑均为新建。正殿与献殿结为一体，建于石砌台基之上，正殿梁架面宽三间、进深五椽、五檩结构，单檐硬山顶，灰布筒板瓦屋面；献殿宽三间、进深五椽、六檩单檐卷棚歇山顶，前檐下设有斗拱七攒，柱头科两攒，平身科三攒，角科两攒，均为五三踩单翘；墙体青砖砌筑，现存前檐墙为后人增砌。戏台分两部分组成，下为入庙山门，面宽三间，进深一间，次间青砖砌筑，明间劈板门为入庙通道；上为倒座戏台，面宽三间，进深四椽，五檩构架，单檐硬山顶，灰布仰板瓦屋面，檐下设斗拱三踩耍头式单翘，补间每间一攒。庙内存有清重修碣一方，祈雨条例碣一方。

碑刻资料

（1）光绪二年（1876）赵店村潞王祠重立禁赌碑记

碑额：碑记

碑名：重立禁赌碑记

赌博一事，例有明条，社内屡伸禁约。村人旋即废弛，失业伤命比比然矣。今合社公议，神前祈盟，献戏两天。嗣后，五年举行一次，以图永远，谨将罚例开示，其余旧规仍并续入。

一、拿赌人，社内赏钱三千文。犯赌人等，罚戏两天，供献赏耗俱系犯赌人出，与社无干。戏价视赌人为高下，不许自便。至于妇女幼童玩钱，责其父兄，本夫无者责其本族。倘遇耍棋掷铜，亦系赌具。村人谕止，行路客商不准管及。

一、羊牧麦苗，成群者罚线十千文，少者轻罚。

一、拣割芦草成担者，罚钱五百文，捆二百。

一、偷盗树木成材者，罚钱一千文，小者另议。

一、刨柴毁岸者，罚钱二百文。

以上四项罚钱入社一半，拿获一半。

其余条款，规板详列，兹不悉载。有不遵者，或逐社外，或禀官究。

增贡生刘畅书丹　玉工杨朝刻字

大清光绪二年二月二十七日

维首　社首　乡约暨赵店合镇人等同立

（2）光绪二年（1876）赵店村重修潞王庙记

碑名：重修潞王庙记

潞祠之建，由来旧矣。邑志载："潞子避兵东山，村人德之，为之立祠，因名潞祠山。"考诸《春秋·宣公十五年》书："六月癸卯，晋师灭赤狄潞氏，以潞子婴儿归。"当时身既入晋，何得塚留漳南？或晋许奉祀而释或民祈骸骨而葬？均未可知。国朝岁赐祭仪，亦可知神之明德远矣。又漳边有古城村，杜预注为古潞城，今潞邑题名"婴儿城"，必系迁都无疑。晋人所灭乃新城，非旧城也。据宋绍圣、明成化庙碑，原属邻村共修，俗传因天亢旱，为古城人所焚，公议分晰，庙宇始移村中。及咸丰三年八月二十三日，楚匪入黎，悉为灰烬。村人谋修，捐赀数载，始于咸丰八年，成于光绪二年，共费钱七百余千文，并无募化帮助等项，村人之力亦云惫矣。后有入社者，每亩出钱一千文。因序其颠末而为之记。谨将督理姓氏开列于后：

刘钟桧　刘锡会　刘金城　刘锡畴　刘畅　刘建春　刘王存　刘树棕　刘泮令

议叙增贡生候铨复设训导军功六品刘畅撰书

玉工杨朝刻字

大清光绪二年闰五月仲旬　赵店镇乡约社首暨合村仝立

（3）光绪二年（1876）赵店村潞王祠祈雨条规并序

碑名：祈雨条规并序

　　鸣钟祈雨，所以惊众，如果事不得已，须秉虔诚与社公议。所谓修省可以免灾，和气可以致祥也。今人心不古，竟有家无寸土，或滋扰以逞刁，或恃酒以发狂，不惟足以致人厌，而实足以干天怒也。矧聪明正直之神又何能听之乎？故谨立祈雨条规，以示严肃，是为序。

　　一、鸣钟人无地亩者不准，三社缺人者不准。

　　一、鸣钟不论几人，与香首挨次跪香，地铺草袋，跪要端正。

　　一、排执事人等，香首拣各人能办者公排，不许众人任意摆调。

　　一、社内祈过一次，再有鸣钟，令其虔诚自祷，社内不管。如能成功，社内献戏谢雨，赏酒饭一桌，每人红一匹。

　　一、在庙不管在外执□，有事许家中更替。

　　执事人数目　取水三人　监香四人　沿庙焚香四人　写对贴对二人　作早表一人　柳棍二人　踩旱取水点名一人　内巡风二人　总催一人　外巡风三社各一人　抬架八人　抬香桌二人　赁旗伞佃钱一人　担水三人　沿路焚香二人　伐柳二人　把门二人　锣鼓旗伞共十六人　伴驾二人　借锣一人

　　守庙买办，余人铺户执香，误事不到，罚大粿一把，跪香一炉。

　　大清光绪二年闰五月十六日合社仝立

五、黎城县程家山镇

（一）南堡村

村庄概况

程家山镇南堡村，位于县城东南，东北至蝉黄4千米，南至平顺县王曲2.5千米，西到潞城区西流2.5千米，北至北流1.5千米，地处浊漳河东岸，西实公路贯境而过。常见植被有杨树、柳树，动物有野兔、山鸡。当地年平均降水量为370—700毫米，年平均气温10℃，日照充足，四季分明。因方位及地形得名。清康熙二十一年（1682）《黎城县志》载"南堡"，依山面水，地形似堡，且在路堡之南，故名，系独村。以农业为主，人均耕地1—2亩，盛产核桃等。该村现有人口180户，350人，申姓者居多，每年的庙会为农历三月初二。村内现存庙宇有佛祖玄帝阁（西阁，位于村西，阁上有三教庙，坐西朝东，殿前南侧烈士碑一通），关帝庙（位于村西，紧挨西阁，坐西朝东，正殿南侧有重修新碑一通），观音堂（位于村南，坐北朝南，单殿，无碑），村外山上奶奶庙（白鹿岩，位于村外西南，坐东朝西，面阔三楹，侧殿为药王殿，有重修新碑两通）。

佛阁

庙宇概况

位于南堡村中，坐北朝南，东西宽6.25米，南北长7.78米，占地面积48.63平方米。创建年代不详，现存建筑为清代遗构。佛阁由两部分组成，下为砖砌基台，台中部为石券通道；上为佛殿，面宽三间，进深六椽，单檐硬山顶，灰布筒板瓦屋面；梁架结构为七檩前廊式，檐下设有斗拱五攒，柱头科二攒，平身科三攒，均为三踩单下昂；墙体青砖砌筑，明间设六抹头隔扇，次间设四抹头隔扇窗。

碑刻资料

甲申年南堡村重建台阁记

碑名：重建台阁记

  佛祖玄帝阁　南堡村

  施主何门冯氏□□德　孙何复构　何□初

  督工人何以起　路希海　张进公　冯世安

  岁次甲申年孟夏吉日立

  庄□道　李思琢

（二）北流村

村庄概况

程家山镇北流村，在县城南，东北至卧龙岗1.5千米，南至南堡1.5千米，西南至潞城区西流1.5千米，西北至路堡2千米，西实公路从村穿过，地处漳水之阳，漳水于是处拐北向，故称北流。常见植被有杨树、柳树，动物有野兔、山鸡。当地年平均降水量为370—700毫米，年平均气温10℃，日照充足，四季分明。该村现有人口405户，1076人。以农业为主，盛产红枣、花生等。清康熙二十一年（1682）《黎城县志》载"北流"。清乾隆二十一年（1756）《重修圣王庙碑记》刻有"北流村"字样。

龙王庙

庙宇概况

位于北流村西，庙坐北朝南，一进院落布局，东西宽27.14米，南北长36.86米，占地面积1000平方米。创建年代不详，据庙内碑文载清乾隆二十一年（1756）、同治五年（1866）修葺，现存建筑为清代遗构。中轴线上由南至北依次遗有山门、献殿、正殿，东西两侧对称有妆楼、廊房、厢房、耳殿。正殿拱眼壁为琉璃质地，图案有龙纹、花卉、人物，有较高的艺术价值。1991年被黎城县人民政府公布为县级文物保护单位。

碑刻资料

（1）乾隆二十一年（1756）北流村重修圣王庙碑记

碑额：重修碑记

碑名：重修圣王庙碑记

且夫天地之性命为贵，夫人在天地间亦块然一物耳。能上安下奠，裁损有科，辅相不足，使凡托处□天地如□而鬼神明，而人伦以及飞潜动植，莫不借之以保太和而若性命焉，斯其所以独贵于万物之上钦。然则人之所以贵，亦贵其有为而已矣。若投闲置散而无事为乐，闭门杜户而衣食足营，为万物所不可赖之人，即为天地间无所用之物，不唯忤天地，而亦负三才。北流村圣源龙王庙，其始原为祈报而设，民物之所托庇保障之所，攸系地势宏敞，殿宇巍崇。特为年远而榱朽桷崩，乌鼠侵而壁颓垣毁，萧条□□。不唯无以资祈报，亦且无以壮观望，其待重修亦孔及矣。然而地僻人脊，智穷力索，非无有心人□□无措，亦对之浩叹已耳。当日耆老佥谋以延庆寺僧古镜上人，智高德重，旧为寺主僧，率徒照朗禅师，见庙宇既倾，寺亦有圮，慨然立兴起之志，村人等亦乐共襄厥美。于是庀树木、商瓦石、计工程、料钱谷，倡人出其硕画而诸人效其奔走，经始于乾隆八年二月之晦，落成于二十一年九月之秋。而正殿廊庑、僧室社房、门堂戏楼，共若干间，皆一时降，而寥落之景况遂变而为焕发之气象。嗟嗟，以北流之穷僻，而千金大功，不几阅月而告竣。而修寺不与焉人为之足恃不明且著哉。向使无古镜师徒而独倡议无囗，无耆老佥谋而赞助无人，将见风雨之神且飘摇于风雨，而庇民之神且无以自庇，神虽灵无能为也。奈何世人之不自励其有为之力，而动辄邀福于冥杳不可知之神，是直欲使替化育而参天地者，凡无以其著能两间而神独运也。堕民义而乱神道，不且重负此人哉！不且重负此人哉！

　　原任清源县儒学正堂加三级纪录四次王缵世率男……捐银四两……
　　吏部候选教谕侯猷隆顿首嘱撰　平顺县邑庠生段魏儒沐手敬书
　　本县东洼村吏员郭囗廪生郭环捐银三两
　　时大清乾隆二十一年岁次丙子南宫月穀旦立

（2）乾隆二十一年（1756）山西潞安府黎城县北流村重修圣王庙碑记

碑额：用［永］垂不朽

碑名：山西潞安府黎城县北流村重修圣王庙碑记

　　今将钱粮地亩布施囗目开列于后：
　　催人工张进福　刘显英　李自有　段坦　张弘有　刘显阳
　　催驴工刘进福　路的君　王天保　张弘绩
　　管库囗人　增广生　许廷禄　段囗生　张诏灵
　　……张玉增　王进财……
　　经理家伙段瑜生　王金化　赵立业
　　每年香老刘怀京　段囗钦　李肇经　张弘经　王位臣　张三柱　刘友　赵海　王进才　赵创业　孙仓长　段魏宝　刘崇奇　路海林　王伏增　赵朋业　刘金声　张正坤　赵祥业　刘龙兴　王伏伦　赵上玺　段瑜生　张进兴　刘丕校　刘怀珠　刘中业　张弘武　段珏生　周桂芳

李洛

两会许门高氏　刘门王氏　张门申氏　王门王氏　李门王氏　刘门河氏　赵门王氏　赵门□氏　张门齐氏　刘门郝氏　王门赵氏　李门孔氏　王门刘氏　刘门程氏　刘门常氏　刘门张氏　刘门王氏　李门崔氏　赵门张氏

□顶社施钱一百文　□曹门施钱□十文　□共捐钱二十二千三百七十文

南吕□□施钱五十千零五十文　土工共一千七百五十二工　前后一切共使过钱二百二十二千七百五十六文　共驴工五百五十工

□□□粮二十五石零三斗五升　共吃过米五十石零二斗　又共吃麦豆荞麦六石七斗五升　□上共费银五百零三两五分

阴阳官王铎　木匠李伏贵　□□正□正京张创业□□

木匠田治煦　石匠孙起亮　泥水匠□昌　宋王魁　泥匠常功成　王魁元　里脊匠史英　□匠正京　昼匠辛会

住僧寂□泊徒照　临督工僧照□胍

乾隆二十一年九月二十八日立

（3）嘉庆十年（1805）北流村龙王庙永禁碑志
碑名：永禁碑志

尝闻物贵爱养，人重廉耻，所以守望相助而草木咸苦也。乃自利之辈，树株得便盗伐，麦苗随意窃牧，不但暴殄天物，而且深害民食。今合村公议，永远老禁。凡村内村外，一树一苗，俱在禁例，倘有不遵，禀官究治，决不容情。

一、伐自己树株，亦禀明乡约，不禀亦属盗窃。

一、折取果木树枝，罚钱六百文。

一、切白日夜间，盗伐树株，若经查出，以贼盗论。

一、牛驴骡马入地，罚钱六百文。

一、羊群入地，罚款五千文，授社人得钱一半。

桂花村儒学生员高日冯撰　路堡村儒学生员焦景润书

现年乡约王建宽　香老段魏英　刘鸣松

维首人赵玉钦　段魏才　张进兴　段魏尊　刘锡隆　刘中举　王永安　郡庠生李登先　王登魁　段容众　登士郎李闻泰　邑庠生李方泰　张进廉　张宏宽　刘国宰　周贵荣　赵玉和　张进凤　张成辅　刘佐汉　刘云太　张富业　赵永泰　张国宝　刘锡安　侯满贵　段玉书　张润　刘文玉　刘士义

明化寺住持僧通教　每年乡约社首经管　石工张润

嘉庆十年十一月吉日仝立石

（4）同治五年（1866）山西潞安府黎城县北流村重修碑记

碑额：永垂不朽

碑名：山西潞安府黎城县北流村重修碑记

且夫垂于义者，前人创建之功。光于前者，后人继修之美。凡事皆然，而况千百载之庙宇乎。兹我村旧有圣源龙王庙一所，创建之始既不可征，而继修者已历次，然而墙屋倾颓，供职事者犹深太息。规模狭隘，献□舞者不免□□。噫……祈祀之所，岂可坐视其废弛欤，则所赖重修又孔亟矣。于是父老倡率纠集众谋，合社公议，按亩捐收。咸丰丁巳兴……而岁遇大饥，俯仰无资，仅修殿脊，工遂停止，延隔数载至于癸亥，斯岁稍获，大□复开。爰是经营，爰是……奔走，□旧制以构西廊，创新基以建外庑，筑短墙于东西，起二楼于左右。自癸亥兴工，丙寅落成，约记三十余间。此……以壮观瞻，乃实有以兴祀典耳。余也游于斯土，览修葺之壮阔，访修葺之始终，不禁为之憬然曰：夫以北流村地僻……数年，而大功告竣。虽由众人之财力，岂非董事者栉风沐雨、区画检点之功所致哉！故□□而歌曰：云山苍苍，漳水……之功，……

勒石为记，千载流芳。

本邑东旺村儒学生员王宗华顿首拜撰

木匠四百零五工，使钱二十五千二百五十文。

石匠四百零三工，连包工使钱二十五千三百五十文。

泥水匠四百零四工，使钱二十七千八百五十文。

铁匠六十四工，使钱三千三百文。

砖瓦木石土□，使钱二百三十七千五百三十二文。

米西□□□，使钱二百零八千七百四十六文。

共使钱五百三十七千九百零八文，俱系地亩起办，共土工三千三百三十一个。

起钱人段洪魁　王洛安　张崇广　李焕章　赵金贵　周金绪　张开基　刘景富　段开先　刘永合

总管人张广成　张增福　刘克明　刘炳韬　催工人张广义　刘广琳　催水人张逢春　李路锁　管杆绳人王开祥　刘永顺

乡饮耆宾王开祥　张丕承　赵金木　段开争　张明道　赵秉合　刘明宽　刘凤祥　周金绪　刘□□　刘□□

木匠□富悝　石匠刘通礼　泥水匠常成林　铁匠顾金梁　工□祁好干　阴阳刘广瑄

大清同治五年岁次丙寅黄钟月下浣九日合社仝立

（5）民国五年（1916）北流村龙王庙规约碑

碑额：万古流芳

从来法以积久而生弊，人必守谦而后和。忆自宣统二年以迄于今，构怒兴讼，莫知其尤。甚至社事陨坠，农业废弛，亦有所不惜，盖因法久而人不谦也。某等目睹斯事，莫不慨然太息曰：两社不睦，伤财害事，乃至于此乎？于是协同村众，将奉神献戏、焚香奠洒以及分摊地亩等项，其有不合时宜者，斟酌损益，另拟条规。必期弊端悉除，两适其愿。较前规而无窒碍，历后世而无疑忌。如是则怨怒不藏，彼此不分。讵不家渐仁让，俗归醇厚，又何是非之丛生哉？爰将所拟条规清开于左，俾后之办社事者有所遵循焉。

本村监生张曾友敬书

计开：

一、两社香首每年腊月各举二位。

一、自正月十五日祭祀，二位焚香，二位奠酒。

一、春秋祭祀供献，两社各备一供，先至者供在里面，后至者供在外面。

一、三、八月戏费并一切公项差费，按地亩公摊。

一、倘有违抗社规及私瞒地亩者，两社议罚。

公正风驼村长土恒益　隆旺村长张鹏飞　赵店镇村长刘鹏章　西流村贡生张启庚　路堡村生员焦守真拜撰　南堡村长申金松　程家山村长程超群　本村介宾刘永贞　村长生员段让

由义崇礼两社香老总管张开荣　刘道则　李培永　赵雨亭

维首裴三兴　刘得义　段铁钺　李达枝　赵连壁　刘丕海　段允　刘永会　李秋林　张恒森　李永兰　刘壬子　张庆德　申起运　段记则　李继富　张和尚　刘廷则　刘胖则　张长发　段贤则

本村阴阳刘水兴　木工王逢元　丹青周日庠　玉工张树兴

民国五年岁次丙辰榴月上浣二日仝立

（6）民国十四年（1925）北流村龙王庙重修碑

碑额：万世永赖

自古建庙之初，工程浩大，曾不知几费经营，始得告厥成功。历年久远，倾分待寸，而殿宇不无倾颓之忧，法像将有毁伤之感，若不重新修葺，以继前功，将使世世冉冉于仍旧，而无复心与力为神圣谋修计，前人之功不几其昧没乎。又且人赖神以生，神赖人以安。权掌雨露，职司生成者，莫如圣源龙王之威严有灵也。无如屡有斯心，曾奈村小功大，难以速举，是以地亩捐资，复又四方募化，协助成事。于客岁卜吉鸠工，改良旧迹，增扩新制，越两载而工始竣。不惜巨资，遂觅丹青，东西两廊，彩焕相映，大殿乐楼，金光夺目，仰瞻法象光明，殿宇辉煌。择吉开光献戏，聊表愚诚。但题斯文者，才疏学浅，不过将兴工之年月与所捐之钱项记载于后云尔。

开工共花钱二千串零一百八十一千二百三十五文　开光共花钱一千串零三十二千六百六十文

高等毕业生段树艺拜撰　前清儒学生员段让书丹

北桥沟施钱二千五百文　望壁施钱六千二百文　东水洋四千文　张家山一十九千文　南堡二十千文　路堡二十八千七百文　隆旺一十二千文　赵店三十千文　城内堆金社一千二百文　蝉黄一十五千文　段家庄洋五元　高家脚洋二元　宋家庄洋一元　凤鸵村上社洋四元　坟峧　榆树坪　贾家庄各施钱一千五百文　程家山　顾家庄　西水洋　西仵北社　南桥沟　八汕各施钱五千文　暴家脚　后家滩　细腰脚　好地港　西坡水峪　西仵南社　董壁　坑南　下桂花各施钱三千文　程置樵　郝文魁　王文治　东洼　仵桥　南关　坑东　土岭　坑西各施钱二千文　老虎岭　王辅昇　马步松　马步汉　源聚勇　新庄各施钱一千文

香老刘过　段有才　张鸿昇　刘廷　段清源　李纪川　刘海昇　赵连魁　张保枝　李长发

总管段秉魁　李贵录　张士德　刘泮恒

村长张增友　间长段盘铭　李秋林　赵连壁　刘永会　李丕承

泥水工维首赵振基　段喜心　申仓狗　段允　刘记成　李进义　赵汝庭

起钱维首张开酉　李达枝　周丕虎　李锡庆

木工郭河　玉工付锦标　丹青周海林　周虎文　崔玉凤　王振宽　阴阳刘永兴

民国十四年岁次乙丑菊月上浣三日合社仝立

（7）民国三十五年（1946）北流村龙王庙烈士碑
碑额：英名千古

英勇奋斗、光荣牺牲的烈士李森荣同志，年幼时家中受到封建剥削，食不饱腹，衣不敝体。直至抗战以来，得到共产党的正确领导，生活稍有改善。在二十九年时，身为群众服务，求学第三高校。三十三年仅十八岁矣，当时为人民求得解放，勇敢直前，带领精明强干的青年壮士六七人，投笔从戎。十九岁时，经过上党战役，森荣同志胆略过人，追敌于沁水，缴敌武器三十余枝。斯年冬，国民党反动派进攻平汉，由西往东，参加自卫战争，消灭土匪于桥河，转战道清线。每逢作战，奋不顾身，屡次胜敌。三十五年已二十岁，可恨汉奸阎逆，违犯群众，结合敌伪，强占沁州。当时为了群众安全，从东复西，路过故乡，返家望亲，竟是夜不待明，恨不能一时赴沁，铲除奸军，为国去害，为民谋利。在这次战斗中，森荣同志选择防地，让给首长，真正以身作则，影响全班，虽左膊受创，还继续前进，又二次身负重伤，岌乎危亡的时候，尤能嘱人将自己累积与诸兄所帮的大洋八百余元缴纳党费。在这种情况下，仍是忠心党国，为着群众，在临危时尚问侍从："鬼子打下没有？"随者答："已消灭。"森荣同志还大声欢呼，庆祝党国万岁，言讫逝世。可见身虽死而精神还在。似此英勇烈士，深可赞扬，刻石纪念。

烈士李森荣，年二十岁，任五十团一营二连三班班长，为群众光荣而牺牲。

民国三十五年四月十五日立

（8）民国三十七年（1948）北流村龙王庙烈士碑
碑额：万古流芳

溯自抗日战争开始，直至人民解放战争，十多年来，中国人民为求翻身和民族解放，在中国共产党的领导下，进行英勇的革命斗争，目前已接近胜利，一年左右就会从根本上打倒国民党反动政府。在这伟大的解放战争当中，自村申步虎等同志，奋起自勇参加中国人民解放军，他们献出了自己的头颅和热血，和敌人进行了无数次的大小战争，表现革命的英雄气概，不幸在这次战役中光荣牺牲。全村群众为悼念死者，除继承先血意志直极支前外，特建立烈士亭，志以慰英灵，并流芳千古。

申步虎同志，年二十三岁，西历一九四一年参加解放军，系中共正式党员，曾任战士、副班长、机枪班长、副排长等职。一九四六年河南省滑县上官村战役光荣牺牲。

常爱生同志，年一十八岁，西历一九四四年参加解放军，系中共正式党员，曾任战士、副班长、机枪班长等职，系一九四七年河南汤阴县战役光荣牺牲。

张庚辰同志，年二十一岁，西历一九四四年参加解放军，担任战士，于一九四六年安徽省战役光荣牺牲。

刘支田同志，年二十二岁，西历一九四五年参加解放军，担任战士，于一九四六年河南汤阴县战役光荣牺牲。

王保贤同志，年二十四岁，西历一九四六年参加解放军，系中共正式党员，曾任战士、副班长，于一九四八年太原战役光荣牺牲。

马祥同志，年一十九岁，西历一九四八年太原战役曾参加民兵参战，担任通讯员，光荣牺牲。

民国三十七年阳历十二月二十六日立

（三）路堡村

村庄概况

程家山镇路堡村，地处浊漳河北岸，位于县城南，坐落在桃儿山底，东北至顾家庄2.5千米，东南至北流2千米，西南至潞城区古城2千米，西北与隆旺接壤。西实公路贯穿境内。常见植被为杨树、柳树，动物种类多为野兔、野鸡。当地年平均气温10℃左右，年平均降水量为370—700毫米，日照充足，四季分明。现有人口510户，1093人，以农业为主，盛产花生、西瓜等。清康熙二十二年（1683）《黎城县续志》载"路堡"，始为路姓首居，后焦、程两姓迁此。因路姓居多，所处之地似堡，故名路堡。

龙王庙

庙宇概况

位于路堡村中，据庙内碑文载"创建于元大德二年，明清历代重修"。现存建筑龙王殿为元代遗构，其余均为清代遗构。坐北朝南，一进院落布局，东西长42.35米，南北宽38.61米，面积1635平方米。中轴线上由南至北依次遗有山门（倒座戏台）、龙王殿、佛爷殿，两侧为妆楼、厢房、关爷殿、土地殿。庙内存有元创建碣、重修碣各一方，清重修碣一方，保存较好，字迹清晰。该庙是黎城县保存一般的一座元代建筑，2007年被长治市人民政府公布为市级文物保护单位。

碑刻资料

（1）延祐二年（1315）路堡村圣源王庙创修施地碑（一）

  时大元国大德二年岁次戊戌[戌]乙卯月丙子朔，创修圣源王庙一所。纠化本村大小人户木植钱物，人名记维那众等施庙地基人：

程稳　程彦　程耐

申义　靳旺　路宝　任义　路钦　靳赟　坤秀　崔显　靳珍　申彦
路和　路让　任元　申资　任宝　程训　路容　路山　靳良　靳秀　张才
程赞　裴珍　程英　路坚　李玉　程伫　程让　路宁　王义　崔亨　申进
张添　路玉　路仲　元秀　靳停　张贤　张迁　程瑀　张浩　靳让　申忠
程闰　鱼元　靳聚　路浩　申宽　任赛　张宝　路潮　路质　路惠　任政
程昌　路贵　路淇　李顺　路演　顾忠　张玉　路秀

木匠李旺　李和　申岳　路通　顾才　本县石匠赵忠履　铁匠李成　瓦匠王聚

延祐二年岁次乙卯十一月乙巳朔辛亥日立铭人申□

（2）延祐二年（1315）路堡村圣源王庙创修施地碑（二）

时大元国延祐二年岁次乙卯八月子丑朔壬午日，瓦匠、石匠整砌圣源王庙内外地基一所，

纪化本村大小人户：

都维那程彦　路友　程庆　路林　张海　路喜
都维那申义　路忠　路朗　路秀　张仲　路迁
都维那申让　韩珍　路海　李忠　虞广　任忠

申春　张旺　韩宝　靳福　路容　张钦　程顺　顾善　张成　路茂
韩玉　路枚　李赟　程喜　顾恕　张德　路演　韩贵　路宁　李广　路方
程尚　路良　张迁　路仁　程祥　任满　李宽　程赡　程钦　靳让　崔二
靳琮　李志　李顺　申彦　张侃　张佑　元宽　崔贤　程桂　路宽　任广
申广　程美　靳广　顾懿　李才　顾惠　张供　李珍　靳停　路斌　靳顺
李展　任贤　申坚　程宝　路潮　程㢸　程添　申仲　路安　张兴　程普
路和　张喜　申济　路淇　任海　虞二　李德　路慷　靳斌　崔山　靳资

程企　裴宝　路德　申著　路彬　靳善　李广　程整　任爱　程熊　张备
靳贵　靳坚　崔四　张宽　顾茂　路添　靳川　靳山　顾良　任浩　路明
程敬　任松　路筠　申美　张广　程乖

　　石匠本县赵忠□　瓦匠陈顺　书丹人路赟　木匠李□　铁匠李旦　路钦　瓦匠王廷　砖匠王□

（3）乾隆二十年（1755）路堡村圣源王庙重修金妆圣像碑（一）

　　时大清乾隆岁次乙亥年四月辛巳朔，越初十日癸丑之辰，今据山西潞安府黎城县漳源乡，现在潞堡村居住，奉神祈福保安，人氏虔心。

　　香老维首人王加祥　郭有禄　路帝富等

　　缘因本殿圣像毁坏，重金妆神像，一切薪旋，各取义［意］愿，喜舍资财，并□入社。所以言之，非无故而然矣。立碑记，粉书墙光，俱一切使费钱在内：

　　通章施钱一百文　刘建有施钱一百五十文　路耀施钱一百文　申景清施钱一百文　路仓施钱一百文　申亮施钱一百文　路永施钱一百文　申文星施钱一百文　郭有兴施钱二百文　焦亮施钱二百文　路君重施钱一百四十文　郭有福施钱一百四十文　路君的施钱一百文　路德昌施钱一百文　路君聘施钱一百文　路勋业施钱一百文　路创业施钱一百文　路君荣施钱一百文　程兴道施钱一百文　程伏元施钱一百文　焦□施钱一百文　路复昌施钱一百文　路君模施钱一百文　程子斌施钱一百文　路君赐施钱一百文　焦文焕施钱一百文　路君兰施钱一百文　路太施钱一百文　申文□施钱一百文　王云施钱一百文　路希彦施钱一百文　申进德施钱一百文　宋明道施钱一百文　王履仁施钱一百文　程有勋施钱一百文　路君斌施钱一百文

　　维首人施钱三百文

　　乾隆二十年六月初五日　落笔开光总圣上吉

住持　丹青匠宋正春　石匠常谨昌仝修

(4) 乾隆二十年（1755）路堡村圣源王庙重修金妆圣像碑（二）

尝闻易旧□新，事属当然，而同心合德，乃为美举，迄今独有异焉。各逞己志，各捐己资，忽而如此，又忽而如彼，金妆圣佛龙王相［像］继而兴，故殿宇内法像焕然一新。墙壁内质而有文，□值乙亥孟秋，昼功成矣。□命工立石，以志不朽。□所捐姓名、钱数开列于后：

香首郭有禄　王加祥　路帝富

维首路浥昌施钱一百八　路在业施钱一百八　路帝敬施钱一百　王琪施钱一百八　路帝保施钱一百八　郭琳施钱一百八　车文星施钱七百　路希圣钱一百二　路文祯施钱八十　路君兴施钱八十　路焦法施钱一百四　王加元施钱六十　郭玉施钱一百二　路林□施钱一百　程好福施钱一百三　程子举施钱六十　路君辅施钱四十五　路帝遴施钱六十　路君遴施钱四十　路希龙施钱五十　路帝钧施钱四十　程路宣施钱三十　程尖□施钱八十　路君法施钱五十　程有德施钱六十　申文□施钱三十　王云施钱二百　申荣安施钱三十　申文魁施钱二十　宋得富施钱三十　申文禄施钱四十　路瑄施钱三十　路君举施钱四十　路丑洼施钱三十　路亲□施钱三　郭□施钱三十　路好实施钱三十　杨金仁施钱三十　路帝游施钱三十　路生松施钱四十　路□让施钱三十　路□□施钱六十　路帝宣施钱三十　路希文施钱四十　路安□施钱三十　路□业施钱三十　路荣功施钱三十　路昌安施钱三十

丹书匠立　……马景亮

乾隆二十年七月初五日石匠常谨昌仝立

烈士亭

烈士亭概况

位于路堡村中。民国三十六年（1947）路堡村全体群众为纪念杨虎堂、路俄江、路枝荣等烈士而建亭立碑。杨虎堂为本村基干，中共党员，1939年牺牲于黎城赵店；路枝荣1940年加入县子弟连，牺牲于黎城程家山，时年18岁；路俄江1940年成为新一旅战士，1943年牺牲于左权，时年30岁。该亭坐东朝西，东西宽1.5米、南北长1.9米，占地面积2.85平方米。烈士亭建于石砌台基之上，亭上部砖雕匾额，刻"烈士亭"，上砌三角形尖顶。亭内嵌有民国三十六年（1947）烈士碑一通，青石质，圆首，高1.65米、宽0.6米。额书"英明千古"，碑文楷体，记载了革命烈士杨虎堂、路俄江、路枝荣等的英勇事迹。

碑刻资料

民国三十六年（1947）路堡村烈士碑

碑额：英名千古

为民英勇先烈将士们，你们的贵体虽亡，但为民族解放的精神是永久不朽的。

杨虎堂同志，年三十二岁，任抗日间长。当民国二十八年日本鬼进攻我县时，在赵店住着。虎堂同志组织群众昼夜不息向敌斗争，不幸汉奸杨士吉秘报敌人，包围本村，群众受到威胁。其为人民争自由、求解放，突被间谍丧心。在这样情况下，光荣牺牲。

路俄江同志，年三十岁，出身受着封建统制，家中贫寒，无法渡〔度〕日，住长工数年，至共产党领导，生活得到改善。于民国二十九年加入八路军新一旅，和敌人勇敢作战，保国为民求解放，精神永久不变的。于三十二年在左权和日本鬼坚决斗争中光荣牺牲。

路枝荣同志，年十八岁，出身家庭贫寒，在地主剥削压迫之下放羊数年，至共产党领导，生活得到澈［彻］底改。为消灭日本，求人类解放，于二十九年加入本县子弟连，任通信员，工作积极。于三十一年九月敌人扫荡程家山，为保卫人民利益，坚决抗敌，光荣牺牲。

路焕琴同志，年二十一岁，出身家庭贫穷，过着苦难生活，至共产党来了，生活大有改进。于三十一年，兴奋地加入八路军五十团，斗争四年，打败了小日本，正要过好光景，不幸又遇背叛祖国的蒋介石调动匪军进攻争夺我解放区。为人民澈［彻］底解放，于三十五年四月，在河南范家庄和蒋匪拼名［命］作战中光荣牺牲。

中华民国三十六年冬季十月　路堡村群众公立

（四）隆旺村

村庄概况

程家山镇隆旺村，位于县城正南，地处浊漳河北岸，坐落在桃儿山脚。常见植被有杨树、柳树，动物有野兔、山鸡。当地年平均降水量为300—400毫米，年平均气温10℃，日照充足，四季分明。现有人口135户，530人，姓张者居多，现已无庙会。以农业为主，盛产花生、苹果等。清光绪六年（1880）《黎城县续志》载"隆旺村"。村以隆旺名，取兴旺隆盛之意得名。

烈士亭

烈士亭概况

位于隆旺村中。民国三十六年（1947）隆旺村全体群众为张保堂、张江全两位烈士而立。该碑青石质，圆首，高1.6米，宽0.6米，厚0.2米，额题"英明千古"，边饰缠枝花卉一周，碑文楷体，记载两位烈士光荣牺牲及生平事迹。

碑刻资料

（1）民国九年（1920）隆旺村重修庙宇碑记［该碑碑阴在民国三十六年（1947）被磨平，镌刻上烈士碑的内容。］

【碑阳】

碑额：垂裕后

碑名：重修庙宇碑记

　　且自古建庙之初，工程浩大，曾不知几费经营，斯得告厥成功矣。无如历年久远，而殿宇不无倾颓之忧，风雨吹洒，则法像将有毁伤之欤。若不重修，而前人之功不几其昧没乎？又且鬼神无依，惟人是依，神赖人以安，犹之人赖神以生也。况乎权掌雨露职司生成者，莫如五龙神之威严也。若使殿宇不整，法像损坏，将何以酬其恩？无如屡有斯心，曾奈村小工大，难以速成，必须设法积余，即后可以观厥成。因而千方百计蓄积数载，复又募化四方，协助成事。迄今计其所入，堪敌所出。于是，始于前清光绪二十九年三月间兴工，待至民国二年工已告竣，仰视法像光明，殿宇辉煌，庶几前人之功永垂，而今人之愿亦舒。开光献戏，聊表愚诚，勒碑刻铭，永志不朽。但落笔书此者，才疏学浅，文墨不精，亦不过聊将兴工之年月，及所捐钱项之数目，清载于后云耳。

维首靳王锁　张虎玉　张根玉　张山凤　刘铜顺

社首靳过业　张成则　刘铜顺

押工人靳保生　李海生　程金未　李奇则

泥水木匠崔玉山　丹青匠申江海　李虎山　刘三丑　玉工康进财

时民国九年莲月榖旦吉立

【碑阴】

碑额：英名千古

英勇奋斗，光荣牺牲的烈士张江全同志，年幼时家中受封建剥削，食不饱腹，衣不蔽体，直至抗战以来，得到共产党的正确领导，生活稍有改善。在三十一年时，甘为群众服务，与人民求解放，勇敢直前，带领精明强干的青年壮士四人，加入八路县干队，经过上党、沁县、浑县等战役，英勇杀敌，胆略过人。嗣后转战于山东曹州府金乡县石门集村，仍是忠心党国，为着群众。在临危时，口尚不绝于"消灭敌人"四字。其身虽死，而精神还在。似此英勇烈士，深可赞扬，刻石纪念。烈士张江全，年二十八岁，任第六纵队十七旅五十团一营二连指导员。

张保堂同志为群众光荣而牺牲

张江全同志为群众光荣而牺牲

烈士张保堂同志，年三十岁，任八路第六纵队十七旅五十团一营一连排长，经过大小战役共四十余次，消灭敌人共六十余名，缴获步枪四十支，轻重机枪六挺，活捉敌人三十名。于三十四年在武安南峭河战役中单独一人杀敌人五名，足证其卫国捍民，与人民立功，意志超出众人一等。三十五年四月，在河南安阳范家庄服从党中央命令，不顾一切，英勇杀敌而光荣牺牲。其身虽死，而英雄精神不朽。

民国三十六年三月二十一日隆旺全村群众仝刊

（2）民国三十七年（1948）隆旺村烈士碑
碑额：烈士碑

为民奋斗，光荣牺牲的先烈将士王根儿［龙］，年十八岁，在民国卅年踊跃参加八路军五十团一营二连，任侦查员，卅五年作战于山东曹州府金乡县石门集村，向敌斗争，英勇牺牲。命虽殁，而伟大的精神值得赞扬，为此刊石，以志不忘。

王根龙同志为群众光荣牺牲。

民国三十七年十一月初三日群众刊

（五）暴家脚村

村庄概况

程家山镇暴家脚村，位于县城东南，南至寨脑 2 千米，西至南壕 2.5 千米，北至十八亩 1 千米，地处半坡山区，坐落在马鞍山麓。常见植被有杨树、柳树，动物有野兔、山鸡。当地年平均降水量为 370—700 毫米，年平均气温 10℃，日照充足，四季分明。清光绪《黎城县续志》载"暴家脚"。因坐落在马鞍山脚下，且有暴三娘在此定居之传说而得名。村民委员会驻暴家脚。以农业为主。该村现有人口 61 户，130 人。村中现存庙宇有关帝庙、山神庙与龙工庙等。

关帝庙

庙宇概况

位于暴家脚村东外后山脚下，坐北朝南，东面墙角立有碑刻一块，题为"烈士碑"，刊立于民国三十五年（1946）。

碑刻资料

民国三十五年（1946）暴家脚村烈士碑

碑名：烈士碑

兹将本村烈士等同志在光荣的民族革命战争中英勇奋斗而牺牲负伤纪念碑。

王远海，当民国三十一年为国参加八路军，于三十二年在松树山反敌扫荡战斗中，为国为民壮烈牺牲，是年三十四岁。

刘振汉，民国三十一年英勇参加八路军，在汤阴县三十一年与敌伪决战，壮烈牺牲，是年二十九岁。

赵明亮，河南省商丘县驼房村参加八路军，一九三九年在彭城负伤，致成残废，荣退在村安家，现年四十三岁，病殁。

民国三十五年二月二十日立

（六）段家庄村

村庄概况

程家山镇段家庄村，地处山沟，在县城东南 10 千米处，东北至高家脚 2.5 千米，东至平顺县西坡 2.5 千米，南至安定庄 1.5 千米，西至程家山 2.5 千米。常见植被有杨树、柳树，动物有野兔、山鸡。当地年平均降水量为 370—700 毫米，年平均气温 10℃，日照充足，四季分明。清乾隆三十二年（1767）《众修圣应五龙庙碑记》刻有"段家庄"字样，因村址段落错综得名，系当庄、前庄、后庄三个自然村之总称。村民委员会驻当庄，以农业为主，盛产核桃等。该村现有人口 60 户，114 人。村中现存庙宇有五龙庙、歇马店等。

五龙庙

庙宇概况

位于段家山村中，庙坐北朝南，一进院落布局，东西宽 17.24 米，南北长 25.7 米，占地面积 443 平方米。据庙内碑文载"清乾隆三十二年七月建庙"，戏台随檩枋题记载"清咸丰二年重修"，现存为清代遗构。中轴线上由南至北依次遗有山门（倒座戏台）、正殿（已毁，仅存墙址），两侧建有妆楼、厢房、耳殿。

碑刻资料

乾隆三十二年（1767）段家庄村五龙庙重修碑记

碑额：众修

时大清国山西潞安府黎城县漳源乡，各里不同，现在段家庄居住，创盖五龙庙一所，众修开列于后：

维社首张伦　宋名扬　张正达　□领合庄人等　善男信女合社人等

刘进禄　张天富　申根有　张玉玺　张正法　申见广　崔绍国　刘超有　张□国　张美荣　张弘道　刘崇云　张弘展　申见宝　刘崇烈　崔绍正　刘崇宽　张弘宽　刘荣展　刘崇有　张大松　刘进贤　张法松

共布施钱七千三百七十文

共布施麦、豆、荬子、谷六石八斗七升

二次共花费使过钱二百千文□□

二次共□麦则二石

二次共助□□□地三人

□人土工共次木三次十六石

丹青匠杨凤武　王之京　木匠张正京　瓦匠申田　阴阳王樸　石匠王九经　张得位　王朝幸

乾隆三十二年后七月□日立刻碑志

（七）蝉黄村

村庄概况

程家山镇蝉黄村，地处山沟，位于县城东南，东至平顺县赵家庄2.5千米，东南至平顺县马家山2.5千米，南靠四棱山，北至凤子驼1千米。常见植被有杨树、柳树，动物有野兔、山鸡。当地年平均降水量为370—700毫米，年平均气温10℃，日照充足，四季分明。民国十四年（1925）北流村《重修圣王庙碑记》有"蝉黄"字样。地处山野，蝉鸣时节满山黄花生，故名。蝉，在这里的方言中读"quan"。系独村，以农业为主。人均耕地几十亩。主要产业以种植花椒、核桃和连翘为主。全村共有17户，30人，刘姓居多。无庙会，每年清明有八音会、评书表演。村中现存庙宇有龙王庙、奶奶庙与全神庙等。

龙王庙

庙宇概况

位于蝉黄村中，坐北朝南，一进院落布局，东西宽15.26米，南北长26.55米，占地面积405.15平方米。创建年代不详，据庙内碑文载"清光绪三年二月二十六日重修"，现存建筑皆为清代遗构。中轴线上有南向北依次有山门（倒座戏台）、正殿，两侧建有妆楼、廊房、耳殿。山门由两部分组成，下为入庙山门，面宽三间、进深一间，次间青砖砌筑，明间劈板门为入庙通道；上为倒座戏台，面宽三间，进深六椽，单檐硬山顶，灰布仰板瓦屋面，梁架结构为七檩前廊式，前檐下设有斗拱七攒，柱头科四攒，平身科三攒，均为一斗两升交耍头，墙体青砖砌筑，内设屏风。庙内存有清碑一通。

碑刻资料

光绪三年（1877）蝉黄村创建副殿廊房挪移乐楼重修马棚挑凿麻池碑记

碑额：皇清

碑名：创建副殿廊房挪移乐楼重修马棚挑凿麻池碑记

环绕皆山也，其东北诸峰，林壑尤美，望之蔚然而深秀者，蝉黄也。山行数十步，渐闻水声潺潺而泻出于山麓之左者，酿泉也。峰回路转，有庙翼然临于泉右者，护国灵贶王也。无如前近途，路人语喧哗，难尽以享以祀之诚。乐楼狭隘并无宽兮淖兮之壮，而且无副殿廊房，气不收也。无池沼，脉不聚也。幸有张、刘诸人顾村众而言曰："先人有志未逮，作之于前而不述之于后，非其宜也，当积钱以修理之。"村众共发虔心，佥曰唯命。于是捐积钱粮，兴工于丙寅，越十余年至丁丑岁而告厥成功焉。功成之后用余为序，余愧不敏，聊以无稽之言以志不忘云尔。

共费钱五百七十有余千文

本邑南堡村邑庠增广生员申思佃撰　本村刘永固书丹

总管刘贵昌　刘万业　刘会原　张发录　刘攀议　张聚整　刘福旺

维首刘庐林　刘松林　张秋和　刘保林

督工张永祥　刘景仓　冯金财　刘贵昌施钱三百文

阴阳张发枝　木匠王桂则　焦玉则　石匠郭四则　何长年　泥水唐金保

大清光绪三年二月二十六日合社仝立

（八）凤子驼村

村庄概况

程家山镇凤子驼村，地处半坡丘陵区，位于县城东南，东至平顺县草峧1.25千米，南至蝉黄1千米，西至卧龙岗3千米。常见植被有杨树、柳树，动物有野兔、山鸡。当地年平均降水量为370—700毫米，年平均气温10℃，日照充足，四季分明。清光绪六年（1880）《黎城县续志》载"凤子驼"，误也。地形似凤，村居其上，村倚凤驼，吉祥之词。民国十四年（1925）北流村《重修圣王庙碑记》有"凤驼村"字样。该村辖凤子驼、安定庄两个自然村，以农业为主，盛产核桃等。该村现有121户，180人。常姓、王姓居多。村中现存庙宇有龙王庙、金凤阁与关帝庙等。

龙王庙

庙宇概况

位于凤子驼村中，庙坐南朝北，一进院落布局，东西宽14.85米，南北长33.53米，占地面积497.9平方米。创建年代不详，据庙内碑文载"清乾隆六年重修"，庙内除东、西上厢房为新建外，其余建筑均为清代遗构。中轴线依南向北建有山门（倒座戏台）、正殿，东、西两侧遗有妆楼、耳房。正殿建于高0.8米的石砌台基之上，面宽三间、进深五椽，单檐硬山顶，灰布仰覆板瓦屋面；梁架结构为六檩前廊式，前檐下设有斗拱七攒，柱头科四攒，平身科三攒，均为五踩双下昂，平身科出有斜拱；墙体青砖砌筑，原置隔扇门窗缺失。

碑刻资料

（1）乾隆六年（1741）凤子驼村龙王庙碑

碑额：永远碑记

大清国山西潞安府黎城县漳源乡堡北里丰则驼村居住行维社首常德恺、王德周暨领合村人创立重修。布政使司谨尊以明刻立碑文，碣于□庙龙王尊神圣殿。师人为照，向朝来龙秘诀，师赦福祈大发，村主、善男信女功德士，奉老佛殿为主。龙王神圣正坐□廷，戏楼世盖一切官工理移碑文。

辛酉岁重修

雍正十三年三月十五日重修戏楼　维社首□恺　王见周　纠领　合村人等

乾隆二年三月十三日牛王庙兴工　维社首常达　刘心才

乾隆六年三月十三日　合庄人善男信士王从周　刘榜　刘重奇　刘金桂　王见周　王保　王达　王府周　王□　刘标　刘金　常适　王汉周　王作周　王进枝　王金□　常廷仁　常廷知　常廷信　常廷锡　常廷

礼　王富良　王良汉　王良必　王成义　王成礼　王长枝　王金枝　王玉枝　张永　刘德海　刘德江　王进福　王进乐　王进逯　常廷仪　□明栈

段见施银七分　合会施银一两

领重施□　刘门张氏　张门申氏　刘门申氏　刘门张氏　王门刘氏

石工郭崇德

（2）道光三十年（1850）凤子驼村龙王庙规约碑

碑额：永远

　　合社公议，严禁赌博，倘有犯者，罚戏三日，罚钱三千文。授赌之人得钱一千五百文，入社一千五百文。倘有不遵者禀官究治重议。严禁麦苗一切大小树株，罚头开列于后。

　　一、羊群入地者罚钱三千文。

　　一、驴、牛、骡、马入地者罚钱三百文。

　　一、损伐树株者罚钱三百文。有人拿住者的［得］钱一半，入社一半。倘有不遵者，禀官究治必禁。榆条有割的，一担者罚钱四百文，有成捆者罚钱二百文。此钱入社一半，拿住者的［得］一半。如有不遵者亦照上治。

维首人王永清　刘进春　王□修　王绍尧　刘乐泮　王占江

乡约王双全　常发兴

玉工王潮海　书人常思齐

道光庚戌十月吉日立

（3）咸丰三年（1853）凤子驼村龙王庙碑

碑额：永远

　　□□□龙庙

难成□□之时□□旧亩，莫能方员而有像，当此岁，若难以造修者，幸而有施布西隅之不足始成方正之位，终给□□之想不创者，以增一时之美，□且足以增敬百年之光。将所有施者开列于后。

王崇锡施西房地基，长七丈，阔六丈五寸。

乾隆六年三月十三日

维首人仝立　王建安　□南关　常登科　常得住

道光元年二月二十日重修大殿地基不足，王思聪又施地基长一丈三尺三寸，阔□□□；西房王绍尧施西基□□长一丈，阔三尺；王有根照前施地基长三丈，阔五尺。

咸丰三年三月二十九日

玉土匠何五朋　书人常□□

（4）民国十八年（1929）凤子驼村龙王庙重修庙宇碑志

【碑阳】

碑名：重修庙宇碑志

已漏之神庙，将倾之戏台，不加以修葺，风吹雨淋，鲜有不化神像为泥沙，致屋宇为故址。庙廊厩厦，益形颓塌，神像既无以保全，学校亦无所容设。故不惮花费之巨，不顾村人之负担，愿牺牲个人之心血，竟不惜群众劳力，毅然决然而为之，将重修事宜分股营管。如是鸠工聚材，大兴土木，补其已漏，支其未倾。款项散工，均按亩起派，计自丁卯年秋开工，至己巳年冬告竣。赖村人之赞助，当事者之热忱，工匠凑巧，木石便利，历二年之间，动土不过数月，花洋一千七百三十八元有奇，卒使此广大之殿台屋廊及各处之祠廊，均森然整齐，无倾倒之虑、风雨为患矣。土木之工既竣，绘尽之事继兴。故各庙之内外与神像，皆雕刻粉饰，焕然一新，鲜明耀目，光彩异常。昔日已漏将倾之庙台，东倒西塌之屋廊，风雨淋沥之神像，无所措置之学校，而今竟成安如磐石之殿楼，金光眩目之雕塑，风尘不患，整然完美之校舍者，讵非斯举之力欤！且使前人创建之功不泯，完十余年来停而未兴之工程，诚非易事也。因念是役之非常，不欲其无闻于后世，爰书其事而志之，以为纪念焉。

省立第四学校毕业常振纪撰　省立第三职业学校毕业张万信书

总务股王享盛　常丕贤　王双全　庶务股王纯厚　王垒星　王壬辰

监工常守田　王纯芳　采办股王锐锁　王界　干事常守命　刘金生

材料股常守河　王江　借器具常考贤　刘世珍

木工郭有仕　段士兴　泥水匠常培忠　常泰魁　丹青焦来成　周海琳　玉工常培忠　常泰魁

民国十八年十月二十七日榖旦

【碑阴】

碑额：流芳万古

庙宇之修葺，其工程愈大而其化费亦愈巨，每因蓄资不足而往往求四方之捐助。村庙之重修也，仅以工百余元之蓄积兴此巨大之工程，虽无求助之举，然亦不乏乎好善之施。故于工程告竣之日，捐资襄助者，破有其人，若不有以刻石，将无以遗芳于后，是因以勒铭。

蝉黄村施洋五元　段家庄施洋五元　北流村施洋四元　路堡村施洋三元

南堡村施洋三元　暴家脚施洋三元　高家脚施洋二元　程家山施洋二元

董壁村施洋二元　张家山施洋二元　赵店镇施洋二元　水峪村施洋二元

西坡村施洋二元　李□钦施洋二元　焦□□施洋二元　常培忠施洋一元

榆树坪施洋一元　龙旺村施洋一元　范家庄施洋一元　程羊群施洋一元

段士祥施钱三千文　贾会村施钱二千文　马家山施钱二千文

……

（九）张家山村

村庄概况

程家山镇张家山村，地处半坡丘陵区，位于县城东南。常见植被有杨树、柳树，动物有野兔、山鸡。当地年平均降水量为300—400毫米，年平均气温10℃，日照充足，四季分明。清光绪《黎城县续志》载"张家山"，张姓居此，地处山坡，故名张家山。村民委员会驻张家山，以农业为主，张家山柿子誉满全县。主要矿藏有石膏、白云石、煤等。村内现有人口105户，186人，主要姓氏为张、李、王、顾四大姓。有顾家庄、沟东、新村三个自然村。村中大庙为龙王庙，村外还有土地庙、奶奶庙，旧有岚王庙。沟东和顾家庄也有奶奶庙。

龙王庙

庙宇概况

位于张家山村中，坐东朝西，一进院落布局，东西长33.61米，南北宽19.64米，占地面积660平方米。据正殿随檩枋题记载清嘉庆二十一年（1816）创建，碑文载清嘉庆二十四年（1819）建成并立石，同治元年（1862）、光绪二十二年（1896）重修，现存建筑均为清代遗构。中轴线上由西至东依次遗有山门（倒座戏台）、正殿，东、西两侧遗存妆楼、廊房、耳殿。戏台前端扩建3米，为近年增设。正殿建于高0.8米的石砌台基之上，面宽三间、进深五椽，单檐硬山顶，灰布筒板瓦屋面；梁架结构为六檩前廊式，柱头科四攒，平身科三攒，均为异形拱交耍头；墙体青砖砌筑，各间设六抹头隔扇门装修，殿内存有清代壁画30平方米。庙内存有清重修碑两通，古树三株。

碑刻资料

（1）嘉庆二十四年（1819）张家山村创建龙王庙并永禁赌博碑记

碑额：创修碑记

碑名：创建龙王庙并永禁赌博碑记

  人无论智、愚、贤、不肖，而入庙莫不思敬者，盖有神以震慑其心也。夫神之在天下，犹水之在地中，无所生而不有存也，岂有庙神无庙遂无神乎哉？顾尔室加虔，屋漏滋惧，可为圣贤言，难为恒人道也。恒人之情，有庙则相与拜跪于其中，斋宿于其中，衣冠奠于其中，其心亦似乎能诚，其身亦似乎能洁，而其人亦似乎皆正人君子。无庙则安其荒野，□侮之态，不衫不履之常而已，惟安其常已也。既无春秋报赛之费，人无黄□□服之束，得暇则相与群戏，否则相与纵博，耗费日久，于是向之家道殷厚者，不年而贫□矣。贫□者既浸，即闻有一□有力之家□□藏之不遑，又安肯独出己资以创立庙宇者乎？呜乎，此庙之所以终不□也，不唯庙不能立，且风俗日以坏，贫安日以□，吾不为其附之□于胡□矣。今幸此村之风俗尚在淳朴，此村之贫□尚在曲指。以数岁之中，时和年丰，各有山田七顷二十一亩，□□□可以□□，故能各出己资，并以募化所获，共得钱六百七十五千二百，外以地亩起工起饭，创建圣境龙王殿三楹、帝君殿三楹、牛马王殿三楹。于是乡中长者属余作文以记之。合村公议老禁赌博，自禁之后倘有犯□□□□□□，拿□之人，得钱一半，如有不遵罚者禀官究治。

  戊寅间举人候铨知县王兴教

  计开布施开列于后　路布村社钱四千文　路廷桂钱八百文　路克勤

钱二百文　路满廷　路克义　路明记　路生平　杨秋林　路名理　王今海　申□□　焦思教各施钱一百五十文　程□惠　申青云　王松各施钱一百文　郭进令施钱□□文　北流社施钱三千文　明化寺施钱□千三百文　段委尊　张进凤　李展　李作藩　刘佑汉　赵世英　刘先悦　张富业　王□义　刘明松　段委俊　□生辉　□□重各施钱一百文　范家庄村李唐公　徐文明　王氏绪　刘□保　郭金荣　刘学□　李民国　武本正　武□川　李六得　刘克勤　□存宁各施钱一百文　李培□　武立善　张居□　程家山各施钱一百文　程国和钱四百五十文　程士宽　程士豪　刘崇明四百文　焦克□　刘来广　程士杰　程士昶　程士敏各施钱三百文　程世仓钱二百五十文　刘如端二百五十文　程士元　焦□安　程士旺　程士仁钱一百文　程士□钱二百文　程周礼　程士珍　程士本　程□定　程□堂　程进则各施钱一百五十文　王□山　程士明　程世宽　焦克昌　程国举　焦永禄各施钱一百文　刘崇国钱八十　刘□□钱八十　刘金主钱六十　□士笑钱五十　程世平钱五十　程世聪钱五十　刘如瑞钱五十　王文丙钱□□　刘丙子钱□□　刘如全钱□□　程贵钱□□　程门张氏施钱一百文　焦门王氏施钱一百文　程门尚氏钱一百文　刘崇保钱一百文　□茂□　赵□□　□□祁各施钱二百文　尚必文　杨利□　□曰□　花永兴各施钱一百文　顾永□　顾永兴　顾永□　顾金梅各施钱一百五十　程士勤施钱□□□　程□全钱五十文　程□俊钱十五千文　刘□富钱三百文　斋会钱一千□百□　王曲村施钱二千　凤则它社施钱一千文　甫堡村社施钱一千文　段家庄社施钱一千文　张渠施山椿树一株　□发良施柳树一株　崔业□施钱五百文　路秋章施钱二百文

　　维首李□□　张云好　张□□　□□□　赵□□　张□□　□□枝申□□　刘国斌　□发全　张云隆　□聚财

　　崔工头刘云好　刘云敬　张永昌　王发起

　　玉工王端　木工韩世达　泥水唐九江　阴阳刘生辉　丹青周□□

书丹张□□

禁赌维首王庆元　张云考　李聚良　王发枝　申守义　李云广　王发金　刘国兴　李聚兴　张云清　王发起　张永太　李守业　张渠　李聚财

大清嘉庆二十四年十一月初五日合社人等仝立

（2）同治元年（1862）张家山村龙王庙碑
碑额：碑记

从来庙宇之建不能连年告成也。殿廊乐楼之创修，旧有碑文可志矣。而楼广庶可容人，房多庶可容物，是夹楼、马棚之增修，有出于不得已也。岁在辛酉，合社公议兴工之举，凡一切砖瓦木料、工资、米麦，计田亩而公捐；人口钱粮，石灰土工，按户籍而催办。始事于季春，而夹楼各两楹告成。继事于季秋，而马棚各五楹告成。此以知殿□乐楼之建为之前者，美可彰，夹楼马棚为之后者，盛可传也。是为记。

丁酉岁进士候选儒学训导申廷桢谨识

计开田亩起火钱一百四十千零卅文

入利五十七千六百八十八文

一切夹楼马棚装修乐楼社物等件，共费大钱二百零四千七百二十三文。

维首人李万□　李生海　王广先　张云虎　王庚先　张思明

泥水匠李聚央　唐九龄　木匠李清吉　张万兰　石匠王自礼　杨朝

丹书张思明

时大清同治元年正月十五日吉旦仝立

（3）光绪二十二年（1896）张家山村龙王庙重修碑
碑额：重修碑

尝思庙宇之建，先人创于前，后人修于后，礼所宜矣。岁在甲午孟春开工，重修东廊房五间，增修仓房一楹，砖包东墙，西起房一间，正殿两隅，宽扶石台，下安廊阶，关圣殿后补修脑盖，乐楼内面廊阶，外院东西起房两间，包干打井一浄，石砌坑厕一个，庙外从根起岸，道下置小地一段，代置社物等件。继事于丙申，一切划费，现有清单详细开明，不能永远，因此志石，粗说总数，开列于后。

计开：田亩起过钱一十五千文，卖榆树钱二十五千文。每年出放，滋长于今，划费一百九十二千八百文。下余该存钱九十二千文，每年社首经管。

维首张银柜　王从陞　李万文　李万陞　张广仁　张思明拙笔
泥水张三昌　木工王德则　石工韩新年
大清光绪岁次丙申三月初二日仝立

（4）民国三十七年（1948）张家山村烈士纪念碑

碑额：万古流芳

碑名：烈士纪念碑

李根福同志，现年三十四岁，中农出身，廿七年腊月参加八路军，在三十四团为民服务，二十八年六月在磁县贾北村战斗中英勇果敢杀敌，不幸而光荣牺牲。

张延昇同志，现年二十岁，贫农出身，三十二年参加独立营，为人民求解放，三十三年在潞城县李家庄战斗中英勇杀敌，奋不顾身，不幸殉国而光荣牺牲。

中华民国三十七年正月廿五日张家山全体群众敬立

（十）程家山村

村庄概况

程家山镇程家山村，地处半坡丘陵区，位于县城东南。常见植被有杨树、柳树，动物有野兔、山鸡。当地年平均降水量为300—400毫米，年平均气温10℃，日照充足，四季分明。清光绪《黎城县续志》载"程家山"，因程姓居多，且地处山坡，故名程家山，系独村。程守顺武术队闻名全县。以农业为主，土特产以柿子、核桃著称。乡政府驻此。该村现有人口153户，449人，以程姓为主，九月初九有龙王庙会。

龙王庙

庙宇概况

又称五龙庙，位于程家山村中，坐北朝南，一进院落布局，东西宽19.88米，南北长28.04米，占地面积410平方米。据传创建于清乾隆三十二年（1767），现存建筑为清代遗构。中轴线上由南至北依次遗有山门（倒座戏台）、献殿、正殿，东、西两侧遗存有妆楼、厢房、耳殿。东厢房为新建。戏台下层石砌基座，中设过道，上层面宽三间，进深五椽，单檐硬山顶，板瓦屋面。正殿建于高1米的石砌台基之上，面宽三间、进深五椽，单檐硬山顶，灰布筒板瓦屋面；梁架结构为六檩无廊式，柱头科四攒，平身科三攒，均为一斗两升交耍头；墙体青砖砌筑，正面柱间设隔扇门窗装修。

碑刻资料

（1）嘉庆九年（1804）程家山村龙王庙碑

从来风俗之美恶，视乎人心之趋向，趋于正则善，趋于邪则恶。然美恶之顿殊，岂有神哉，有趋向之不一耳。特是历年来人心不古，近有不法之徒，兴利己之事，纵其私心以诱赌博，崇其子弟以伤树株，其间荡产败业，毁伤薪木者，实繁有徒。有乡约与社首等目击时弊，力思挽回，爰集乡中父老子弟，共议立禁。闻者倾心，睹风亦遂灭息矣。斯亦正之心，培风俗之至计，但恐其久而或弛，欲垂诸石以为不毁之碑也，则幸甚。

窝赌者罚钱二千，赌博者罚钱一千，每年系乡约所管。

又有净水之池，古来庸功之池，不许就池所饮牛羊以及润土、渗菜、灌水窖中，此事系池首所管。

再有把柴与牛羊梱树者，两项罚钱四百，此系香老所管。每项见者不说罚钱五百，报信者分钱一半。自禁之后，凡我同人各宜禀遵，倘有毁坏碑文一字者，损人一口；若不遵法，禀官究治。

合村公议

维首人程国文　唐之广　程子澜　焦桂枝　程国瑞　程典礼　程佐　程典能　程国有　程国辅　程世好　刘崇匡　李义　刘崇宝　焦克宽　刘丙炎　王起斌　程世保　程世平　李天童　程世俊　焦克卿　程士英　程世花　唐起忠

大清嘉庆岁次甲子年三月十三日立

石匠申起福

（2）光绪十八年（1892）程家山村龙王庙重修碑

从来庙宇之工不能不告成也，自于戏楼倾圮日甚，有者募化重修，兹因于古无不整齐，于今无意图新，惧乎来世之恨也。窃欲古人之工力所有来备，而于今人之图虑，可增其亏，于是重修之意合社公议，兴工以举，维几人各捐货财以倡盛事。凡一切砖瓦木料石灰，计田亩用工而催办，始事于重修戏楼三楹告成，又继事于增修房屋两楹告成，此以知庙宇之建为之前者，美可彰，补增乃备为之后者，盛可传。若是□乎洵足与前媲美矣。今我皇上庚寅年公议重修，至辛□年□□□告成。□□乎里中之大观，是无憾者乎，是为记。

里中居士焦逢盛撰文丹书

□□□八顷九十四亩八分，□□□□每亩起钱二十文，秋季每亩起钱五十文，春秋两季共起钱一百三十二千六百三十六文，本年四月每亩起钱三十文，五月每亩又起钱四十文，两次又起钱一百三十二千六百三十六文，前后二年共起钱二百六十五千二百七十二文。共请会友八百八十八位，每人拴钱三百文，共该钱二百六十六千四百文。除前后开除花费，净落钱一百三十一千一百四十四文，地亩代会合钱三百九十六千一百□□□□，共买木植椽使钱四十五千五百文，买水买桂顶使钱一十三千四百文，共买砖瓦石灰使钱八十钱零九百文，共松烟胶使钱九千九百文，共一切杂碎使钱五十一千八百四十文，木匠、泥水匠一切包干工价使钱一百九十四千文。

共花费钱三百九十七千四百九十文，除花费净空钱一千零七十四文，打折家居钱订清。

刻碑石匠张魁则　刘双和　顾进丙

维首程万□　程万□　程万根　程万会　生云　显汉　□汉　庆裕　逢源　显魁

木匠王呈贵　姜聚楠

光绪十八年十一月初八日立

（3）光绪三十二年（1906）程家山村重修碑记
碑名：重修龙王殿观音堂广生祠土地山神庙社房马棚创掘水井碑记

谚有云：能管千军，莫管一社。人皆信之，而余等不然。余村有古人创建神庙六七楹，社房、马棚十余间，历年久远，将至倾圮。余等目睹神惨，欲为修葺，未能独任，因而纠众掘井兴工，无一推诿。于是举排维首，共襄厥位，计亩捐资，比户效力，经始于庚子孟春，迄甲午孟冬而告成焉。工既成，遣余为记。余观其基址垣墉，确然巩固，栋宇椳闑，焕乎光月，此虽不足报神庇佑之洪恩，亦聊可抒顽愚之鄙诚也。勒诸贞石永垂不朽。

邑庠生员戒欺焦自慊俚记学书

两社地亩捐钱二百八十八千一百九十三文　谷黍余货卖钱八十千零二百二十文　合捐亩卖货共入钱三百六十八千四百一十三文　买木料钱三十一千八百五十五文　买砖瓦钱五十五千一百二十三文　买铁货钱二十三千零八十四文　买石灰、土培、麦糠、麦秸共钱二十九千零九十七文　买散货、弭匠礼共钱四十千零九百二十四文　木工、泥水工价钱九十八千三百五十文　石工价钱一千二百文　掘井工价钱三千二百文　丹青工价钱八十六千五百文　玉工价钱三千文　合买货工价共出钱三百七十二千三百三十三文

总计入以为出，净空钱三千九百二十文

总理账程九德　焦自慊　捐卖钱程显猷　程逢渊　刘子英　程置全　买货物程庆命　焦逢益　程秉敬　鸠督工程焕玉　王思峻　程庆跃　程继舜　程克昆　刘子勋

泥水匠罗云虎　杨长生　石匠王会

光绪三十二年梅月穀旦合社公议

六、黎城县洪井镇

（一）白云村

村庄概况

洪井镇白云村，位于县城北 10 千米处，东至井上 2 千米，东南至新庄 1 千米，南连烟子，西北接后白云，北至南信 2.5 千米，地处山区，四面环山，北中部丘陵起伏，西高东低逐渐倾斜，西、北两侧为民居，东、南两侧为耕地。当地气候温和，四季分明，春季干旱多风，夏季炎热多雨，秋季时涝时旱，冬冷少雪，年平均气温 9—11℃，全年无霜期为 180 天左右，年平均降水量 350—780 毫米。常见植被有松树、柏树、杨树、槐树等，动物主要有山鸡、野猪、红嘴鸦等。清光绪六年（1880）《黎城县续志》载"前白云"，始为白氏所居。山高揽云，故名白云。居山后者，为后白云；该村居前，故名前白云。目前该村共有人口 76 户，168 人，以农业为主，常用耕地面积为 380.9 亩。现存庙宇有关帝庙。

关帝庙

庙宇概况

位于白云村村南，坐东朝西，东西长 10.3 米，南北宽 5.7 米，占地面积 58.71 平方米。据庙内碑文载，清乾隆三年（1738）创建，嘉庆二十四年（1819）、光绪三十年（1904）均有修葺。原布局不详，现仅存正殿一座，建于石砌台基之上，面宽三间，进深五椽，单檐硬山顶，筒板瓦屋面；梁架结构为六檩前廊式，前檐下设有斗拱七攒，柱头科四攒，平身科三攒，均为一斗两升；墙体青砖砌筑，内置隔扇门窗缺失；殿内北墙存有清代壁画，内容为关羽平生事迹连环画。

碑刻资料

（1）嘉庆二十四年（1819）白云村关帝庙重修碑记

【碑阳】

碑额：永久

　　从来神功之默佑与圣德之感通，固视之弗见，听之弗闻，亦问必瞻像睹形而后见上盛哉。然望空作佛，每用心于灵无而入庙告庆，始肃然以起敬，则庙宇之建，虽所以仰神庥，亦即所以肃观瞻也。是村旧有关圣帝君庙由来久矣，创自乾隆三年白自旺、白知、白三元、白三福，三十八年重修者又有人白恺、白贤、白惠、白富等。迄今年既久远，庙渐倾颓，庄人有心敢云熟视而无睹乎，况我帝君义勇无双，千古之英灵，如作忠贞第一，当今之敕封弥高，使庙貌倾圮，吾侪小人何以展？如在之诚，见洋洋之盛耶？庄人同心协力，爰而重修之计，鸠工于戊寅孟冬，告成于己卯仲春。殿楹于是乎辉煌，圣像因之而庄严。功既告成，嘱予作文以记之，愚不敢以鄙俚辞，略开俚句以重于后，敢云文乎哉，请以是为高明者酉。

邑庠生杜人杰撰　　白鹏昇书

维首白永河　　白永安　　白举　　白鹏昇　　白如金合村仝立

功德主白中协　　募化杜育杰　　杜如桂

嘉庆二十四年七月刻石

【碑阴】

碑额：碑记

　　北社村董成礼钱二百文　　董友钱一百文　　董绍舒钱一百文　　董成昌

钱一百五十　董成达钱一百文　宋长清钱一百文　宋守基钱一百文　董金成钱三百文　董兼钱二百文　董喜钱一百文　宋九令钱一百文　宋生保钱一百文　董自举钱一百文　董玉维钱一百文　董松钱一百文　董玉聚钱一百文　董玉保钱一百文　董自成钱一百文　董自耐钱一百文　董成盛钱一百文　宋天赐钱一百文　宋天福钱一百文　董自超钱一百文　董闲一百文　董康钱二百文　董自元钱二百文　董自臣钱一百五十　董王林钱一百文　董云成钱一百五十　王俊钱一百五十　社内钱二百文　洪井村王登元钱一百文　范英俊钱一百文　范福增钱五十　李金路钱八十　范有德钱五十　陈廷宝钱一百文　申开运钱一百文　范信芳钱八十　张永和钱八十　张向臣钱一百文　张永秋钱八十　张世美钱二百文　范福兴钱一百五十　董自盛钱一百五十　张永春钱一百文　张溯渠钱一百文　张效渠钱一百文　孟家庄原宗武钱三百文　申克锐钱一百文　申克成钱一百文　原宗仁钱三百文　原宗信钱二百文　原九思钱一百文　申天元钱四百文　范明节钱一百文　范正春钱一百文　原宗闵钱一百文　孟进文钱一百文　常群霖钱一百文　孟锡钱一百文　张保棠钱五十文　郭昇道钱八十文　郭昇美钱一百文　郭存仁钱五百文　郭保智钱二百文　原九龄钱三百文　郭昇贵钱一百文　洪河村社钱五百文　古县村社钱四百文　港东村社钱二百文　港北村社钱一百文　吴家峧　吴世福钱五百文　范辅祥钱一百文　康成锐钱一百文　范贵凤钱二百文　王九经钱一百文　吴春松钱二百文　吴成业钱一百五十　范余库钱一百文　吴世科钱二百文　吴仲松钱一百文　吴锐业钱二百文　吴成功钱一百文　王九成钱一百文　康成功钱一百文　吴立业钱三百文　北信村　张珰维钱二百文　张永吉钱二百文　张永增钱一百文　张永福钱一百文　张珰玉钱三百文　张永锡钱三百文　李堡村社钱五百文　南社村社钱三百文　南信村陈廷义钱二百文　陈珰林钱二百文　陈珰唐钱二百文　杨廷林钱三百文　陈珰花二百文　陈珰交钱一百文　陈士俊钱一百文　陈士杰钱一百文　杨法年钱一百文　陈士豪钱一百文　赵长嗣钱一百文　王有端

钱一百文　陈玘锐钱一百文　王九林钱二百文　西角村　杨体义钱一百文　杨生林钱二百文　杨正钱一百文　杨新成钱一百文　杨永兴钱二百文　杨世兴钱二百文　杨世修钱一百五十　岗东村李思河钱一百五十文　范增花钱一百文　范伏花钱一百文　范子云钱一百文　范永禄钱一百文　范安禄钱一百文　范成禄钱一百文　范举英钱一百文　范宁禄钱一百文　范玘富钱一百文　范明钱二百文　范珍花钱二百文　范子全钱一百文　范子昌钱二百文　郭玘业钱二百文　温虎钱一百文　温汝舟钱一百文　赖多成钱二百文　洪河村范永春钱二百文　圣则村郭龙宾钱二百文　郭小林钱五十文　郭先登钱一百五十　张宝柜钱一百文　郭先日钱一百文　郭林宾钱二百文　任宽钱八十　渠凤丙钱一百文　张云奇钱五十　张己酉钱五十　张文盛钱一百文　张云路钱一百文　张云行钱八十　刘镶钱一百文　张文玘钱一百文　刘永清钱一百文　刘永安钱一百文　刘生桂钱一百文　刘杰钱五十文　程文明钱三百文　郭小补钱五十文　范聚程二百文　李思庆二百文　范世敬钱二百文　范玘禄钱一百文　师科一百文　南庄村王炳生三百文　冯成财钱七十文　王长林一百文　温法祥钱八十　温法思钱五十　温颗钱八十　温怀金一百五十　温锐钱八十　郭先云钱一百五十　王玘法钱五十文　崔招□钱六十　崔友立钱一百文　崔友河钱五十　温太钱一百文　李□钱一百五十　杨□钱一百五十　□□□钱一百五十　新庄村李义钱一百五十　宋老彦钱一百五十　宋云宽钱一百文　李展钱一百文　李孝钱一百文　李顺钱一百文　宋正钱一百文　西庄村渠俭钱二百文　渠东钱一百五十　渠丙盛钱一百文　渠驴姜钱一百文　王俊钱一百五十　李连云钱一百文　刘世兴钱一百文　后白云村师玘群钱一百文　樊福松钱一百文　杜育杰钱三百文　杜人杰钱二百文　杜如福钱三百文

（2）光绪三十年（1904）白云村关帝庙重修碑记

【碑阳】

碑名：重修碑记

尝思前人所创，后人必继而续。即前人所未创，后人即不必创而续之乎。即如此村当年仅有关帝庙宇，而竟乐楼莫踪，更加历年久远，庙亦脊颓墙倾，凡往来于斯土者莫不入目惊心而叹。夫致祭无所，报赛难依也，于是维首会以公论，相地仍以合宜，右续马明大王殿，左添痘［痘］母眼光庙，始而按亩捐资，继而沿村唱募，究［鸠］工庀材，谋虑经营，既勤扑斲，又涂丹雘。自乙（未）开工，癸卯告竣。数年之间，初不知几费心力，而殿宇乐楼始皆焕然一新也。自是村中人求予为文，予学浅尝何以能文，不过略书数言，以为不殁人善，曰：神德感人，众口所商，重修殿宇创建庙堂，左之右之，一概辉煌，报赛有所，厥后克昌，我虽不文，可志莫忘。

邑人县学生员范廷华撰并书

维首白修业　白珠　白佥　白皓　白增禄　白日高　白琏　白琏珠　白景太

木工康世仁　董王魁　泥水匠范积善　范补则　丹青匠史甲子　康平章　玉工康太和　康存则

光绪三十年岁在甲辰十一月

【碑阴】

碑额：流芳

烟子村施钱五千文　孟家庄　后白云　王家庄各施钱二千文　西庄头　瑶头村　范如和　李堡村　古寺头　城南村　曹庄村　亭河铺　平头村　北委泉各施钱一千五百文　来春村　韩希文　古县村　高石河

港东村　北社村各施钱一千文　洪河村　长畛背　关帝社　乔家庄　吴家峧　港北村　中庄村　元村　洪井村　南信村　鸽子峧　上赵域　上桂花　前贾岭　寺底　河南村　北桑鲁　南桑鲁　车元　北家峧　下桂花　下庄村　石板村各施钱一千文　渠村　前庄　南瑶头　后庄各施钱一千文　赵店镇各施钱八百文　洪岭村　南社村　郎坡　上庄村　北信村　北桥沟　城西村　靳家街　五十亩　后贾岭　西骆驼　谷恋庄　郭家庄　东骆驼　源泉村　三十亩各施钱五百文　南桥沟　坑南村　西仵北社　苏村　北亭河　大亭河　贤坊村　西下庄　镇川村　东仵村　七里店　增盛永　下寨各施钱五百文　□双兴炉施钱三百文　杜海桂施钱一钱五百文　温裕田　樊洪彦　樊洪彰　杜德法各施钱一千文　杜海金施钱八百文　百官庄施钱一千文　魏德保　樊景方　樊春方　樊和方　温裕德各施钱五百文　樊土成　杜镇　杜晚女　梁丙寅　刘三有各施钱三百文　本村白俭　白恭　白珠各施钱五千文　白章廷施钱四千文　白让　白瑚各施钱三千五百文　白琏　白景太各施钱三千文　白琏珠　白□　杨隆起　王甲子　白修珍各施钱一千文　白木□　白日高　任长群各施钱八百文　李豆则　郭双枝　李国岐各施钱五百文　白增寿　白景义　白添禄各施钱三百文　董金则施钱二百文　白有云施钱一百五十文

（二）洪井村

村庄概况

洪井镇洪井村，位于县城北。走平黎公路经古县至此，距县城10千米。东北至横岭1.5千米，东至吴家峧1千米，东南至马家垴1.5千米，西南至洪河1.5千米，西北至山窑头2.5千米，地处山区，四面环山，北中部丘陵起伏，西高东低逐渐倾斜，南侧为蓄水池，东、西、北三侧为民居。当地气候温和，四季分明，春季干旱多风，夏季炎热多雨，秋季时涝时旱，冬冷少雪，年平均气温9—11℃，全年无霜期为180天左右，年平均降水量350—780毫米。常见植被有松树、柏树、杨树、槐树等，动物主要有山鸡、野猪、红嘴鸦等。清光绪六年（1880）《黎城县续志》载"洪井村"。传说，古时村中有一水井，水色混浊，似洪水不能食用，故名洪井。目前该村有327户，754人。以农业为主，常用耕地面积为2197.8亩。现存庙宇有文昌阁、碑亭、关帝庙。

文昌阁

庙宇概况

位于洪井村南，坐南朝北，东西长7.9米、南北宽5.6米，占地面积44.24平方米。据庙内碑文载民国十三年（1924）重建，现存建筑为民国遗构。此阁分两部分，下为石砌基座，中设拱券过道；上建文昌殿，面宽三间，进深六椽，单檐硬山顶，筒板瓦屋面。梁架结构为七檩前后出廊，檐下设有斗拱共十四攒，柱头科八攒，平身科六攒，均为三踩单跳。墙体青砖砌筑，原置隔扇缺失。

碑刻资料

民国十三年（1924）洪井村重建文昌阁碑记

碑额：碑记

碑名：重建文昌阁碑记

  予村之文昌阁，前乎此者未有也！夫前此未有而今始有之，则创建者也。而其实非创建也，盖闻诸父老云：百余年前，有人欲建此阁，石基已筑，未及构堂，而其事中废，颓毁至今。故并其所谓石基者，亦湮灭而无余。今此之举，盖足前人之意而成之耳！岂得谓之创始哉？民国初年，父兄辈已慨负此愿，因经费蓁艰，事难猝举。乃先请会两次，为镶金之计，继又募缘四方，作助成之资。经营数载，其愿始毕。于辛酉岁春季兴工，壬戌年秋后落成。历载寒暑，而工始告竣。统计所费在一千余圆之谱。既成，登之者，北瞰烟树，南俯清池，沐东皇之和风，挹西山之爽气，心恬神怡。有不知其然而然者。巍焕壮丽，乃其余事也。缘有募化之事，嘱予作文以记之。予思：帝君之德，非所谓培植灵秀，陶蔚文人者乎！今予素无文，而村之能文者又少，乃合村老幼不假思议，竟祀文昌帝君焉。无乃不类乎？夫事既不类而竟祀，文昌帝君者，非谄也，成前人之志也。盖前人筑基构堂者，正欲祀夫帝君也。今者又祔奎光星君于其后，而仍言之曰"文昌阁"，概括也。是为记。

  山西省立第一部师范讲习所毕业村人张连第撰文并书丹

  董事维首张连科　靳丕　张凤鸣　范永桢　张连甲　董友益

  管会兼司事维首监工张步云　董良　张连中　监工张连屏　董恭　董俭　买木植张解愁　张步朝　张建基　温天福　乔廷琳　张步鳌　李生焕

  木匠秦东

  丹青匠董过林　张锦坤　董其贺

  泥水匠秦德堂

  玉工赵月魁　常炳麟　范秃鸡

  中华民国十三年夏历六月中浣立石

碑亭

碑刻资料

（1）乾隆四十四年（1779）洪井村挖池碑记

碑名：挖池碑记

  黎邑之西北二十里许洪井村，石厚土薄，难以掘井，惟凿池注水由来旧矣。第日久壅塞，土石渐积，不为之勤掏而重挖之，是无池也，因以无水。无水也，而又何以给数百家之用。所以本村老幼按户计口，出米庸工，合众心以成一心。斯流水聚为池水，然池掏一尺，水容亦一尺。故本村掏池，本村吃水，而外村不掏池，外村即无以吃水也。是故四邻诸村意欲吃水，应于兴工之日须皆效力而并捐粟，无如人心不齐，难以概论。姑即其素所已行者而言之，吴家峧地实连接，储工出米，合本村为计算。石桥背路途较远，做工不便，公议止于出米。至于横岭庄亦去相近，而有讼在案，捕庭亲批合同为凭。三村虽名不同，而总属洪井村费用，惟洪河村挖井之工米不出，硬欲吃水担运，故两村交争，遂成争讼，蒙□李老爷仁明断处：帮工贴米吃水，不帮工贴米不吃水。于是，公案定而人心服，速被具结。自言永不在此池吃水。天水难为民命，而挖池之工费劳苦亦非□易，今既不出工米，亦不吃水，其理合矣。况法案昭之，孰是可以吃水而不出工米者乎！自此以后，凡我乡邻尚其鉴诸，犹恐空言无据，故言碑刻石，以志不朽。

邑庠生范生寅撰并书

维首范□登　董起　王银珍　李金玉　秦好□　宋生禄　张世英等合村人□立

玉工李□

时大清乾隆四十四年三月日立

（2）民国二十五年（1936）洪井村修理大池碑记

碑名：洪井村修理大池碑记

池以大名，明其不同乎小也。或曰吾闻之大者，无外此池之面积能有几何，而遂名之曰大耶。予曰不然，夫大之与小相形而言者也。子只知大者之无外而抑知小者之无内乎？斯池之面积虽有限，然以形诸小于此者，斯可谓之大耳。吾村居黎阳最高之处，南至北社，北至源泉，东西则极二漳之流域，横亘百里，纵约两舍，均无井泉，所资以为饮料者多半仰给于池。然则此横亘百里,纵约两舍之间,其中之所谓池者亦多矣,乃此横亘百里,纵约两舍之间,其中之所谓池者虽多,独有斯池称巨擘焉。名之曰大,不亦宜乎。虽然如是而言大,只就其形式言之耳。若其修理之要,经营之久,风景之丽,与夫功用之宏,媲缕而言,均有为他池之所不及者也。池在吾村之南,东岸为孔道,乃由潞入辽之冲衢。千百年来无人为具体之修筑,故每年至秋水泛涨时,必间断颓坍,犬牙相错,蜿蜒若锯齿形。行客皆东趋西避,惟惧无人色。甚者当水与道平之时,一望弥漫,几不知何者为池,何者为道。嗟行之人咸惴惴然有陷溺之忧。是不啻以池沼作陷井矣,其害尚可言哉?噫,我视古人岂有历千百年之久,目睹其害而不思修理者乎?实千百年以前之人,日抱其志而不克偿其愿耳。夫以千百年不偿之愿而属当吾辈,则修筑之事,诚刻不容缓之举矣。顾以善事之兴也,往往易于乐成而难于更始,何也?盖本无其备而即先存其志也。非若为邪事者蓄赀已久,犹不敢萌其志,一旦逞其志,为之斯易易耳。丙寅年秋,村中父老相与谋曰:是役也,犹所谓七年之病求三年之艾也。苟为不畜,终身不得。今欲成此善举,其惟畜之一法乎?乃请会数道,作未雨之绸缪,八年之间,朝夕经营。至甲戌岁会完,得银八百余元,犹以为未足,因吴家峧、洪岭、石桥背三村旧存同汲之谊,得援助银八十余元,遂于是年冬开工掘石,乙亥年春命匠修筑,需时三月而工告竣。四周甃以盘石而护石栏于其上,又用石板铺路,以利跋涉。虽无雕刻之工,颇具雄壮之观。险夷之情既殊,而美恶之感亦因之而异矣。于是行旅往来憩息于此者,咸啧啧称叹。昔之犬牙错落者,今则其直如矢矣。昔之坎坷凹凸者,今则其平如砥矣。又况春冰既泮,池水湛清,楼台倒影,毫发可鉴,花光树色,与水面相照映,夏则黄童白叟往来运麦,与水底之影成四行焉。至秋则月影波心,静若沉璧,雨洒微澜,水与天接,苏子云"潋滟固好,空蒙亦奇"者非此也耶?冬则坚冰既结,其明若鉴,六七童子,相与蹩躠其上,作溜冰之戏。睹斯景象,则又使人于昔之驱车叱犊,去之惟恐不速者，今则徘徊瞻顾，流连而不忍去矣。讵非此池之大观哉？或又曰：君所言固佳矣，昔不得骚人题咏，为此池生色，岂不有愧于其名乎。余不禁哑然曰：嘻，子何见之陋也。夫物以有用无用等其贵贱，人以为利为害别其爱憎，斯池之功为四村之中百千人之所托命，其为用亦大矣！若云文人骚士赏鉴之所不及，斯自赏鉴者之失耳。于斯池何与焉？况乎百里之中，竟无与斯池同其大者，则其为大也诚不虚矣，名之曰大又何间焉！

师范讲习所毕业乙丑年小学教员检定委员会检定冠军村人张连第撰文并书丹

中华民国二十五年夏历闰三月谷旦立

玉工范秃鸡镌石

关帝庙

庙宇概况

位于洪井村西南，坐北朝南。据庙内碑文载"中华民国七年重建"，现存建筑为民国遗构。此庙有前后两殿，前殿供奉龙王，后殿供奉关帝，面宽三间，进深六椽，单檐硬山顶，筒板瓦屋面；梁架结构为七檩前后出廊。

碑刻资料

民国七年（1918）洪井村重修前后庙宇碑记

碑额：众志成城

碑名：重修前后庙宇碑记

窃观近世祀神必建庙于山明水秀之区，其亦望山川遍群神之道意乎！予村西南隅有阜数弓，最为巨观，北峰高耸，上接云霄，南嶂屏峙，俯临大溪。其西则诸山环向，势若众星之来朝，凭东一望，远近村落掩映于烟树杳霭间。夫境必据乎其上而后处，其下列其傍者，其邅迤隐显，无不尽瞩也。斯地不过数弓之广，而壮阔轩爽之势，诚有为诸山所不及者。故前人因其雄胜始建庙其上，以为祈报之所。是庙也，两殿鱼贯，前祀龙王，后奉关帝、广生、痘疹，以及牛马王、土地诸神则配附于两殿之左右，乐楼廊檐，规模粗具焉。历年既久，土木崩隳，雨蚀风剥，几成瓦砾之场。后之人惧其无以妥神灵而申献享也。于是请会□赀，谋为重修，经营周旬，力仍不敷，卒之助以仓储，加之钵化，而其事始举。将前后正殿，重整栋宇，乐楼回廊，扩张基址，又于后院增置香亭三楹，西偏添创厨房马棚十余间，宏敞过于曩昔，壮丽踰乎旧制。于是而以之妥神灵、申献享庶无憾矣！是役也，于甲寅年春季兴工，丙辰岁秋后落成，三年之间敔筑相继，财殚力庸，而人无怨色，何也？毋亦山川之灵，神式凭之，神功之妙，人实代之，赖山川之钟毓，神功之点佑，而有此盛举也耶？惟是既缘募化，则必勒石，勒石必为文，为文必颂圣。夫颂圣何易言乎！帝君之德，为星为日；王者之功，为云为雨，以及诸神之灵昭昭，在人耳目者，固无俟予之赘言也。兹特就山川之形势，工程之繁剧，略述梗概于以昭示来许云尔。村人张连第敬志兼书石。

  维首靳丕 □□元 张连科 李培芳 张凤鸣 范永祯 董公益张连中 董□□

  郭建邦 ……

  瓦木匠泰□□

  丹青匠温□□ 康宝兰 范□富

中华民国七年夏正十二月初三日立石

（三）李堡村

村庄概况

洪井镇李堡村，位于县城北 5 千米，东北至西庄头 1.5 千米，东南至靳家街 1 千米，南至下赵家山 1.5 千米，西至古县 1 千米，西北邻南社，地处山区，四面环山，北中部丘陵起伏，西高东低逐渐倾斜，东侧为民居，南侧为小学，西、北两侧为村路。当地气候温和，四季分明，春季干旱多风，夏季炎热多雨，秋季时涝时旱，冬冷少雪，年平均气温 9—11℃，全年无霜期为 180 天左右，年平均降水量 350—780 毫米。常见植被有松树、柏树、杨树、槐树等，动物主要有山鸡、野猪、红嘴鸭等。该村因姓氏得名，清康熙二十一年（1682）《黎城县志》载"南李保""北李保"。据传，北魏前，该村由李姓立村，定名李保村，而居民分两地居住，故有南李保、北李保之称。至北魏太平真君十一年（450），因古县村立为县城，故又改名李堡村。清光绪六年（1880）《黎城县续志》载"李堡村"，沿用至今。目前该村有 350 户，791 人。以农业为主，常用耕地面积为 1819.6 亩。农历三月十五为女娲庙会，由城南村、港北村、李堡村三村轮流举办。现存庙宇有广庑庙。

广庑庙

庙宇概况

位于李堡村西南，坐北朝南，一进院落布局，东西宽 21.8 米、南北长 28.7 米，占地面积 625.66 平方米。创建年代不详，据庙内碑文载"清光绪五年重修庙宇，创建山门戏楼"。中轴线上原建有山门、正殿，两侧为山门耳房、廊房、耳殿；现仅存山门为清代遗构，其余均为遗址处新建。山门建于石砌台基之上,面宽三间,进深五椽,单檐硬山顶,筒板瓦屋面;梁架结构为六檩前后出廊,前后檐下设有斗拱共十攒,柱头科四攒,平身科六攒,角柱无斗拱,均为三踩单昂;墙体青砖砌筑,新置隔扇门窗。

碑刻资料

民国三十六年(1947)李堡村建筑烈士碑记

碑额:烈祠

碑名:建筑烈士碑记

　　自日寇投降后,中国走上光明之际,国民棠[党]内反动分子勾结日伪残余,实行其独裁统治,向人民进攻,窨[穷]凶极恶,无所不为。本村李森旺、范宾几,感桑梓之危急,毅然舍身救国,于民国三十三年之秋参加五十团。诸同志在为民服务中坚[艰]苦奋斗,英勇杀敌,苦斗三年之久,深知同志之爱国精诚,创造英勇战绩。不幸于一九四五年四月间,宾几同志在常屯战役与敌搏斗,为民光荣牺牲于华县。森旺同志于一九四六年五月间,与蒋伪苦斗数日,光荣殉国于安阳县境,我全村干民闻此噩耗,妥指目裂悲伤同志之惨死,发动义举,各户捐资,差人搬尸成殡葬,不忍其功绩日久抹煞,在民国三十六年七月二十日建亭立碑,以志英雄勋绩流芳千古,万代不朽。

范宾几年二十四岁　李森旺年二十四岁

死亡干部王丙森　范松林　范吴德　范松茂　范共良　王福顺

经手人村长范春会　政主任张乃鼎　农会长范□文　工会范□丕

石工范向荣　范秃几　撰书人范勳铭

中华民国三十六年七月二十日

（四）三十亩村

村庄概况

洪井镇三十亩村，位于县城北。左黎公路经古县、洪井等地至此，距县城22.5千米。东、西两面依山，南临石板坡，北至峧沟滩1.5千米。该村地处山区，四面环山。北中部丘陵起伏，西高东低逐渐倾斜。烈士碑东、西、南、北四面均为耕地。当地气候温和，四季分明，春季干旱多风，夏季炎热多雨，秋季时涝时旱，冬冷少雪，年平均气温9—11℃，全年无霜期为180天左右，年平均降水量350—780毫米。常见植被有松树、柏树、杨树、槐树等，动物主要有山鸡、野猪、红嘴鸦等。民国二十四年（1935）《黎城县志》载"三十亩"。据传，明朝时，有耕农以三十亩土地屯耕于此，故名三十亩。目前该村有246户，582人，以赵姓、张姓为主。该村以农业为主，常用耕地面积为776.2亩，盛产核桃、花椒、玉米。现存庙宇有关帝庙、烈士亭。

烈士亭

庙宇概况

该亭为民国三十五年（1946）三十亩全体村民为纪念姚水田、武秋喜、成补堂三位烈士而立。亭内石碑为青石质，方首，仰俯莲碑座，通高1.15米、宽0.58米、厚0.16米，占地面积0.092平方米。碑文楷体，4行共39个字，记载了姚水田、武秋喜、成补堂三位烈士为国牺牲的光荣事迹。

碑刻资料

民国三十五年（1946）三十亩村纪念碑

碑额：万世流芳

碑名：纪念碑

为革命烈士姚水田、成补堂、武秋喜而立，为独立、自由、民主、幸福的新中国奋斗而流了最后一滴血。

民国三十五年三月十六日三十亩村群众敬

（五）王家庄村

村庄概况

洪井镇王家庄村，位于县城北22千米。东北至南峧2.5千米，东至柏官庄2千米，东南至住道沟2.5千米，西南至鸽子峧1千米，西至水窑2.5千米，西北至滩1.5千米。该村地处山区，四面环山。北中部丘陵起伏，西高东低逐渐倾斜。关帝阁东、南两侧为村路，西侧为麻池，北侧为龙王庙。当地气候温和，四季分明，春季干旱多风，夏季炎热多雨，秋季时涝时旱，冬冷少雪，年平均气温9—11℃，全年无霜期为180天左右，年平均降水量350—780毫米。常见植被有松树、柏树、杨树、槐树等，动物主要有山鸡、野猪、红嘴鸦等。清康熙二十年（1681）《黎城县志》载"王家庄"，原名王杜村，因北王帽山下有杜（涧）水而得名。宋朝时，因王姓迁居于此，根据姓氏易名为王家庄。目前该村有251户，555人，其中李姓居多，还有张姓、范姓、岳姓为村中大姓，岳姓和李姓为河南、河北迁入。以农业为主，常用耕地面积为1255.7亩，盛产核桃、花椒等。农历三月初一和七月十二举行村庄庙会。现存庙宇有关帝阁、龙王庙。

关帝阁

庙宇概况

位于王家庄村村中，坐北朝南，东西宽8.3米、南北长7.4米，占地面积61.42平方米。创建年代不详，据庙内碑文载是清嘉庆七年（1802）重建，现存建筑为清代遗构。此阁分两部分，下为石砌基座，设三孔，分别设于东、南、西三侧；上建关帝殿。关帝殿面宽三间，进深六椽，单檐硬山顶，筒板瓦屋面；梁架结构为七檩前后出廊，前檐下设有斗拱七攒，柱头科四攒，平身科三攒，均为三踩单昂；墙体青砖砌筑，后隔扇缺失，仅存有卯口痕迹，前隔扇尚存。

碑刻资料

（1）咸丰六年（1856）王家庄重修阁记

碑名：重修阁记

从来莫为之前，虽美弗彰，莫为之后，虽盛弗传，天下事大抵皆然也。况关圣帝君至仁至义，精忠昭若日月；至大至刚，正气塞乎天地。心存汉室，功及庶民，历万古而恒明。大义参天，星列宇宙，神感普护，宝殿巍峨，坐镇四境，永灭凶恶之祸。天光而紫气，圣像神威，保绥亿姓之常乐，福寿之安康。统千秋而不坠庙貌，实乃万方伏魔之王。睹之者靡不勃然兴其善心，过之者咸皆油然息其恶念。

吾村旧有关圣帝君庙一所，历年久远，风雨飘摇，殿宇倾颓。今岁村中父老公议重修。费项孔多，又祈四境。鸠工庀材，共襄胜事。第见斯庙也，山明水秀，群峰环翠，东跨凤翅，南接龙岗，西据帽峰，北拱斗梁，歌曰：云山苍苍，河水洋洋。神光普照，山高水长。玉青金碧，灯辉烛煌。人申妥侑，神格来享。不揣固陋，以志不忘。

本蓝住持募化僧乙卯年接法弘法沙门后选方丈惟一悟攻施钱一千文
暨徒比丘僧宝旭　宝铭　孙常乐
　　兼理诸务维首持戒优婆塞复性范真全沐手敬撰施钱五百文
　　乙卯年菩萨戒比丘僧元珠　清玉沐手敬书
　　助缘僧甲寅年菩萨戒比丘兴和常泰施钱二千文
　　维首张增林施钱五百文　范继增施钱五百文　王增盛施钱一千文
李德运施钱五百文　刘悦施钱四百文

泥水匠王彭年施钱二百文　丹青匠孔罗则

玉工康耀林施钱一百　康德富施钱二百

大清咸丰六年岁次丙辰榴月之吉刊石

(2) 民国三十七年（1948）王家庄烈士纪念碑

碑额：流传后世

碑名：烈士纪念碑

　　抗战后，共产党来到敌后领导人民打败了日本帝国主义，消灭了封建，实现了耕者有其田，使广大农民翻了身，可是国民党反动派专和人民为敌，发动内战，破坏和平，不让人民过好光景，民族英雄董河堂等同志为了保卫人民的好时光与解放全中国，不惜自己的牺牲，湧［勇］身参加人民解放军，击退敌人，向解放区的进攻，并解放有无数受国民党统治的老百姓，使解放区成为不可战胜的力量。民国三十七年五月十七日，临汾战役中，董河堂同志不幸殉国，群众闻听悲愤异常，为永远纪念烈士们的光荣牺牲，大家公议立碑留念。

　　烈士简历

　　董河堂同志，现年三十五岁，一向工作积极，历任工会主席及公安员等职，民国三十五年参加共产党，三十六年十一月十五日为消灭反动头子蒋介石，永保群众翻身果实，参加了人民解放军，三十七年五月十七日，临汾战役光荣牺牲。

　　赵先和同志，现年三十一岁，民国二十七年参加共产党，二十八年参加八路军，抗日战争中在有名的百团大战中光荣牺牲。

　　全体群众

　　中华民国三十七年十一月二十日

(3) 王家庄烈士纪念碑

碑额：民族英雄

殉难烈士董河堂、赵先河同志纪念碑

龙王庙

庙宇概况

位于王家庄村村中，坐北朝南，一进院落布局，东西宽20.8米、南北长33米，占地面积686.4平方米。创建年代不详，正殿斗拱有明代特征，为明代遗构；其余建筑均为清代遗构。中轴线上建有山门（倒座戏台）、正殿，两侧为廊房。正殿建于石砌台基之上，面宽五间，进深五椽，单檐硬山顶，板瓦屋面；梁架结构为六檩前廊式，前檐下设有斗拱五攒，柱头科两攒，平身科三攒，均为三踩单昂，角柱无斗拱；两稍间增砌墙体，青砖砌筑，原置隔扇门窗缺失。

碑刻资料

宣统三年（1911）王家庄重修数处庙宇碑记

碑额：碑记

碑名：重修数处庙宇碑记

孔子之作春秋也，编其年，稽其月，纪其事，褒善贬恶，而一时之王公大夫难逃功罪于笔削之下。是故，孔子曰："知我者其惟春秋乎，罪我者其惟春秋乎。"孔子作春秋，帝君法春秋。一出于周之东迁，一起于汉之西兴，前后六百余载，两圣递传之心法，若合符节，所谓先圣后圣，其□揆一也。古佛大意西来，教宣中华；观音修真南海，普度迷津；圣母居天宫而覆群生；龙王布时令而施甘霖。溶溶圣化，种种福荫，吾侪小民忍视庙宇之剥落乎！己酉冬，维首张清霖等先起社会，分为三道，社内随会共四分，中途使过一分，下余三分会满之日除拴会底佃外，将会钱交入大社经管，为后奉神之需。庚戌开工，当年落成。开展神光之后，计收四方布施若干，社内捐钱若干，齐底钱若干。统计费赀钱五百有余，数处庙宇灿然皆新矣。他日登关帝阁游观散步，视止水而浮萍环绿，望云山而层峦叠翠，目极千里胸开万顷。羡风景之异常，感事物之推迁。忆当日乃祖乃父与其子若弟，经营缔造之苦心，即谓至今犹在焉可也。村人向予曰：事非小举，请志于石。余曰：然。因思余年六旬有余，语言乍忘，眼目昏花，尚堪为文乎！奈众口交推，又不忍辞，随染翰操觚，略陈数语，俾后世之人入庙一览，皆得曰此某年某月某诸人重修某数处庙宇记云。

邑儒学增广生员会斋范友文谨撰书丹　施钱一千文

维首孔繁义施钱一千文　张清源施钱二千文　张清霖施钱二千文
董石泉施钱二千文　董梓材施插扉三间　张记则施钱二千文

社首张冈旦施钱一千文　范亚文施钱二千文　董良材　董丙松

鸠刻石社首范永仁施钱一千文　李克恭施钱五百文

木工赵甲午　瓦工庞和　屈二全

丹青杨嘉乐　康垒科　玉工王金和　王银和施钱三百文

大清宣统三年岁次辛亥菊月上旬立

（六）吴家峧村

村庄概况

洪井镇吴家峧村，位于县城北 11 千米。东北至洪峪沟 2 千米，东至官家峧 2 千米，南至马家垴 2 千米、李家谷罗 1.5 千米，西至洪井 1 千米，北至横岭 2.5 千米。该村地处山区，四面环山，北中部丘陵起伏，西高东低逐渐倾斜。龙王庙南侧为沟，东、西、北三侧为山。明万历年间，此村称曲陌，取来往系弯曲小路之意得名。清康熙二十一年（1682）《黎城县志》记载有"曲陌"。相传，有卖砂锅的吴姓兄弟来自山东，一个去为阎家守护坟地，后定居，渐成大户，即今60余户人家的坟峧村。另一个于该村定居，后人丁兴旺，遂以姓氏易村名为吴家峧。清光绪六年（1880）《黎城县续志》载"吴家峧"，今沿用之。目前该村有118户，263人。本村气候温和，四季分明，春季干旱多风，夏季炎热多雨，秋季时涝时旱，冬冷少雪，年平均气温9—11℃，全年无霜期为180天左右，年平均降水量350—780毫米。常见植被有松树、柏树、杨树、槐树等，动物主要有山鸡、野猪、红嘴鸦等。以农业为主，常用耕地面积为1294.2亩。现存庙宇有龙王庙。

龙王庙

庙宇概况

位于吴家峧村村东，坐北朝南，单体建筑，东西长13.4米、南北宽5.9米，占地面积79.06平方米。创建年代不详，现存建筑为清代遗构。正殿建于石砌台基之上，面宽五间，进深五椽，单檐硬山顶，筒板瓦屋面；梁架结构为六檩前廊式，前檐下设有斗拱十一攒，柱头科六攒，平身科五攒，均为一斗两升；墙体青砖砌筑，原置隔扇门窗缺失。

碑刻资料

（1）民国三十六年（1947）吴家峧烈士碑

【碑阳】

碑额：烈士碑

　　二十六年[①]，日寇大举进攻，□军闻风南逃，丢下我黎城九万三千同胞，幸得共产党领导八路军□入敌后，打击敌人，帮助我黎城同胞建

[①] 即民国二十六年（1937）。

立了抗日民主政府，组织群众空室清野，和敌人进行反维持、反扫荡斗争，才免当亡国奴。当时民主政府在共产党领导下，看到广大农民在封建势力高租高利压迫下，虽愿抗日救国，但不能摆脱封建剥削，为发动广大农民起来保卫祖国，政府颁布了减租减息法令，经过四二、四三①年的深入减租息运动，农民生活初步得到改善，湧〔涌〕现出大批青年爱国份子，纷纷自愿报名参军，保卫祖国的独立和平与民主，今将本村在抗日与爱国自卫战争中英勇殉国的烈士开列于后：

吴鸣，贫农出身，抗战开始即担任村上工会，四〇年②参加中国共产党，在反扫荡战争中，担任区指挥部通讯班班长，在两神脚被敌包围，光荣牺牲，当时二十七岁。

吴双德，放羊出身，四三年③参加民兵当班长，四四年④入共产党，日本投降后，参加胜利军五二团，任战士，参加过长治、平汉两大著名战役，不幸九月在峰峰战斗中英勇牺牲，时年二十三岁。

高发院，洪岭人，贫农出身，成立民兵，他就报名，四四年⑤扩军，又自愿参加县独立营，月阳浮山战役后，整编为五十团，打还长治平汉桥河三战役，不幸四六年⑥在安阳范家庄战斗中光荣牺牲，当时二十五岁。

全村群众

村长范土芹　政治主任张香顺　撰文人王超程　书人王超程　石工王仁和

民国三十六年九月五日立

---

① 即1942年、1943年。
② 即1940年。
③ 即1943年。
④ 即1944年。
⑤ 即1944年。
⑥ 即1946年。

【碑阴】

碑额：碑记

　　王金见钱一百　西全号钱一百　任德钱一百　和公号钱一百　段三成钱一百　王利光钱一百　王聚光钱一百　王国昌钱三百　王国铺钱三百　刘汝楫钱二百　恒太当钱二百　隆聚号钱一百　福兴号钱一百　隆庆号钱一百　双成号钱一百　裕丰号钱一百　湧泉号钱一百　马业勤钱一百　益顺号钱一百　德和号钱一百　恒义号钱二百　天福当钱三百　元隆昌钱二百　恒聚号钱二百　聚义号钱一百　永兴号钱四百　永和堂钱一百　王利川钱一百　兴盛号钱五十　三安庆钱二百　同仁堂钱一百　王西广钱一百　祝耀钱一百　祝经钱一百　积亿号钱一百　宋有命钱二百　王永礼钱三百　通益当钱一百　范钟圣钱一百　范衷毓钱一百　范衷哲钱一百　王须尧钱二百　李万福钱三百　北峪岐施钱八百　王弼钱二百　元兴钱二百　明英钱三百　范门吴氏妻子三百　洪河村　永和号钱二百　永盛从钱一百　大和楼钱一百　义丰号钱一百　范清花钱二百　范文富钱一百　范文仁钱一百　范承业钱一百　刘中元钱二百五十　刘国釜钱一百　刘贵林钱一百　刘富林钱一百　刘自选钱二百　李庆钱一百五十　范世恭钱一百五十　范世敬钱一百五十　范有红钱一百五十　范锡信钱一百五十　刘国正钱二百　闫遇春钱一百　王盟钱二百　石桥背李永库钱一百五　李永宁钱一百五　李金城钱三百　李金默钱一百五　靳如祯钱一百五　靳如祥钱一百五　靳永库钱一百五　王琳钱四百　靳永昌钱二百　靳家街后沟钱三百　亭河村杨复林钱五十　杨怀仁钱五十　杨士运钱一百　王明德钱一百　杨士福钱一百　王绪统钱二百　西村社钱三百　张文明钱二百　洪井社钱二百　康成大钱二百　石羊村钱七百　刘长元钱二百　范光明钱二百　宇文字钱二百　刘更新钱一百　秦坟则钱二百　元村社钱五百　范思礼钱二百　瑶头村钱六百　新庄上钱二百　赵法文钱二百　赵鹤鸣钱五十　西黄须钱二千　前白云

钱二百　后白云钱二百　白鹏昇钱二百　白俊鸣钱二百　白中协钱二百　下庄中兴号钱二百　永成号钱一百　万顺号钱二百　李生荣钱二百　王持业钱二百　王福魁钱一百　王浴山钱三百　北杏村张世□钱二百　张世光钱二百　张永仓钱一百　张永库钱一百　张永锐钱一百　张永增钱一百　张永锡钱一百　张永吉钱二百　南信村范守业钱一百　王书林钱一百　陈起唐钱一百　陈起花钱一百　陈廷林钱一百　陈廷义钱一百　陈起林钱一百　陈士俊钱一百　陈士豪钱一百五　靳起蛟钱一百　赵有河钱一百　峪翟峧翟希成钱一百五　翟乐善钱一百　翟希颜钱一百　翟希万钱八十　翟明库钱一百　翟富钱一百　董玉忠钱一百　翟日敬钱一百　王景清钱二百　翟日忠钱一百五　翟琳钱一百　翟日升钱一百五　翟经钱一百五　翟宣钱一百四十　翟绪钱三百　翟凤钱四百　白官庄郭维邦钱一百　范孝章钱一百　世兴号钱一百　董成均钱一百　权贵林钱五十　申钟奇钱一百五　高金耀钱二百　复盛号钱一百　申钟林钱二百　吴正义钱二百　王昱□钱二百　东村关钱四百　韩景云钱二百　台王孝钱一百五　台世新钱一百五　台世祯钱一百五　台世盛钱一百五　台中桂钱一百五　李成己钱一百　北社村钱二百　董余聪钱一百　董喜钱一百　董永和钱一百　董成礼钱一百　董余明钱一百　董余宝钱一百　董成昌钱一百　董敏钱一百　原泉村万钟隆钱一百　中□当钱一百五　李玉福钱一百　永隆□钱一百　王良钱一百　王善信钱一百　五合村钱四百五　洪岭钱一千　郭廷楼钱二百　闫刘村常便钱一百　王禄钱一百　李有金钱一百　刘行瑞钱一百　刘世魁钱一百　刘谦钱一百　吴良臣钱一百　闫行明钱一百　闫行瑞钱一百　闫行端钱一百　闫行禄钱一百　闫成业钱一百　闫行富钱一百　闫行昌钱一百　本村布施　吴锐业钱二千文　吴生兰钱一千文　吴普松钱九百文　范余库钱一千文　吴世福钱四千文　康成好钱三百文　范贵凤钱二千文　吴仲松钱一千文　康德豪钱三百文　吴成功钱一千文　范辅祥钱一千文　吴登颠钱八百文　吴梓松钱八百文　吴生蕙钱一千文　范清松钱五百文　范余德钱

二百文　康德俊钱二百文　王□成钱三百文　王国富钱五百文　王九京钱三百文　王成业钱三百文　王九伦钱五百文　王永仁钱二百文　李金山钱五百文　吴正业钱三百文　吴增松钱一百五十　刘世俊钱一百五十　闫守业钱一百五十　闫行智钱一百五十　吴长业钱六百文　吴世科钱一千文　吴世业钱二百文　康成考钱二百文　康成财钱四百文　康士福钱三百文　吴守林钱一百五十　康成凤钱二百文　吴立业钱二千文　吴进业钱一千文　范辅祯钱二百文　董五斤钱二百文　吴登峰钱五百文　吴聚业钱四百文　吴现彦钱二百文　吴长业钱三百五十　康成功钱三百文　康成美钱五十文　范余□钱一百文　王成仁钱四百文　王成义钱一百五十　王成礼钱一百文　康成有钱四百文　吴春松钱一百文　吴天庆钱一百文　王金玺钱二百文　吴天德钱二百文　吴天□钱五百文　吴盛□二百文　吴登□三百文

（2）民国三十八年（1949）吴家峧烈士碑
碑额：烈士碑

　　坚持抗战，流血流汗，为国民尽忠，为民族解放，八路军和新四军艰苦奋斗，兴利除弊，英勇杀敌。抗战八年，军队的勇敢抗战，人民的努力，战胜了日寇的侵略。四五年[①]，即迫日寇投降，人民的欢迎，要求转上了和平民主，统一建设新中国，拟定了政治协商决议。而卖国贼蒋介石竟不执行诺言，不顾人民如何反对，也不听共产党的多方劝诫，还想独裁统治，一党专政，站在人民头上耀武扬威，来欺压老百姓，不让中国人民和平、民主、独立、自由，故撕毁政协决议，指挥其喽啰们发动剧烈内战，大举进攻解放区。由此共产党为保卫我们的胜利果实，号召党政军民团结一致，开展民主自卫战争，一面进行土地改革，彻底消灭封建剥削，实行了耕者有其田。我黎城穷苦农民才得到了翻身土地，

---

① 即1945年。

提高了阶级觉悟，这时又涌现出大批青年积极份［分］子，纷纷自愿报名参加人民解放军，保卫我们的翻身果实，到前方英勇善战，为民立功，今将本村殉难烈士，姓名简历雕刻于后，以作永久纪念。

田雪山同志，贫农出身，现年二十三岁，原籍磁县人，四二年[①]灾荒逃难此地，四七年[②]加入了共产党，任支部副书记，并任武委副主任，当年九月响应了党的号召，随即自愿带头参加了人民解放军，任副班长，四八年平遥县白城村战斗英勇冲锋，光荣牺牲。

吴家峧全体群众

村长吴松旺　支书吴福旺　撰文人孔宪斌　书人康志瀛　玉工王仁和

中华民国三十八年五月十九日立

（七）烟子村

村庄概况

洪井镇烟子村目前有156户，347人。村民多为20世纪60年代从河南、河北逃荒过来的，主要姓氏为杨、王、李，主要经济作物为玉米、豆子、芍药、连翘、菊花。原来庙会为小满，现在是农历五月二十左右的芍药节。现有庙宇五龙庙、土地庙。

五龙庙

碑刻资料

（1）万历四十八年（1620）烟子村创建观音堂记

碑额：观音堂记

---

① 即1942年。

② 即1947年。

碑名：创建观音堂记

　　尝谓人赖神以为佑，神因人而益灵，乃庙又神所栖者，顾欲为人佑而必设神像欤，设神像而先建庙宇所从来也。兹黎阳之西，有名澜柯庄者，其风景堪羡，地脉兴隆，宜建庙宇，维那乏人，本庄有刘守福、妻张氏同婿张东宁、妻刘氏于万历己未倏然兴工，慨然捐资，经营于仲夏，落成于季秋。是虽需人力而实赖神功也，又于万历庚申画宇绘壁塑神金妆，但见焕然聿新，璨然改观。是虽费财多而积福尤多也，如是则人有所佑矣，神得所栖矣。本庄感念功德，无可求记，请余援笔，书石刻之，以准不朽。

　　时万历岁在庚申仲夏穀旦立石

　　庠生王国彦撰　显庆寺僧明登书　相转

　　功德主张东宁　妻刘氏　长男张新德　妻刘氏　刘守福　妻张氏　长男刘□栋　妻赵氏　孙男刘韩成　刘长寿　刘长安　次男刘国柱　妻温氏

　　河西里刘教生　李□□作馆　徐释　徐清

　　术士阴阳生张东奇　长男张弘□　妻聂氏　孙男张长命　次男张弘毅　妻王氏　孙男张羟羔　张弘儒□□

　　本庄范求墦　男范弘利　张□□　□进才　聂进表　孙男□□□□　□□□　王□敖　吕承□　温朝仕　温朝阳　赵子□　□孝广　张木直　王门吕氏　李□　张以秋　李进茂　□变春　王孟孝　杨童　张东桎　王邦国　张守余　□条礼　李进元　杨石　杨虎　杨□

　　丹青贾桂　男贾登科　贾登仕　木匠□□　王□　男王登浔　史进良　泥水匠□文堂　宋□□　石匠陈有金　陈有才

（2）民国四年（1915）烟子村重修岚山龙王庙碑志

碑额：永垂不朽

碑名：重修岚山龙王庙碑志

对越在天，骏奔走在庙。庙也者，所以崇祀典妥神灵也。烟子村旧有岚山龙王庙一所，山川拱秀，地脉灵爽，故凡祭风祷雨，祈福禳灾皆于是乎赖焉。然历年久远，颓废殆甚，若任其凋敝，不几祀典不克崇，神灵不克妥欤。刘懋德等有感于斯，持谋修葺，觉村小力薄，不敢率尔操觚，于是停演三载，积资三百，庀材鸠工，以兴善举。不意土木甫就，而资材告罄，又复沿村募化，不辞劳苦，瘁丹青始得施其技，梨园不能献其舞，懿与休哉！诚善事也，及告竣而后，以来求序于余，余不文，不过溯其事之颠末，以志不朽云尔。

清己酉科恩进士候选直隶州判范叔坚撰文　邑人范志魁书丹

维首张继贤　张国孝　刘懋德　杨深基　温展诚　温金科　聂起生李成玉　李市镇　杨景星

泥水匠木匠徐田

丹青韩枝顺　王遭逅　阴阳范春荣　范庚辰

玉工胡如亮　赵广源　康跟孩　住持郭富全

民国四年阴历季夏月下浣穀旦刻石

（八）长畛背村

村庄概况

洪井镇长畛背村，地处山谷，距离县城17.5千米。207国道经过，村庄整体呈南北走向。目前全村常住户数104户，233口人，主要姓氏为宋、王两大姓。耕地面积464.2亩，农作物以玉米、谷子为主，农副作物以核桃为主。现有庙宇关帝庙、土地庙、蓄水池和水库。

关帝庙

碑刻资料

民国三十一年（1942）长畛背村五烈士殉国碑记

【碑阳】

气节凛然

英勇殉国吴明　张恩科　李廷宾　王士杰　赵三喜五烈士

【碑阴】

碑额：楷模

　　民国三十年十一月一日，□寇扫荡我黎，经我党政军民团结一致，奋勇作战，遂于是月二十一日将日寇赶出黎境，而我李廷宾等同志在此次反扫荡中光荣殉国。兹将五烈士略历楷后，以垂永久而资纪念。

　　李廷宾，现年二十二岁，本县渠村人。抗战以来历任编村村长等职，现任第四区武委会主任。在十一月十九日，因追击敌人，身负重伤，十二月三日光荣牺牲。

　　张恩科，现年二十岁，本县下村人。任二区公安干事。十一月一日，敌进攻时，他赶赴工作岗位，与敌遭遇，持手枪□敌搏斗，击毙敌寇□名，终因众寡不敌而负重伤，于十一月十九日光荣牺牲。

　　王士杰，现年三十二岁，本县东井人。历任村级干部，现任岩头岭村长。十一月六日，敌进攻西井时，该村长领导群众退却后，返身到区公所领取地雷，返村途中，突遇敌人，不幸被俘，经敌拷打，追闻□□军队□誓死不说，为敌杀死而光荣牺牲。

　　吴明，现年二十八岁，本县吴家岐村人，任本联防情报□长，忠于职务，经常□敌侦察。十一月六日，敌人由西井返县城时，该同志前往侦察，为敌击中而光荣牺牲。

赵三喜，现年二十六岁，本县牛居人，是该村模范基干队员。十一月五日，敌进攻时，掩护群众退却，阻击敌人，中敌迂回包围奸计，为敌击中而光荣牺牲。

黎城县县政府武委会暨全县人民　民兵仝立

中华民国三十一年一月一日立

（九）山窑头村

村庄概况

洪井镇山窑头村，位于县城北 11.5 千米处，东依山，东南至洪河 1.5 千米，西至南信 1 千米，西北至北信 1 千米，北至住道沟 2.5 千米。该村地处山区，四面环山，北中部丘陵起伏，西高东低逐渐倾斜。龙王庙南侧为村路，西侧为蓄水池，东、北两侧为民居。本村气候温和，四季分明，春季干旱多风，夏季炎热多雨，秋季时涝时旱，冬冷少雪，年平均气温 9—11℃，全年无霜期为 180 天左右，年平均降水量 350—780 毫米。常见植被有松树、柏树、杨树、槐树等，动物主要有山鸡、野猪、红嘴鸦等。原名范家庄，因姓氏得名。村民常以伐薪烧炭为业，建炭窑数座，俗呼窑头，后传写为山窑头。清光绪六年（1880）《黎城县续志》载"窑头村"。民国二十四年（1935）《黎城县志》载"山窑头村"，今沿用之。该村现有 130 户，269 人，主要姓氏为范姓。以农业为主，常用耕地面积为 924.6 亩。现有庙宇龙王庙和观音堂。

龙王庙

庙宇概况

位于山窑头村村中，坐北朝南，东西宽 14.6 米、南北长 23.1 米，占地面积 337.26 平方米。创建年代不详，现存建筑为清代遗构。原一进院落布局，中轴线上建有山门（倒座戏台）、正殿，两侧为妆楼、厢房、耳殿。现仅存戏台一座，戏台下层为石砌基座，中设拱券过道，上为戏台。戏台面宽三间，进深五椽，单檐硬山顶，板瓦屋面，梁架结构为六檩无廊式；前檐下设有斗拱七攒，柱头科四攒，平身科三攒，均为三踩单跳；额枋下设有雀替，雕有博古瓶、盘龙等图案，雕刻精美；墙体青砖砌筑，内置屏风。

碑刻资料

（1）道光二十一年（1841）山窑头村创建庙宇序

碑名：创建庙宇序

里社之事，靡不有初，鲜克有终者，后虽可以永逸，而其始每惮于役劳，因循而莫为之。先则终至于无所济，起而□为之，则又苦于费贵之难而不果，惟有一二父老、慷慨之士为能出其身以董厥成，事无巨细，亦非勉强期目之间，可坐而致也。黎邑之西北有瑶头村，山水环绕，居民数十家，秋成报赛以及间邀圣母之驾，惜无为之所，近者公谋创立殿宇五间，舞楼一座，东西廊两处。在村之东南，起于道光之十有五年，止于道光之二十一年，鸠工庀材，轮奂告竣，逐年祀事得从容以告虔，亦所谓一劳而永逸者欤。功毕乞序于余，余谓天下事为之则成，弃之则败，勤之则成，怠之则败。古人云：图厥终惟其始，始之不慎，后何以继？创修亦所以慎始也，用是□成绩勒贞珉，上以荷神庥，下以利后世，□里社中千百年不朽之计，基此矣，是为序。

例授文林节候铨知县庚子科举人郭维新撰

同列首事中兼管工账本邑训蒙人范子全书

山棚社钱一百二十千文使用

功德佃主范安禄　范文禄　范夆英　维那范凝禄　范子奇　催工范汝长　范子连　范克敏　范子维　范汝贤　范子凤施钱六千文　施地角一个范子凤　排饭范夆良　范汝吉　范夆俊　范金禄　收吊范登玉　范克宽

范子绪　范汝盛施钱六千文　范安禄施钱四十一千六百文　范荣禄施钱二十六千二百文　范子奇施钱二十六千一百文　范汝庆施钱二十三千八百文　范吴氏施钱二十二千四百文　范永禄施钱二十七千一百文　范夆英施钱十五千六百文　范汝贤施钱十五千二百文　范夆俊施钱十二千一百文　范子豪施钱十一千一百文　范夆良施钱十千零四百文　范靳氏施钱十千文　范金禄施钱九千九百文　范沙桐施钱四千三百文　范子金施钱七千五百文　范乔氏施钱八千七百文　范子斌施钱七千文　范子绪施钱七千六百文　范子材施钱七千六百文　范子达施钱五千□百文　范登平施钱四千九百文　范夆之施钱五千七百文　范子维施钱五千四百文　范歧仓施钱四千二百文　范子忠施钱四千一百文　范汝谦施钱五千一百文　范任禄施钱五千文　范□义施钱□□百文　范丑则施钱三千二百文　范克宽施钱二千五百文　范□□施钱二千四百文　范□盛施钱二千一百文　范子顺施钱三千文　范克敏施钱二千三百文　范克信施钱二千七百文　范克富施钱二千文　范汝吉施钱一千九百文　范汝长施钱一千八百文　范九思施钱一千五百文　董有信施钱一千六百文　范未氏施钱一千四百文　范举恭施钱九千七百文　范子存施钱二百文　范汝宾施钱一千一百文　范汝上施钱□□文　范程氏施钱一千□百文　范子荣施钱一千□百文　范其小施钱五百文　范如松施钱五百文　范兴乾施钱四百文　范兴旺施钱四百文　范九聚施钱七百文

　　风鉴李世芳　泥水匠范作摇　范摸糊　丹青匠李桂　玉工康金锁

　　道光辛丑年八月十二日勒石

（2）民国九年（1920）山窑头村重修龙王庙碑志

碑额：万古流芳

碑名：重修龙王庙碑志

　　《诗》云："雝雝在宫，肃肃在庙。"而求其所以雝肃之故，非但以庙貌之巍峨，实因有神像之畏俨也。瑶头村僻处山野，俗尚俭朴，自立村以来，虽亦有庙宇一处，然规模狭小，神像俱无，凡遇有春祈秋报、祭风祷雨之事，不过请神于邻村，聊毕□事，迎送往返之劳。无论矣，而揆诸立社之本旨，不大有愧乎。民国四年，范青云、范泰顺、范如璋、范景和等志欲革故，力图鼎新，遂将殿宇、廊庑、乐楼、山门，经营劈画，澈［彻］底重修。于是高其闬闳，大其规模、塑神像、施丹青，钜工既成，志犹不怠。庙之北，又修戏房院一处，庙之东复修土地殿三楹。兴工于民国四年，至七年而工始告竣。□□之精神，尽用于四年之间。统计所费不下两千余缗，可见事在人为，勿以村小而轻之也。自是厥后，物阜年丰，家结人足，兴盛之景像，真有于万斯年之兆。事成求余为之志，余不文，仅就其事之实迹以志不朽云尔。

前清恩贡候补儒学正堂范叔坚撰文

孔府金丝堂启事官范占魁书丹

维首范满女　范泰顺　范叔坚　范青云　范戊戍　范景泰　范金全　范占魁　范如璋　范如和　范世兴　范凤则　范起云　范森炎　范景和

瓦工匠范天云　王吉星　秦德堂　石匠苗和　梁三友　风鉴　申廷锡　丹青匠韩枝顺　康平章　玉工王金和　王银和

民国九年岁次庚申孟夏上浣榖旦勒石

观音堂

庙宇概况

位于山窑头村村中，坐南朝北，东西宽 3.9 米、南北长 5.2 米，占地面积 20.28 平方米，为清代遗存。

碑刻资料

道光六年（1826）山窑头创建观音堂碑文

碑额：碑记

碑名：创建观音堂碑文

观世音之为圣也，自都邑以及村落莫不尤其祠宇，说者谓圣母能救八难，庙堂之建设不亦宜乎？然神可敬则敬之，庙可创则创之，而捍患御灾之说非所计也。壬午秋，摇［窑］头村老与幼咸为谋曰：余村之无观世音堂也由来久矣，无以安神明，何以申享献与？由是力厚者捐赀慨任，不给者勉力鸠工。起事于癸未九月，落成于乙酉十月，数历春秋而功始告竣。庙貌焕然一新，圣象显然可睹，则乐善之姓字垂诸贞珉，宏施之声称传于异日矣，是为序。

邑庠生范桂芳撰文　邑人王训巳敬书

维首工德范安禄　范增禄　施基地　范永禄　管账范成禄　范子达崔工范举英　范举义　徘［排］饭范疑禄

李堡村钱六百文　康成锐钱二百文　李秋林钱二百文　郭先明钱二百文　聂俭钱二百文　林成辉钱二百文　横河井上村　范文富钱三百文　闫法世钱三百文　范文银钱二百文　闫守宗钱一百文　范成业钱二百文　刘沟贵钱一百文　王□今钱一百文　王成桂钱一百文　刘中元钱二百文　刘国学钱一百五十　刘贵林钱一百五十　刘富林钱一百五十　刘国选钱二百文　范永春钱一百文　郭太平钱五十文　闫耀宗钱一百文　刘国正钱二百文　范清花钱三百文　范锡信钱二百文　康金锁钱一百五十　闫荣富钱五十文　范世敬钱二百文　范世安钱五十文　师科钱五十文　张保住钱五十文　李庆钱二百文　范有江钱一百五十　庞所贵钱五十文　闫粮保钱一百文　南信村杨廷林钱三百文　王舒林钱二百文　陈士俊钱二百文　陈廷义钱四百文　靳起峻钱二百文　陈士杰钱一百五十　陈士昌钱一百文　陈起林钱二百文　范守业钱一百文　陈起唐钱二百文　杨松山钱一百五十　陈起花钱三百文　北信村张世广钱三百文　张永桧钱二百文　张永吉钱三百文　张永锡钱二百文　张永锐钱一百文　张永富钱一百文　张永福钱一百文　张起维钱三百文　张宗

汝钱一百文　张永库钱一百文　张永仓钱一百文　本村范金禄钱二百文　范子维钱一百文　范垒花钱一百文　范兴功钱一百文　范起锐钱一百文　范子全钱一百五十　范子贵钱一百五十　范子宣钱一百文　范子凤钱一百文　范子昌钱五百文　范起贵钱一百文　范兴有钱一百文　范明钱一百文　范起学钱一百五十　范兴法钱一百文　范子奇钱三百文　范增花钱三百文　范伏花钱二百文　范子顺钱一百文　范明花钱一百文　范永禄钱三百文　范群花钱一百文　范子法钱一百五十　范起花钱一百文　范子斌钱一百五十　范文禄钱一百文　范增禄钱四千文　范成禄钱三千九百文　范安禄钱二十九千一百文　范疑禄钱八千文　范举世钱十千八百文　范举义钱三千四百文　范□财钱二千四百文　范长林钱六千三百文　范子连钱三千一百文　范如山钱二千六百文

阴阳生季子良　玉工康金锁　木工王佩玉　泥水匠张保业　丹青匠王学管

大清道光六年岁次丙戌九月二十日勒石

（十）洪河村

村庄概况

洪井镇洪河村，位于县城北，东北至洪井，东南至马家垴，西南至井上，西北至山窑头。该村地处丘陵区，位于山谷，气候温和，四季分明，春季干旱多风，夏季炎热多雨，秋季时涝时旱，冬冷少雪，年平均气温9—11℃，全年无霜期为180天左右，年平均降水量350—780毫米。常见的植被有杨树、槐树、柏树。清康熙二十一年（1682）《黎城县志》载"洪河"，地处西山东巅数谷之并合处，为雨季数谷洪水东出必经河道，故名洪河。现有人口108户，261人，主要大姓为范姓和刘姓。该村以农业为主，日常耕地面积为1040.7亩，主要种植小麦、玉米等农作物。庙会时间为农历七月十二。现存庙宇有龙王庙和五道庙遗址。

龙王庙

庙宇概况

位于洪河村村西，坐北朝南，东西宽约7.6米，南北长约22.6米，占地面积约171平方米。创建年代不详，为一处清代遗存，现存建筑为原址新建。现遗存有正殿基址及柱础，重修碑五通以及戏台部分基址。

碑刻资料

民国九年（1920）洪河村重修龙王庙碑记

碑名：重修龙王庙碑记

凤山之北有村名曰洪河，井上其村之西隅，旧有一所，上下两院相连，由来久矣。是庙也，左列石龙，池前迎金牛之洞枷，且东西两洞，山明水秀交满于庙前，此真地福神显，而神以地灵矣，无如伏远青龙湮，屡经风雨之飘没，寒来暑往，山川又免鸟鼠之侵蚀，土崩瓦解，栋檐榱醲灰，几不堪入目也。于是，人念神圣灵应之恩，德佑人创建之苦衷，不忍坐视，遂本村众共同商榷，先售古槐一株，得钱数串，又拟起地亩数次，共捐钱□百余贯。劳心者倡之于前，劳力者随之拎后。缺者以补，隘者以广，于丙辰开工，陆续修葺正殿五楹，东西两廊六楹，香亭三楹，香亭左右各一楹，饭棚三楹，其余乐楼、前院两廊各三楹，至戊午越三□而工告竣。以金妆神像，绘画栋宇，颜料各价，丹青工资，通共钱六百余串之谱。奈村小力难支，遂募化请四方善信以襄盛举，将前之墙倾脊颓者，顶改旧□，而今之面貌辉煌，焕然一新。恐后之村人欲绍□先猷，继起而兴作者无从考稽，故略序巅末以志不朽云尔。

　　邑人飞卿□□鹏撰　沐手书丹范乐祥

　　维首范秉彦　刘永斌　李国天　俊秀生刘永和　范建春　刘泉铭

刘癸　范双喜　刘□祥　闫成癸

丹青匠李秀然　范广玉　泥水木工秦德堂　玉工康女则

民国九年瓜月十二日立石

（十一）柏官庄村

村庄概况

洪井镇柏官庄村，位于县城北20千米处。东至长畛背1.5千米，东南至横岭7.5千米，西南至住道沟2千米，西至王家庄2千米，北至孔家峧1.5千米。该村地处山区，四面环山。北中部丘陵起伏，西高东低逐渐倾斜。关帝庙南侧为村路，东、西、北三侧为民居。本村气候温和，四季分明，春季干旱多风，夏季炎热多雨，秋季时涝时旱，冬冷少雪，年平均气温9—11℃，全年无霜期为180天左右，年平均降水量350—780毫米。常见植被有松树、柏树、杨树、槐树等，动物主要有山鸡、野猪、红嘴鸦等。村后山坡有天然柏林，古时官民争执，故名柏官庄。清康熙二十一年（1682）《黎城县志》载"白官庄"，清光绪六年（1880）《黎城县续志》载"百官庄"。民国二十四年（1935）《黎城县志》记为"柏官庄"，现沿用之。目前共有207户，471人。以农业为主，常用耕地面积为957.3亩。现存庙宇有关帝庙、圣母殿。

关帝庙

庙宇概况

位于柏官庄村村中，坐东朝西，东西长35.6米、南北宽17.3米，占地面积615.88平方米。创建年代不详，据庙内碑文载清乾隆四十二年（1777）、民国二十八年（1939）均有修葺，现存建筑均为清代遗构。一进院落布局，中轴线上现存山门（倒座戏台）、正殿，两侧遗存有东、西廊房。正殿建于石砌台基之上，面宽三间，进深六椽，单檐硬山顶，筒板瓦屋面；梁架结构为七檩前廊式，前檐下设有斗拱七攒，柱头科四攒，平身科三攒，均为三踩单昂；墙体青砖砌筑，隔扇门窗缺失。

碑刻资料

（1）乾隆四十二年（1777）柏官庄村重修关帝庙记

碑名：重修关帝庙记

百官庄之有关帝庙也，不考其所自昉矣。第闻父老传述，谓前朝思陵时兵燹，相延几无宁土，居人盟神相保，独得安堵，本朝仁庙庚子、辛丑间，饥馑频仍，邑人以衣食故而陷缧绁者所在多有，而居人复对神盟心戒无萦刑辟，而刑辟幸亦弗及，以为神私有庇于其土也。故屡废屡修，香火不绝，迄今且百余年焉。今上御极之十年，重整垣墉，增置廊庑。曾目击其事，而吾族讳芳者，以耆硕故寔一时之祭酒云：三十年来，罕至其地，向尝所与游宴，半就凋谢，间有一二率龙钟懒闻时事，而少年精悍、勇于有为者，几不相认识，人生世上果何如哉？况土木者安能保其无坏耶。今岁嘉平日，族人文炳诣余寒喧［暄］毕，即曰：关帝庙之修事且竣，顾其事起于偶然而力赖于众举，□亦神者之所为乎，不可不志巅末，愿索刻文以昭来许。余久未至其地，少壮者至不能相识，盖极不忘耳。故乐闻其详，因缕陈之曰：庙中香火之需颇有赢余，但分寄众人，急切未能措办，社内老者渐衰，少者未谙，近来朝夕钟磬，闻亦阙如，心窃忧之，而同志者鲜其人也。里人□□愿预其事，爰与计议，且为朝夕香火计，而经营缔造未敢问也。嗣是予思兴复之举，以功程远大不可立就，又协郭伏仁、胞弟文烈相因而起，输砖、输米、输财，人情好行其德，物力用其有余，不数月间而厥工告竣，无俟前人，无杜后来，隘者敞之，腐者新之。垣土也，易之以砖瓦小也，易之以巨檩于瓴□，颇为宏敞。顾众人之力也，倘亦神者之所为乎！然其始则一切有志焉。故不敢告劳，余曰：子言神之有庇于斯土是也。子亦知神之庇人与人之事神者乎？事神者不必如神而始可以事神也。但心知向于神明，则心已远于匪僻，是即明德之馨香也。庇人者不必曲护于人，而始谓之庇人也。但俾无陷于众恶，自己获免于灾祲，是即礼义之干橹也，愿以此言布诸同人，且以质诸后世。倘守此义而勿失，不仅人永得所庇，而神亦且永得所依矣。伊曰唯爰备书之以为记。

　　岁进士高履谦薰沐顿首谨撰　　施大杨树一株

　　邑庠生马龙文沐手书丹

　　总维那高文炳施银二两五分　维那郭伏仁施银三两　高文烈施银三两五钱　维首范云生　董积财施银五钱　范金施银一两九钱　权宏玉施银五钱　范玉秀　范云生施银一两五钱

　　造厨范松施银一两　范远生

　　社首范崇好施银二两五钱　高金岚施银一两四钱　焚香范名生施银二钱

　　阴阳生岳庆吉　玉工杨全　李全敬刊

　　大清乾隆四十二年岁次丁酉相月下浣吉旦立石

（2）道光二十三年（1843）柏官庄村重修关帝庙序

碑额：永久

碑名：重修关帝庙序

　　大矣哉！关帝君之为灵，昭昭也。统忠义，振纲常，佑国家，庇人民，斯固历亘古而不敝，然不敝者神，而易敝者庙，使其建修有人，而补葺无闻，则前人之规模有不湮于风雨之剥落者，几希矣。惟其然而村中父老于是岁癸卯之春，咸相聚而言曰：良木其坏乎？峻宇其颓乎？此而不为之，究其残，理其缺，其将伊于胡底耶？况莫为之，前虽美弗彰；莫为之厚，虽盛弗传。创继相赖，古有明鉴，又谁谓今之视昔不犹昔之视今也哉？由是纠鸟集以考绩，选鸠工以庀材，苦大厦之不易，募化四方，幸众志之可凭，而踊跃百堵，将见救懦懦，度甍甍，筑登登，削冯冯，负揭奋，无鳌鼓而人乐于来，竹苞松茂，虽仍旧而何殊？新造美哉，轮而美哉，咸无如鸟革而如翚飞，崇丽壮观，不数月而厥功告竣，是岂人力之及此欤？抑以神功之默佑也，是为序。

业儒高琮沐手敬撰　廪膳生员李培均书
总维首议叙修职郎高华施钱十八千文　管账范绍曾施钱一百五
维首申□□施钱一千文　范三友施钱一千
监工高汝信施钱五百文　范绍孔施钱五百文　范绍蠢施钱四百文
管事范孝全施钱一千　范绍魁施钱一百
催工董成文施钱一百　张永清施檩一条　范孝起施钱一百五十　董广先施钱一百五十
武生高恭施明柱两株
木工董显德　泥水申李存　丹青孔小三　玉工王开恭
大清道光二十三年岁次癸卯十月初五日立石

（3）民国二十八年（1939）柏官庄村重修关帝庙碑记
碑名：重修关帝庙碑记

从来立神庙不外褒功彰德，劝善儆恶。故功德巍巍，节义皎皎之先圣先贤，类皆血食千秋，历世弗替。若关圣帝君者，义气凌云，忠心贯日，诚为可钦可法，震铄千古之至人，其能庙存永世，祭享无穷也，宜矣。邑北四十里许有凤凰山者，名胜地也。山之南麓，庄号百官，村之东边旧有关帝庙一所，坐东正殿三间，南北廊房各五间，而殿奉神戏台一座。创自何代无碑碣以纪其事，则年代荒远可知。间尝稽闻重修各碑，审知距今最近之重修乃前清道光年间，为时已阅一百余载，则日久衰落，自为势所不免。民国以来，益形颓败，墙屋日就坍塌，材木逐渐腐烂，加以牧竖童稚，无知摧残，其不与日俱去毁灭为墟者难矣。若不恢复重修，则前人之心力与神功消灭无闻，后人难能继起再修。于是十九年春，村中有好义者高占麟、高占魁、高树臻、高玉山、杨景富、范福勤均目睹惨状，不忍使此有功世道之神庙荒废殆尽，乃发其至诚之愿，集合村众，议定重修。于是纠[鸠]工庀材，即日兴工，旧者使之重新，废者使之复兴，更于南北两廊各增两楹，西北角上创建楼房一座，正殿前面起筑高三尺之石台，广约三丈七尺有余。此外，复于北面购置厨房院一所，计房三间，基地五分有余，惨淡经营，务求完美。阅三载而工程告竣，言神□像则金碧辉煌，极丹青之能事，观殿廊则雕梁画栋壮丽绝伦，洵所谓尽善尽美，轮奂一新者矣。总合此次工程所费资财约计六千余元，其中资于凤凰山之柏树者五千余元，募化于四方信善者七百余元，关帝社会积存者六十余元，此外不足之数概由村民挨户募集，方克勉强蒇事。越时三载，其间困苦艰难势所必至，劳心劳力自在意中。董其事者卒能以卓越不挠之意志完成义举。虽属至诚所感不得不尔，实以帝君之忠义操守堪为人范，有以使之然耳。不然当此神权失御破除迷信之际，曷克臻此明乎？此则知非欲祈福求佑而已也。是庙之重修落成后，村中父老嘱余为文以记始末。自揣性粗学浅，为之恐获罪戾，推却尤属不当，惶悚之余，谨叙其巅末之梗概，以志不忘云。

山西省立第四中学毕业前任西井两级小学校长高□□谨撰并敬书

总维首高占麒施洋十四元　高占魁施洋十一元　高玉山施洋廿二元　杨景富施洋十三元

管账维首范福勤施洋七元　高树榛施洋十三元

催工维首张富贵施洋三元　郭振华施洋三元　范玉珍施洋四元　范福帜施洋二元　高树栗施洋二元　杨汝惠施洋二元　齐法良施洋二元　高树声　何三则施洋三元　张安贵　赵丙森　范廷魁

三年社首万□□施洋十一元　张其贵施洋四元　高树声　申克温　范增裕施洋三元　杨汝惠

木工董河堂　泥水韩宾施洋一元　丹青王谦光　董陞　玉工范秃基王仁和　住持人董长成

大中华民国二十八年岁次己卯夏历十月下浣吉日立石

圣母殿

庙宇概况

位于柏官庄村村南，坐北朝南，东西长8.2米、南北宽4.2米，占地面积34.44平方米，该遗址创建年代不详，现为明代遗存。仅存正殿基址（现正殿为原基址新建）。

碑刻资料

（1）万历二十一年（1593）柏官庄村重修太山圣母行祠记

碑额：天仙祠记

碑名：重修太山圣母行祠记

辽阳庠廪生彦斋王怀远撰考

太山神灵炜□也，行祠遍宇内，便祀也，据名山大川，萃灵也。黎邑之北九龙诸山蜿蜒旋回，而百官庄凤凰山从内突起，耸插霄汉，上立神祠，下接石盘之径，地生岐枝之树，山涌东流之泉。其祠建创莫考，所自嘉靖二十四年重修，有津阳寇君记之矣。今僧妙会因其隘而加修饰，凳基易栋，新瓦造阁，建两祠于左右焉。厥功请记。于戏古者，自天子，至庶人，祀有典常，庶人惟中霤奥灶之赖。故季旅太山，孔子叹曰：曾谓太山不如林放乎。乃今之祀太山者鳞凑蚁集，而行祀遍都邑，何古之太山不享大夫之祭，今之太山鉴庶人之诚耶？窃思之，人心之是非，鬼神之祸福如影响。然天地间有其形则有神，形大神昌，形卑神微。太山者，孔子小天下处也，故其神如天。古之民直道而行，平旦之气也，好恶与人近，对越其中霤等神无不明也。今之人心旦昼之浩之也，玩中雷等神，故太山之神不得不照监之也。犹之古者天子五载一巡狩，守令御史每岁代之巡。古者止于群，后之朝会则悉隐伏之微，幽明一理时之然也。噫，地灵神灵，凤凰山灵之灵也，凡居民子孝臣忠，长幼夫妇，各安其分，视神不敢悖，士农工商，各力其业，视神不敢罔，则神必鉴其诚，锡之福矣！

　　维那董以春　董士登西房木一根　银一钱　张冬银一钱　张廷义银一钱

　　募缘僧妙会

　　香老范宗舜　权宗礼银一钱　张应举一钱

　　甲头董自身银一钱　董守礼一钱　刘拱库　邰以公银一钱　权宗周　张秉仁银一钱　董以登

　　助缘范进英　刘拱库　董志忠　董孟元　董志海　张时芬　董自礼　范进科　董自安　董才贵　李一中　董志府

　　木泥匠李逢大　铁匠谢恩　石匠贾佳

　　时万历癸巳之年秋月朔日立　阴阳周朝辅　石匠杨进京刊石

（2）隆庆五年（1571）柏官庄村创建太山圣母殿庙宇碑记

碑额：创建碑记

碑名：山西潞安府黎城县玉泉乡曹庄里百官庄村创建太山圣母殿庙宇碑记

　　尝谓神依人而灵，人赖神而祐。夫固幽明相感之机，古今不易之理。东岳太山神，我国家崇其功德甚隆，降敕封为天仙玉女，势之尊而神之灵，巍巍乎万方之镇。凡被其保障之恩者，咸钦若而不遑焉。使无行宫以为妥神之地，吾恐人心不自安耳。先民曾以敬神为事，创殿宇于凤凰山之前，吾见左有石泉水之涌流，右有丘阜山之环翠，水秀山名之地，栖神有其所矣。迨嘉靖二十四年，居民张廷福统率乡人，创殿宇焕然一新，此非功之可纪者乎？嘉靖二十六年，香老郭伦等民塑神像以为秩祀之所，森然可敬，兹非续之可传者乎？隆庆四年春，乡民张秋虞许创修栏杆，神路七十二盘有奇，原其始而未竟其终也。迁至隆庆五年仲春，复约同会张桒、郭廷玉及会首郭志明等接管计算，施使钱帛，急力修理，至仲秋八月，其功告完矣。又非事之可咏者乎？夫后先相望，以建无前之伟绩，岂乡民为游观而设哉？无非敬其神而尽其诚耳！虽然惟德格神，惟神眷德，固理也，亦势也。□是人民胥庆，时和年丰，国赋光盈，荒歉顿息，上而国家底盘石之安，下而民生享无疆之福，未必非圣母保障之功之所致也。鬼神之德其盛矣乎，吾兹验矣。噫！建殿宇、塑神像、修石路，成始成终，事之可美者乌可不勒石以垂之永之至乎。适有张渠者系本职书办之役，因叙修理之由，以及落成之焉，予为言情不容却，乘政余以次其事之巅末，持□不朽之云。其若夫题扁旌功，亦我有司之事也，姑待明日。谨序后绪人心不齐，柬请五龙王尊神监管以成大事，庶不负乎神命矣。

隆庆辛未仲秋后吉旦

潞安府黎城县迪功郎湖广津汤清溪寇思尧谨撰

乡民张夽书

襄垣县石匠常志宽　常守义刊

（3）光绪三十四年（1908）柏官庄村重修双凤山顶上天仙庙碑记

碑名：重修双凤山顶上天仙庙碑记

从来创之之难不若因之之易，而吾谓难于创更难于因也。村北双凤山老顶上旧有天仙圣母庙三楹，创建于康熙三十五年，重修于乾隆六年。其间古柏翠然无穹，清泉时流不竭。主山双凤独尊而群峰咸贺，遥而望者，莫不谓此宝山也。直若居紫府而统群仙，列清都而号玉女也。山之灵爽有不借神明而愈其灵应乎？奈年远代湮，墙倾脊颓，登斯顶者莫不目睹而心伤矣。癸卯春，村中父老向维首高占鳌、高占口等公议，均有不胜榱崩瓦解之忧矣。于是，大兴土木，卜吉鸠工。或按亩而捐资，或沿乡而募化，栋梁折而更换之，圣像坏而妆修之，任劳任怨，有不数月而工程告竣。绘画遂施，金碧辉煌，焕然一新。游斯土者莫不忻然而忘返也。友人嘱予为文，予莫能文，聊书俚言数语，亦不没人善云尔。

  黎城县儒学廪膳生李园序敬撰
  黎城县儒学附生员范廷华口书
  总管理维首人高占鳌施钱二千文　妻施钱五百文
  署理启事官功德主□□□施钱五千文　妻施钱五百文
  维首杨景太施钱一千五百文　范允中施钱一千五百文　高占凤施钱一千文　范补林施钱一千文　杨景富施钱二千文　申福定施钱一千五百文
  丹青高占口施钱一千文　妻五百文　木匠程全则　泥水韩师傅　玉工张逢年　主持范记女
  大清光绪三十四年岁次戊申巳月孟夏朔日合社立石

（十二）横岭村

村庄概况

  洪井镇横岭村，位于县城北6千米处，距乡政府所在地1千米，207国道从村西穿过，交通比较便利。该村地处山区，四面环山，气候温和，四季分明，春季干旱多风，夏季炎热多雨，秋季时涝时旱，冬冷少雪，年平均气温9—11℃，全年无霜期为180天左右，年平均降水量350—780毫米。常见植被有松树、柏树、杨树、槐树等，动物主要有山鸡、野猪、红嘴鸦等。

该村现有124户，269人，主要姓氏为郭姓。以农业为主，常用耕地面积为738亩。

土地庙

碑刻资料

道光三十年（1850）横岭村土地庙重修碑记

……郭廷□钱一百文　郭友仁钱一百文　郭廷林钱一百文　郭廷棕钱一百文　郭廷椿钱一百文　郭永□钱一百文　郭友群钱一百文　郭廷桂钱一百文　郭以□钱一百文　□□□钱一百文　郭之连钱一百文……郭从善钱一百文　郭本钜钱一百文　郭友恒钱一百文　郭连城钱一百一　郭开林钱一百文　郭友保钱一百文　郭友容钱一百文　郭天保钱五十文　郭□爵钱二百文　郭友林钱五十文　郭晚成钱五十文　郭友命钱五十文　郭有连钱五十文　郭友兰钱三百文　郭买子一百文　吴有林钱五十文　范德修钱五十文……郭廷续钱一百文　郭友世钱一百文　郭登云钱一百文　郭永昌钱□百文　郭廷荣钱□百文　申天福钱二百文　李可火钱五百文　郭永固钱五百文　郭维贞钱五百文　郭友义钱五百文　郭维城钱五百文　郭维新钱一百文　郭友禹钱六百文　郭天培钱六百文　郭安邦钱六百文　郭凌云钱六百文　郭富仓钱五百文　郭泮云钱五百文　王俭钱二百文　七里店村　李小松钱一百文　长畛村　□中林钱一百五十　□□钱一百文

玉工陈士珍

维首郭维贞　郭天培　郭富仓重修

道光三十年七月二十三日立石

（十三）西庄头村

村庄概况

洪井镇西庄头村，位于县城北7.5千米处。东临东庄头，南至靳家街2.5千米，西连港东，北依三皇脑。该村地处山区，四面环山，北中部丘陵起伏，西高东低逐渐倾斜。文昌阁地处沟内。本村气候温和，四季分明，春季干旱多风，夏季炎热多雨，秋季时涝时旱，冬冷少雪，年平均气温9—11℃，全年无霜期为180天左右，年平均降水量350—780毫米。常见植被有松树、柏树、杨树、槐树等，动物主要有山鸡、野猪、红嘴鸦等。清康熙二十一年（1682）《黎城县志》载"庄头"，古名康家庄（今名西庄头），与赵家山（今名东庄头），段家庄（村已绝，今东庄头北即故址）共处一村。因三庄地理相依近，共推康氏为庄主，称其庄头，即三庄之头目，后指为地名。居于庄头东，为东庄头。该村居西，故名西庄头。目前该村有244户，593人，以康姓居多。以农业为主，常用耕地面积为2002亩。现存庙宇有文昌阁、观音堂。

文昌阁

庙宇概况

位于西庄头村村东南，坐东朝西，东西宽5.5米、南北长17.5米，占地面积96.25平方米。据庙内碑文载民国二十六年（1937）重建，现存建筑为民国遗构。此阁分两部分，下为石砌基座，中设拱券过道；上建文昌庙，正殿面宽三间，进深四椽，单檐硬山顶，筒板瓦屋面。梁架结构为五檩前廊式，前檐下设有斗拱七攒，柱头科四攒，平身科三攒，均为三踩单翘斗拱。墙体青砖砌筑，原置隔扇门窗缺失。正殿两侧为耳殿，面宽一间，进深四椽，单檐硬山顶，筒板瓦屋面。

碑刻资料

民国二十六年（1937）庄头村重建文昌阁碑记

碑额：万世不朽

碑名：重建文昌阁碑记

  村之东南隅沟口旧有文昌阁一座，不知创建于何代，规模狭小，涵洞低隘，徒步尚可通过，骑乘则难畅行，来往行走不便殊甚，加以历年久远，失于修葺，遂使河底逐渐淤塞，殿宇日就倾圮，不特有碍交通，亦且观瞻不雅。于是村中急公好义之人，乃邀集同志，倡议重建，预计下层就原有之位置扩而大之，增高其台基，扩张其涵洞，上层殿阁则加高加大，使与两旁之崖齐，并于阁之两侧增建三官、子孙配殿各一楹，总希整齐、庄严、堂皇、富丽，一反往昔之简陋状况。无如工程巨大，款项无着，虽属利众义举，势难一气呵成，再四磋商，始有逐次筹款、分期建筑之成议。办法既定，逐步实施，爰于民国二年请会两道，九年会完，得钱三百八十四千文，大社帮钱七十千文，乃依照原计划开始建筑下层台基，计宽约丈七，高约丈四，长约六丈，表面完全石叠，中间则实以土。民国七年又请会两道，十四年会完，得钱三百八十五千二百文，大社又帮仓谷十八石二斗半，巢洋一百二十六元三角五分，方继续建筑上层殿宇，墙壁全用砖砌，殿式采用六檩出厦，并于边缘建筑砖石栏干［杆］一道。当年建筑工程勉强告竣，然因亏款甚巨，不得已乃商请大社，按亩摊派，前后三次，共起洋三百六十余元，此项亏空方得弥补。此时工程大体虽告成功，而内部装饰尚付阙如，因又复请会两道，廿五年会完，得洋三百零一元三角，继向各村募集布施洋二百三十余元，乃纠正装潢，施以五彩，前檐则雕梁画栋，美奂绝伦，阁内则金身庄严，气象一新，遂择于二十五年十月二十八日，献戏开光，藉表贺忱。总计此阁自兴工以至于成功，前后阅时亘廿余年之久，费款至千五百余元之巨，维首几经改换，工程进行如一，其间父死子继者有之，兄终弟及者有之，三兴三歇，再接再厉。董其事者，任劳任怨，惨淡经营之精神，自属难能可贵，值得勒石纪念，而村众之热心帮助使此气象庄严之建筑物克底于成，其功亦遑可埋没哉。于此足征民众之力量，原是伟大，若能因势利导，使其用之于社会建设方面，其成功真有不可限量者，岂仅如此而已哉？

山西省立第四中学校毕业北方军官学校骑兵科毕业康森歧撰文

黎城县立两级小学校毕业山西省立榆社中学校肄业范汝琏书丹

黎城县立两级小学校毕业山西省立长治中学校肄业康武岐篆额

维首康文秀　康麟阁　康廷魁　范良　康麒阁　康宪章　康庚辰　康绩拴　康德富　康吉林　康廷樑　康起辰　康安义　康贵臣　康先文　康占运　李魁　康进成　康平章　范恭　康宽堂　康广文　康双和　康永富

玉工康景来　范彦兴　康女则　木匠陈人科　丹青康平章　镌碑玉工赵月桂

中华民国二十六年一月二十五日榖旦勒石

（十四）黄草辿村

村庄概况

洪井镇黄草辿村，位于镇子的西北部，周围群山环绕，东西走向。村子实际位于滩村，是周围黄草辿、上板门、下板门、水窖、黄草辿五个自然村合并而成。据传该村原为黄巢起义兵败后，来此练兵意图重新起义的地方，故旧名黄巢村。村民先辈多为光绪丁戊奇荒时期从河南、山东等地逃荒到此。村中主姓为岳、石、赵，有84户，189人。常用耕地564亩，农作物以玉米为主，也种植核桃、花椒、柿子等经济作物。村庄现存庙宇有土地庙、奶奶庙。

土地庙

碑刻资料

（1）嘉庆二十年（1815）黄草讪村重修土地庙碑记

【碑阳】

碑名：重修土地庙碑记

尝思天下之事莫为之前，虽美而不彰；莫为之后，虽盛而弗传。况乎土地之为神也，职掌吉凶祸福，权司虎豹豺狼，到处皆立庙宇，凡人无不焚香，不同于他神者乎。故今黎邑王家庄之西，黄草讪之南，旧有古庙三间，创建不知始于何时，只因世远年湮，风雨损坏，不惟无以庇神灵，亦且难以壮观瞻。众人目击而心伤焉，于是合社公议，各出赀财，伏乞四方善士，共助布施。岁在甲戌，大开工作自仲春而始，修迄孟冬而苟完。墙之前后皆易以石，庙之上下尽易以砖，金妆彩画，焕然聿新，登其堂皆喜苞桑之固，入其室尽贺盘石之安。功程告竣，嘱予为序，予不能文，聊以述其大概云尔。

武乡县长乐村儒士王士斌注撰

本庄人陈德元谨书

经理人李明富　陈万祥　史玉兴　杨绿枝

木匠杨继喜　泥木匠王培松

丹青原景羡　玉工康成祥敬刊

大清嘉庆二十年七月初九日合社人等仝立

【碑阴】

黄草讪陈万样钱二千　史王兴钱一千　李明富钱一千　□德富钱

一千　杨精栈钱一百五　王氏钱四百　王泗钱三百　□□保钱□百　张明池钱三百　姚寡妇钱三百　董如福钱三百　董敬财钱二百　陈万贵钱三百　焦本根钱二百　李明德钱三百　张发财钱三百　张有财钱四百　□□钱三百　王□□钱三百　张一元钱三百　董双有钱三百　董双金钱三百　杨枝春钱一百　史起子钱一百　王家庄范秦钱二百　范田恭钱一千　李安定钱三百　杨永盛钱一百　董成烈钱一百二十　范作文钱一百　杨永昌钱一百　范安业钱一百　范有将钱一百　年文全钱一百　杨济财钱二百　范克明钱一百　范田钱一百　王于干钱一百　范正朝钱一百　李主资钱一百　范□邦钱一百　范起叶钱一百　范富基钱一百　张叁钱一百　李桂钱一百　任法远钱一百　□□锡钱一百　赵福锐钱一百　范作仁钱一百　王富钱一百　李思道钱一百　李主玉钱一百　杨永固钱一百　杨援□钱一百　原先永钱一百　杨法瑞钱一百　杨俭钱一百　刘明钱二百　范难宁钱二百　王增补钱□百五　程万道钱一百　张先锡钱二百　原秀体钱一百　杨有获钱二百　悟道钱二百　宋奇保钱一百　李春保钱一百　李主财钱一百　董成相钱五十　李金锁钱一百　张有成钱二百　各则郊翟□喜钱一百　翟秋喜钱二百　翟希孔钱二百　翟希颜钱二百　翟自善钱百五　翟自烈钱百五　翟明环钱一百　翟丙云钱一百　翟桐钱一百　董王志钱二百　乔作文钱五十　翟成钱一百　翟成□钱一百　翟□□钱二百　翟朗瑞钱一百　翟希受钱一百　翟日隆钱百五　翟日昌钱二百　翟丙锐钱二百五　百官庄王想进钱二百　永盛号钱二百　范孝璋钱一百　范原□钱一百　范孝恩钱一百　高金琳钱百五　高金瑶钱二百　高□□钱一百　范荣孝钱一百　范登先钱二百　范登俊钱一百　范□□钱一百　郭为那钱百五　郭为成钱一百　郭为宁钱一百　范登高钱一百　范原富钱一百　董起钱八十　范孝功钱五十　范生则钱五十　范九德钱一百　范崇明钱百五　范九□钱百五　范□曾钱百五　范九斌钱百五　范九□钱二百　申起元钱百五　申好元钱二百　董胜钱一百　范□□钱二百　董杞志钱□百　权子厥钱百五　权觅钱一百　高

汝旦钱一百　董成均钱百五　董成言钱一百　董成□钱百五　范九令钱一百　范□赤钱三一　高汝弼钱一百　范九经钱二十　北峪郊孔广註钱一百　孔广语钱百五　孔广谟钱一百　孔招运钱八十　李建兰钱八十　康成祥钱一百　孔□金钱百五　郭金库钱二百　孔广论钱一百　孔庆满钱一百　权伏支钱一百　孔招举钱二百　孔广□钱三百　孔□俭钱二百　孔柄明钱百五　孔庆瑞钱一百　孔□达钱二百　孔宁令钱百五　孔宁朋钱一百　孔□俊钱百五　孔宪宣钱二百　乔家庄乔主美钱二百　郭□明钱五十　中庄原景美钱二百　原守元钱一百　王培雄钱三百　襄垣郭周钱三百　刘可信钱□百　武邑隆庆号施钱□□　王士斌施钱□□　董□□施钱……　□晏施钱……　阶经　宝庆　魏更有施钱一百　魏□周施钱一百　郝更□施钱一百

（2）民国十五年（1926）黄草讪村重修碑记

碑额：永垂不朽　流芳百世

碑名：重修碑记

且夫善修庙宇者，惟能御其事捍其患，苟非能御事捍患，何以能修庙宇哉。吾村王家庄黄草讪昌黎伯韩文公庙一所，唐之贤大夫也。当其时异端并起，左道或众，独公以布衣起，谈笑而辟之天下。宗公之言，斯道复归于正，后因谏迎佛骨，出拜潮州刺史，祭鳄鱼以除民害。奇功特著于当时，驱虎豹而清境土，咸名独显于后世，精忠一世，俎豆千秋。求必应，祷必灵，溶溶圣化，种种福荫，吾侪小人忍视庙宇之剥落而不为之修葺乎。本村闾长张贵银者，目不忍视，聚众议论，众无不从于是。癸亥年兴工，甲子工竣。殿前新建香亭一楹，如虎生翼，如龙点睛，比前观之更奇，此其人力所能哉，寔神力之所助也。至于令神光赫濯，睹冠佩而如生，轮奂维新，乘佳构如不朽，既勤朴新斲丹获，美備庙宇神像，焕然一新矣。又从而歌曰：云山苍苍，河水泱泱，神光之风，山高水长。余虽不敏，聊为小试，以志不忘云耳。

前清五吕军功于令村副□□□沐手选书丹

总理维首□□□一千文　维首张清才五百文　彭会聚五百文　岳松利五百文　王学宝一千文　赵九发一千文　张兴财一千文　香首李思堂钱八百文　李培芳八百文　王秋信八百文　张景宽八百文　岳秋义五百文　岳松廉六百文　赵富三二千文　申美珍一千文　李周良一千文　岳银河一千文　张法保八百文　孔祥旺九百文　李金发七百文　赵九富七百文　岳双喜　岳松轻　岳松祯　岳松昌　岳占河　岳占湖　岳占海　岳占江　岳占清　岳松忠　岳松禄　岳保三　岳起聚　岳保柱　岳兴旺　岳保恭　彭李维　彭辞心　彭会法　彭水泉　彭心方　彭秋成　彭四福　彭青春　彭德明　彭李锁　彭青先　彭兴祥　彭德高　岳保伦　岳乡锁　岳长锁　王学金　王学银　王学才　王义全　王明标　郭青富　杨占青　杨正祥　徐麦魁　李景全　李景禄　桑义昌　李美芳　李希祥　申元兴　申贵周　杨永和以上各施钱五百文　彭青香钱七百文　赵景堂钱七百文　岳松仁钱七百文　赵景金钱六百文　彭金旺钱五百文　王发山钱五百文　岳保文钱五百文

石工李刘存　木匠栗贵朝　丹青董遇林　玉工王金和　王银和

民国十五年桂月穀旦立

（十五）停河铺村

村庄概况

洪井镇停河铺村，位于黎城县东北部，距县城约 4 千米。309 复线贯境而过，沿 309 复线经七里店至此。村庄东北至东阳 6 千米，东至子镇 2.5 千米，东南至上台北 2.5 千米，南至中街 2.5 千米，西南至七里店 2.5 千米，西至大停河 1 千米，西北至北停河 1 千米。该村四面环山，北邻白岩山、老顶山，东南依玉皇脑、高脑山，地势东北高，西南地。清康熙《黎城县志》载"停河"，西临河谷涧水。古人相传："有河主兵争，无河兆安宁。"故以停河名村，作为和平的象征。其地处交通要塞，居民多以旅馆商业为生，故称停河铺。历史上该村村民就有耕读传家美德，村民文化素质较高。据 2004 年统计，这个不足千人的村有教师百余名，大、中专毕业生近 200 名。村中现有 1103 人，主要种植玉米，每年农历三月十五举行村中的庙会。现存庙宇有真武阁、文昌阁、五道神龛、观音堂。

观音堂

庙宇概况

位于停河铺村村中，坐南朝北，一进院落布局，东西宽 7.6 米，南北长 12.1 米，占地面积 91.96 平方米。创建年代不详，据庙内碑文载民国三年（1914）重修，现存建筑为清代遗构，建有山门和正殿。正殿建于石砌台基之上，面宽三间，进深五椽，单檐硬山顶，灰布板瓦屋面；梁架结构为六檩前廊式，前檐下设有斗拱七攒，柱头科四攒，平身科三攒，均为一斗两升；墙体青砖砌筑，原置隔扇门窗缺失。

碑刻资料

民国三年（1914）停河铺村重修观音堂三官阁并重建文昌阁碑记

碑名：重修观音堂三官阁并重建文昌阁碑记

  窃维锡福降祥瑞，赖神功之保护，解危救苦，实资圣德以扶持，是神之于人因无时不佑，即人之于神当无日不敬也。停河铺村旧有观音堂、三官阁、文昌阁，无如岁月久长，庙因圯毁，风雨漂［飘］摇，神几倾颓，岂所以忡诚敬妥神灵耶？重建修葺焉能已乎？前清光绪壬寅岁，村人先议重建文昌阁。盖斯阁也，向无贞珉，莫知缘由。但老人传云：初高而村富足，后卑而户贫穷，则高之可以降风化，卑之有以泄脉气也。非明验欤？以故卜吉鸠功，规模仍旧，台厦高增，一年而厥工告竣，得以耸立，特起焕然，重新约费钱一百七十余串。尔时即欲继修观音三官两庙，奈工程较前颇大，财力并无难支，不得不缓图之。又拴会一道，积钱十年方敢重修。兴工于癸丑春，落成于癸丑冬。亦得堂阁巍峨，妙相庄严，约费钱二百三十余串。孰意资费尚有空乏，捐亩仍然不瞻。爰乃复募缘于外，以弥缝其缺。献戏开光，是又费钱百余串。前后共费五百余缗。谨将四方捐资列于碑阴，一以彰众之善心，一以启村之后人。余也才学粗鄙，不过聊以志其大略焉已耳。奚用序。

  前清邑庠生员王严沐手敬撰并书丹

  维首李东生 张清彦 王书声 张水彦 杨丙林

  附生王律 赵仁祥 王武 韩胖孩 王严泥

  水匠张玉森 刘见义

  丹青匠王富顺

  石匠王和 张宽

  木匠杨银群 张黑女

  玉工王情 魏恩科

  中华民国三年岁次甲寅瓜月上浣勒石

（十六）霞庄村

村庄概况

洪井镇霞庄村，地处平川，勇进渠水流经村北，位于县城北 5.5 千米处，东北毗邻苏村，南邻北停河，西连元村，北依白岩山。清光绪《黎城县续志》载"霞庄"。宋朝时，为李氏始居。因村居于苏村之下方，古属苏村里，故原名下庄。明宪宗成化十年（1474），王氏西（陕西凤翔府）来，村址遂扩。因地处白岩山前，风景独秀，借"白烟晓烟"之景，雅化为霞庄。霞庄不仅有大量明清时期的古建筑，村内还有大量八路军的生活痕迹。八路军总司令朱德及其部队曾于1939年4月至1940年1月驻于这里。现存古建筑有北阁、关帝庙、李氏宗祠、真武庙、王氏宗祠、五龙庙、文昌阁、观音庙、西阁。村中现有790人。

王氏祠堂

祠堂概况

位于霞庄村村中，坐北朝南，一进院落布局，东西宽7.5米，南北长20米，占地面积150平方米。正堂墀头题有"咸丰戊午"字样，祠堂碑文记载清光绪二十六年（1900）创建，现存山门和正堂为清代遗构。正堂建于石砌台基之上，面宽三间，进深六椽，单檐硬山顶，筒板瓦屋面；梁架结构为七檩前廊式，前檐下设有斗拱七攒，柱头科四攒，平身科三攒，均为异形拱；堂内墙壁设有族谱，檐柱上挂有对联，题"子孝孙贤十七世簪缨似续，祖德宗功四百年俎豆馨香"。

碑刻资料

（1）乾隆十六年（1751）霞庄村王氏祠堂碑

奉天承运，皇帝制曰：任使需才称职，志在官之美，驰驱奏效，报功膺锡，类之仁尔。廪生王思智乃山西太原府太谷县训导王惟崧之父，雅尚素风，长迎善气，弓治克勤于庭训，箕裘丕裕夫家声，兹以覃恩□赠尔为修职佐郎，山西太原府太谷县训导，锡之敕命。于戏！肇显扬之盛事，国典非私；酬燕翼之深情，臣心弥勒。

乾隆十六年十一月二十五日

皇清敕赠修职佐郎太原府太谷县训导显考达圣府君墓表

呜呼！惟我显考讳思智，字达圣，姓王氏。先世洪洞县人，自洪迁黎，居苏村里之下庄，□祭官，生三子。次俞齐公讳昌言，为山东临邑教谕，与邢子愿先生友善。生高祖廪生□公讳立家，幼育临邑署中，患痘危甚，诸药罔效矣。同寅某公乃恻然曰：王公暮年□能以一代之也。遂以此意，焚香籲天者久之。俄而其季子一叫而绝，而曾王父苏矣！□王氏之方兴未艾云。曾王父生五子，长即王□，邑庠生。绳武公讳业，生子三。先君其次，七岁丁先□母张儒人艰，方成□□，王□过难患疾，供饮食，奉汤药，扶持搔抑，皆身亲□，博□□□。

　　□明年科试，旋即食饩，辛酉甲子两赴秋闱不遇。年仅四十，赍志以卒也，葬于坪头祖茔之侧。时崧年十三，未能读礼，隧道志石不具。迨雍正十二年治先七年，若执祔葬之礼，恐圹中之动□滋戾，致先君之体魄不安，乃彷子朱子葬韦齐先村北华盖山之阳，又未尝启先君之圹而补置隧石，以志遗烈。荏冉［苒］至于今，□御□之十有六年，十一月二十五日，恭遇皇后六十万寿，奉覃恩貤赠先君为修职佐郎太原府太谷县训导，先妣为八品孺人。龙章龙锡，诰□□仁。是更不可失坠泯灭而无以昭示后昆者。于是伐石树碑，敬刊敕命□□方，□其下方则略志先君之行，实梗概焉。先君□性孝友，事继母，独能寻其欢心，少长高下，酬接以谦平恕。一日往于田，见有窃禾田中所识也，卒发之恐其人，盖他人于陇头号之曰："田主来也，田主来也。"窃者惊顾而去，先君不复追，亦终未以其□。先君殁后二十余年，崧偶晤一邻村父老宇姓者，自言昔正亲见其事，为崧备道始末。德积于冥冥之中，出入见闻之外者，谅亦甚多，惜乎崧幼而孤，不克通知其详耳。然而不能容确实有据，亦可以想像先君生前之气象度量而传之不朽矣！则其他之传闻，缘饰附会，以污先人者，耸人听闻，抑亦有所不必矣。先君配吾母刘孺人，岁贡生选□石墓碑。男子三：长即不孝惟崧，岁贡生，太谷县训导；次惟庆，早世；三惟渊，岁贡生。□孙五，以邰增生，以邠廪生，以岐、以程庠生，以礼业儒。元孙三，应奎、应参，俱选儒□。□午十四日，男修职佐郎太原府太谷县训导惟崧表。

（2）乾隆二十三年（1758）霞庄村王氏远祖茔碑记

碑额：王氏远祖之茔

碑名：王氏远祖茔碑记

敕授修职佐郎太原府太谷县儒学训导裔孙惟崧薰沐谨撰

远祖茔者何？乃我王氏从洪洞迁来，自洪武以至成、弘，其间百余年之先祖卒葬皆于是乎。但墓冢虽存，而碑志缺如，试问此中所藏几世几人？何讳何字？后之子孙俱不得而知也。自是王氏遂分为四股，各立其近祖坟墓，而此茔祭扫，则人迹罕到矣，甚而有不知其为先祖茔者。若过此以往，再历数千百年，其不至荡为丘墟，犁为平畴者几希。夫茔域荒凉，行道之人且见之太息，况为人子孙，谁独无水源木本之思，能不尽然伤悲乎？用是与侄太学生琬谋之族人，公立远祖碑志，期传不朽。且约今后每年清明前一日，凡我族人皆先于此茔祭扫，一以尽追远之仁，一以敦睦族之义，而不使他人之过此者，与黍离麦渐之感尤其余也夫。

时大清乾隆二十三年岁次戊寅清明穀旦四股裔孙

西圪廊股元恺　上头院股凤　东谷囤股肇瑞　旧院股惟有等仝立石

（3）光绪二十六年（1900）霞庄村创建祠堂碑记

碑名：创建祠堂碑记

盖闻创之于始者固贵，继之于终而作之于前者，尤当述之于后也。本族王氏，考之始祖乃故朝成化年间人，生五子，长、五二支，迄今十有七世，蕃衍昌盛，不下百余户；次、四两支少亡无继；三支传五世乏嗣。两支虽族大丁繁，互相争竞，难于继续。先父老因将三支遗产析而为二，两支各得其一，五支所得者遂即化为乌有。唯本支所得者，今祠堂院一所，东骆驼地若干亩。议欲以此项积累与三支建祠致祭，俾绝世之灵有所凭依。故易东骆驼地为本村地十七亩，得租生息尔。时余先祖考素位公独任其责，后因耄倦，托余先族伯汲甫、泰董理。二公接手，敬慎其事。至咸丰戊午，不数年创建祠堂三楹，功未竣而二公相继作古，公举余先堂叔齐溪公办理，越十余年，创建大门三楹。至光绪三四年，岁遭大祲，斗米二千五百大钱，饥人相食，齐溪公亦故，无人经理，此事遂中废。佃户自是俱不纳粟，历十五六年，仅奉钱粮而已。及光绪十九年，族叔锐先、从堂兄时新、胞兄东晓、先族兄朝元、族兄联昇、云亭诸人，目击心伤，不忍坐视，因忆是举也，乃先人重三支绝祀之志也，若不究理，将何以对先人于地下乎！于是纠合族众，公通妥议，遂派诸人仍照旧规，陆续修理，补完前功，添设祠龛，敬奉木主五七个，翻然改观。庶几，上修绝世之祀，下继先人之志，一举两全，皆诸人之力焉。公议条规，刻石以传永世，命余作文以祀之。余本不文，述尤不敢，何况于作？奈兄命难违，不得已询之父老，考之家乘，谨录数语，卿志其颠末云尔。

邑庠生王东曦撰文

胞兄王东晟沐手敬书

大清光绪二十六年岁次庚子季春三月寒食前一日

石工赵广渊勒碑

春秋阁

庙宇概况

位于霞庄村村北，坐北朝南，东西长5.2米，南北宽4.8米，占地面积24.96平方米。据庙内碑文载，清道光八年（1828）创建，现存建筑为清代遗构。此阁由两部分组成，下层石砌基座，中设拱券过道，上建春秋殿。春秋殿面宽三间，进深五椽，单檐硬山顶，板瓦屋面；梁架结构为六檩前廊式，前檐下设有斗拱五攒，柱头科四攒，平身科一攒设于明间，均为一斗两升；墙体青砖砌筑，原置隔扇门窗缺失。

碑刻资料

（1）道光八年（1828）霞庄村重修仁勇大帝庙并创建春秋阁碑记

碑名：重修仁勇大帝庙并创建春秋阁碑记

尝闻神圣之灵，缘人之敬畏而生，人之敬畏由目之感触而起，则神圣所凭依而众庶所瞻仰也。故颓垣废寺，其间岂无神明？而过之者往往目睹荒凉，肆然无忌，一旦从而修葺之，庙貌巍焕，殿宇清穆，虽庸夫俗子莫不肃然敬凛然畏者，触于目而警于心也。仁勇大帝之灵，于今为烈敕封频加于国朝，庇护遍及乎寰宇，上而公卿大夫，下而士农工贾，咸知敬畏而崇奉之。是通都大邑以迄穷巷僻壤，庙宇之辉煌皆不约而同焉。下庄村有仁勇大帝庙，祷雨求签，无不响应洵至，神至灵之圣也。闻创建之初，规模狭隘，厥后里人重修，踵事增华而气象阔于曩昔矣。迄今又历数十年，风雨剥蚀，渐就倾圮，村中李永锡、王克嗣等纠合老幼，鸠工庀材，重加修葺，又创建春秋阁在庙之西北，基趾悉仍旧规，而雕楹刻桷实足委神明而壮观瞻。盖经营甚非易易也。自春徂冬，厥工告峻［竣］，丹臒一施，焕然改观。至是，而一乡之人心悦矣，人悦而神亦悦矣。虽神圣之灵，不藉兹而加显，而使人触目惊心，敬之畏之，凛凛然有在上，在旁之思而不敢，或即于匪窦者胥是举也。故其图度修创之劳，与夫输财输力之家，悉勒诸贞碣，以永垂于不朽。

儒学邑庠生里人王全仁撰

儒学邑庠生里人王畹兰书

堆金社布施钱一百零一千

王三锡劝捐白银五十两零二钱二分

李生荣施基地一分五厘

维首乡饮介宾王人俊　王光斗　王克嗣　邑庠生王士锦　李永锡　王玉山　王鹤年　乡饮介宾王丽光　王福魁　邑庠生王景仪　王有祯

李生花　李鹤年　李生荣　李生滨　王成名　邑庠生王□命　邑庠生王行己　岁进士王锡兰　邑庠生王友仁　邑庠生王映斗　王俊士　邑庠生王安仁　邑廪生王正己　王敏

时大清道光八年岁次戊子瓜月榖旦

木匠杨珠　泥水匠王福　丹青范生财　玉工刘子麟

（2）宣统三年（1911）霞庄村关圣帝君庙重修乐舞台碑记

碑额： 亚玉帝庙碑碣

碑名： 霞庄村关圣帝君庙重修乐舞台碑记

　　世之褒嘉关夫子者，动云参天两地。此固夫子之功德，昭著于天地间者，虽妇人孺子，咸能祈颂而乐赞，宜无庸赘辞。第就其庙貌之威严而观，遍历亚洲；其星罗棋布之势，无论城镇乡村，逐处皆有。即山僻寥落，凡有人烟之区，亦莫不处处立社，家家敬奉者焉。旷观古今凡庙享血食之神，从未有媲美于关夫子者也。使非赫赫威灵，其感人之深且远，而巍巍庙貌，其报答何能若是之众且多哉！所谓参天两地者，非夫子曷克当此。村之阳关圣帝君庙，旧有乐舞台一座，年代久远，风雨剥蚀，渐就倾圮，若不重加修葺，恐优伶难展其伎俩，管弦不叶其音律，将何以妥神灵、达圣貌而成乐舞之名乎？光绪戊子岁，吾辈十数人集议重修，缘甫踰大祲，筹款艰难。磋议成钱会一道，作为兴工的款，因王东汇、李福谦二君世居庙之左右，举目触心，较诸人更觉关怀，遂公推二君肩任其事。阅八载会完，得钱二百余串，迨戊戌岁，鸠工庀材，择吉修葺，改旧贯而变新式，雄壮其观瞻；易三架而成四间，廓其大规模。春初经始，秋末告成。庶几神灵可妥，圣貌可答，而乐舞之名也可核实矣。于是金装圣像，彩绘殿亭，并乐舞台而一概设色，光射丹碧，辉煌黝垩，合麟经阁而同时维新。是役也，所费不资，除的款外，按亩科派。比户咸恐后而争先，沿村劝捐；诸公皆疏财而仗义，理财筹款。

倡首者，竭尽其心思，区画经营；董事者，各任其劳怨。由此观之，籍非夫子之英灵默佑其事半功倍，能若是之巧且速焉？余忝附乃事，聊识其颠末，故不避笨拙，以记其详略。唯愿后之同人继此而罔替焉，则余之所厚望也。

覃恩岁进士拣选州判署朔平府学训导代理本学教授历署介休沁水等学教谕维首王凤山　次子邑庠生山西宪政研究会毕业留学本省法政学堂密镇南氏薰沐书丹

附监生军功五品衔寅卿王东曦敬撰

长□邑庠生昆岳宗室薰沐题额

维首王尽臣　王世昌　王跟令　王熙泰　王其祥　王恒泰

五品衔王东曦　武生王鸿翔　武生王东汇　六品衔王东晟　庠生王献堂　例贡李福谦

庠生王应奎

髹匠范宴海　木匠宇文卤　□匠李进孝

髹匠康平章　石匠王拈群

大清宣统三年岁次辛亥仲春下浣

玉工王清敬刊

李氏宗祠

祠堂概况

位于霞庄村村北，坐北朝南，东西宽15米，南北长18米，占地面积270平方米。据堂内碑文载，民国四年（1915）创建。一进院落布局，建有山门和正堂，院外设有照壁两方。正堂建于石砌台基之上，面宽三间，进深五椽，单檐硬山顶；梁架结构为六檩前廊式，前檐下设有斗拱七攒，柱头科四攒，平身科三攒，均为三踩；墙体青砖砌筑，内置隔扇门窗。堂内设有李氏族谱，保存较好。

碑刻资料

民国四年（1915）霞庄村创修祠堂碑记

碑名：创修祠堂碑记

考史编于柱下，道骨仙风；稽族谱于陇西，天潢世胄。李氏之延绵，由来久矣。黎邑霞庄村旧有李姓数十家，虽谱牒无存，而世系可考。椒衍瓜绵，实赖先人之佑启；水源木本，难忘祖泽之留遗。窃思肇修家庙已有年矣，嗣孙福谦，于宣统庚戌该管甲内粮事，应得甲内租栗，遂集宗人妥议，愿施基地三间，以甲内之租为鸠工之资，族人欣然乐从。议筑祠堂三间，大门一间，于民国二年开工，四年告竣。共费钱四百五十余缗。由是家庙肇修，先灵永慰，念祖德而弗忘，以享以祀；妥先灵之如在，致敬致诚。感霜露于春秋，按时致祭；列馨香于俎豆，荐食输诚。庶几，祖考居歆，来格来享，赍子孙以多福，利后嗣以克昌。美轮美奂，光照前人；丕显丕承，昭兹来许，岂不有以绍遗徽而贻孙谋乎？夫报本追远，人生有不已之情；尊敬祖宗，人子有至殷之念。《礼》曰："君子将营宫室，宗庙为先。"比物比志也夫，是为记。

　　癸酉选拔辛卯举人戊戌大挑一等即用知县戚末段镇拜撰

　　前清邑庠生嗣孙世动薰手敬书

　　例贡生嗣孙福谦施地基址三间、中门一间。下剩群墙工料仍属业主。原粮六分平，社内纳粮银二分，又捐钱二十千文。

　　西坟股嗣孙金泰　福泰等售树捐钱八千文　族人嗣孙海晏　乃成　金斗　泮堂　长德　增田　仁堂等　施吴家峧烟坡地三十一段三十九亩

　　族人嗣孙墓古　犊则　起堂　得库　金泰　丑女　福德　参则　施高石河地　郭峧地十段五亩　共纳粮银六钱三分六厘

　　鸠工首事人嗣孙　福谦　福泰

　　石工王土云

　　木工宇文猷

瓦工刘建义

勒石人王清刊

民国四年十月一日合族人仝立

（十七）西黄须村

村庄概况

洪井镇西黄须村，位于县城东北 7.5 千米处，地处山区，北邻白岩山、老顶山，东南依玉皇脑、高脑山，地势东北高，西南低。东与东黄须村隔沟相望，南至停河铺 3.5 千米，西毗苏村，北邻老顶山。该村辖西黄须、龙门沟、宋家峧、官家峧四个自然村，村民委员会驻西黄须，现有人口 262 户，785 人。清康熙二十一年（1682）《黎城县志》载"西黄须"。相传，古时村东有涧水名须，混浊而黄色，俗称（黄）须水。因村居其西，故名西黄须。几经地址沧桑，水源已南移于今北停河村东之 1 千米。清光绪六年（1880）《黎城县续志·补遗》按："（黎城）县有东黄须，西黄须两村，与《水经注》左右黄须合，盖村名之最古者。须，乃鬚之本子，必有名义，然不可考矣。"村里一共有五个庙，分别是文昌阁、军政委员会纪念堂（观音堂、三官庙）、佛爷殿、春秋阁（关帝庙）、二仙庙（北顶）。

佛爷殿

庙宇概况

位于西黄须村村北，创建年代不详，现存建筑为清代遗构，坐北朝南，一进院落布局，东西宽 11.2 米，南北长 17.8 米，占地面积 199.36 平方米。现存山门和正殿。正殿建于石砌台基之上，面宽五间，进深六椽，单檐硬山顶，灰布筒板瓦屋面；梁架结构为七檩前廊式，前檐下设有斗拱十一攒，柱头科六攒，平身科五攒，均为五踩单昂单翘；墙体青砖砌筑，内置隔扇门窗。

碑刻资料

光绪二十□年西黄须村重修佛堂庙布施碑记

碑名：重修佛堂庙布施碑记

自圣人立教以来，正邪显判，而……待数足以赛之神。讵知作繁声以……赌，而珠累泉布，谋及村中俾助，功……一社土木，重与合百六弗之大宗……成朵殿，苟非禁赌社之力。讵为……德能和众，乃荷天庥，诸公勉□……

邑武生王晋　王锅　王步汉　禁赌社申余三　王钺　王镇　邑庠生王廷光　王窝　王保财　王正　崔福祥　王判　王金台　王集　王胖蛋　王安成　王子温　马新年　王肥则　王诚孩　王狗蛋　王锡　武生王宪　杨合　西社崔守业　杨银和　王潆……

大清光绪二十……

（十八）上台北村

村庄概况

洪井镇上台北村，位于县城东北5千米处，东北至子镇1.5千米，东南至岭底4千米，西至下台北1千米，西北至停河铺2.5千米。该村地处山区，四面环山。北邻白岩山、老顶山，东南依玉皇脑、高脑山，地势东北高，西南低。因村所处地势较高，且在下台北村之上，故名上台北。清康熙二十一年（1682）《黎城县志》载"上台壁"。"壁"与当地方言中的"北"同音，且书写方便，今人易"壁"为"北"。村中有350户，845人。现存庙宇有龙王庙、关帝庙。

村外

碑刻资料

（1）民国三十八年（1949）台壁村烈士碑序

碑额：万古流芳

碑名：台壁村烈士碑序

　　朔自抗战开始，国民党反动派即闻风溃退，使万恶的日寇得以长驱直入，锦绣的中国河山为敌铁蹄蹂躏，亿万人民陷入水深火热之中。幸而，在中共的英明领导下，胜利地坚持了八年的抗战，迫使日寇不得不向我无条件投降，尔时群众无不欢腾庆祝，以为中国和平将由此奠定。孰料国民党反动派野心未死，不顾全国人民之愿望，在其主子美帝援助下，悍然发动内战，妄想"螳臂当车"作［做］垂死之最后挣扎，但在我英勇的人民解放军及我地方武装有力痛击之下，始陷于土崩瓦解。太原之役，我村民踊跃奔赴前线，出生入死，以完成配合军队之光荣任务为唯一天职，终于为国家为人民光荣捐躯。壮哉！可倾可敬也！先烈们的丰功伟绩，给革命史上写下光辉的一页，其精神将永垂不朽！全村群众，哀悼烈士心切，特立碑以资纪念。故为之序。

烈士榜志

王根堂，二十二岁，在朝鲜因公光荣牺牲。

张补森，二十五岁，在六营集战中牺牲。

刘先奇，三十九岁，一九四四年四月在本村带领民兵英敢杀敌，光荣牺牲。

王长富，二十四岁，一九四四年八月在陵川县政府工作病故。

李松会，三十五岁，一九四八年九月太原战役参战，光荣牺牲。

王丑狗，三十四岁，一九四八年九月太原战役参战，光荣牺牲。

王庚田，二十二岁，一九四八年九月太原战役参战，光荣牺牲。

建碑委员会钮海羊　王松贤　钮和枝　王焕禄　崔玉奇　王守德

撰文并书文人杨德祥　刻石人赵月桂

民国三十八年五月初一日立

龙王庙

庙宇概况

位于上台北村村中，坐北朝南，一进院落布局，东西宽19.5米、南北长49.4米，占地面积963.3平方米。创建年代不详，据庙内碑文载，民国四年（1915）重修，现存建筑为清代遗构。院外建有戏台一座，院内中轴线上建有山门、正殿，两侧为东、西厢房。正殿建于石砌台基之上，面宽三间，进深五椽，单檐硬山顶，筒板瓦屋面；梁架结构为六檩前廊式，前檐下设有斗拱十一攒，柱头科六攒，平身科五攒，均为三踩单翘；墙体青砖砌筑，原置隔扇门窗缺失。

碑刻资料

民国四年（1915）上台壁村重修龙王庙碑记

【碑阳】

碑名：上台壁村重修龙王庙碑记

　　台壁为燕王慕容垂聚粮台，其村高大而古，高则川溪不近，大则生齿特烦。自燕迄今，所由食有余粮，咸得托命其间者，唯雨之赐。噫！此龙王庙所由建也。是庙也，节经重修，第历年已久，垣宇将形倾颓，规模不甚壮阔，维首等悯之。为之移乐楼，建山门，大殿两廊或仍旧兼改作，尤不少遗余力，其外并于关帝、药王、土地、圣母诸祠，靡不竭力同修，合为完璧。庙成数十多楹，费达两千余金，除本村捐亩，复祈四方解囊，故兴工清季，方得告竣于国初。夫而后形势崔嵬，逢村有力，金碧掩映，与国同新，因于是有感矣。我国神道设教，久成习惯，彼一般愚民，畏人畏法，恒不如畏神之心深且切，龙神尤显有可畏之实，有时见电闪烁，闻雷霹雳，莫不惊之惧之，使改恶为善之心油然而生。况庙貌一新，威灵更著，即于电不见、雷不闻之时，睹斯庙者亦必惊且惧而不敢妄为，其感化之神不但裨益乎自治，并可补助乎官治，养之源即属教之本，正为有关于教养，故乐作文以志之。

前清蓝翎五品衔□□□生辛亥制科举人签掣直隶州□杨汝楫撰
前清由增生本省宪政研究所毕业后派陆军混成旅书记官张兆瑞书
中华民国四年七月穀旦合村立石

【碑阴】

中街村施钱十五千文　子镇村施钱十千文　洪峧河施钱十千文　下台北施钱八千文　停河铺施钱八千文　南枣镇施钱八千文　内城堆金社施钱十二千文　望壁村施钱五千文　南隅财神社施钱四千文　发义旺施钱三千四百文　同心斋施钱三千一百五十文　上铺镇堆金社施钱三千文　南社村施钱二千五百文　太阳斋施钱二千三百文　长凝村施钱二千三百文　三茂德　上桂花　下桂花　李堡村　东旺村　范家庄　西井镇　烟子村　东书房　张廷芳各施钱三千文　大停河　北停河　霞庄　元村　柴庄　□□庄　中庄　靳家街　麦仓　东庄　下宋村各施钱二千文

东□磨　卫家庄同心斋　暴家脚　洪井　□□堆金社　枣镇　长脚底　西黄须　东黄须　孟家庄　王元修各施钱二千文　苏村　西庄头　古县　□北村　城南村　石□庄　南村社　验契所　后庄　古寺头　禅庄　木洞　土□铺　上赵□　上宋村　仟件　□□同心斋　□家峧　洪□　王家庄　□金居　上湾　下湾　香炉峧各施钱一千五百文

□□□　小口　东长垣　石井　□家庄　狮□口　□□□　董壁　张祺瑞　王贺蓝　□□记　冯子峧　车元　南委泉　北委泉　南□□

东井　南柏　东崖底　看□　上清泉　□□堂　□堂　高石河　北□镇　王□岭　后□□　岭西　秋树垣　增□□　冯□□　善业村　□□□　□□太阳斋　元南　珩堂　东下庄各施钱一千文

　　墙峧　周家峪　东村　程家山　南堡　□谷社　风驼　马家山　路堡　东北寨　张玉　杨七孩　张忠文　王金禄　李新金　王庶义　王银水　王银保　郭发成　王金元　王景素　王元□　石□墙　北社村　北□花　正社村　土□□　李春成　花村　□东村　赛□村　□上　西社　□□　兴曹　□□　□□　南□各施钱一千文

　　□□□　□□厅　柏峪脑　□□□　西水洋　东水洋　赵店镇　□□□　□□□　□□□　南桥沟　南关厅　□□坑　北泉寨　□□　正川　坑东　坑西　李□□　头黄石同心斋　□□镇　杨国根　号□德　王东锁　王□氏　马文昌　□西村　□耳珠各施钱一千文　郑贵成钱一千文　张百□钱一千文

　　三街　前伏峪　恭重　西坡　西村　东庄头　赵文锦　城西　高开玉　武富长　田越　河南　蚕房　李春袍　李春景　王盛昌　上马岩平头西社　□家庄　□□□　杨恒　杨□堉　盐尚恭　西南岭　西北坊　王往杖　□□臣　下寨　郭树士　槐凹文　五十亩　河南　京庄　刘家庄　谷团庄各施钱五百文

　　圪□头　西峪头　□□□　三元店　玉顺店　长兴店　郑裕文　□逢吉　福生裕　郭金英　冯龙文　李起音　李子已　王金仓　永兴店　□乃仓　李丙辰　□□□　楼□□　□秋□　任□□　苏□□　树□□　西□□　黄岭村　王福起　□□盛　李□仓　岳□□　河□□　李有□　子□各施钱五百文

　　张寅年　康段氏　王银之　王李氏　□王氏　王王氏　李王氏　□□盛　任王氏　任王氏　□杨氏　李秦氏　王秦氏　□□太　□□□　□□□　李□□　天盛店　李杨氏　王□树　□隆发　□□盛　张氏　张氏　□氏　杨盛田　□□□　恒□□　张□□　范□□　王□□　王

旺安　张贵孩　□□　□□各施钱五百文

东阳关王逢□　王立章　□□□　□□□　□□□　任□□　王□□　□□□　□□□　张□□　□□　南街太阳斋　李□玉　刘海玉　王□□　李冯氏　李□□　李金还　王记祖　王福金　程满得　王席珍　王记□　王象录　王土辰　郑文居　王廷送　郑李氏　郑李氏　郑王氏　郑郭氏　郑南氏　郑孙氏　郑张氏　郭起氏各施钱五百文

郑张氏　郑张氏（郑）张氏（郑）申氏（郑）王氏　张安和　张守中　张三茂　张天才　马王氏　胡峪延寿堂　崔丕仓　万生恒　杨命之　李文穆　任记禄　王元纪　张鸿翼　程仁义　王金良　徐月水　任延翰　张发邀　福生永　大祥　孙目修　郑广大　孙金良　张和尚　任宁成　张进宝　张木孩各施钱五百文

王丙文　张丙玉　崔晚女　和晟　李明义　崔富桂　聚魁永　崔玉　李丙戌　王记松　王春太　王东永　下湾太阳斋　李厍各施钱五百文　铺上太阳斋施钱一千一百文　下黄堂施钱八百文　龙王庙施钱八百文　关上八宝斋施钱八百文　□太阳斋施钱六百文　王王氏施钱六百文　杨王氏施钱六百文　上黄堂施钱六百文　关上八宝斋施钱四百文　王世保钱五百文　王庆云钱五百文

郑杨氏　郑张氏　郑杨氏　郑王氏　郑杨氏　郑李氏　郑徐氏　郑李氏　郑汝秀　郑丑义　王富孙　王时珍　王土义　王有辰　王祥孩　王廷芝　王傅氏　王克心　王糟旦　王宣翰　王凤歧　王松　王木玉　王□永　王满祥　王永祯　□禄柱　□金喜　王进禄　韩有才　张殿龙　张满兴　张培训　张氏荣　陈水则各施钱三百文

谷驼村　王盛店　双义店　金兴店　同心恒　积盛兴　春合茂　永兴源　积盛恒　三合兴　万镇店　同顺昌　义泰德　宝德昌　义成公　张李氏　路申氏　李靳氏　张王氏　杨文元　杨土成　杨福全　杨栓魁　杨禄岱　韩盛　胡□水　三胜和　□四玉　赵玉松　赵起云　杨伏禄　李实禄　高恩荣各施钱三百文

任丑元　温年玉　胡进悦　范增畲　关上太阳斋　李庆云　申廷壁　崔富产　关上太阳斋　马常氏各施钱三百文

　　田有河　傅五斤　傅本德　刘法全　崔俊彦　高恩科　任丑方　温年玉　胡进悦　范增畲　关上太阳斋　李庆云　申廷壁　崔富产　马常氏各施钱三百文　同心斋四名捐钱七百文

关帝庙

庙宇概况

位于上台北村西，普通规模，坐西朝东，正殿为关帝庙，北耳房为文昌阁，南耳房为圣母殿。

碑刻资料

道光三年（1823）上台北创建乐楼碑记

碑名：创建乐楼碑记

　　……母之庙由来旧矣。松柏苍苍，惟留太古之□殿宇天元，盖是重修之功，岂无□□□雨消，亦有故老传闻，屡稀其传也。不知昭□何□创也，不知□自何人，然而□□□千秋不没，补天德大，万古常新，御我黍稷，□具豆□□□乐歆苦乏，台榭每逢祀□□□□与嗟动举祀典，而致□著志，建立于兹，有忠国而聚众，询□鸠工赴事，父老惧欣然□□□跃，不虑□□之艰，惟冀初心之□□。□五月十六日，肇举阙后，抓□于句废，腰月迷□□，□游□窟，栖头盘锁，方殊拱揖，□□□□矣将□□□既成，□□□□，厥由来佥□□，力□□而□知，募化时四方善信或捐金银，或给贽粮，或不惮路途□□□远，而亲身□□□□山川之修阻，而因人□将用以补前，此之不足增神人之光，□□□台一成□□遗□□□□□之力，而建多故，于是勒碑书名，以旌善人焉。

□□生员张拱奎序　儒学训导张星书

维首王金城　王中乡　张以兰　王培元　张星□　王金兴　唐如屏　王克慈

道光三年岁在癸未季夏穀旦立

（十九）苏村

村庄概况

洪井镇苏村，位于县城北7.5千米处，东毗西黄须，南至停河铺2.5千米，西南连霞庄，西至庄头1.5千米，北依山。该村地处山区，北临白岩山、老顶山，东南依玉皇脑、高脑山，地势东北高，西南低。清康熙《黎城县志》载"苏村"。原为西周苏氏之后裔所居，故名苏村。一说村子曾遭大灾祸，后再复兴，故名苏村，今村西与霞庄之间即原村址。村中现有97户，265人。现存庙宇有关帝庙、观音阁。

关帝庙

庙宇概况

位于苏村北，坐北朝南。两侧有廊房。正殿内新修大量壁画。面阔6.8米，进深2.9米，高5.2米，庙中供奉的有关公、周仓、关平，2006年修缮。

碑刻资料

嘉靖十三年（1534）苏村重修庙宇碑记

碑名：重修庙宇碑记

　　古黎东北去之十五里，苏村也。古有南乡□□□观世音、关王殿宇共二祈□□□□，瓦木□□□□□□，累止津漏，恐损圣像，有本村

□民□□□□□同共谨发虔心，舍己财□□□□□设会，本村众善人□□□□□□碧焕然，□院备二修□□□□□三月十八日急请勒石。玉匠鸠工用以□□观音堂地基垒砌□□□□□。

功德施主申复兴同室□□□申□　上头宗室禾室男主□□　主子雷室　闫室□□□□

寿官申庆　户居设□司事主天□□

众社施财人王琰　申居　申住雨　杨广银　王曰□　王□　王子吉

（二十）元村

村庄概况

洪井镇元村，位于县城北5千米处，东毗霞庄，南连西宋村，西北接庄头，北临白岩山。清康熙《黎城县志》载"原村"，清光绪《黎城县续志》载"元村"。原名鸳鸯，因村南有寨，古形宛如鸳鸯而得名。东晋末年，为鲜卑后裔元氏所居，易名元村。北魏孝文帝延兴年间由平城迁都到洛阳，始改拓跋氏为元姓。而元村得名于孝明帝正光年间，犹近史实。今元氏虽绝，但是村名未改。村内家家有村志，为申建国老人所修。现村中有450人，无集市庙会。现存庙宇有关帝庙、三官阁。

关帝庙

庙宇概况

位于元村南，坐东朝西，是县级文物保护单位，被列入"黎城红色百村保护工程"。正殿有"关帝庙"匾，脊坊题字"一九六六年二月初十日监制"，供奉关公、周仓、关平。南侧有南下福建纪念馆。

碑刻资料

嘉靖十五年（1536）元村重修关王庙碑

碑名：重修关王庙碑

黎城县玉泉乡原村里有关王庙，内笔画圣像年久，有本村南寨施主梁麒、梁麟弟兄，谨发虔心，创塑圣像一堂，舍自己之钱财，施本家之工力，并无起敛四方之一毫之物。正是，久废神灵有感，关王自合重兴。于嘉靖三年岁次甲申孟夏朔日起手，至本年仲秋望日开光，工毕，创塑已后，果得嗣息，宜存赞曰：灵坛古迹镇山河，本里祈求岁应多。圣德昂藏垂福祚，威风显迹镇妖魔。

功德主麒等　上同

父梁文　母宇氏　王氏

梁麒妻范氏　男梁睿　梁宁　妻范氏　男梁铠

梁麟妻范氏　男梁□　梁清

梁虎妻□氏　梁豹妻康氏　男梁琛

吏梁犀妻王氏　梁相妻宇氏　梁厚

香老梁会　宇文镐

助缘人梁隆

丹青申钺　申子保

石匠常左　常右刻石

大明嘉靖十五年四月吉日立

（二十一）石羊坟村

村庄概况

洪井镇石羊坟村，地处平川，位于县城北 3.5 千米处，东毗大停河，南至七里店 1.5 千米，西邻靳家街北至西宋村 1 千米。该村地处山区，北临白岩山、老顶山，东南依玉皇脑、高脑山，地势东北高，西南低。清光绪六年（1880）《黎城县续志》载"石羊坟"。汉关内侯冯奉世葬于此，子野王积庄田，着杨氏朴居之，以为坟墓之护守祭祀，其坟之豪华，以巨石俑羊马杂于华表碑碣间，俗称石羊坟，后杨氏嫡庶自成村落，村以坟名。村中现有 103 户，247 人。

土地庙

庙宇概况

位于石羊坟村村东北，坐北朝南，单体建筑，东西长 6.8 米、南北宽 5.4 米，占地面积 36.72 平方米。创建年代不详，据庙内碑文载，民国十四年（1925）重修，现存建筑为清代遗构。建于石砌台基之上，面宽三间，进深五椽，单檐硬山顶筒板瓦屋面。梁架结构为六檩前廊式，前檐下设有斗拱七攒，柱头科四攒，平身科三攒，均为一斗两升。墙体青砖砌筑，隔扇门窗缺失。殿内东西墙存有清代壁画，局部模糊。

碑刻资料

民国十四年（1925）石羊坟村重修土地庙碑记

碑额：德堪参造化　继往开来

碑名：重修土地庙碑记

　　盖闻历代富强之区，古庙从出，文明之乡，名刹偏多。究其意，一以壮观瞻、肃祀典、障风脉、结社会也。文公当日文振中夏，德被潮州，万躯恶鱼，化洽民士，其视佛寺、庵观、神龙，德媲美而功齐立焉。是崇庙重祀，表彰先贤，昭人崇拜，永志功德不忘焉！庙之所观大矣哉。石羊坟之村北旧有冯将军墓在焉。将军武人，而婕好之行，独有千古，武事文备，配以文公土地庙，汉唐两代皆彰彰在人耳目。惜基址狭而贞珉缺，乡人悯其颓废，因旧更新，鸠工于壬戌秋，落成于癸亥春，瞻斯庙也。金碧映目，昭耀人天，殿宇巍峨，神像庄严，美哉轮，美哉奂，日后得歌于斯，哭于斯，何幸如之？谓肃祀典也。可谓壮观瞻也，可谓障风脉、结社会也，亦无不可。岂曰小补之哉！予不文，不足以志文公之庙，蒙村父老再三之嘱，因崖略记之云。

前清潞安府学增广生李端人沐手敬书撰立书

积钱维首杨贾女　杨长生　杨和生　杨仲山　杨进茂　张新科
□□川　□子安　□先堂

募缘杨元生　杨海生　杨黑女　杨三女

泥水木匠张九福

丹青□□□

玉工胡如亮

大中华民国十四年岁次乙丑桐月中浣勒石

（二十二）岭底村

村庄概况

洪井镇岭底村，地处牛抱泉山西麓，位于县城东8千米处，东依牛抱泉山，南临轿顶山，西北至上台北4千米，北至花果庄1.5千米。民国《黎城县志》载"岭底"。岭，一作山之肩，一作山脉之干系；底，下，其处呈南北走向之山岭下，故名。该村辖岭底、花果庄两个自然村，村民委员会驻岭底。该村有38户，58人，以农业为主，兼营林业。现存庙宇有关帝庙、青龙寺。

青龙寺

庙宇概况

位于岭底村东山上，坐东朝西。原戏台不存，庙内有歇脚殿、灵官庙、药王阁、牛刨神泉、圣母殿、大雄宝殿。

碑刻资料

雍正二年（1724）岭底村牛刨泉碑记序

碑额：继往开来

碑名：牛刨泉碑记序

  吾乡之东十里许，有神祠曰"牛刨泉"，黎邑胜地也。据其形势，坐离势方□，然而高出云表者，青龙山也。山出两翼，左右抱环。而山岭之东两□有像，其形宛然若牛蹄状，故号曰"牛刨泉"。云泉之左为三仙圣母殿，□□两廊则地藏十王与子孙圣母祠也。而其前药王为治□石，而阶□□戏楼二座，东西僧舍各三楹，维局形浅狭，未必有武陵柴桑之胜。然而台砌参差，殿宇辉煌，致足乐也。况乎山之林蓊然而秀，泉之水澄然而清，二三□□眺而憩息焉，谓非吾乡一佳景哉，游览之余，间有题禄。虽无当于风雅之林，或亦有得乎山水之趣，故勒之于石碑，以托其志也。时逸兴云□□□□。

  儒学廪膳生员崔镇卫臣氏撰并铭，铭曰龙丘之麓，牛泉之旁，泉水森森，林木苍苍，神光普照乎，退迩直兴，山高而水长。

牛刨泉记

  是庙创不知自何代，康熙丙辰间，余祖世松公同八家，一崔讳巍，一王讳世辛，一张讳国翰，一王讳国清，一张讳国煦，一王讳光显，一崔讳世□，维首金妆重修事。讫余先君讳懿显培德公，即谋于恩贡生讳巍仰止崔先生，郡庠生讳如梗豫章李先生，欲为之记而未果。厥后辛未间旅□相。乡公六□有三家温乏嗣，祷神求子，相继而得二子，长曰"抡显"，次曰"扬显"，独出己财，修砌上下两台，并戏楼三间。余师邑增生，讳推公，古李先生，讳素太真公，前欲记而不终。是时余先君与乡耆讳峤仲仰崔公方在本村，修庙未暇，预厥事，请国民李善友为□□创立群房山门颇有功焉。名世王善友、轩黄崔善友、鸣岐王善友、若衡崔善友相继增建角楼等，族兄讳烈考览石工做碑胎，请余记等□□□流四载，人不堪命焉，假为此迫雍正甲辰岁，天怒颇回，民生稍苏，余与仰止先生，季男讳端方正，夫公之子讳镇卫，翰臣崔社翁结社论文，把酒□兴，窗友邑庠生，讳联堤庵张公门人，郡增生，端恭君啸崔子，名瑗仲王，王子谋而立碣又记焉。凡余乡中不拘殁，存其有功于是地者，并勒□□没以善云。

儒学廪膳生员王□□氏记　命男亮卿若采篆额

癸卯春游绝句

着展寻芳石径斜，白云人处少人家。

山僧□□朝山律，几度荒山两足频。

而今逐隧䴔明礼，白云数□留僧迹。

清水一泓濯九尘，牛泉缓步夕阳斜。

原来受命浑如响，莫怪许多求福人。

儒学生员张联堤庵氏题　步扶九先生韵

业儒李逢年时庵书丹

阴阳官张枢星拱　男云彤　瑞字择吉

时雍正二年岁次甲辰六月辛未吉日立

乡耆老督工　□礼生员□慎□　□□□　□子明　吏部候选王□孟王同捐

（二十三）子镇村

村庄概况

洪井镇子镇村，位于县城东北6千米处，东依玉皇脑，东南至花果庄2.5千米，西南至上台北1.5千米，西至停河铺2.5千米，北邻枣镇。原名子臻，初为微子启后裔所居，故子姓。"臻"即来到，"子臻"，取子姓来到之意得名。臻与镇谐音，后人不解臻之指意，易臻为镇。清康熙《黎城县志》载"子真"。清光绪《黎城县续志》载"子真"。该村辖子镇、南背、石盆凹（地处玉皇脑南麓）三个自然村，现村民委员会驻子镇。现村中有298户，620人，主要姓氏为孙、杨、任。主要种植玉米、苹果树。庙会在农历三月初九。现存庙宇有牛王庙、三教堂、玉皇庙。

玉皇庙

庙宇概况

位于子镇村东山上，坐北朝南，普通规模。

碑刻资料

（1）崇祯七年（1634）子镇村玉皇庙碑

　　尝谓天道无穷，不可得而闻也，惟谙玉帝上天之主宰，操造化之大权，于穆称尊，压一世之灵异，虽曰视之而不见，听之而不闻，责任雨□，亦必钦龙神发声，臭之灵光，雨泽润下苍之田苗，普天之下莫不咸赖也。盖黎邑东乡古刹子镇村东山一岱，名曰"凤凰山"，峰嵩巍峨，本境之风脉所关，东睹河南沙阳壁，西望漳源滔滔，南连九天圣境龙泉地观九龙山，叠叠层层，四方境邑，宣明巍巍乎，卧云栖神，良有由也，故谚有曰：昔古上建玉皇殿，补风接脉，油然作云沛。然下雨乘时徐霖，东作而成家给人，恐民安物阜，苍黔家丰，岁之休及，向圣宇颓靡，本村电□风雨，□超者非旱，则水未播者不获时雨，七八月之间，苗秀不实，老稚程□之□洋洋乎，盈可哉遣。此几岁不知几几，于大明天启四年五月内，汪同暴雨，将本处山地岸村林二株授倒，有本村杨时其任三节□右思今此方之，民窘岁歉，或者凤山倒塌之过耳。于七月初五日入社，谪曰：趁此木植修盖王殿何如？众咸悚□合曰：此山工力结大，非财不能，非力不能，非智谋真理之人则又不能。社首李尚智举维那异一言，杨时纲、杨继光、杨继先各愿承许募化木植钱粮等，须置立缘簿一扇，募化本村，李尚贤开缘施银三两四钱，杨继魁施银数两，昌引后人各施不等。斯时维那者有之，施银者有之，兼理者有之，辐辏云集，于天启五年捐择良期，正月二十五日，寻踪宛辙，问工修造，及至本年八月终，盖完大殿三间，圣像金妆，四围墙垣，来结工于天启六年，众皆懈怠□一□，杨继先二人见圣事不完，仍得庄疃募化，上盖东龙神殿三间，西子孙祠三间，殿墙垣已镘昼蓝三十三天圣像，石砌院前石岸，以上修至崇祯五年，□一言□世□矣，工亦未完。继先直心要修，请王国登募化黄须村银数两，前费盖三门一座，瓦镘紫墙，前后已经一十余载，工程□毕，约费银二百五十余两矣。盖自修工以来，本境每岁颇收成富庶，物兴隆，斯时平下苍叩神有感，诚应来祀不传，愚□□语，勒碑刻铭，聊□其万古不朽云耳。

维首杨时纲　任三节　男任富　杨时其　男杨继田　杨继顺　李尚智　男李秀华　杨继光　男杨云先　吴一言　男吴增位　杨继先　男杨崇绪　苏村里王国登

本村布施杨潘氏银一两四钱　李尚贤银三两四钱　杨继魁银六两　男杨云龙　杨云凤　任子敌银一两七钱　李门郑氏银二两

大明崇祯七年九月吉旦立本村民李尚醇撰

(2) 乾隆四十八年（1783）重修凤山玉皇庙碑记

碑额：碑记

碑名：重修凤山玉皇庙碑记

世当天顺祀事，重修凡有神于民者所在祀典，故□□□功则祀之，致民粒食则祀之。山川之神，出云雨，捍灾患，靡不粲历尽，□用神祈报也，□□礼典基重，而乡人□明为百神之亲，万灵之幸也。其呼吸相通，体物不遗，所宜祈敬而享祀也。有□重义，□乡有玉皇庙，旧有在凤山□□□□□□者以□□□□□□□□一邑之土壤，岈然洼然，若垤若穴，无不近在几席之下，诚胜区也。维黎□□□□□□□□一百廿十载，□水浮之灾，乡民祈祷，灵应如响。第历年久远，风雨摧剥，墙屋倾圮，睹者兴叹，村□□□□□□□□此庙不修，且坏吾属文福无疆，而不理新之神其据我于众，皆领诺予复盛替其本援□□□是发虔捐资□□，村整伤垣□，径回□□，□□瓦级砖之破缺者，白漫溳之不鲜，一一茸旧易新，焕然改观皇矣，上雨不□□所□□□□兴。夫庙之废兴成败，合因其时也。而者墙颓屋倾一橙作而盛美如故，此虽人心向善之力，亦国家渥泽□□，以安物阜，有以致□也，必□□□□□相寻于典，已则庙之复为墙颓屋倾亦未可知也，所望后之君子嗣而□。

国子监监生国□□仕郎署云南曲靖分防五□通判候补吏目加儒学生杨隆万书

大清乾隆四十八年岁次□□□吉日立

七、黎城县西井镇

（一）南委泉村

村庄概况

西井镇南委泉村，位于县城北27千米处，地处平川。东至茶棚滩1千米，南至曹家沟1.5千米，西至下黄堂2千米，北至东港2千米。据清康熙《黎城县志》载"南委泉"。隋朝时，唯魏、贾两姓居于此，称桥上村，今村西即故址。唐朝初年，王氏西（武乡）来，相继岳、高两姓迁至，遂使村址东扩，并以泉易名为委泉，即今南委泉。常见植被有杨树、柳树、槐树、榆树等40余种。常见野生动物有豹、狼、獾、山猪，飞禽类有布谷、红嘴鸦、黄莺等。现村中有950户，2700人，以农业为主，兼营山林。

社房

庙宇概况

位于南委泉村村中，坐北朝南，单体建筑，东西宽7.36米，南北长6.7米，占地面积49.3平方米。据碑文载，创建于民国十七年（1928），建于石砌台基之上，面宽三间，进深五椽，单檐硬山顶，板瓦屋面；梁架结构为六檩前廊式，前檐设有斗拱七攒，柱头科四攒，平身科三攒，均为坐斗出耍头；墙体青砖砌筑，明间设双扇板门。廊下西墙嵌有民国七年（1928）碣一方，记述了村中元宵节时，要请剧团来唱戏，因条件简陋，戏班无定居之所，因此筹资建社房一座，以供戏班休息，碣宽0.9米，高0.38米，保存完好。

碑刻资料

民国十七年（1928）南委泉村社房碑

　　村中四里庆贺元宵，轮流献戏，龙溪里每逢搭台，首事者并无驻跸之所，不在神棚之旁，芦席遮掩，便于香首之家炕榻，将就芦席遮掩，冷冻难堪，床榻将就，跻跄不便。故于民国七年春商购基址，轩盖社房三楹，计费钱三百余缗，不数月而工程告竣，轮奂聿新矣。虽不足以光祀典而扩俊侑，亦可使迎神赛社者有所憩息栖止云。

　　增生王墉撰书
　　每年付朱姓粮银二百文
　　房后坑厕每年担四分之一
　　维首王炳宸　朱金贵　王阳春　王堃　魏金德
　　泥工李占魁
　　玉工赵芝全
　　民国十七年七月既望勒石

西阁

庙宇概况

位于南委泉村村中，坐西朝东，东西宽5.5米，南北长7.5米，占地面积41平方米。创建年代不详，现存建筑为清代遗构。该阁由上下两部分组成，下层为石砌拱券过道，上层形制已改，面宽三间，进深五椽，单檐硬山顶，板瓦屋面；梁架结构为六檩前廊式，前檐下增砌土坯墙，斗拱七攒，封堵于墙内，柱头科四攒，平身科三攒，均为一斗两升。

碑刻资料

咸丰六年（1856）南委泉村西阁碑

　　原住广东监运使司王发越，为捐置祭田以恤绝祀事。窃念吾乡魏鼎臣先生世德相承，自前明及今，数百年来为黎邑望族，今斩然绝祀，墓田祭扫无人，诚为可悯。余解组归田后，日见睹心伤，急将魏姓已买坟地十亩，备价赎回，交伊本族魏辛酉、魏鲁锁兄弟承业耕种，每所获籽粒，除完粮外，留作修墓种树，及春秋祭奠之用。此地系捐置义田，不准旁人争执，亦不准私自盗卖。除禀官批示立案外，为此勒石，以垂永久。□魏氏血食，不致殄绝云尔。

咸丰六年十月廿日魏辛酉　魏鲁锁同勒石

城隍庙

庙宇概况

位于南委泉村村中，坐北朝南，二进院落布局，东西宽12.8米，南北长49.8米，占地面积637.4平方米。创建年代不详，据碑文载，道光七年（1827）重修，现存建筑为清代遗构。中轴线上建有山门（倒座戏台）、过殿、献殿、正殿，两侧仅存二进院廊房。正殿建于石砌台基之上，面宽五间，进深六椽，单檐悬山顶，灰筒板瓦屋面；梁架结构七檩前廊式，前檐下设有斗拱十一攒，柱头科六攒，平身科五攒，均为三踩单昂；墙体青砖砌筑，明间设有隔扇门。2007年被黎城县人民政府公布为县级文物保护单位。

碑刻资料

（1）嘉庆十三年（1808）南委泉村城隍庙重修碑记

碑额：碑记

　　　　□□□□□之为耳，工竣嘱余为文……闻之不朽也，夫是为记。
岁贡生贾成璞沐手谨□
邑增生岳腾桂沐手敬书
佃主同协号佃钱四十千　万和号佃钱四十千　公裕当佃钱五十千
永福馆佃钱四十千　永盛号佃钱三十千

维那靳尚远　魏汝杰施树一株　贾镒至　王舟　王亲升　岳舒娃　高步青　岳恪

焚香人王亲才

总维那王舟

催工人岳林极　王发有　魏振文　贾祝龄　刘士彪　栗守玉　王廷抡　王嘉谟

乡约王世公　王生麟　魏履干　王配相

捐收布施岳腾柱　贾大至　岳献秀　魏观光

阴阳岳献葵　郭天金

木工李善德　马化龙

铁匠郎群

圬人王金　字小四

丹青白怀珍　靳双元

靳壁施工一月

玉工康全喜暨侄成玉镌石

住持崔光全

大清嘉庆十三年岁在戊辰三月一日绽之吉

（2）道光七年（1827）南委泉村城隍庙碑

盖闻先王之制，莫重于祀典，而祀典之设，必赖乎资财。然非有施此资财者，祀典亦何由修乎？今有武邑李、赵、张三家，原于乾隆初年在黎邑城北南委泉开设宏盛号，历年已久，万事遂意，大抵神灵之保佑居多。神之为灵不既昭昭有明验乎。伏愿将置到本镇魏姓北滩里地七亩一块，东、西俱至王姓，南至水心，北至魏姓，地内原粮三钱五分，正北盛里八甲，施入城隍庙以为费用，又施香火钱五千文整。弗敢云可备祀典也，亦聊以酬神恩于万一云尔。

东堡村职员赵伉

沁州武邑桥南村武生李大鹏　监生李起鹏　李永图　李昌先　史家□张建德勒石

大清道光七年岁次丁亥三月十五日立

（3）同治四年（1865）南委泉村重修城隍庙碑记

碑额：万善同归

碑名：重修城隍庙碑记

　　自来明礼之宜肃也，著之令典，垂之礼经，自川渊狱渎雷风霆有功德于民者，无不首祀。而神之灵异所凭，构栋宇以栖之，洁馨香以荐之，星移物换，雨剥风霜，摧复经营而护持之，是非徒神道设教之，谓亦以见食德报功敬礼之，无敢忽也。吾村旧有昭泽王祠，在龙潭河西，元至正碑碣犹存，湮没已久，附祠于村中。城隍庙，庙不知创自何时。考之邑乘，村未立县治，其或以众志成城，而神威显赫，为一方之呵护。兴正殿三楹，壮丽宏廓，外连香亭一楹，春秋祈报，工于斯，祝于斯，具牲牢于斯，以告虔也。东西列廊庑、山门轩敞，门以外为遏云楼，岁演剧四部，歌以悦神。惟历年既多，渐就倾圮，而山门摧坏尤甚，大风雨□岌岌忧。癸亥秋，维首王君廉善倡议重修，村人闻之，无不踊跃，计亩均资，分丁效功，复以工程浩大，募化四方，共得钱一千余缗。正殿香亭先为修葺，山门则重新建造，东西廊庑因旧基而廓之，丹楹缋壁焕然一新，凡十阅月而工竣，寓书于余嘱为文官纪之。余念夫工之甫兴也，方乞假在乡里，□与勤赞，旋以计偕比上，间阻关河，梦寐中徒萦念之。而诸君子鸠工兴作，运斤风成，输财雨集，不及一载，举素所规尽者，次第合成，岂非神之有灵。而众情乐，为之鼓舞，兴因思黄□丹荔，乡祀苾芬，观丰盈之象而知雨旸，时若沾渥之既优也，鉴阴骘之原，而知彰瘅首权果报之不爽也。饮社烹羔，祈年息蜡其戴生成而蒙庇荫者，曷有暨乎？余远道宦游未遂，瞻仰而鸿基仍旧，燕厦从新，结构庄严，恍于心目间遇之，且诸君子好义乐施，亦其不可泯者也。爰为志其颠末，以垂之不朽云，是为序。

  赐进士出身兵部武选司郎中里人王元晋薰沐撰文

  己酉科举人吏部拣选知县邑人高相沐手书丹

  维首王发蒙　王广善　张守福　王钟奇　高鸿旿　贾培林　王锡晋　张孝　张守禄　张美福　王澍善

  催工张记锁　石广隆　王腾龙　李法贤　张可　王炳钰

  木工朱凤来

  圬人张玉琯　申永祥

  丹青靳象　郭金枝

  玉工王长春

  阴阳杨辅清

  大清同治四年岁次乙丑十月中瀚勒石

（4）清代南委泉村城隍庙规约碑

碑名：南委泉禁止碑勒□记

  麻之民□赌风一……兼引四方匪类，验……害良民，此以品所由……合社议定处刻石公禁，自禁之后，倘有游惰或性私设赌者，罚大钱二十千文，听罚钱有拿赌……三千文，其余为社中兴工补葺之用，抚议定决不宽贷，如敢执违……

  合社公立

东阁（观音阁）

庙宇概况

位于南委泉村村中，坐东朝西，东西宽8.65米，南北长12.2米，占地面积105.5平方米。据碑文载，创建于明万历七年（1579），清代屡有修葺，现存为清代遗构。砖木结构，此阁由上下两部分组成，下层为石砌拱券过道；上建观音殿面宽三间，进深六椽，单檐硬山顶，板瓦屋面，梁架结构七檩后出廊，柱头斗拱三踩单昂，平身科仅明间一攒，墙体青砖砌筑，辟隔扇门窗。观音殿北侧建有三官殿三间，单檐硬山顶，筒板瓦屋面，为清代遗构。庙内存有清重修碑两通，保存较好。

碑刻资料

（1）康熙五十五年（1716）南委泉村重修东阁碑记

碑额：重修碑记

碑名：重修东阁碑记

尝闻天道之迭运而不已，人心之应用而不穷，即庙朝貌而亦有然者。黎北南委泉村，原系古镇，青山四维，绿水环抱，其间圣神庙宇无不灿然，其可观矣。彼旧所建有东西阁焉，然而西阁于□岁新建石券，金妆佛像，而厥工已告成矣。至于东阁，佛殿一所、三官殿一座，考其由来，创自万历，以至于今，历年久远，风雨损伤，无力修理。今蒙天□，有雨旸时若之乐，又值皇上屡行蠲免之政，将仁恩□洽黎民乐业，善念感兴。有本乡善人目睹此工，不禁慨然□为工当修，众善人遂应之，曰：修之，诚是也。于是募化相远，村庄各捐己赀，金妆一切□佛、三官圣像，檐楹灿烂焕然，有维新之象；庙貌巍峨，依然有轮奂之美。工起于七月□一日，告成于十月十五日，此所谓天道之迭运而不已，人心之应用而不穷者也。有善人请文于余，余再三辞之，不得已而致意焉，是以镌石，各书芳名，以志万古不替云尔。

庠生贾□撰

本村维那魏门郝氏　□庠生魏珍

本社维那岳继地　□□□　张□　张□敬　程明　王见　岳歧　□□

金匠王之昌　徐尚□　王□□

玉工靳山　靳河同

时大清龙飞康熙五十五年岁次丙申十月吉旦立

（2）道光三十年（1850）南委泉村重修三官殿兼乐楼碑记

【碑阳】

碑额：永远

碑名：重修三官殿兼乐楼碑记

　　□□□　财神社钱四千文　大社钱三千文　源盛号钱五百文　万盛店钱五百文　郝占□钱五百文　□□□钱五百文　□□□钱五百文　永□□钱五百文　广□□钱五百文　王□□钱四百文　双盛店钱四百文　广为当钱四百文　高仰范钱一千文　天德魁钱一百文　信成公钱一百文　元运成钱一千文　方相岭钱永□钱一百文　武□□钱二百文　武□德钱二百文　修德钱二百文　张宝钱一百文　西□□钱二百文

　　□□□钱一百文　□□□钱一百文　□□□钱一百文　□□□钱一百文　崔有林钱一百五十文　崔和路钱一百文　崔□□钱五十文　崔德福钱二百五十文　郭有美钱二百文　郭永仓钱二百文　郭至善钱二百文　□志福钱一百五十文　刘克信钱一百文　刘克礼钱一百文　刘克忠钱一百文　李进寿钱五十文　李克俭钱五十文　申武钱五十文　李孟福钱五十文　李有福钱五十文　□□钱五十文　李如社钱一百文

　　李□□钱七十文　李进禄钱五十文　祁克□钱一百文　丰源木钱二百文　新兴太钱二百文　魏正福钱二百文　叶聚起钱二百文　魁盛号钱二百文　李旷钱二百文　聚源长钱三百文　永昌公钱一千文　张永明钱一百　周福钱一百五十　梁有钱一百五十　崔进才钱二百文　魏祥禄钱一百五十　赵□□钱一百文　申社记钱一百五十　陈天锡钱一百五十　李甲申钱一百文　王根尚钱一百五十　云岩寺钱一百五十

西□社钱一百文　正□□钱一百文　正□□钱一百文　德存永钱一百文　赵店钱二百文　□兴号钱一百文　全兴堂钱一百文　王兴布店五百文　王广成钱六百文　鸿太布店钱五百文　丰余兴钱五百文　天顺成钱二百文　西垴社钱四百文　李化珍钱二百文　万永□钱四百文　胡廷□钱一百文　胡廷兰钱一百文　胡廷瑞钱一百文　东柏峪李庆明钱一百文　马□钱一百文　李永明钱一百文　李万善一百文……

道光三十年岁次□□□□立

【碑阴】

范家庄钱五百文　王九令钱一千文　高华钱五百文　李青选钱三千文　港东村钱五百文　李有金钱二百文　北社村钱一千文　石桥背钱一千文　郭家庄钱一千文　河南社钱一千文　赵如松钱一百文　五十亩钱一千文　东骆驼钱三千文　王文兴钱一百五十　□有钱二百文　荣进忠钱一千文　石玉成钱一千五百　□□玉钱一千文　□庄社钱一千　王木金钱三百文　王建义钱一百五十　王廷祯钱四百文　江世平钱一千一百五十　孔家峧钱二千文　元庄村钱六百文　吴盛全钱一百文　下和成钱一百文　和义永钱一百文　恒太号钱一百文　冯太贵钱一百五十　车铺福钱一百文　徐先正钱一百五十　恒兴馆钱一百文　义兴隆钱一百文

李思恭钱一百文　贞兴永钱二百文　人和公　同义当　赵登瀛各钱四百文　西井社钱一千文　万金湧钱三百文　谦益永钱二百文　天裕源钱二百文　郭思纯钱三百文　天顺当钱一千文　南桑鲁钱三千文　东井社钱一千文　王清钱一百文　王东信钱一百五十　崔金梁钱二百文　王玉钱一百五十　樊掌禄钱一百五十　樊掌寿钱一百文　王昶钱一百五十　王文楚钱一百文　王秉文钱一百文　崔金裕钱一百五十　王昌钱三百文　崔金吕钱一百文　裕太店钱二百文　樊作哲钱一百文　师□钱二百文

李天定钱六百文　程抡秀钱三百文　钱景林　复兴店各钱二百文　郭继善钱三百文

　　李克敬　张元福　张进明　王占亨　朱满各钱二百　王日成　王如嗣　朱典各钱一百五十　刘世玉　王生花　王显清　朱法　张进业　王廷魁　吴子俊　李小桂各钱一百　郭占亨　冯贵各钱二百五十　霍希孟　冯富　霍兴业　延成业　延万镒　延万源　李金库各钱二百　赵登魁　延思诚　王擢宗　同福昌　霍永固　延金榜　李生智　赵万年　白玉虎各钱三百　延继善　马占元各钱一百五十

　　申连彪　三益店　同太店各钱二百　王邦柱　延金声各钱五百　张贵宝　李文藻各钱一百五十　杨芳云　崔学同　康还鸣　李进玉　王子和　马有财　贾心顺　王跟云　张治邦　贾安谱　李九庚　李应　刘士顺　杨方宴　王振国　玉成凤　吴金　李生福　段起富　双盛号　史文臣　李学东　李起运　牛万群　牛富山各钱一百　狼坡村施钱六百　张福　张文炳　张攀　王成全　杨长枚　王永士　程小乞　郭成栋　王金川　赵福兴　王化文　杨福　王玉全　李三元　李芝兰　郭继新　良金福　李继业　张进兴　杨国顺各钱二百

　　王进福　王业　王守库　郭相中　王玉福　郭清令　郭信中　王玉喜各钱一百五十

　　杨在良　郭青香　杨克玉　杨在库　王官成　郭太会　刘德新　武金　武良　栗宽　栗见文　武才　栗芝各钱一百　杨克义　武魁　栗信　栗见才　栗仁　李海山　史有要　雷法禄　李金库　李嵩山　李有仁各钱一百五十

　　李先贵　李春林　孔卫　赵鹤令各钱一百五十　江世太　董盘敖　张法良　刘克信　刘克礼　刘克忠　李如桂　刘克勤　田玉海　董光裕　靳安玉　李金先　郑自章　李永贵　王增盛各钱一百　贾如理　李有富　李青钱　贾培忠　复成生　郭见秋　杜成林　郭增起　李万库　田如和各钱二百

李凤魁　吴青云　温聚深　李生福各钱三百　吴世福　温聚锦　靳景清各钱五百　王忠孝　靳北祥　范士秋　张□□　王□□　王守业各钱二百　王绩　王廷起　王发科　王嗣　樊玉成　温聚占　李祭福　李有福　李有法　祝文　李景荣　韩贵　李小榜各钱一百　郭有美　郭永仓　郭至善各钱二百

□家峧龙王社钱一千文　牛居社钱四千文　车元社钱三千文　王家窑钱七百文　下黄堂社钱二千文　张计忠　信成太　万源永　张清兰各钱四百　李维□　冯□　□□□　李克俭　李堂福　李进禄　李有福各钱五十　吴至瑶　王发登　武成礼　赵兴隆　薛玉成各钱一百五十　赵永和　赵永贤　张清莲　冀景业　王士英　王士俊　兴聚号　李攀林　石福各钱二百

石日明　石云　石□　石□　□□□　□□□　□□□　□□□　□□□　王□□　□安国　□诚源　郑之云　霍金昌　霍生祯各钱一百五十　霍福魁　侯起山　霍聚兴　霍生全　霍生财　霍聚仓　董英　崔永禄　崔永祥　王美玉　郑永进各钱一百。

董斌　乐增财　乐思魁　康傻瓜　李尘年　王富春　王士元　王士魁　王嘉德　张进孝　郭生羌　□世□　□□□　□思当　程□□　董安成　王康祥　郑成林　郭振思各钱一百　李春明　李光国　李文锦　李培均　李三秋　张起玉　韩智　李进兴　李使孩　魏有邦　韩文各钱二百　梁士俊钱三百文

李景昌钱一千文　李文魁钱八百文　□□□　□□□　□□□　□□□　□□□　□□□　□□□　□□□　□□□　王存良　韩思闻　周敏　周逢吉　王作黎　王作舟　周文　王明盛　王作梅　王青云　周学保　王安节　王镇宇　韩友直各钱一百

□□□　□□□　□□□　□□□　□□□　□□□　□□□　□□□　□□□　□□□　□□□　□□□　王世公　赵进祥　赵永大　赵进兴各钱一百文　霍聚凤钱九十文　霍生祥钱八十文　霍生福　李进福各钱七十　霍

福广　　马有宝　　马正国　　马正端　　霍金宝　　霍聚贵各钱五十
　　霍家窑社钱五百文

烈士亭

烈士亭概况

位于南委泉村村中。该亭坐北朝南，石质悬山顶，高 2.5 米，宽 0.78 米，厚 0.5 米，占地面积 0.39 平方米。碑青石质，嵌于石质碑亭内，高 2.14 米，宽 0.68 米，厚 0.18 米，额题"民族气节"，碑文楷书，8 行共 465 字。记载了"七七事变"以后，人民踊跃报名参军，期间贾进喜在抗日战争中牺牲于太谷子洪战斗，曹全文在解放战争中牺牲于临汾战役的光荣事迹。民国三十七年（1948）南委泉村全体村民立。

碑刻资料

民国三十七年（1948）南委泉村烈士纪念碑记

碑额：民族气节

碑名：烈士纪念碑记

　　自民国二十六年七七"卢沟桥事变"以后，日寇又侵占大同，直犯太原，蒋阎军闻风逃窜，不予抵抗，致三晋人民陷于水深火热之中，饱受敌伪的奸淫烧杀，情况之惨，目不忍视，耳不忍闻。赖我中国爱民的人民子弟兵八路军星夜挺进敌后，挽狂澜于既倒，作中流之砥柱，实行减租减息、合理负担政策；发动人民，组织抗日运动；建立民兵，坚持抗战；配合主力军，展开游击战争。本村贾进喜等同志先后报名从军，王玉昇等亦参加民兵组织。在历次反扫荡战争中，诸位健儿，英勇杀敌，奋不顾身，不幸于太谷子洪等战斗中贾进喜同志英勇以身殉难。闻者莫不痛悼。待卅四年日寇投降，人民渴望和平之日似已实现，孰料民族败类蒋介石匪帮在美帝国主义的支持下，又燃起内战烽火，企图从人民手里夺取胜利果实，致人民永无翻身之地。又幸亏中国共产党及其领导下的中国人民解放军，为国卫民，又被迫率领广大人民群众展开自卫解放战争。于屯留老爷山和临汾等战争中，曹金文等同（志）先后光荣牺牲。各位烈士的牺牲，为中华民族解放战争史上写下最光荣一页，他们的功绩是和伟大革命事业永垂不朽！

死难烈士请安息吧，我们要在共产党、毛主席领导下，坚决踏着你们的血迹继续前进，首先彻底打倒蒋介石反动统治集团，建立新民主主义的新中国，并且直到社会主义社会、共产主义社会的实现。

烈士简历于下：

贾进喜，年廿九岁，廿七年九月参加特务连，廿八年十月在太谷子洪抗日战争中牺牲。

李丑孩，年廿二岁，卅一年十月参加新一旅，卅三年七月在陵川抗日战争中牺牲。

胡金生，年十八岁，卅一年九月参加五十五团，卅三年三月在潞城石圪节战役侦察中牺牲，系共产党员。

王玉昇，年十八岁，卅年九月参加本镇民兵，卅一年十月抗日掩护群众退却，被敌机轰炸牺牲。

曹金文，年廿八岁，卅四年七月参加二二团，卅四年九月在屯留老爷山反攻战役中牺牲，系共产党员。

王先堂，年廿七岁，卅二年五月参加决三纵队，卅四年九月在屯留老爷山反攻战役中牺牲。

何小娃，年廿三岁，卅六年九月参加一一三团，卅七年五月在解放临汾战役中牺牲。

中华民国三十七年十月十五日勒石

广生圣母阁

碑刻资料

道光十年（1830）南委泉村创建广生圣母阁序碑

碑名：创建广生圣母阁序碑

  是村旧称土地庙，于今改为新庄村。想土地之神，亦不过赏罚善恶，原不能焕然乡党，况护佑居民而生息人民又非其任也。今岁村中父老善念方兴。于是，请维首诸人公议为约，忽然创建广生圣母阁。窥其意，盖以孤村小邑，居民鲜少，亦欲广我群黎，生我以续，而补聚风水之说犹其后也。果自此以往，人民辐辏，四时有观鸡鸣狗吠之休；祖孙继承，千年有螽斯瓜瓞之庆。广生灵爽，较土地之神为何如乎？而庄有不新者乎？余乐得以为之序，是岁道光十年也。

  涉邑古上党业儒张桂馨沐手撰书

  维首赵永兴布施钱一千四百文　赵端荣布施钱一千二百文　张福元布施钱五千文　杨国俊布施钱一千二百文　张殿礼布施钱一千八百文　赵永泰布施钱一千二百文　张伏元施钱十千文　山神灯社施钟一颗　使钱三千五百文

  催工章思臣施钱五百文　刘金贵施钱三百文

  催饭赵德明施钱一百文　张殿仁施钱一千二百文

  合村外卖地亩，不许往外村拨，违者每亩罚大钱一千文。

  石匠关尽美　展致祥镌

  木匠冀苃录施钱二百文

  泥水匠宿小四

  丹青匠王□施钱四百文

  阴阳岳格施钱二百文　赵金才施钱八百文　□广魁……

  大清道光十年岁次庚寅小阳月立

（二）车不滩村

村庄概况

西井镇车不滩村，是仟仵村的自然村，政府推动该村进行了整村搬迁工作。

土地庙

碑刻资料

（1）民国二十一年（1932）车不滩村重修庙碑记

碑名：重修庙碑记

尝闻西山之麓有庙一所，崇山峻岭，四面环绕，山青水秀，映照于前，真山间之佳境也。吾村旧有土地庙，由来久矣，殿宇渗漏，神像剥落，檐折砖倾，实不亚观，入庙焚香目不忍睹者也。于是上、下黄堂两村立意重修，至四月初五日工程告竣，托予为文。予设校于黄堂，偕诸棘而游览至此，观其地面，度其方向，下临清河，盘曲如带；上对山峰，□列如屏，神像灿烂而感观，殿宇辉煌而峻秀，此非同力合作，焉为能语于斯哉，于是募化四方，共得银洋五十余元。故不泯善信君子，遂联书数语，以记其事之始终云尔。

高等毕业子魁杨廷选沐手撰

里人良遇际会沐手书

维首张义　刘培义　王文珍　周廷选　王富运　王有运　郭玉麒周品金　靳文峻　靳崇峻　王有库　王尚璧　王振瑞各施洋五元

王璠施洋二元　江玉枝　卢灵山各施洋一元五角　王□玉　刘三财

各施洋一元三角　江玉琳　江玉贤　高廷璧　郭文田　赵玉发　王镐孔令垣各施洋一元

卢银库　卢银□　朱会荣　朱祥暎　郭焦兴　赵云生各施洋一元朱富仓　靳保才　江玉宽施洋七角

江玉凤施洋八角　刘甫弼　王进仓　索来芳　靳有福　魏世兴各施洋六角　刘保和　赵有厚各施洋五角

许成　王长令　王冈则　石景春　张起发　周永泉　韩绍武　郭兴顺　白田会　靳起荣各施洋五角

史贵兴　李三虎　查红牛　周有名　何克让　张兴长　郭泰山　王锁君　王作益　王佩宣各施洋五角

靳铁孩施洋七角　共收零布施十一元三角二分

泥工莫玉秀

丹青周春来

石工刘振银

中华民国二十一年桂月下旬穀旦立

（2）民国二十一年（1932）车不滩村创建桥碑记

碑名：创建桥碑记

闻之莫创于前，虽美弗彰；莫为之后，虽盛弗传，此益事有必至理有固然者也。千午村东距二里余，有河奔腾而无涯，如临深渊，寒则冻壅而堤流必覆薄冰，征行至此，每虑其苦。辛未年间，闾长□□振同村人江君际泰等聚议建桥，众皆闻之，乐从其事。于斯指其地基，画其规模，兴工于十月之溯，落成于十一月，固于金汤，横栏安于蓝石两岸之间，四郊之上农人有采肤皲足之烦，农女有捋桑行馌之勤，以及行旅共襄盛举。工竣之后，宜为以志之。予思此桥之建也，接五岳之秀气，通四海之盛景，沿门捐输，复募化邻村洋九十余元，谓非待其人待其时而能建斯桥乎？遂不□揣固陋，故历叙其事，以奖后之善人永为不朽。

江际会沐手撰文

刘金洪手书

维首江际良　刘春和　江际合　江三空各施洋一元　江际泰施洋二元　刘正秀施洋一元　江玉成施洋一元　江有□　江□□　江狗拴各施洋一元　刘满和施洋三元

南委泉施洋十二元　上黄堂施洋十元　下黄堂施洋八元　牛居社施洋十元　北委泉施洋五元　车元社施洋五元　甘河心　李金玉各施洋二元　江玉盛　江玉贤各施洋一元五角　李万顺施洋一元二角

程毓珠　周品金　沈秉忠　王向璧　郭发库　郭卯富　郭福堂　刘保知　何克让　董记锁　江玉琳各施洋一元

靳会平　郝太端　霍富春　张元良　孟年根　赵善林　赵丙林　赵丙寅　江聚财　江贵锁　江腾风各施洋一元

刘金洪七角七分　赵福金施洋八角　记丙义　桑贵福　崔广魁　张廷贤　赵来顺　张世达　郭三麒　刘德恒　江三行各施洋五角

索来方　刘爱和　刘木贵　郝六何　卢雨顺　何景义施洋三角

共化费银洋一百一十八元

共布施银洋一百一十元

玉工刘振银

中华民国二十一年仲秋月下浣

八、黎城县上遥镇

（一）东社村

村庄概况

上遥镇东社村，地处镇政府东南4千米处，地处浊漳河南岸，坐落在马鞍山麓。东与寺底村隔河相望，西与潞城区南马庄、安乐村隔山为邻，南同潞城区南马村相连，以风洞山为界，北与正社村接壤。全村人口有1287人。耕地面积3620亩，农作物以玉米、小麦为主，其他种植少量杂粮亩。经济作物有苹果、核桃、柿子、杨树。养殖业有猪、牛、羊。东社村土地肥沃，水利条件较好，是本镇乃至全县的粮食生产基地之一。近年来，在推广优质优种小麦方面做出了比较显著的成绩。

龙王庙

庙宇概况

位于东社村村西，坐北朝南，东西宽25.4米，南北长29.1米，占地面积739.14平方米。创建年代不详，据庙内碑文载民国二十三年（1934）重修，现存建筑均为清代遗构。一进院落布局，中轴线上建有山门（倒座戏台）、正殿，两侧建有妆楼、钟鼓楼、廊房、耳殿。正殿建于石砌台阶之上，面宽五间，进深五椽，单檐硬山顶，筒板瓦屋面；梁架结构为六檩前廊式，前檐下设有斗拱九攒，柱头科五攒，平身科四攒，均为三踩单昂，明间、两次间平身科出有斜拱；墙体青砖砌筑，前檐柱为方形抹棱石柱，原置隔扇门窗缺失。

碑刻资料

（1）宣统三年（1911）东社村重修佛堂庙碑记

碑名：重修佛堂庙碑记

　　神功与人力□□凭依者□神……其灵不显人力，不借神功，则其事不……功，相因乃历久□□□从社村东北……堂庙一座不知创自何代，□□南墙石……十七年重修。我朝康熙十四年重修，乾隆三十五年又重修……地称胜境本世□年□颓圮已甚，每过其……□□修葺即有□于承先启后之意矣。幸……□□□等相与议曰是吾辈之责也。于是鸠工……土木□□并与不类□□□功已告竣，共计费用一百六……余串斯庙之建不以因是不朽也哉，则神功与人力……固有相为因者矣，安可以不记？余因其事而为之记。

　　下桂花高树□敬撰并书

　　总管程永□　程鹏展　李向阳　张天长

　　维首程经邦　郭继嗣　李向春　申满喜　张□徐　□□狗　刘□□

　　时清宣统三年岁次辛□□月下浣

（2）民国二十三年（1934）东社村重修龙王庙碑记

碑名：东社村重修龙王庙碑记

　　龙之为物，征诸典籍多有志其灵异者，而科学家诋之为荒渺怪诞以绝无斯物，无斯灵也。盖天地之大，生物不测，固□执一端而衡万事也。且古圣王假神道以设教，岂故事炫惑世人哉？亦将以补法律之所不逮，借以维持社会人心，使民得所崇仰，固具有深意焉。是故，创建庙堂，竭诚奉祀，以为民先。如家之有长，国之有主，然后社会以宁，家道以成，旱干灾疫有所祈祷。然则，庙神之功讵浅鲜哉。矧民以食为天，食赖雨以成。《华严经》云：有无量诸大龙王，兴云布雨，令诸众生则龙神之功尤为大矣。盖凡事之有益世道民生者，皆可倡行，曷必斤斤然控名责实为哉？东社村北，旧有龙王庙一所，建自何代，弗得稽考。盖年久失修，东西陪殿以及钟鼓戏楼，因风雨剥蚀，均就倾圮，神不顾享，民失瞻依。村副周君炳星，社首程君金梁等目睹心伤，乃商诸村人，从事修葺，众谋佥同。于是鸠工庀材，于民国十一年十月兴工，越两寒暑，厥工告成。其规模较昔扩大而壮丽焉。是役也，固由周君等之热心经营，村人之协力赞助，尤赖神功之雨顺风调而默祐之也。惟工程浩大，民力不资，未能即时献剧酬神，又越九载，于癸酉秋始克，聊申薄愿，开演神光。事讫，周君请志于余，辞之不获，爰为志，以纪其颠末云尔。

  山西教育学院中国文学系毕业学士刘锦之敬撰

  山西省立第四甲种农业学校毕业李杰三书丹

  村副周炳星

  总管程经邦　李逢　程高枝　郭豪

  维首程金梁　李建成　张树荣　刘向龙　程黑蛋　申松　郭万桂　栗德玉　郭引群　程不景　杨郭保　刘永和

  香首程礼存　张天昌　周起德　申平和　程崇　郭焕明　刘向春　李书堂

  木工申引渠　刘临鸿

  丹青李崇琴　李水堂

  玉工温书田　温书文

  中华民国二十三年蒲月十三日吉旦

烈士亭

烈士亭概况

位于东社村村北，民国三十六年（1947）东社村村民为纪念刘保文烈士而立碑。该碑青石质，圆首，高 1.77 米，宽 0.64 米，厚 0.16 米，占地面积 0.1 平方米，碑文楷体，记述了刘保文 1942 年参加革命，1946 年河南汤阳战斗中牺牲的生平事迹。1985 年将碑安放于新建的烈士亭内，保存较好。

碑刻资料

民国三十六年（1947）黎城县第四区东社村刘保文烈士碑

【碑阳】

碑额：浩气长存

碑名：黎城县第四区东社村刘保文烈士碑

【碑阴】

碑额：万古流芳

碑名：刘保文烈士碑

  刘保文同志，生于民国十五年，现年二十二岁，系山西黎城县第四区东社村人。家境贫寒，无法渡［度］日，劳动终年，生活拮据，饥寒交迫，不得一饱，艰苦困难，枚不胜举。抗战以来，形势渐变，得到人民救星毛主席之拯救，曾任本村青救会执委时，鉴于日本帝国主义之蹂躏，封建地主之压榨，人民之痛苦，内忧外患，愈演愈烈。随即积极参加群众运动，向地主进行无情斗争。生活接着上升，地位步步提高。

  保文同志在四二年①参军浪潮中，为保卫翻身利益、保卫好时光，率领本村爱国志士、青年健儿程长发等八名慷慨参军，献身革命，奔赴疆场。一九四六年曾参加过沁州、襄垣、老爷山、安阳、邯郸、长治、广府、磁县等各大战役，勇敢杀敌，成绩卓著，随提升为班长。在日寇投降后，全国局面趋向和平，人民生活始得安宁。

---

① 即 1942 年。

不幸卖国贼蒋介石，在美帝国主义支持下，野心勃勃，挥戈北上，不顾人民之生死，掀起内战，疯狂屠杀，镇压革命，向我各解放区分头进击，夺取我艰苦奋斗八年抗战从日本帝国主义手里得来的胜利果实，引起全国人民一致反对。中国共产党有鉴于人民的要求、国家之危亡，便进行爱国自卫战争。保文同志汤阴战役中，义奋填胸，挺身而起，冲锋陷阵，白刃搏斗，为革命事业忠心耿耿，全心全意为农民彻底翻身而奋斗，意志坚定，立场分明，堪称模范，深得全班同志之景仰与全村人民之爱戴。在枪林弹雨中，身中数弹，仍谆嘱同志继续杀敌，不幸于民国三十六年三月初九日夜，溘然长世［逝］。恶［噩］耗传来，无不悲痛交加，潸然泪下，全村农民举行公悼。斯日，一致谈论：变悲痛为力量，坚决为死者服［报］仇，完成其未竟之志。保文同志身虽死，而革命精神长存，流芳百世，万古不朽。略叙数语，以志哀悼。

建碑人　村长刘保顺　政治主任程土成　公安主任张江全　农会主席王乃元　武委会主任申长松　民教主任郭赃银

第四高校校长董立法文

黎城县政府教育科督学吴逢奇书

石工赵木则

中华民国三十六年十月二十五日立

关帝庙

庙宇概况

位于东社村村中。原布局不详，现仅存正殿，坐北朝南，东西长7.6米，南北宽5.5米，占地面积41.8平方米。创建年代不详，据殿内碑文载清道光四年（1824）重修，现存建筑为清代遗构。该殿建于石砌台基之上，面宽三间，进深五椽，单檐硬山顶，筒板瓦屋面；梁架结构为六檩前廊式，前檐下设有斗拱五攒，柱头科两攒，平身科三攒，均为一斗两升；墙体青砖砌筑，明间设有双扇板门，两侧设格窗。庙内现有两通碑，分别为刊立于清道光四年（1824）的《重修关帝庙碑志》和刊立于2005年的《东社村重修关圣殿碑记》(壁碑)。

碑刻资料

道光四年（1824）东社村重修关帝庙碑志

【碑阳】

碑额：重修

碑名：重修关帝庙碑志

  日月经天，江河行地，所以亘万古而不息者，气也，而运乎气者，理也。□□□为神，亦然。关圣帝君生于汉季，志在春秋，精忠贯日，大义参天，声灵赫濯，莫可殚然，而要无非□□斯磅礴至理之弥沦也。其有裨于世道人心，岂浅鲜哉！故宇载下，崇祀血食，周遍海内，□绝域穷荒，莫不尊亲，亦云盛矣。村之震方，旧有帝君庙三楹，历年以风雨剥饰，垣墙瓦木，日就倾圮。维首等共兴义举，鸠工庀材，协力修葺。经始于癸未季春，信士善人，或慷慨捐资，或踊跃趋事，数旬而轮焉奂焉，栋宇一新。此亦可见人心之所欲焉，而圣德之默感。固有□弧不容已者矣。事成问记于余。夫以帝君之至极广运，诚不敢赘一辞，而特以正气至理为言者，□□世之人知神之为神，唯气与理，亦如日月之经天，江河之行地，对越蔫歆，景仰而效法之，厥正气不沦于天壤，至理常昭于人寰也。是为记。

  邑庠生程焕然敬撰

  维首马步云 张明起 刘世兴 范如璋 郭□郡 李克滨 李克从 栗生桂 程培 周担 程达 申克敏 栗生香

  作为程环 申君桂 栗生花

  天花板张守先

  高三宅施滴水三尺

木匠李伦元　泥水匠李文焕　阴阳李乐善

丹青程国虎　郭文林　石匠李兴林　玉工杨天仁

道光四年四月初七毂旦立石

【碑阴】

碑额：碑记

北马社钱二千　上摇社钱二千　东□峪社钱一千　下庄社钱一千　河南社钱一千　石板社钱一千　让大市社钱一千　六洞社钱八百　脑里社钱七百　榆树社钱五百　益裕砲钱二千五百　全兴砲钱一千五百　聚兴砲钱一千五百　聚成砲钱一千五百　锦泉砲钱五百　启太砲钱五百　襄邑合聚号钱二百　同益宝钱二百　东平号钱一百　城边后丰盛钱一百　协盛号钱一百　羡丰号钱一百　□桂化高曰淳钱一千　高曰逵钱八百　高曰鲁钱五百　高三宅钱八百　高二宅钱三百　高璿钱三百　高达杰钱二百　李成勋钱二百　王□童钱二百　高索　高达弼钱四百　郎庄社钱□□　郎步云钱三百　赵建成钱三百　赵建唐钱二百　郎聚河钱二百　郎□锡钱二百　郎俊钱二百　郎富文钱二百　票建相钱二百　郎泮桂钱二百　郭天狂钱二百　正社村韩文丙钱二百　马志信钱二百　佳文魁钱一百五十　李□福钱一百五十　韩文会钱一百五十　李永增钱一百五十　韩□钱一百五十　韩文普钱一百五十　韩天长钱一百五十　申□周钱一百五十　马起□钱一百五十　马□□钱一百五十　申□□钱一百五十　申时显钱一百五十　李瑞恺钱一百五十　韩国□钱一百五十　李永礼钱二百　申时展钱一百　尚玉林钱一百　李增赐钱一百　李祥林钱一百　韩创业钱一百　申宣周钱一百　韩国绍钱一百　李文福钱一百　李永昌钱一百　马起周钱一百　申时珍钱一百　申廷藩钱一百　韩克明钱一百　焦圣孝钱一百　焦文良钱一百　焦文彩钱一百　申希增钱一百　申希□钱一百　申三元　□国登　□保□　焦文孝　□文贤　李永德　李登金

李文兴　申时登各钱一百　西社村恒兴店钱二百　王贵合钱一百五十　纬□率男　福兴　禄兴　祯兴　祥兴　重兴　贵兴钱七百　纬生全钱二百　高发富　常□□　李□□各钱二百　段广□钱一百　顺成店　徐孝□　高起才　纬理　段安昌各钱二百　高起家钱一百五十　王烈章钱一百五十　李法顺　王自忠　王自孝　纬德全　段景武　孟省　□有贵　常广余　段时□　王贵□　郭松山　段安周　段景□　段时□　段贵□　段时成　王贵清各钱一百　段广□钱一百　王贵□钱一百　段安江钱一百　段时禄钱一百　靳曲村杨兰　杨敏魁　赵东□各钱二百　杨胡全　杨□清　杨□良　杨郎魁　杨在泮　□合号　杨三元　杨天申　郭有兴　杨佐各钱一百五十　杨聿俗　杨有勤　杨焕文　杨还林　杨甫林　周进宝　杨门陈氏各钱一百　杨海全　杨文林　杨之远　杨崇文各钱一百　寺底社钱三百　心地钱五百五十　李子德　李子悦　王子悦　王五枝　王克信　倭接　岳万选　岳新金　郭恒礼各钱一百　渠村　王成当钱五百　刘建芳钱四百　刘彦美钱三百　李彩材钱三白　刘彦俊钱六百　刘子林钱一百五十　复兴号钱一百　原天润钱一百　刘□起钱一百　刘仓钱一百　具福　具东谦　李世地　闫进忠　杨洛泮　吴宰各钱一百　吴门程氏钱一百　刘存信钱一百五十　刘福钱一百五十　刘廷斌钱一百　李春　合义店　广和店　文盛店　兴太店各钱二百　杨登嵬钱一百五十　王永泰　刘□成　李昌忠　王聚花各钱一百　杨省钱二百　正社船钱二百　本村栗恒钱一千　申启□钱一千　李聚财钱五百　栗秀山钱五百　李继新　程坦　本村□歌社各钱二百　李□□钱一百五十　花作梅　花作楫　郭开脱各钱一百　程文绪钱一百　栗生檀钱一百五十　程九清钱二百文　申克猷钱二百文　申培贾　申咸亨　申咸太　申林锡　申咸昇　台登第　李金□　申茂□各钱□百文

（二）正社村

村庄概况

上遥镇正社村，位于镇境之南，地处浊漳河南岸，坐落在马鞍山麓，距镇政府3千米。东与寺底村隔河相望，西依马鞍山，与潞城区南马庄、安乐村及本镇东峪村隔山为邻，西同西社相连，南与东社接壤。总面积5.45平方千米。有248户，794人，耕地2150.4亩，其中水地1185亩。水利条件优越，是本镇主要粮食生产基地之一。粮食作物以小麦、玉米为主。

文庙

庙宇概况

位于正社村村北，坐北朝南，东西宽21米，南北长32米，占地面积672平方米。据庙内碑文载金泰和元年（1201）创建，清顺治十年（1653）、康熙四年（1665）、乾隆五年（1740）均有重修，现存建筑均为清代遗构。一进院落布局，中轴线上建有山门（倒座戏台）、正殿，两侧为妆楼、廊房、厢房、耳殿。正殿建于石砌台基之上，面宽五间，进深五椽，单檐硬山顶，板瓦屋面，梁架结构为六檩前廊式；前檐下设有斗拱九攒，柱头科四攒，平身科五攒，均为一斗两升；墙体青砖砌筑，原置隔扇门窗缺失。

碑刻资料

（1）嘉庆八年（1803）正社村重修文庙序

碑名：重修文庙序

　　黎邑西二十里许有村名正社，是村之建，由来久矣。南临鞍山，峙若围屏，北近漳水，绕如曲带，观者谓天地之灵秀所钟焉。东晋时，士励名节，俗尚儒雅，缙绅之士于太和元年建立大成至圣文宣王殿于村之北，五间七檩而两廊不备焉。迨其后，世远年湮，屡遭兵燹，而斯庙竟湮没无存矣。至大清顺治十五年，父老不忍古迹之磨灭而复立庙一间，示不忘也。康熙四年重修为三间，而增廊房十间。乾隆五年重修为五间，又增歌楼三间。踵事增华，较前人之制更觉灿然可观矣。迄于今，历年久远，殿宇复至倾圮，垣墉半就荒芜，耆老目睹心伤，于嘉庆六年四月内，土木之功复兴焉。廊庑仍循旧规，歌楼增为五间，施其丹臒而翚飞耀彩，勤其朴斲而鸟革争荣。既鼎新而革故，咸云蔚而霞蒸。庶几哉，春礿夏祠，登其堂，行其庭，恍然入尼山之室，而睹宗庙百官之美且富焉。或曰至圣文宣王历代敕封，大而邦畿，小而郡县，莫不羞黍稷、荐馨香，望高山而切仰止之思。区区焉山县僻壤，或不足以邀神鉴，而抑知不然，神之在天壤，如水之在地中，无往而不寓，有感而斯通，譬如凿井得泉而曰"水专在是"，岂理也哉？故斯庙之建，虽为神明所庇，实亦风化所关。儒生之流，想礼法之森严，固肃然而起敬，即村夫牧竖，应亦鉴庙貌之巍峨而趋是凛焉。谨为序。

邑廪生申时显撰

邑庠生申蹈和书

大清嘉庆八年岁次癸亥

香首韩虎山　焦逢重

维首韩文彦　李焕　申容周　马起祥

管工李永宽　马兴富　韩文思　申时发

催工申宣周　李祥富　李法祥　韩艮山　申时泰　李永达　焦逢宰李端重　杨家　李江

木工杨端　栗昌　泥水　杨捷生　石工李瑾　侄法金　法唐　丹青郭虎山　玉工李法全

上窑村一千文　西社村一千文　西柏峪一千五百文　大市村五百文东社村一千文　河西村四百五十文　北马村五百文　靳曲村八百文　区

村五百文　杨天顺一百文　申天申施砖一千

（2）民国元年（1912）正社村文庙重申严禁

碑名：重申严禁

　　天下事本于等，而急于分，成于久，而败于暂者比比然也。念光绪以前之正社，社首选上户仕事既专不至不称而不换历，时又久当共时，禁令森严，民人向化，树木甚茂，赌棍□□，本村或莫名其乐，邻村早侈为美谈。迨其后屡起冲突，县令令社首每年以十二股轮流，冲突虽少而社规自此不振矣。把柿柴抱边堰毫无顾忌，斗纸牌、玩铜盒反成冠冕，且孩提之童未有利权，而已以杏核为戏。昔势至此，若不急为禁止，其将伊于胡底乎？但是社首任其事，任虽专而时不久，纵极为严禁亦不能有始而有卒，若复古规而犹恐冲突之复起，吾辈揣度时势□邀请维那，使其任事专而用功久，万不能挽江河于己下。吾辈请韩钰、申镒为维那，伊又攀吾与李进则、韩培楠共任其事。吾辈既能请人又安得评其责，因尔共议条规，爰勒诸石，自今以往倘复光绪以□之风，吾村幸甚，吾辈亦幸甚。

　　清郡庠生申子鋠撰并书

　　一维那不□□涉值年　社首之利权

　　一维□□□时添减然非有大过不得另行更换

　　一兄童赌杏核□为坏人根本不独见人，许巡查凡在长者责，当亟为教戒勿人□□成性遗□终身

　　一行□□□□□□□□一株罚钱一千文　加倍　其余皆照旧规不必再赘

　　社首焦天林　李进则　申子鋠　申希俊　韩聚兴　韩培楠　杨贵锁　马府州

　　维那李进则　韩钰　申镒　韩培楠

玉工赵辛丑

大中华民国元年

（3）民国二年（1913）正社村重修阖村庙宇记
碑名：重修阖村庙宇记

众庙之建，由来久矣。历年既远，庙貌倾颓，当时父老，目观心伤。自前清光绪年间开工、重修、创建数十余间，因经济困难，或作或辍，漫无定期。社首屡更，不胜详载。唯关帝庙、古佛殿、观音堂系名社修葺，未施丹腾。而大社所修者文昌庙、仓房、社房、戏房、骡屋、马棚、马王庙、土地祠、千手佛殿、河神庙等处，至于增其藻彩，焕然聿新，皆系大社之费，迄今二十余年，工程告竣，求余作记，余本不能文，聊志其事云尔。

潞安中校肄业生刘周贤撰　师范毕业生申子锿书丹

上遥镇施钱十五千文　观音社十二千文　东社村　西社村各十千文　城内堆金社　西柏峪　郎庄村各六千文　东峪庄七千文　东柏峪　大市村　长河村　北马村各五千文

下桂花施钱六千文　上马岩五千文　上桂花　河南村各四千文　河西村三千五百文　平头村　六洞村　渠村　石板村　岚沟　西下庄各三千文　峧口村二千五百文

李庄村施钱二千五百文　西仵北社　东旺村　后庄村　柏峪脑　寺底村　中庄村　榆树庄　莺里村　前庄村　南社村　古寺头各两千文

和生炉施钱二千文　李堡村　范家庄　东仵村　旺壁村　北桂花　靳曲村　杨家庄　吴家庄　行曹村各一千五百文　古县村　上岭村各一千文

赵店镇　杨暄　阳坡社　坑西村　元村社　坑东村　黄岩村　侯家庄加钱五百文　上庄村　乔家庄　下村社　阳和脚各施钱一千文

陈村社施钱八百文　青南村　复盛永　程振富　义和成　北泉寨各五百文　南枣镇施钱一千文　麦仓村施钱三百文　土岭村　□□□　贤房村一千五百文

维首李进则　韩培楠　韩钰　申镒　申子鋠

社首焦逢会　李胖则　申炳衢　韩卯松　李兴则　马参则

两匠申昀衢　申安方　丹青韩支顺

大中华民国二年十二月谷旦立石

烈士亭

烈士亭概况

位于正社村村中。民国三十八年（1949）正社村全体村民为纪念马书平、韩四松、焦根生、韩富堂、杨其贤、王喜顺、王魁生、申艺、韩保仓、申文山、韩洪之11位烈士而立纪念碑。该碑青石质，圆首，高1.92米，宽0.66米，厚0.24米，占地面积0.16平方米。碑文楷体，记载了11位烈士的光荣事迹。

碑刻资料

民国三十八年（1949）黎城县正社主村九烈士纪念碑

【碑阳】

碑额：万古流芳

碑名：黎城县正社主村九烈士纪念碑

本村南靠马鞍山，北临浊漳，在八年抗日战争中，进可攻，退可守，实为游击战争坚强堡垒。特别在共产党领导之下，群众组织加强，胜利信心坚定，故在每次反扫荡战争中给敌人以严重的打击。因此更鼓舞起全村青年参军参战的积极性。当时即有马书平等九同志先后参加我正规兵团，英勇作战，奋不顾身，不幸均于上党、平汉两战役光荣牺牲。

九烈士精神不死，激动了全村青年战士，正踏着烈士的血迹将革命进行到底，为死者复仇。一九四五年，日本帝国主义投降，群众方欣，重过和平幸福日子，始得安宁。不料反动派人面兽心，一手撕毁政协决议，调动数百万兵力，挥戈北上，向我解放区大肆进攻，抢夺胜利果实，置全国人民生命财产于不顾，并勾结美国，狼狈为奸，疯狂进攻，得寸进尺，屠杀人民，滔天罪行。但人民解放军坚持和平，忍无再忍，迫而自卫，展开爱国自卫战争。在二年零九个月共歼灭敌四百零九万，一往直前，百折不回，横渡长江，解放南京，收复太原，活捉蒋贼，解放全中国。

一九四六年，土地改革以后，农民得到了彻底翻身，凡我解放区，无一人不是丰衣足食，过着幸福的美满生活。全村群众回忆起自己在政治上、经济上、文化上所以能翻透身，这些功勋与烈士们在枪林弹雨中艰苦奋斗，光荣牺牲是分不开的。钦敬之余，不忍泯灭浩气长存，故刻石立铭，流芳百世，以志纪念云。

黎城县二年师范现任三高教员李逢文撰文

太行联中三年现任三高教员江计才丹书

建碑人　村长马书声　政治主任祁小宝　副村长原绍武　副政治主任焦介田　农会马景元　武主任韩景顺　民事段松昌　人代主席张春贞　治委韩书田　副人代韩焕松暨全体群众

玉工常建庆

中华民国三十八年阳历五月四日立

【碑阴】

碑额：永垂不朽

碑名：黎城县第四区正社村九烈士简历

马书平同志，年廿九岁，于一九三九年由游击小组改编特务团三连一排长，在一九四一年祁县战斗中光荣牺牲。

韩四松同志，年廿岁，于一九四一年参加本县公安局，在一九四二年吴家峧山与敌搏斗，光荣牺牲。

焦根生同志，年卅一岁，于一九四一年参加新一旅二团任班长，在一九四五年修武战斗中光荣牺牲。

韩富堂同志，年廿五岁，是本村民兵，于一九四五年为掩护群众及贸易局退却，在当年七月光荣牺牲于本村。

杨其贤同志，年廿一岁，于一九四〇年，参加新一旅二团三连任班长，在一九四一年沁阳战斗中光荣牺牲。

王魁生同志，年廿一岁，于一九四六年在辽县卫生部任指导员而牺牲。

王喜顺同志，年廿二岁，于一九四五年，由本县独立营改编为五十团，任班长，在一九四六年打汤阴城光荣牺牲。

申艺同志，年廿一岁，于一九四三年，由本县独立营改编为五十团，一连机枪班班长，在一九四五年来原山战役中光荣牺牲。

韩保仓同志，年廿二岁，于一九四二年参加八路军廿三师特务连任连长，在一九四八年运城战斗中光荣牺牲。

韩洪之同志，年廿岁，于一九四四年参加胜利军，在四七年担任连长，四八年任团股长，五一年在朝鲜战役中光荣牺牲。

申文山同志，年廿一岁，于一九四四年参加胜利军，四七年担任速指导员，于四八年大别山战役光荣牺牲。

三义阁

庙宇概况

位于正社村村中，坐北朝南，东西长7.7米，南北宽5.4米，占地面积41.58平方米。据拱券上额题记载清嘉庆二十五年（1820）创建，现存建筑为清代遗构。下层石砌基座，中设拱券过道；上建三义殿，面宽三间，进深四椽，单檐硬山顶，板瓦屋面，梁架结构为五檩前廊式。前檐下设有斗拱五攒，柱头科两攒，平身科三攒，均为一斗两升；墙体青砖砌筑，原置隔扇门窗缺失。

碑刻资料

光绪二十五年（1899）正社村三义阁重修铭

碑名：重修铭

  正社一村，直列三巷。西巷之北旧有三义阁三楹，自落成之日迄重修之年，其间虽历有年数，而根基朴实，垣墉固坚，惟瓦缝分裂，不蔽风日耳。首事等访耆老、考碑碣，知前人之意，原为振兴风化起见。庙貌倾圮，颓风曷振，爰捐己资，又请钱会兼以大社之补助，共积钱七十余串，除涂茨丹䐀而外，尚足演剧之费。功成之后，命余作记，余本不能文，而且铁砚无恙，于首事之苦心美意，未能道其一二，但愿吾村之人，慕古人之义气，尽今日之义务，庶几乎日有起色，富强可期矣！众皆勉之，余日望之。

  郡庠生筱翰申子鏸撰并书
  玉工李锁朝　韩广盛　赵廷宾　李海松
  维首申希俊　申镒　韩鹤龄　李安然　韩遐龄　韩发蔚
  泥水匠申昀衢
  丹青匠张□
  大社施钱五千文
  大清光绪二十五年小阳月榖旦立石

申氏祠堂

祠堂概况

位于正社村村中，坐南朝北，东西宽14.5米，南北长28.6米，占地面积414.7平方米。据正堂下檐柱题记载民国十八年（1929）创建，现存建筑为民国遗构。二进院落布局，建有街门、过厅、正堂，两侧建有厢房、配楼。正堂建于石砌台基之上，面宽五间，进深五椽，单檐硬山顶，板瓦屋面；梁架结构为六檩前廊式，前檐下设有斗拱七攒，柱头科三攒，平身科四攒，均为一斗两升；墙体青砖砌筑，内置隔扇门窗。过厅走马板雕刻精美，雕有福、禄、寿三星图。祠堂内有石柱一根。

碑刻资料

民国十八年（1929）正社村申氏祠堂石柱

（一面）

巍乎此屋何人所创，天福仗义，作为庙堂，既得土田又得大洋，计其价值实非相当，永作家庙。许移方向，任移何处。院落成方此种权利，申氏独享千秋，享祀瞻拜。徬徨鞍山石存漳水流长，牖启我后俾尔，识昌业修德进为龙为光。

（一面）

中华民国十八年中秋节

八世　希俊

九世　瑞昌　子鋠　镛

十世　向亮　晒瞿　向升

十一世　□　天福　仝祝

韩昌言丹书　赵辛丑刻石

龙王庙

庙宇概况

位于正社村村内巷口，现仅存清乾隆五十六年（1791）壁碑一通，民国三年（1914）碑刻一通。

碑刻资料

(1) 乾隆五十六年（1791）正社村龙王庙碑

东峪庄修龙王庙台座马成蛟施地一分
乾隆五十六年十月立

(2) 民国三年（1914）正社村龙王庙重修碑记
【碑阳】
碑额：永垂不朽
碑名：重修碑记

窃思庙也者，固神明之所陟降，亦一村之所观瞻也。斯地也，旧有溢海龙王庙一间，社房三间，规模何其卑狭，兼以历年久远，垣墉几成粪土。岂古人专尚俭朴欤？抑村小而力不足欤？此庄自光绪大祲之后，居家未云既富而生齿渐觉其繁。若不及时修葺，将继往开来之谓，何犹复袖手旁观也。李思明等一十三人，不辞劳苦，请会积资者数次。经始于光绪廿六年，落成于民国二年，增正殿为两楹，东西角殿各一间，两社房共六间，斗楼一间。即石成基，择木起栋，易涂茨以瓦砾，于宇墙而峻雕，雕梁刻角美轮与美奂，同歌鸟革飞翚，如竹共如松并祝。犹斯庙也，昔日若彼而今日若此，则庶乎？神遇之而来格，人望之而起敬焉？李君子英，命余作记。余本不能文，更兼二十余年并不拈笔，首事等之心思智虑，岂荒疏之学所能道出？但念村虽小，而成功巨，足见首事者之志未可量也。他日之因庶致富，因富施教，而人文之蔚起，亦应于此而卜其朕兆。众皆勉之，余日望之。

郡庠生后由师范毕业筱锋申子鋠撰并书
　　管账李子英　李思明　采桂林　王解忧
　　总管李义昌　李思孝　王进标　李思宽　王逢台　栗富永

维首李兴旺　栗旺则　李恩恭　王逢仁　周恩明

玉工孟芝兰

木工上王辛丑　下秦德堂

丹青赵起方　韩文绪　王玉景

中华民国三年阴历十二月谷旦立石

【碑阴】

上遥镇施钱二十千　长河社施钱一十千　峪树社施钱一十千　英沟社施钱一十千　正社村施钱七千　普头社施钱五千　李思明施钱五千　峧口社施钱四千　郎庄社施钱四千　西社村施钱三千五百文　大市社施钱三千五百文　石板村施钱三千　西柏峪施钱三千　东柏峪施钱三千　吴家庄施钱二千　河西社施钱二千　杨家庄施钱二千　平头村施钱二千　上马岩施钱二千　岚沟社施钱二千　前庄社施钱二千　中庄社施钱二千六　洞社施钱二千　北马社施钱二千　下庄社施钱二千　渠村社施钱二千　艾河社施钱二千　原庄社施钱二千　王若龄施钱二千　井闻社施钱一千五百文　前黄碾施钱一千五百文　上桂花施钱一千五百文　靳曲社施钱一千五百文　杨桃气施钱一千五百文　间房社施钱一千五百文　返底社施钱一千五百文　杨暄施钱一千　平头东社施钱一千　葫芦脚施钱一千　后家庄施钱一千　古寺头施钱一千　柏峪脑施钱一千　常会施钱一千　寺底社施钱一千　小黄碾施钱一千　赤头社施钱一千　张中央施钱一千　申发王　东晟　王可则　王红和　王永令　王永兴　王旦则　王怀珠　申闺女　申黑□各施钱五百文　刘廷壁　李根喜　义和泰　张雨生各施钱四百文　王德奎　和盛兴　李金相　福生隆　永盛生　李糟则　李申存　王化南　郭□盛　郭和义　王南则　栗建章　李森林　王发令　郭复盛　路里锁　王富明　王万聚各施钱三百文　郭长主　焦徐德　三亿永　史金科　李妆则各施钱二百文　双和店　李金相　王雨

松　积盛兴　六成公　赵富山　杨且狗　郎怀奇　永盛生　焦树德各施钱二百文　复生魁　王文　李拴劳　彭记负　王旦□　李糟则　杨臻　李有金　马小旦　赵起贤　隆泰顺　周金松　复生泉　韩外松　李黑汗　申逢命各施钱一百五十文　晋兴昌　杨安禄　陈起泰　栗庚痕　张连云　双海　□柱　崔刘喜　李林则　焦逢年　赵海全　双义德　王永盛　王之福　善兴德　李起德　王乘德　杨富云　李林则　天兴顺　申引方　刘福则　郎霖则　郎目则　郎崇魁　郎俊盛　郭老三　栗永吉　王有责各施钱一百文　郎伴渭　德盛元　□庚子　天兴点　米安根　张文海　李积掌　李建成　亿恒升　王怀荣　李拴劳　王之坫　李炳和　栗建文　栗建吉　栗建喜　栗新文　栗旺则　李忍则　常三女　王德成　双兴点各施钱一百文

土地庙

庙宇概况

位于正社村村内巷口，坐北朝南。正社北魏造像碑，原存此土地庙，1987年村民捐入黎城县文博馆。面宽三间，进深一间，单檐硬山顶，板瓦屋面，梁架结构为三檩前廊式。庙内有壁碑一通，为刊立于清道光二十一年（1841）的《重修土地庙珉记》。

碑刻资料

道光二十一年（1841）正社村重修土地庙珉记

碑名：重修土地庙珉记

我□家治道覃敷崇尚祀典，凡所以□□生而拯民瘼者莫谓之前虽美而不彰，莫谓之后虽盛而不□，土地之神御灾捍患尤克保障一方者哉。此处山坡不在□□采樵，为此合社公议，严行禁止。自禁以后，犯者以社规议罚，如或不遵禀官究治。

犯者罚钱五百文入社公用

维首王仁镜　李天府　王得义　栗三阳　王□端仝施门一付　香炉一口　立石

玉工姜学监敬刊

大清道光二十一年岁次辛丑季春月上浣穀旦

（三）西社村

村庄概况

上遥镇西社村，位于县城西19千米处，镇境南面，地处浊漳河南岸，地势西北高而东南低，距镇政府所在地上遥村2.5千米。东与东柏峪隔河相望，西与东峪村隔山为邻，南同正社村相连，北与上遥村接壤，总面积2.49平方千米。全村183户，653人，耕地1430.9亩，谷类耕种面积1290.9亩。西社村自古以来以农业为主，主要种植小麦、玉米、大豆等农作物，盛产柿子，土地肥沃，耕种方便，产量较高。

玉皇庙三圣寺

庙宇概况

位于西社村村中，坐北朝南，一进院落，东西长23米，南北宽21.7米，占地面积499.1平方米。创建年代不详，重修于清顺治二年（1645）。现存建筑均为清代遗构。中轴线上建有山门（倒座戏台）、正殿，两侧为妆楼、厢房、耳殿（已毁）。正殿建于石砌台基之上，面宽五间，进深五椽，单檐悬山顶，筒板瓦屋面；梁架结构为六檩前廊式，前檐设有斗拱十一攒，柱头科六攒，平身科五攒，均为一斗两升；墙体青砖砌筑，原置隔扇门窗缺失。内有十九通碑，其中六通旧碑，十三通新碑。六通旧碑分别为刊立于清顺治二年（1645）的《重修功德院记》（部分漫漶），壁碑一通（部分漫漶），刊立于咸丰元年（1851）的残碑一通，刊立于民国二十九年（1940）的烈士碑一通，烈士碑墓碑一通，壁碑一通（漫漶不清）。

碑刻资料

（1）顺治二年（1645）西社村重修功德院记

碑额：重修功德院记

盖闻乾坤定位，分阴分阳，明有人，固自有鬼神。神之为德，其昭然盛矣。是故庙宇之，之在人，而人生犹赖神明以获安也。古黎治西，陇阜下遥西社村天王殿宇三楹，年深日久，房木颓坏，今有潞城县□□村施主郭洪业，谨□□□□□资财，重建修理，□功告成于甲申季春之吉，庙貌既新，圣像犹废，□□施主郭洪业、王□洪二人，协力同心，共将□殿圣像金妆完备，焕然一新，永垂□□，勒石于后。

功德主郭洪业　妻曲氏　王氏　男郭自兴　□□施银二两

本县置□施主王□□　妻李氏施银三两

捐工木匠李□□施银□钱

本村施槐木一株　施主李进兴银二钱　李进发银五钱　李春荣　李春余二钱　李永付银二钱　李可旺

施主郭增业施□钱五百文　段忠德施银四钱

□□□　段忠览银二钱　李贵斗银三钱　李贵□银三钱　□□雨□□俭　段思绪银二钱　李人□银三钱　李贵样银二钱　段□□银二钱　孙桂林银二钱　□□□银一钱

时大清顺治二年孟夏吉旦立

丹青徐桂攀　木匠李寺胜　石匠杨汝爱　杨世业

（2）咸丰元年（1851）西社村玉皇庙三圣寺捐施碑

河西里八甲王廷仁施庙东地一亩半　其地粮银七分正
咸丰元年正月朔立

（3）西社村玉皇庙三圣寺重修庙记
碑名：重修庙记

盖间禅庙费转至右□□□矣□□□，天时数矣。今被万历十四年□□荒岁□□至命不能□□神明□，将神庙毁卖，何的其生叹吁日。今有本村孟阳见的拆毁不有，甚可谋然，偶观时度年岂亦可修焉？□□□舍孤立施财。

□□庙宇补塑圣优金妆完备，但有本村户内扶舍施主开冬于后以求远之记。

功德主段孟阳　妻李氏　连氏　男段思机　妻李氏　段思□　妻李氏　父段登科　母李氏　张氏

扶舍施主上遥里施主李均赐施禾四斗

户内施主段登元施银二钱　段守成施银八分　段□玘施银七分　□得施钱三十文　男李邦相施钱五十文　□添福施钱三十文　□添才钱四十文　□□钱三十文　李志夏钱三十文　李方付钱二十文　胡宾钱五十文　僧人果□施钱一百文　韩应魁银四分

木匠韩文□　李□言

（4）西社村玉皇庙三圣寺捐施碑

□的拆毁□有甚可谅，然偶睹时度年□亦可修焉□……□□舍孤立施财□□庙宇补塑圣像金妆完□。但有本村户内扶舍施主开冬于后以求

□之记。

　　功德主段孟阳　妻李氏　连氏男段思□　妻李氏　段四□　妻李氏　父段登科　母李氏　张氏

　　扶舍施主上遥里施主李均赐施黍四斗　户内施主段登元施银二钱　段守成施银八分　段守玘施银七分　李得施钱三十文　男李邦枬施钱五十文　□添福施钱二十文　□添才钱四十文　□邦佐钱三十文　李志夏钱三十文　李万付钱二十文　胡实钱五十文　僧人果□施钱一百文　韩应魁银四分

　　木匠韩文库　李□言　□□□　□□□

（5）民国二十九年（1940）西社村王辉同志行述

碑额：千古

碑名：王辉同志行述

　　王同志生于民国四年河北省任丘县提东村，家世务农，在半耕半读环境中修完初级教育，十九岁时鉴于旧家庭之窳败，遂参加其军，数年行伍生活洞悉军阀部队腐朽黑暗，有甚于旧家庭者。"七七事变"抗战军兴，王同志乃淳遂□愿参加坚决抗日之八路军，于一九三八年复加入中国共产党，经过两年锻炼，遂养成崇高之人格与伟大之气魄。一九三九年任上尉连副，事无巨细均能以身作则，每战辄身充［先］士卒，以是深得全连同志之景仰与爱戴，一九四〇年四月十日夜袭击王阳岭，在敌狂烈炮火下，王同志率领全连士与敌数次肉搏，王同志手刃日寇十名，身中数十弹，□□□□□同志总续杀敌为党为国而奋斗，遂溘然长逝，卒年二十六岁，王同志生平□□□□是为军人之模范，谨略叙数语以志哀□云。

　　中华民国二十九年四月十六日立

（四）东柏峪村

村庄概况

上遥镇东柏峪村，位于县城西部，镇境东南，地处浊漳河北岸，漳北渠水流经村东之山腰，坐落在五尖山麓，距镇政府所在地3千米，南与北寺底连接，西与西柏峪紧邻，东临柏峪脑，西同西社村隔河相望。本村面临浊漳河，南依大山，地势西北高而东南低。清光绪六年（1880）《黎城县续志》载"东柏峪"，今沿用之。总面积2.71平方千米，耕地1298亩，现有人口181户，574人。东柏峪村自古以来以农业为主，盛产柿子、线麻等。

龙王庙

庙宇概况

位于东柏峪村村中，坐北朝南，一进院落布局，东西宽14.1米、南北长29.5米，占地面积415.95平方米。创建年代不详，据庙内碑文载清乾隆年间重修，现仅存正殿，东、西廊房为清代建筑，其余建筑已毁。中轴线上建有山门（倒座戏台）、正殿，两侧为妆楼、廊房、耳殿。正殿建于石砌台基之上，面宽七间，进深五椽，单檐悬山板瓦屋面；梁架结构为六檩前廊式，檐下设有斗拱十一攒，柱头科八攒，平身科三攒，均为三踩单昂；墙体青砖砌筑，原置隔扇门窗缺失。

碑刻资料

（1）万历四十六年（1618）东柏峪村龙王庙碑

　　山西潞安府黎城县陇阜乡谷马里，见在东百谷村居住维那主和思选石应干等众村商议，□□有本村官圣显尊神古像在于东庙时坐，□建有敕封官圣帝君，改塑移在正殿，金桩［妆］完成，永远吉祥。

开具于后：

香老赵惟□钱四十五文饭二餐　李志先钱五十文饭二餐　李步钱五十文　李乙鸾钱五十文　李思朝钱五十文　李世□钱五十七文　赵世高钱五十文　李继业钱五十文饭一餐　李尚智钱五十文饭一餐　和聚宝钱五十文饭一餐　李承业钱五十文饭一餐　和聚库钱五十文饭一餐　和聚良钱五十文饭二餐　李选钱三十文饭一餐　石青支钱三十文饭一餐　李乙其钱五十文　李应升钱五十文　李乙林钱五十文　李国卿钱五十文　李尚明钱五十文　李应节钱五十文　李志孝钱五十文　李金成钱五十文　李志仁四十文　李志义钱四十五文　赵坤钱三十文　赵清钱四十文　马尚全钱三十八文　马公德钱三十文　和思卿钱三十文　马公元钱三十文　李尚聪钱三十文　李本分钱三十文　石守宗钱三十文　王用钱二十七文　赵惟明钱廿五文　李应光钱廿五文　李志荣钱廿五文　李友廿文　李异廿文　李本安廿文　李吉廿文　李乙奉廿文　马公直廿文　赵惟智廿文　刘进福廿文　梁友夆廿文　马守仁十文　李本守十文　赵乙松十文　石桂松十文　陈国卿十文　李志元十文　王进十文　李□会十文　马守全十文　李夆十五文　李金柱十五文　黄徐村郭国真钱五十文　和聚仓十八文　李尚元十五文　赵孟钱十文　赵邦龙十文　李志德十文　李乙齐九文　李志道十文　赵安五文

维那主和思选　妻李氏　男和聚厥　妻马氏　孙男和长奇　石应乾妻李氏　男石守祖　妻李氏　孙男石小改

丹青徐桂攀

石匠张邦才

万历四十五年九月廿日开工　十一月廿三日完成开光　四十六年五月十三日立石为记　守庙僧满荣钱廿文

（2）乾隆五十七年（1792）东柏峪村龙王庙重修碑记

　　常闻莫为之前花美弗彰，莫为之后总胜弗传。邑有龙王庙者，固吾修祈祷雨济之所，前有维首为之修葺，而殿宇圣像焕然一新，然其名姓，已列于石矣。而至于东西两廊，犹然颓败，便不为之修理，是何异于人之盛其衣冠，而蓝缕其履焉乎？由是二三善士谋诸村众，朝夕经营，共襄其事，今功已告竣，而不为之志焉。则前之美既湮没而不传，而后之人亦莫之知也，不深可惜乎？爰笔于珉，以相传于不朽云。

　　龙飞乾隆壬子年岁次辛亥孟冬上浣之吉

　　李全绪书丹

　　开工香首李生枝　王乐天

　　总管李孛志　李全周

　　总工马伏远　李全素

　　杨珰施钱二百文　王三多施钱二千文　李同京施道一条　李全绪施道一角

　　催工王乐贤　李创　李孛　马伏　马富　李彦山　李法河　李全唐　李全深　李子云　李进重　李生枝

　　攒头李进重　李全祥　李清悦　李彦资　马遇川　李恩职　马义群　李喜　石成省　李□德　李唐选　李生枝

　　丹青王节　阴阳台英　木匠王尔藩　李封明　泥水石匠　马文义　杨年刊

（3）道光十一年（1831）东柏峪村龙王庙创修社房碑记

　　窃念事由神异，有无藉于经营而匪属天成，未有不需乎人力也。今于殿之右创修社房一所，经始于道光辛卯仲春，落成于孟冬，使于告竣之期而不为之志焉。不惟后之人不知创自何年，即诸君子之善事亦湮灭而不彰，不重可惜乎？是以刻之于石，以垂不朽云。

大清道光十一年岁次辛卯仲冬上浣之吉

总官李万选

维首李良宰　李唐富　李清璋　李周安

攒头李全归　李法士　李清璋　李良宰　马驷　马花英　李唐富　李正山　李永正　李周安　李增锡

总工李彦吉

催工李清山　李五常　李良秀　李全归　马文明　马骥　王清玉　和永积　李子达　李秋林　李永君

李涌泉书

玉工李永林　阴阳张宗祥　水泥匠李文焕　木匠杨起　李狗则

香首李万局　马俭

灵泽王社首李培君　李唐富　李一成　李良鳌　马广烈　马文蔚　王清玉　和永积施钱七千八百一十文　李清璋施钱二百文

（4）咸丰六年（1856）东柏峪村龙王庙重修碑记

尝闻缺者补之，废者修之，凡事类然，况于神圣所居之地乎？本村旧有大庙一所，村东、北以及村南，又有观音堂三座，创建固已有年，重修已经数次，迄今世远年湮，风雨吹残，堂构渐即倾颓。丙辰夏，因兴工修补，虽不为至盛之举，亦体先人创建之雅意也。于今工已告竣，因志之于石，以示永远不朽云。

灵泽王社香首八人施钱六千文　李长林　李永明　李培重　马俭　李辛巳　马创业　李福常　李起宽

维首李清林　马驷

邑庠生李邺

香首李清漳　李九补

咸丰六年六月谷旦
石工李东林

（5）咸丰九年（1859）东柏峪村立禁山文约
碑名：立禁山文约

东柏峪村环堵皆山也，其峰峦耸翠，蜿蜒而为。村之龙砂者，莫若村东之五仙山焉。但伐木取材，不时入以斧斤，搜岩采石，日久任其凿削，将见山失其秀，而地犹能效其灵乎？今合社公议，定为禁山。无论攻石采樵之不得，即骡马牛羊之类亦不能牧其萌蘖，庶近是山者。闻五凤之鸣五岳，疑则见五云之起，五福争迎。有不瞻艮止之。不迁，而庆居民之永赖也哉。是为序。

今开四至：上至分水，中至边道，南至二郎嘴，北至木读崖。四至分明，从今永禁。倘有词讼，合村俱随，如或不随，本年乡约禀官究治。

罚头开列于后：
一、牛马驴骡进山罚钱五百文。
一、采樵割蒿进山罚钱五千文。
一、开石头者罚钱五千文。
一、羊群进山罚钱五千文。
一、开荒者罚钱二千文。
一、火烧山林者罚钱五千文。

见者与社均分村□
乡约李九贤
香首李成栋　李步云　李九如　李文炳　李□君　李经
各股人李时显　李玉林　李起泉　李发　马驷　石廷用　马庶
石工李喜锁
咸丰九年十月初一日　东柏峪村合村公议

（五）西柏峪村

村庄概况

上遥镇西柏峪村，位于县城西部，镇境东南，地处浊漳河北岸，漳北渠贯境而过。距镇政府所在地2.5千米，东与六洞村为邻，东北与岭上为邻，东南与东柏峪毗连，西同西社村隔河相望，两村相距1.5千米，西北至上遥1.5千米，南与东柏峪连接，北与郎庄村为邻。清嘉庆八年（1803）《重修文庙序》载"西柏峪"，现沿用之。总面积2.36平方千米，现有180户，528人。西柏峪村自古以来以农业为主，耕地871亩，土特产有线麻、西瓜等。

观音堂

庙宇概况

位于西柏峪村村西，坐西朝东，单体建筑，东西宽7.1米，南北长7.8米，占地面积55.38平方米。创建年代不详，据庙内碑文载清道光年间重修，现存建筑为清代遗构。阁为上下二层，下层石砌台基，中辟拱券过道，上建观音殿。观音殿面宽三间，进深六椽，单檐硬山顶，板瓦屋面。梁架结构为七檩前后廊式，前后檐下共设有斗拱十四攒，柱头科八攒，平身科六攒，均为异形拱。墙体青砖砌筑，原置隔扇门窗缺失。

碑刻资料

隆庆元年（1567）西柏峪村新修观音堂记

碑额：新修观音堂记

皇明国山西等处承宣布政使司潞安府古黎西百谷村信士男善人李文强，见得本村厘疏贱范，风水不顺，谨发虔心久，同本村众善人等同共商议，喜舍资财，起建观音堂一所。保佑本村众善人民平安如意，风调雨顺，永远吉祥，万民康泰，增福延寿，须至敏者。

　　功德施主李文强二千八百文　李廷支二千四百文　李臣九百文　王思雨五百文　王思云一百文　王思春八百文　程继绪八百文　王志海舍门楼一座　李廷支拾供桌三张　刘得宝二百八十文　王秉和三百文　王思孝三百文柱一根　刘得金三百一十文　刘仲臣二百八十文　刘洞二百文　李文思二百文　李文夆一百五十文　王廷美二百五十文　刘得□八十文檩一根　杜仁五十文檩一根　□□□文　□见□□　高□□五十文　□东妻舍木一根

　　郎庄施主郎世强九十文　郎世成九十文　栗思恩一百文　王廷实九十文　王廷用一百二十文　王绵八十文

　　河西施主李得玉六十文　关□雷□□文　栗田五十文　刘朝忠五十文　王廷□五十文　高孟春五十文　赵奉四十文　僧人理名舍石灰两石　刘文绵五十文

　　阴阳赵添禄　木匠李廷住　李逢太　丹青徐添才　□男徐应科　徐应登　□□□　赵一舍　石匠刘朝相　门徒贾支金

　　隆庆元年三月九日秋起工　十月初三日开光完备

（六）上遥村

村庄概况

上遥镇上遥村，位于县城西北 20 千米处，地处浊漳河南岸，漳南渠水流经村旁，坐落在猪拱洞山麓。东与郎庄村隔河相望，西同东峪、榆树两村隔山为邻，南与西社村相连，北与峧口村依山接连，总面积 9.59 平方千米。该村庙会在农历三月初一日及九月二十日，目前改名为物资交流会，唱戏三天。该村有人口436户，1318人，以王姓居多。上遥村以农业为主，特产有羊毛、羊绒等，兼营林、牧业及工商等行业。

碑廊

碑廊概况

位于上遥村村北。

碑刻资料

民国十年（1921）上遥等村修路兴学关联事实记

碑名：上遥等村修路兴学关联事实记

尝改内务行政有最注［主］要者二事，一在发达教育，一在便利交通。而交通之不便利，又为教育不发达之总因。黎邑僻处晋省东边，山路崎岖，行旅维艰。西区上遥等村为入省孔道，米粮煤炭来自邻封，向因车路不通，均恃高足为转移。运费既昂，物价腾贵，经济因之困难，影响一乡，无力设学，即由官绅谆劝，勉强设立三数处，然因基金无著之故，时感困难。民国八年春，奉县长陈公令，饬各村添筹国民学校基本金，经上遥村长王君震南等多方筹划，凑足现款七百缗，公议存商生息，以期永远。奈殷实商号率多不乐存储，愿存储者不尽殷实可靠。筹思再三，无处生息。忽忆从前议修本段车路，搬运襄邑煤炭，因无款中止，今若将学校基金挪作修路经费，一俟路成，由县署抽收骡捐项下，每年拨款若干，充学校基金生息。一经挹注，两事俱举，似尚妥善可行，众谋佥同。以两事关系地方行政，须呈请县长核办。呈既上，蒙批事属可行，准如所拟办理。九年春正月开工修筑，五月告峻［竣］。计费制钱六百七十九缗有奇。自襄界原庄起经上遥、东西正社、靳曲岭，直接西仵大路，共成车路五十余里。人车、马车通行无阻。运费骤减，商民称便。正不仅区区车马捐之利市十倍也。工峻［竣］后呈由县长覆查无异，转呈省长，指令准于旧有骡捐增收数内，每年提出大洋一百元，充作上遥等沿路各村补助学款之用。计上遥村拨款六十元，正社村拨款三十元，靳曲村拨款一十元，每年按六月、十二月两期由各村长共同具领，呈由县署核发在案，从此商旅得庆康庄，学校可期永久，路政教务两有裨益，固由贤长官提倡于上，亦由王君等同力合作。有以玉成于下也，树地方自治之先声，作内务行政之模范，官绅一气，行见日起有功矣。十年春，王君拟树碑道周，以垂永久，属序于余。余山居多暇，因述其关联事实如此，后之君子嗣而修之，庶斯路之长新，而学校之基础永固也。

前清壬寅科举人五等金质单鹤章北洋行政发审衔前任直隶曲周县知事杨永昌撰文

内务部奖给五等河工奖章前清廪生李端书丹

总监察三等三级内务奖章长子县巡官现任黎城县第三区区长兼警佐冯全仁

总经理前清儒学生员奖给金色菊花章王震南

副经理前清郡庠生奖给金色菊花奖章申子鋠

协理员前清武庠生赏加守御所千总衔王若龄　前清郡庠生现充靳曲村正村长杨维藩

派监工员银色双穗奖章李子英　银色双穗奖章王怀宝　单级师范毕业程经邦　李海云　王长群　李金相　张山　王逢时　韩钰　申炳衢　韩培南　高元隆

催工王记善　王德魁

玉工赵庚申　赵月魁同镌

仝立石

中华民国十年岁次辛酉孟夏上浣谷旦

广生圣母殿

庙宇概况

创修时间未考,重修于清嘉庆三年(1798)。

碑刻资料

嘉庆三年(1798)上遥村重修窎沟口广生圣母庙碑记

碑额：垂□万载

碑名：重修窎沟口广生圣母庙碑记

  古黎古镇之西,旧有广生圣母庙,为士民□□之所,迄历年久而□□□……人以皇皇□□……金漳之清教发祥□□□□□如乡□□镇维首□□□……神像亦焕然更新焉,鸠工□□木入夏告竣,于庚申之春功成勒石,嘱余而□□……□德岬厚载主祚□无替□千万年永忆不□□……岁□生候泽儒学司训马□曾沐手敬撰。

  ……

  时大清嘉庆三年岁次□□□□□

烈士亭

烈士亭概况

位于东峪村村东。民国三十六年(1947),村民为纪念赵生文烈士立碑。该碑青石质地,圆首,碑高1.42米,宽0.68米,厚0.14米,占地面积0.1平方米。碑文楷体,碑首刻"党国千城",碑名大书正中,碑文分两侧书写,结构独特。现上遥村烈士亭有碑刻三通,有刊立于民国三十六年(1947)的《东峪村殉难烈士赵生文同志纪念碑》,另有两通漫漶不清的碑。该碑立于青砖砌筑拱券式小亭内。

碑刻资料

民国三十六年（1947）东峪村殉难烈士赵生文同志纪念碑

【碑阳】

碑额：党国千城

碑名：东峪村殉难烈士赵生文同志纪念碑

"七七事变"，日寇侵我中华，全国有十数省之地区，几无一处不到，铁蹄所至，无恶不作，杀人放火，奸淫掳掠。但国民党当局不顾人民生死，逃之夭夭，窃居大后方，剥削民财，军队撤回中原，遍地专搞磨擦。这时中国人民救星毛主席，看到国家存亡，危在旦夕，便紧急发表宣言，指出斗争灯塔，并有朱总司令领导八路军，深入敌后，开展游击战争，打击敌人，共挽狂澜。这样，解放区军民才由水深火热之中，开始抬起头来。

赵生文同志，现廿一岁，战前因受封建地主剥削，房地被押一空，全家四口当刻无法渡［度］日。其父遂揭借凑本在黑虎庙开一饭铺，但因口多费大，所赚盈余除交利息外，还是不够糊口。自从共产党八路军来后，实行减租减息政策，他才将自己的房地从地主手中赎回，生活逐渐改善。这样，激动了他的阶级觉悟，认为共产党救了他全家的生命。为了保卫自己的斗争果实，又参加了民兵，积极地学习练武，锻炼自己，推动了民兵。大家公认他是民兵的模范。接着又被选为民兵小队长，这时更工作积极，热心负责，为群众所称赞。四二年①十二月，襄垣城内敌人出扰马圈脑，他为了配合新一旅打击敌人的掠夺，便星夜带领民兵四出［处］活动，但他仍不辞劳苦的坚持战斗。在四三年②六月，又曾率领民兵配合县干队，出击太岳区路西敌人，进行了艰苦的斗争，予敌伪以致命的杀伤。

---

① 即1942年。

② 即1943年。

赵生文同志，是四二年①参加中国共产党的，他为了保卫自己的利益，执行党的号召，在四四年②又参加了八路军。在他影响下，又有八个青年也相继报名。生文同志是在黎城独立营机枪班的，曾经过数次的战斗，在战斗中，屡和敌人拼命相杀。潞城白谷岭战役时，就是他在敌人的猛烈炮火下光荣负伤呢。但残伤未愈，又听到蒋介石倾其百分之九十兵力，发动全面内战，大举进攻解放区，他为了爱国自卫，故挺身而起，重赴疆场，消灭蒋军的有生力量。

今年五月，在安阳范家庄战斗中，因冲锋陷阵，奋不顾身，遂在蒋美反动派枪林弹雨之中光荣牺牲。显□□共产党员的英雄气概，为革命事业流尽了最后一滴血。噩耗传来，无不痛心，乡党同胞，悲愤交加，除将英灵举行公墓外，一致痛恨反动派，愿为死者复仇，为彻底实现和平民主新中国而奋斗到底。先烈虽死，精神犹在，嘱你瞑目九泉，芳名永垂千秋。愚者聊陈数言，深志不朽云尔。

黎城县第三完小主任教员徐学勉撰并书

【碑阴】

碑额：永垂不朽

碑名：民国三十六年阴历二月二十九日

李守业献洋三千一百元　王逢祥一千三百元　王步展一千元　王枝洞四百元　王见义三百五十元　王见吉　李长柱　李枝元　栗枝兴三百元　焦金水　郎水柱　李见堂　申五女　申长兴　李德昌　栗江海二百六十元　李长生　申有森　李景堂　李法旺　李景文　申安庄献洋二百元　李枝兰　王河勤　王贵廷　程天才　李永则　周马米　李积善　李见松　祁三则　杨书文献洋一百五十元　李狗赃　栗法海　栗仁

---

① 即1942年。

② 即1944年。

堂　栗思堂　栗丑则　李书文　李赃旦　栗保旺　屈书元　李晚林　焦根年献洋一百五十元　栗书贤　栗书堂　张春林　张锁林　张玉林　李拴景　申锐方　张河勤　王枝水　申景堂献洋一百元　李德旺　申虎庄　张焕明　李书勤　焦有根　焦书法　焦计年　李四则　焦书琴　栗学文　郭和会献洋一百元　王安根　王书成　陈虎林　彭河则　□□□　栗枝旺　申来顺　郎梦生　李□松　栗三则　焦逢玉　郭光盛　郭兴有献洋九十五元　李保和七十元　王富文　夏景三　申安堂　郭兴富　李坤玉　张森林　李午辰献洋七十元　李长胜　李白蛋　付生贤献洋五十元　申书文　郝全喜　韩落义　郭枝保　张向荣　李书元　姚贵生　付长存　王辅贤　申木海　王廷□　栗金堂　任先保　计文贵　郭枝生　石德仁　马有言　李江生献洋五十元　栗正月　李秃则　霍三则　□□母　王小狗　郭景和　张二则　焦增福　王枝生　宋二考　夏景福　李□□　李木□　□枝永　申木海　李拴富献洋四十元　王起林　申长生　李书田　申富玉　张翠□献洋四十□元　李□三　张书林　申玉□　任保□　申□德　□拴□　刘廷贵　□全福　李付氏　□金兰　王□根献洋□□□　□□□□　杨廷□　李□则　张水林　王福珍　王秋□　□□□　区长范贵锁　区政委张思佐　区武主任王树生　村长李书琴　副村长王英贤　政治主任栗江海　公安主任李三五　武会主任焦玘法　农会主席李长生　工会主任王安根　妇救主席程保珍　东峪村副祁三则　长河村副申安堂　榆树村副焦书田　农工立树兴书　玉工付张存

（七）榆树村

村庄概况

上遥镇榆树村，位于县城西面，镇境西南，地处山坡，坐落在大西山麓。距县城 21.5 千米，距镇政府所在地 3 千米。东与上遥村为邻，西北与大湾相连，南同长河、东峪两村搭界。总面积 2.68 平方千米。全村 41 户，141 人，耕地 541 亩。

龙王庙

庙宇概况
位于榆树村村中，创修时间未考，重修于民国七年（1918）。
碑刻资料
民国七年（1918）榆树村龙王庙重修碑记
【碑阳】
碑名：重修庙碑记

  当思迎神赛会似近迷信，然考之经典曰：在上曰，在旁不必有其事而要不可不设是想。盖晚近之世人心险恶，道德沦亡，社会之进化往往借斯为维持。故建庙立祠，所以几遍国中也。村之其偶旧有溢海龙王庙一所，及山神土地祠、五道等庙。凡祷雨御患之事，胥在于斯，无奈应年久远，风雨不蔽，村中屡议重修而有志未逮。民国七年春，公议重修，按亩捐资，鸠工庇材，阅雨载而始告成是众也。上可以壮观瞻，似迷信而不近于迷信；下可以聊社会，立社会，即所以维持世道也。今将勒石求余于文，余本不文，乡农无知，再三恳求，余不得□之不文，聊将好善诸公乐施，君子数句俚言，勒之台，衔以垂不朽云尔。

  全邑菊花奖章前清生员王震南撰 高等肄业生李洪渊书
  总管李富兴 栗新朝 王进兴 李进兴 焦金水 焦逢台 焦逢年
  维首王枝洞 焦年 王见吉 李丑孩 李贵兴
  丹青韩枝树 木工李会 石工夏景福
  民国七年十月初四日勒石

【碑阴】

碑额：永垂不朽

　　上遥社施钱二十千文　长河社施钱一十五千文　东峪社施钱一十二千文　英里社施钱五千五百文　普头社施钱五千文　西社村施钱四千文　大市社施钱三千文　郎庄社施钱三千文　西柏峪施钱三千文　黄岩社施钱三千文　贤房社施钱三千文　峧口村施钱三千文　河南社施钱三千文　正社村施钱三千文　东社村　吴家庄　六洞村各施钱二千五百文　东柏峪　中庄社　平头社　前庄社各施钱二千文　古寺头　柏峪脑　渠村社　石板村　侯家庄　西下庄各施钱一千五百文　后家庄　行曹村　寺底村　北马　阳和脚　胡芦脚　河西村　上马岩　杨家庄各施钱一千文　杨贝坡施钱五百文　李思明施钱一千文　李子英施钱一千文　李天思　王逢仁　栗旺　王□优　李思宽　杨暄　申和各施钱五百文　王沟戍　李思温施钱五百文

（八）郎庄村

村庄概况

上遥镇郎庄村，位于县城西北部，镇境东南面，地处浊漳河北岸，距县城18千米，距镇政府所在地3千米，东与六洞村为邻，西与上遥村隔河相望，南同西柏峪相连，北与大寺村搭界，总面积3.73平方千米，耕地1091.4亩。本村面临浊漳河，南依大山，地势西北高而东南低。清康熙二十一年（1682）《黎城县志》载"郎庄"，原名糠庄，相传，古时该村较穷，居民餐食大多以糠为主，故名。亦传，对面（南）隔浊漳河有山洞，名猪拱洞，据当地人说，猪喜好赤糠，致使该村越过越穷，迷信者以为不吉，遂改名狼庄，取狼吃猪之意。后感不雅，且有郎姓居此，故易名为郎庄。现有168户，467人。以农业为主，盛产线麻、西瓜等。

郎氏祠堂

祠堂概况
位于郎庄村村东外山上。

碑刻资料
洪武二十九年（1396）郎庄村朗氏宗谱之记

碑额：朗氏宗谱之记

　　余乃洪武癸酉冬奉命领教黎城学，自来之初，邑庠诸生谓于余曰，黎邑之西陇阜乡郎庄里，西平野马，水秀山青之地灵人杰。其地宜桑枣禾麻，霜雹□灾，时和岁稔。故郎氏先世择而处之，历世远矣。至十二代孙名曰栋，昔游于洋庠，不幸有父名曰仕秀遭丧，守制回家，以全人子之道。其人性好学，昆仲有六人，亦皆纯雅□实，耕凿养亲。予既闻之，甚有悦之于心。逮乙亥春，栋乃复来于学，果若前言，然后喜其不乏才矣。他日为国之用岂小小哉！丙子岁暮春三月，请余重修撰墓志，余乃坚辞之未能，凡此再三，予亦□而为之。观之石台记云，则知郎氏之宗裔其来远矣。意欲备而书之，古碑犹存，不劳记焉。□呼，水之流也，昼夜之不息，由其静深而有本也；物之生也，枝繁叶茂，亦由根本之深长也。□且尚然，何况人乎？今郎氏子孙绳绳不绝，宗枝茂盛，绵历永久，传之无穷者，皆因先祖积德累仁而致，是验也。《易》不云乎：积善之家必有余庆。不信夫□叙□□之意，非欲沽名而养已，唯恐将来无所据焉。今栋虽谱牒之籍，录宗枝之名讳，不欲□于文，而系之图者，欲使来世不昧于所传，则知在昔修积之渊深。创业之艰难，而特要致力于祖仁崇德，以继前人之志矣。余观其意深有美焉，遂为之记。

　　时大明洪武岁次丙子三月二十九日立石

　　本县儒学官谢撰　张羽书　赵德玉刊

佛爷庙

庙宇概况

位于郎庄村村东。

碑刻资料

万历三十四年（1606）郎庄村佛爷庙重建碑记

碑额：重建碑记

粤稽自洪□□而道术归惟道一而已。代降而佛氏肇庆于汉明，老子诞延于李一。于是□□道争鸿于□□□□□……兹黎连陇阜乡郎庄村旧有佛殿三楹，盖绿□久，须壤信众虔诚，喜舍重建□□殿三间、两节二间、门楼一座，立台以记□□……□□比，革故鼎新焕然于一乡者，谁之力哉？本村重籍世成郎信士人之□众郎进忠王邦□、郎交军、郭进村同心协力兴工于万历二十八年七月初一日，落成于三十二年，工完以志后世垂名不朽耳，刻石于后鸿儒勿□。

时万历龙飞三十四年孟冬月吉日书

龙洞山散人东泉李诞英谨篆男□施□银一钱

维那功德主　郎世成　妻郑氏　韩氏　男郎思科　妻李氏　男郎以道　郎思优　妻王氏　男郎以兴　妻申氏等同家施银二十三两余　郎思登　妻刘氏　男郎以直　妻李氏　郎以正　郎三则　郎思锋　妻李氏　男郎以公　郎二　□三胖　则丙　申则　赵氏　男郭进□　妻吴氏　男郭汝奎　妻王氏　郭汝兀　郭汝明　孙男郭春小二蠢银□钱五钱　郎进忠　妻田氏　男郎□孝　妻王氏　郎可宗　妻栗氏　郎可教　孙男郎小另银丰钱三钱　王邦□　妻郎氏　男王登选　妻王氏银七钱　施东明梁一条　郎交库　妻王氏　男郎宗尧　三女则银五钱又银一钱六分　施□二百个　堰村施主刘□银一钱　刘继成一钱

阴阳生郭选　表里匠李逢太　男李加然　丹青徐桂荣　徐桂花　石

匠杨进□　郭有栓

（九）柏峪脑村

村庄概况

上遥镇柏峪脑村，位于县城西北，镇境东南，地处山岭高处的洼地，距县城23.5千米，距镇政府所在地5千米，坐落在五尖山后侧，东与黎侯镇南村、乔家庄隔山为邻，西连东柏峪，南与北寺底山山相连，北同六洞村以山为界，总面积3.19平方千米，现有53户，104人，耕地589亩。

观音堂

庙宇概况

创修时间未考，重修于清道光十一年（1831）。

碑刻资料

道光十一年（1831）柏峪脑村重修观音堂序

碑名：重修观音堂序

　　尝闻地杰者神乃灵。村之南旧有观音堂一座，居岗阜之巅，控灵秀之墟，涧水蟠绕，群山环萃，洵胜地也哉。奈历年久远，风雨剥蚀，甃瓦半就倾颓，佛像几欲尘封。村中耆老愀然伤之，因于丁卯年四月初九日兴工，六月十五日告峻［竣］，嗣而葺之，栋宇顿觉争荣，至将见鼎新革故而法像增辉，燕云蔚霞而神宇耀彩。庶几灵秀钟而神威有赫，舍利永而毫光远照，慈航普度，合村沐呵护之恩，杨柳一洒，比户载絣幪之德也哉。谨为序。

　　岁进士申特显撰

邑人刘清远书

常清桂施钱五千文

维首胡瑢　常孝　任耀

管工郭松　武中考　泥水匠杨富则　木匠杨起　丹青李守敬　玉工郭有林

时龙飞大清道光十一年七月二十七日勒石

白龙王庙

庙宇概况

创修时间未考，重修于明嘉靖年间、明万历二十三年（1595）、清光绪二十一年（1895）。现有碑刻三通，分别为刊立于明万历二十三年（1595）的《重修龙王庙碑记》，刊立于清道光十七年（1837）的《重修井泉序》（壁碑），刊立于清光绪二十一年（1895）的《重修龙王庙碑记》。

碑刻资料

（1）万历二十三年（1595）柏峪脑村重修龙王庙碑记

碑名：重修龙王庙碑记

典史张光曜　黎城县知县右郦李体严　县承簿平王宗周　本庄住持僧仁洪银五钱　法会寺僧果珍银一钱

余以天下之事事物物，未有保其不蛊者。蛊将至，而治之为力也易；蛊已至，而治之为力也难。顾人治之者何如□。故《易》曰：先甲三日，后甲三日，教天下以治蛊之道也。黎治西二十里许，凤凰山之后，地名百谷垴，坎位，有岚王庙三楹，配祭者关王、土地，创建者不知何代。庙下座一海眼，其水潺潺不息，阖庄居民随给随足，诚我黎之胜境也。迨我皇明嘉靖间，有由西来者，榆社耆民胡仲强、武进朝重修。凡二周，西续白龙王庙三楹，配享者暨风伯雨师。历今几三十余祀，风雨侵陵，山水冲浸，栋宇倾敧，山栵朽腐，操梲驳落，蛊之将至矣，兼基址一前一后之不齐。胡仲强复暨进朝，男武友，思人有一行之疵，终非全德；屋有一隅之陋，终非全制，故捐资纠众重修之。用石筑基以为永久计。于是倾敧者端正，朽腐者维新，驳落者完美。但见金碧辉煌，光彩耀目。自是而后，人民安泰，六蓄蕃盛。《易》之所谓"作善降祥，积善之家，必有余庆"，此之谓也。经营于万历癸巳岁，落成于万历乙未年，期年而奏绩。正谓蛊将至而治之，为力易也。余田庄在兹，咸赖神之庇护，遂落石以为后世作善者之规鉴。

皇明万历龙飞岁次乙未七月吉旦　黎庠生员五仙人肖泉李时果薰沐谨撰

父胡德　母白氏　维那功德胡仲强　妻王氏　男胡进才　妻贾氏　孙男小扶碑　祖父武秀　祖母严氏　男武进朝　母王氏　男武友　妻常氏　男武金贵　武同来　妻王氏　男武代科　妻郎氏

香老郭朝府　妻贾氏银八钱　杨景贵　妻任氏银四钱　常得雨　妻石氏银二钱

木匠李嘉言　刘汝□　丹青徐□□　徐桂荣　石匠杨进明　杨进京　杨进善镌

（2）道光十七年（1837）柏峪脑村重修井泉序

碑名：重修井泉序

闻之莫为之前虽美不彰，莫为之后虽盛弗传。村之北□□□井泉一座。维石蟠绕，群山□□□□池□，奈何历年久远□□半就水眼尘封。村中耆老愧然伤之，固于十七年三月十一日兴工，告竣而焕然维新矣。将见原泉混混，合村沐膏泽之恩；水流汤汤，比户戴饼馕之德也哉。谨为序。

合社人任耀　胡瑢　常□　郭永生　李栓　香老常庸　武中考　玉

工杨逢春

道光十七年三月十一日胡廷阅撰书

（3）光绪二十一年（1895）柏峪脑村重修龙王庙碑记

碑名：重修龙王庙碑记

尝观胜地名区，咸有宝殿之筑，通都大邑，不乏庙宇之修。敝村僻居山陬，亦有岚山龙王庙三楹，配祭者关王、土地，即庙下之井泉亦有本而不息也。西续白龙王庙三楹，配享者暨风伯雨师。每年崇德报功，春秋匪懈，享祀不忒焉。但世远年湮，风雨圮颓，栋折榱崩，不堪入目，垣壤瓦毁，难于注足。于是村人共议，此必起钱于陇亩，捐资于四方，乃能聚丝成锦，积［集］腋成裘，土木可兴，造作无患矣。今兴功告竣，焕然一新。观光者莫不曰：此真可以奉春秋而祈神惠矣。聊为鄙语以志盛云。

王晚林撰　胡钟文书

东柏峪施钱四千文　西柏峪施钱二千五百文　郎庄社施钱二千文　六洞社施钱一千文　北马村施钱一千五百文　东社村施钱二千文　正社村施钱一千五百文　西社村施钱二千文　上遥村施钱二千文　大寺村钱二千文　长河村施钱五百文　东峪村施钱五百文　贤房村施钱五百文　行曹村施钱一千文　河南村施钱一千文　西下庄施钱一千文　岚沟社钱一千文　渠村社施钱一千文　中庄村施钱一千五百文　前庄村施钱一千五百文　古寺头施钱五百文　榆树庄施钱五百文　后庄社施钱五百文　寺底社施钱一千文　吴家庄施钱五百文　岐口社施钱五百文

维首郭根则　郭解忧　常金章　胡镇邦选　胡迪昌　胡刘文

香首常金锁　胡炳文

住持胡廷祥　木工秦文　丹青李木林　玉工康占元

光绪二十一年五月吉旦

（十）大寺村

村庄概况

上遥镇大寺村，位于县城西北部，镇境东南面，坐落在浊漳河北岸，地处山坡，距县城22.5千米，距镇政府所在地4千米，西同交口村隔河相望，东与六洞村隔山为邻，南与郎庄村连接，北邻渠村以东沟口为界。本村面临浊漳河，南依大山，地势西北高而东南低。总面积9.72平方千米，耕地1067.7亩。相传，古时村东小沟有寺，因村坐落在较广阔处得名。大，方言读音 duò。清康熙二十一年（1682）《黎城县志》记为"大市"，清光绪六年（1880）《黎城县续志》记为"大土村"，现书为大寺。现有210户，586人。该村以农业为主，盛产线麻、西瓜等。

关帝庙

庙宇概况

位于大寺村村中，坐北朝南，东西宽16.2米，南北长22.6米，占地面积366.12平方米。创建年代不详，现存建筑为清代遗构。一进院落布局，中轴线上建有山门（倒座戏台）、正殿，两侧为妆楼、廊房、耳殿。正殿建于石砌台基之上，面宽三间，进深四椽，单檐硬山顶，筒板瓦屋面。梁架结构为五檩前廊式，檐下无斗拱。墙体青砖砌筑，前檐增设土坯墙，原置隔扇门窗缺失。山门（倒座戏台）分上下两层，下层青石砌筑，中辟过道，上为戏台，面阔三间，进深六椽，单檐硬山顶，仰俯板瓦屋面，前檐设柱头斗拱四椽，平身科四攒，皆为一斗两升。

碑刻资料

（1）顺治八年（1651）大寺村创建关圣帝君神庙碑序

碑额：创建兴修

碑名：创建关圣帝君神庙碑序

尝闻扶舆内有形而无声者，山石是也，有声而无形者，风雨是也。无形无声而体物无遗，洋洋如在者神鬼是也。人思其生成之德而莫报感其造化之功，而靡忘处建庙设像，以祭祀于无疆，凡神皆然。矧以敕封关圣帝君，德参天地，明并日月，威振华夷，应耀古今。诚圣之至神至尊者乎。是从天子以至庶人，齐明盛服以承祭祀者，愈敬且诚也。虽然有说焉，神庙之建立，一方之风气关焉。

黎邑西有大市村，以言其地境，北有神岩之毓秀，东有仙路之拱翠，西有佛寺之钟灵，南虽有鞍山、漳水之环绕，其地势终逊下，非藏风聚气之盛概矣。本村维那善人□全、栗起、栗之进、王之俊、王伏兴、李三尊、栗玉仁、郭养志、栗自中、栗景、栗加亮、付子英、李本秋同心共议，舍己资，遂于村之南占一□□之地，创立关圣帝君行宫三楹。凡一切匠役、费用，十五家摊派均出，虽其中有贫乏者，即称贷而易，亦所乐为。工不期年，而庙貌巍峨，焕然一新。圣像辉煌，人心起敬。往来观者莫不惊讶曰：兹区区十里之邑，一旦成此圣事，非好□之诚能如此乎？古典有曰：祸淫福善、惠吉逆凶，感应之理，冥冥中原自不爽也。此生今而后，其风凝水聚，瑞至祥臻，不有可□必者乎。工完勒石以垂不朽。欲予以文，不敢以隐怪之辞以惑人耳目，特以庸鄙数俚语序其事，以传万年云尔。

潞城县韩洪秉银二钱　侯□汉银五钱　郭□□银□钱　郭增业银□钱　王□木银□钱　□观银一钱　贾登□银一钱　□复成银五钱　王工法银五钱　张赐银五钱　安宽银五钱二　安展银五钱二　□□□□□□□□□则□五钱　□□□□三钱　□□□□□□□□□三□□五□　□□□□□□　□□□□□□　□□□□□□　王□□□□　张进山□□□　□复　□进忠　崔时进银三钱　崔□运　麻伏金银二钱　麻伏银银二钱　麻法兴□钱一千文　郭应庆　郭应□　李□□　郭士俊

郭荣　李□　□□□　张得□银二钱　□□□平继忠　李自起　□□李自秋　黄时庄李时击　李时通　崔时齐　崔时忠　郭□□　本县马任重银二钱　李正己钱五百文　王廷□钱五百文　□廷臣银□□　王廷□钱五百文　郭□钱五百文　王洪□　王国选　□□成　李进□银三钱　下遥村李□折银二钱　韩进触银二钱　□进禄银二钱　□得洪银一钱　韩宋康银一钱　焦求吉银一钱　李国洪银一钱　段思得银二钱　段□荣银一钱　李贵攀□□双　李守祖银二钱　李天才银一钱　韩继□银一钱　李□□□□□　李□□□□　□□□　□□□

　　阴阳生台琴　木匠李兴　李旺艮　王兴　瓦匠马凤太　铁匠秦守才　塑匠王三礼　丹青徐桂攀　石匠王国亮

　　龙飞顺治八年岁次辛卯季秋吉日立

　　邑人禀膳生员刘惟进撰书

（2）道光五年（1825）大寺村关帝庙重修碑记

碑额：重修碑记

　　兹以大市之村传来关帝君庙一座，日月悠久，栋梁糜烂，风雨飘摇，墙屋倾覆。窃忆凡兹庙宇，犹不敢忽，况此威镇夷夏，忠昭日月，犹士民之所仰望者乎。社首耻之，而兴重修之思焉。时维六月，农功稍暇，既按地起钱，复随心施财。于是召彼工师，选大木于深山；命彼画工，施五色于高殿。兴作之时，但见慷慨争先，乐于趋事。盖较之台沼作而更灵也，是岂人力所能为哉？想冥冥之中，固有助于不自知者也。今日者功既竣矣，榱题一新，神其吐乎，栋宇改观。庙貌巍峨，含凤山而益觉生色；墙壁辉煌，映漳水亦弥足增光。民心既随，想神自安享矣。

　　李念劫熏沐敬撰

　　总管栗法清施钱二百文　杨长林施钱二百文　王思温施钱二百五十

文　维首栗子清施钱一百文　栗安邦施钱三百文　付天朝施钱三百文　栗作楫施钱一百五十文　王任重施钱五百文　栗永法施钱一百文　杨创林施钱一百文　栗丕伦施钱一百文　白林锡　泥水匠杨之远　铁匠霍继禄施钱一百五十文　木匠连思安　丹青匠王起　玉工邱康林施钱二百文

道光乙酉年季夏功成立石

（3）大寺村关帝庙捐施碑

上遥村施钱二千文　东社村　下庄村各施钱四千五百文　河南社石板社各施钱五千文　郎庄村施钱六千文　前庄村　西柏峪各施钱四千文　□村社施钱三千五百文　□村社　岚沟社　平头社各施钱三千文　吴家庄　东柏峪　田峪头　古寺头　贤房村　后庄村　六洞社各施钱二千文　□西村施钱二千五百文　后家庄　西社村　河西社　东裕　长河社各施钱一千五百文　王树社　黄岩社　寺底村　葫芦乡　营里村　上马岩各施钱一千文　三盛磨　德盛磨　郎□渭各施钱一千文　阳和脚杨家庄各施钱五百文　得步云　王甲成　王贵深　刘双福　秦□　刘相玉　原三狗　朗廷壁各施钱五百文　□玉金　王会狗　原□朝　郎沛则　蔡湘　郎新奇　吴顺昌　李九起　王翔　李起成　杨达奎　原崇岐　郎奎则　杜太则　刘起誉　王勋则　宝佛寺　聚魁永　任王□　杨□则　秦魁则　李海水　李科元　□三　永顺和　刘韩卫各施银五百文　□魁则　□西村施钱三千五百文　白合护□□□□　中庄社施钱五千文　复主□　刘逢年　李起则　李的则　马海金　王存仁　聚盛王　郭长柱各施钱四百文　杨暄　□大昌　刘和堂　□才则　田五女　韩双西　李春荣　王银德　刘□庆　马童则　李年富　原前锁　李斩□　李□东　赵梅本各施钱三百文　□□奇施钱三百文　□□合施钱四百文　杨全则　杨廷施钱三百五十文　原根和　刘文云　杨立景　□冯令　□起娃　李田富　□□云　元庄社　程□□　原文并　杨林农　王□□　刘起□

□廷美　原里则　李廷富　李世勋　杜廷祯　郭得昌　杜清□　原永成　韩□丑各施钱三百文　李盛　马逢□　李永和各施钱二百文　栗襄富施钱二百文　合昌　康德□　杨奎喜各施钱三百文　韩双柱　韩金狗　王存礼　郎森则　杨□狗　杜清□　郎根□　禾长□　王□□　杜□云　□□业　□□达　□兴□　张王　公生大　王德成　杜成正　杨王　杨□□　复主□　许□成　杜进寺　□益德各施钱二百文　逢□　□□各施钱二百文　□□□　□□□　□□□　李□孝　李□□　运局　王马往　□□雨　□□□　郎士子　□兴庆　原□□　□□　杨庸　□□斗　李运兴　□□　永顺合　李春会　文合斗各施钱二百文　申□□施钱二百五十文　王□□施钱二百五十文　□□　云　刘起□各施钱一百五十文　杨□则　杨□奇　杨□福各施钱□百文　刘福则　复盛成　□□□　申□□　□□□　新□□　郎方□　焦佼英　恒茂店　李□锁　李森林　郭世□　杨金泉　□□景　申天兴　刘银水　□青年　郭兴□　原三王　□□通　□□原各施钱二百文　杨庄　刘过官　王□合　栗述胡　德盛永各施钱五百文　王□□　万和□　赵□□　□盛斗　郭解优　胡咸文　王的兴　原虎昌　王□科　复盛成　鸿盛益　杨满　申进会　申泮龙　李树花　□王□　李□则　□成五　王□□　杨玉　郎进昌　申壬子　李周□　李全　闫盛三　郎奎云　陈□文　郎德盛各施钱一百文　朝则施钱四百文　王怀文施钱三□文　郎德朝　郭五□　郭振桂　王□则　郎德明　郎德兴　王□盛　□□　米大村　刘大和　李曾　文新□　申□则　刘德盛　□□□　李□□　李三□　任黑狗　□□□　□□□　□□当　□福林　□进其　王合　韩保明　王长□　□□□各施钱一百文　□□□各施□□□□　义□□　王□□　□□□　张□□　康德起　三□成　胡主文　李国桢　郎□朝　□元坦　王兴公　王的则　高义成　李国□　王□□　□□□　李凰鸣　原先桂　李全喜　杨□□　原万和　杨德□　王□　王建勋　和□□　　王□明　王根和　□清□　□□玉各施钱一百文　□□逹　王

□□ 起德明 王□□ 原进昌 王富则 王□□ 郎万□ 李□ 文
□□ 原□□ 原禄朝 复□□ 天元堂 王□□ □□则 李□生
□长魁 王□连 张太兴 任洽□ 杨兴云 □□则 □□起 杨二保
王□□ □进□ 郎□□ 马小三各施钱一百文 □□□ □文□ 任
□□ □□兴 □□□ 郭达□ 刘宜宁 王□□ □□则 郎方则
王起荣 王□□ 李□□ 王□□ 刘□□□ □□□ □□□ □□□
□黑□ □□□ 杜□文 □□□ □□□ □□□ □□□ □□□
□□□ □□□ □□□各施钱一百文

（十一）河南村

村庄概况

上遥镇河南村，位于县城西北，镇境中部，地处浊漳河南岸，距县城26千米，距镇政府所在地7.5千米。北与渠村隔河相望，南与吴家庄、英里及襄垣县艾河、东宁静隔山为邻，东连吴家庄以黄堂沟为界，西与河西、望儿峧两村相连。清康熙二十一年（1682）《黎城县志》载"河南里"。因村坐落在浊漳河南岸而得名。全村格局大致是东北—西南走向，全村临浊漳河，南依大山，地势西北高而东南低。全村共有81户，178人，姓王者居多，现已无庙会。以农业为主，主要以玉米和小麦为主。特产以羊毛、羊绒等较为著名。

村委会

村委会简介

在河南村村北，在居委会东侧有两通旧碑，分别为刊立于嘉靖二十年的（1541）《重建□关圣帝君庙碑记》，刊立于光绪八年（1882）的《重修庙宇碑》。根据《重修庙宇碑》上的文字记载，村里原有庙宇关帝庙、文公祠、山神土地祠、八蜡庙、娲皇庙、明灵王殿。

碑刻资料

（1）嘉庆二十□□□重建□关圣帝君庙碑记

碑名：重建□关圣帝君庙碑记

　　黎之西距□西十五里许，有村曰河南，……载矣，村东此隅于乾隆十四年……，关圣帝……重□□漂……就□□神阁西门……岁欲作新庙，钱……者补之仍建……不知水之为患如……关圣帝君之赫声濯灵……

　　大清嘉庆二十□□□

（2）光绪八年（1882）河南村重修庙宇碑

碑额：永垂不朽

碑名：重修庙宇碑

　　闻之礼有云：有其举之莫敢废也，有其修之莫敢坠也。□□□□□□□□□□关圣帝□庙、文公、山神、土地神祠庙，观音堂、八蜡庙、明灵王殿、娲皇圣母宫，神威之显赫，山川之灵异，前民之□□，□人□□□□□之矣。但世远年湮，风雨剥蚀，庙宇倾圮，居是地者佥曰：坐视……神明伟观也。辛巳春，里人同心协力，公议重修□□。二月开工，八月告□，十月□□……焚香者咸瞻庙貌轮奂，神像辉煌，□忆昔日之废，□□□者而……赞输姓名并勒碑阴，嘉其修废举，□大有承先启后之志，北……

　　东社村捐钱五千五百文　上遥村　东柏峪各捐钱五千　渠村社　河西社各捐钱三千　大市村捐钱二千五百文　岐口村　中庄村各捐钱二千文　西社村捐钱九百文　郎庄社　正社村　平头社　卧羊沟　前黄岩

吴家庄　前庄村　石板村各捐钱□千五百文　□□村　□□□　□头社　小黄岩　岚沟社　寺底村　后庄社　北马村　柏峪脑　六洞村　东榆村　长河村　□庄社　杨家庄　禅房村　古寺头　邢曹村　米于义各捐钱一千文　榆树社　望儿峧　萌□□　侯家庄各捐钱五百文　小河南捐钱三百文

　　维首王海则　王永盛　王永琮　王永□　王天和　王□刺　王振德　木工王……

　　大清光绪八年岁次壬午□月上浣之吉立碑

戏台

戏台概况

位于河南村村委会对面。

碑刻资料

万历十二年（1584）河南村墓碑

【碑阳】

　　明文林郎知西和县事王公神道

　　孤子县学生王应麟等泣血立石

【碑阴】

碑额：王公墓表

碑名：明文林郎陕西巩昌府西和县知县王公墓表

　　知西平县事横山靳惟精撰

　　功服孙县学生□庵王崇稚书并篆

　　□乎此西和令王公之墓，万历癸未岁星纪末旬公不豫踰岁湍月之灵辰，横山子问之公曰：吾不起横山君立□者。幸表吾墓予以非作者辞公曰：吾旧岁获睹宗伯马文简所撰李□□墓志，□有云秋官主事李□世芳持其交靳生惟精所为□，为其父请志铭。靳生余官春坊日门下受经士，素不蔽人善，亦不扬人善而过其实。兹按状盖率其素性非阿所好可以信天下后世矣。文简命世大儒慎与者，君之表吾墓也，固不肯蔽吾善也，亦不肯扬吾之善而过其实也，或过焉使吾真过情之耻贻知已羞矣。子首慰之迫公卒越月，公孝子应麟造予问表遵父命也。予凤佩师训，近受交托据事，直书弗敢过为妆点，以致不取信于天下后世，使卞交负君子之耻焉！

公讳景明，字时熙，别号邃齐，家世黎城县之白遥村河南庄。曾大父鹰依岩涧，易民事，大父秀有隐德，不干仕进。生子五人咸魁硕浑朴，行二恕入乡枝补增广生，以□□后愈里辟为县法曹后，刀笔深有活人功遇。

世宗皇帝御拯纪元□恩诏于海内，以高年饰行给冠带，乡人因呼为□官翁即公之考也。盖王氏之族至翁始，大翁配吴氏，继室以李氏，生子四人。长景春祭官吴出，次景阳起家国子生官平山县丞，次景元者淑□以里保与乡饮，次郎公母李氏，以正德八年癸酉之岁六月十四日诞公于白遥村之里，□生之夜，李梦一星大如栗色光莹，贺于怀，觉而生公，暨□家人误盘陈玩物，唯取书摩弄，余无顾因命□字曰搅书。公儿时警慧，每口授句读辄记诵不忘，四岁通孝经，小学十岁通举子业，嘉靖丁亥，公年十五岁□补邑庠弟子。八年己丑公年十七寿官翁弃世，哀毁不自胜，比葬披棺号踊至血趾不顾事，母哀诚□□□果□微物不先母食。十一年壬辰母李氏没，时公年二十矣，治棺殓阴竭已□□求必诚信曰：母氏鞠□报无日矣。二十七年戊申继室韩氏之母翟氏卒，无以为葬，乃力营棺殓葬之如礼。公肄业在□□□视学者，此□□宾优列几冠□□上委□者，不具□建。嘉靖三十六年丁巳公生四十五岁，始获出疆计上宗伯贡于天子，献艺大庭，制曰：可送太学养之，此三代之制明兴式古率旧章也。三十七年戊午成钧竟业。三十八年己未□官历事竣返邑国，岁丁卯隆庆元年夏五月，受命天朝出□西和，道经邑国喜见于面。公素非轻喜者，所厚诘之权势耶！筐□也，征其辞公曰：君子之仕也，不为宰相则为守令，宰相其道易行守，令其□易密官非副二权专一方，朝发夕徧爱民之心易遂吾吉□矣。诘者识之，公单车抵任县临边疆，东亘吐谷浑之界，南抵白马氏羌之境，其部落遣种号曰：戎番散处境内，居久而受羁縻者为"熟番"，新投附其类而居者号"生番"。呼朋匿类叛□不常深为民害。公怀熟番□恩慑生番以威番，由是戢县西北麦山其下涧壑出水数十道，自西北绕城东折而南注，加之天雨连绵则涧壑之水咸灌于城外，下流不及则上流泛涨，而堤防溃决，旁溢四出崩颓，人田屋淹没，人禾稼民命绝矣。公用是惧乃募徒儆巧，设建堤坊，务致高厚以障旁溢，俾水顺性下流，直抵白水江焉。县存盐井一匿、灶丁五十人，国课岁额一十三万二十斤，其羡余听民贸易衣食，旧例月朔望贡县二百斤，名为□盐公，曰斯盐亦民命也。方今民穷财尽莫保其性。苟有利于民，虽一分亦可济穷民一分之用，其尽革之永为例。邑有魏九道者国子生也，死无以葬，公伤之为出资助其费。生员赵乡，年壮宜室，贫不能备六礼为□俸金娶之，至于振冯时泰之贫乏，为何厚之择师事□可书。隆庆五年辛未二月，公坐落职东归□副祁柳谷，知公清虚牌异□骑导送亦人所难致者，西和志称公清□律己，勤慎立政端楷范，士子惠直，民固皆事之可书者。然志即史也，时俟百年，公议方定未解任而立传非史家例也。岂其忧公之甚者，恐其久而遗忘云乎。归故国之三日，谒孔庙拜邑，宰见祠堂乩曰牲祭于先陇，与诸族人劝饮。

　　六年壬寅，杨寅宾天□诏领县公衰□哭临声出踊□涕泪并溃。万历十年壬午九月十一日，土元□诞庆公闻之，喜不自胜，至□舞跃。十一年癸未冬十一月公不豫，竟不起，终于正寝。万历十二年甲申二月二十六日辰时也，距其生得寿七十有二岁，配石氏，潞城县石铁女。先公卒，继室以韩氏夫人魏县□簿磐之女，有妇德，可埒支□妇善于内助者。男三：孟应壁，石出，娶邵氏邑庠生邵孟忱之女；仲应轸，□礼生，石出娶杨氏太宰生阳拱辰之女，妾贾氏；季应麟，邑庠生，韩出，娶申氏邑庠生希□之女，继娶李氏县学生□之女，继娶范氏比里保范守端之女，侧室曹氏乃曹堂之女。孙男四：曰汝梅，遥授太医院医士，应壁邵氏出；曰汝盐，引礼生，应轸杨氏出；曰汝砺，应轸贾氏出；曰汝楫，应麟范氏出。孙女二：长采梅，应麟李氏出，聘□备副使男，县学生李杭之子；继□次采荷，聘狄道县丞男，省祭官高义士之子可攀。曾孙五：进业、修业、广业、兴业、创业。例不得备书，公岁仪端整□不可祀然，温和平易，厚直夷旷，真率恬廓，终其身无端应之态。天生至孝，遇久母忌日哀恸如初，袭语及寿官翁辄以早孤不及养为恨，辄涕泪□□下，时公年七十矣。又牲诚不□人之欺己，纵有欺己者或告之亦不信，曰世岂有诈人乎？不逆诈尼久误防戒后世云尔。又牲乐施，见贫者，辄贷之或负焉，辄置不问庚贷之乃复贫并□前券付焉。故乡之人无少长皆龛然。□为德人君子，曰公忠孝信义人也。孤远小臣悲喜关君国，征其忠七十而募，征其孝不虞人之欺己，乃以己庆大征其信，复贷还券，征其义盖公进德之功，老而不倦，故其制行鲜俪如是也。拴周称□伯王行年五十而□四十九年之非，行年六十而六十化说者，谓其进德之功，老而不倦，今拟□齐公为伯玉之俦非□于乎，是可以表矣。公葬所在，黎西南五十里河南庄，先北傍地名黄堂崖，令山下葬期在今万历甲申四月十五日卯时。

铭曰维黎坤□小有吉田行峰秀特漳水潆，汝鳖为神宫□而幽玄冲和之气于斯妥焉，金章□麓王色昭烟□望冯阴三万二千八百余年。

万历十二年岁次甲申孟夏望日

孤子县学生王应麟人孙男王汝盐　王汝梅泣血立石

（十二）渠村

村庄概况

上遥镇渠村，位于县城西北部，镇境中部，地处浊漳河北岸，距县城27千米，距镇政府所在地8.5千米，南至前庄沟口，北与石板村隔沟为邻，西同河南村隔河相望，东与新村相连。渠村，原名淤村，因地处漳水之阳，并以漳水淤滩为良田而得名，后谐音为渠村。清康熙二十一年（1682）《黎城县志》记为"抠村里"。清嘉庆八年（1803）《重修文庙序》碑，刻有"区村"字样。清光绪六年（1880）《黎城县续志》载"渠村"，村名沿用。总面积3.15平方千米，耕地618.7亩，现有123户，323人。本村以农业为主。

戏台

戏台概况

位于渠村村委会对面。

碑刻资料

光绪十六年（1890）渠村重修昭泽殿舞楼两廊关帝殿观音堂序

碑名：重修昭泽殿舞楼两廊关帝殿观音堂序

　　从来因时制宜，因端竟委，黎之陇阜乡，距县四十余里有渠村者，东邻膺福之清幽，西逼鳌峰之突兀。面对积布，晚接高山之露；带围衡漳，朝凝北渚之烟。虽村居允荒，而毓秀之气映带左右，□可嘉也。村中旧有昭泽殿、舞楼、两廊，左有亚王大帝，右有慈悲观音，□灵通于帝座，恩膏沛于黎庶。第垣墉倾圮，栋榱剥落。欲献椒醑之仪，苦于鼠雀之穿，将展祈执之诚，又有蟏蛸之网，土崩瓦解，入目萧条矣。于是原□福等，虔心纠众，补葺重修，比户捐资，沿村□募。自戊子以洎庚寅，工成告峻［竣］。夫翚飞鸟革，目睹轮焕之休，画栋凋棂，行□□□□，□以壮人之瞻观，而实报神之□灵，然则，其与膺福之清幽，鳌峰之突兀，积布□□之峥嵘波涛者同建不朽云。

邑庠生苇村氏高树堂敬撰书

维首原丑汉　刘庚则　魇增福　刘福海　吴双全　刘郭江　刘义则　李培荣　吴辛则　周文银　木匠李海焦　李根八　丹青匠史秉阳　玉工康占元　乡约李风鸣　住持刘长嗣

大清光绪十六年十二月吉日

（十三）中庄村

村庄概况

上遥镇中庄村，位于县城西北，镇境中部，坐落在广志山麓，地处大山沟之阳，距县城 23.5 千米，距镇政府所在地 10 千米，东与行曹村为邻，西与前庄村接壤，南邻群山隔山与大寺、六洞搭界，北至广志山腰，隔山与西下庄山山相连，总面积 7.31 平方千米，耕地 639 亩，现有人口 117 户，203 人。本村以农业为主，盛产花椒、核桃、苹果等。

关帝庙

庙宇概况

位于中庄村村南，坐北朝南，东西宽 17 米，南北长 24.9 米，占地面积 423.3 平方米。创建年代不详，现存建筑为清代遗构。原一进院落布局，中轴线上建有山门（倒座戏台）、正殿，两侧为廊房、耳殿。现仅存正殿一座，其余均为遗址处新建。正殿建于石砌台基之上，面宽五间，进深五椽，单檐硬山顶，筒板瓦屋面。殿内设有吊顶，前檐下设有斗拱七攒，柱头科四攒，平身科三攒，均为一斗两升。墙体青砖砌筑，原置隔扇门窗缺失。庙内现有残碑若干。

碑刻资料

同治元年（1862）中庄村鼎建关圣帝君庙碑记

碑名：鼎建关圣帝君庙碑记

  从来事当因时制宜，尤宜因端竟委。距县四十余里有村曰中庄，东邻古寺内阳，西接河水衡漳，头枕中阳山，势飞空而如舞，面对笔架，文光冲起而若流，虽曰山村，而一派钟毓之气，蔚蔚馥馥，映带左右，以是其村之人类皆好善焉。村西南隅，旧有关圣帝君庙，由来久矣。风雨摧残，神像毁败。咸丰辛酉，适有武乡县风鉴史氏者来焉，仰观俯察，白于村人曰：此庙离故处数武，起台丈余，迁移改修，方能镇煞聚脉焉。同治元年春，村中父老佥曰：史氏之高鉴，吾辈宜遵，前人之遗基，我辈宜终。于是，比户起工，按亩捐资，经营于四月中旬，告竣于九月上浣，碧飞丹楹，庙貌为之辉煌，绘画雕塑，神像赖以庄严，行将与内阳之官殿，漳水之波涛，中阳之楼阁，笔架之耸峙，同垂不朽焉！

  邑庠生原立庸谨撰

  本村童生李璿敬书　施钱二百文

  李金则施本庙基地三分　男秋生　秋意施钱一千文

  修关帝、文昌庙共费钱五百四十二千八百七十文。共地八顷五十一亩，三次每亩共起钱二百三十文，地亩共起钱一百九十五千七百三十文。卖柏树三十七株，共入钱一百五十五千七百三十文。入土地社租谷找香钱一十六千八百文。入布施钱一百七十九千四百文。

  维首

  香老　原永镇霍金林施钱二百文　原喜春施钱二百文　攒头　杨

继福施钱二百文　申起福施钱二百文　杨继河施钱五百文又瓦二十五个　□□　原先建施钱一百文　原秉哲施钱千文　李璇施钱三百文立水一百四十个　原九登施钱五百文　催工原守德　杨有运　施钱二百文　申起祥施钱一百文　李永昌施钱五百文　观工原益春施钱一百文　原金凤施钱一百文　阴阳□杨遇淳施钱二千文　攒头霍生旺　杨捷运施钱一百文

　　丹青匠陈步云　木匠刘逵施钱一千一百文　棚匠康乐义钱二百文玉工康德富　康起清钱一千文

　　大清同治元年十月初十

（十四）行曹村

村庄概况

　　上遥镇行曹村，位于县城西北，镇境东北，坐落在广志山与黑尖山之间，距县城30千米，距镇政府所在地12千米，东与后庄为邻，西同中庄相连，南邻群山与六洞搭界，北望广志山与中庄、后庄分界。清康熙二十一年（1682）《黎城县志》载"形曹里"。因村坐落在河槽之东西两岸，河槽可行，故名行槽。"曹"与"槽"同音，且书写方便，俗为行曹。清光绪六年（1880）《黎城县续志》载"行曹村"，现沿用之。该村总面积4.09平方千米，耕地422亩，现有53户，174人。

三圣庙

庙宇概况

　　位于行曹村村中，坐东朝西，东西长22.2米，南北宽19.8米，占地面积439.56平方米。创建年代不详，据庙内碑文载清同治五年（1866）重修，现存清代遗构。一进院落布局，中轴线上建有山门（倒座戏台）、正殿，两侧为妆楼、廊房、耳殿。正殿建于石砌台基之上，面宽三间，进深五椽，单檐悬山顶，板瓦屋面；梁架结构为六檩前廊式，前檐下设有斗拱七攒，柱头科四攒，平身科三攒，均为三踩单昂；墙体为土坯墙，原置隔扇门窗缺失。山门（倒座戏台）分上下两层，下层为石砌台基，中辟过道，上为戏台，面阔三间，进深四椽，单檐悬山顶，前檐四拱七攒，柱头科四攒，平身科四攒，均为一斗两升。现有碑刻一通，为刊立于清同治五年（1866）的壁碑。

碑刻资料

同治五年（1866）行曹村三圣庙捐施碑

【碑阳】

　　闻之上古之世积善之家，必有余庆善也者。非积之一世，而亦可流芳百世也。兹因形曹村有三圣殿一座，年深日久，大宋朽腐，栗从周有木成宋之选，情愿施大殿内以为所用。

　　木工李太林　玉工王太
　　同治五年二月廿二日合村立

关帝庙

庙宇概况

位于行曹村村中。现有碑刻两通，分别为刊立于清光绪三十年（1904）的壁碑和刊立于2009年的《行曹村重建关帝庙碑记》。另外，路边还有两通碑，一通漫漶不清，另一通为刊立于清同治二年（1863）的《重修观音菩萨堂碑序》（残碑）。

碑刻资料

（1）同治二年（1863）行曹村重修观音菩萨堂碑序

碑名：重修观音菩萨堂碑序

峰岭回环，山深水秀，主其间者，性善温良，自古刑曹村旁有神堂一……之遗址向异诸处何也，东近兰岭，西连中阳，南路漳水，比拱常嵩，岂非地灵人杰之处乎？迄今年深日久栋……颓，香首栗玉鸣倡众修之，修者足以继先建者，足以□后无□募化之力。始于二月，成于七月，靡不周且……元且美焉。但见金碧交辉，焕然一新，功隆位育，被春风、□海德、并乾坤、普化雨于竹林，大以昭报介以景□……之传盖为觉人之善耳，当勒之于石以为之志云。

观音堂基址东至李泮义，北至坡边，西南俱至王沂，四至以内若有伐枝放树木者，罚钱一十千文。龙天土地庙基址东、西、南、北俱以柏树为至，四至以内若有利伐枝树木者，罚钱一十千文。文公土地庙基址上至崖，下至路东，西至山岗，四至以内切伐树木十千，牧放割柴钱二千，烧山林钱廿千。神社地亩钱送齐不到香一束，上会楼架每户一人修池，每口用……每年修补社工不到，以上同罚钱一百文。大庙前后闲地不许村人借用，不遵，钱一千，本社地亩不许出外社……钱一千，牛羊牧放麦苗罚钱十千文……社规，若有犯睹者罚钱十千。以上一切社规，入社一半，拿人一半……

邑童生任鸣盛顿首拜撰

邑童生栗永祥沐手敬书

维首□□周　□□兰　赵守业　李凤鸣　张凤文　杨仁　李富仓　张生禄　李余　栗永平　……施钱二百文　施钱一千文　阴阳学杨遇淳　玉工康德富　康遥林　康起清　木工史语则　丹青宇文伦　杨山结

大清同治岁次癸亥年大召月□□……

（2）光绪三十年（1904）行曹村关帝庙无题名碑

窃思赌博之祸，胜不可言。赌风渐炽，时在下元。倾家荡产，靡视靡瞻。卖妻售子，弗嗟弗叹。吾侪小民，目睹心寒。同治八年，禁赌开先，起社一道，已资均摊。秋夏捐纳，百有余串。关帝庙修，施钱若干，连修戏楼，二十二串。每逢社日，备供陈奠。光绪甲辰，演戏两天。作述相继，施于永远矣！

  童生程学圣撰

  维首张海存　赵庚申　栗新昌　栗应库　张天财　李彦孩　张戊戌　彭记锁　栗聚金　栗德昌　李吐群　李拴牢　李元和

  玉王康德起

  大清光绪三十年八月初一日立

（十五）后庄村

村庄概况

  上遥镇后庄村，位于县城西北，镇境东北，坐落在广志山与黑尖山之间，地处大山谷平地之阴。距县城31千米，距镇政府所在地13千米。东靠岚王山，和孟家庄接壤，西临广志山，南与行曹村连接，北和古寺头村相连。上遥镇后庄村地处山谷，北高南低，四面环山，无有平地。总面积7.42平方千米，耕地561亩，现有158户，408人。本村以农业为主，盛产核桃等。

佛爷殿

庙宇概况

  位于后庄村村中，坐东朝西，东西长24米，南北宽19.1米，占地面积458.4平方米。创建年代不详，据庙内碑文载明崇祯五年（1632）、清康熙四十一年（1702）均有修葺，现存正殿为明代建筑，其余建筑已改建。原为一进院落布局，现仅存正殿、戏台和厢房。正殿建于高1.3米的石砌台基之上，面宽三间，进深五椽，单檐硬山顶，板瓦屋面；梁架结构为六檩前廊式，前檐下设有斗拱七攒，柱头科四攒，平身科三攒，均为三踩单昂；墙体青砖砌筑，原置隔扇门窗缺失。

碑刻资料

（1）崇祯五年（1632）后庄村佛爷殿重修碑记

碑额：重修碑记

　　黎西后庄去县二十里许，有刹佛庙□□□□，日久庙貌倾颓，不能避风雨之患。本庄儒官任中凤、乡老王召、香老杨进元、社首任□□、甲头任□□、杨春桂、□□□、李春茂、李□训、任天禄同发虔诚曰：人以□为倚，神尚无所栖，岂有所倚乎？奋然起而改作之，同众议，计地出钱，买到中庄村杨可学□房□间，更盖正殿，伐本庄官地树，更盖两廊，过庭添盖戏楼一座，变卖禁山柴，折各社钱，以为赏资，□其功甚大，可费银百两。设处犹不足用，于是富者输财，贫者效力，并心齐力经营，稍无息缓，其功不□月而告成。竹苞松茂，庙貌翼翼然改观矣。邑人李□庸见之，不胜夸美，除施银四两外，又同众输地十亩，各价不一，立券永作祀神官地。其作事□勤奉祀之诚，□欤休哉，可堪并颂者也。若不纪其事，后世湮没无闻。予援笔而勒之于石，以志不忘。

　　　　邑庠生王嗣□　王君书

　　　　……

　　社首任宗禹　妻杨氏银一两　任登科　妻李氏　男任移房　任五斤一两　甲头杨春桂　男杨小黑　妻王氏一两　杨春□　妻张氏　男杨本高　杨本强　杨任得一两　李春茂　妻李氏　男李僧保一两　李承训　妻申氏　男李小淡　李小感一两　任天禄　妻李氏　男任□全　孟氏　任守成　杨氏一两

　　　　阴阳生李显□外施银一钱

　　　　……

　　　　时崇祯五年八月初十日立

本村石匠杨万　杨教银一钱　石匠李孟同　男李时夏刊

（2）康熙四十一年（1702）后庄村佛爷殿重修补塑金妆佛像记
碑名：重修补塑金妆佛像记

盖闻三教之道，佛居其一，是佛之为佛，亘千古而有之者也。然黎邑□阳后庄村，自顺治二年以来，旧有佛殿一所，□年久远，佛像朽坏。迨其后康熙壬午闰六月二十六日，有本村善男□□旺、焦□□、□念等，触目兴怀，究领社众，各□虔诚，捐舍己资，金妆佛像，添塑□□，六月内功绩完备，佛像焕然，为之一新。为是以功当告成，将施主之姓名如是乎书名为□。

王佩坤书

住持僧能念施钱九百五十文

维首人任旺施□　任成瑜各□□□□□施钱二百八十五文　任福施钱二百五十文　李凤施钱二百文　原海施钱二百文　杨国玉施钱二百文　张进玉施钱二百文　古寺庄□各施钱一百廿文　任自旺施钱一百文　杨国要施钱一百文　杨国太施钱一百文　杨进□钱七十文　李太银钱六十文　台逢良钱五十文　任国住钱五十文　台盛钱五十文　王平钱五十文　石秀盛钱五十文　任久先钱四十五文　任成工钱四十文　任时宝钱卅六文　王有钱卅六文　李的魁钱卅文　李晃文卅二文

丹青王文昌

康熙四十一年九月十六日立石记石

观音堂

庙宇概况

位于后庄村村南，坐南朝北，单体建筑，东西宽3.9米，南北长6米，占地面积23.4平方米。创建年代不详，据庙内碑文载明万历十七年（1589）重修，现存为明代遗构。建于石砌台基之上，面宽一间，进深五椽，单檐硬山顶，板瓦屋面。梁架结构为六檩前廊式，前檐下设有斗拱三攒，柱头科两攒，平身科一攒，均为三踩单昂。墙体青砖砌筑，门窗破损。

碑刻资料

万历十七年（1589）后庄村重修观音堂碑记

【碑阳】

碑额：重修碑记

碑名：重修观音堂碑记

　　夫观音堂之创建非徒也，敷一方之风水，所系黎民之获福攸关。迄今历年已久矣，榱栈朽腐，绘画雕［凋］残，垣墉颓堕，瓦木损亏。观斯堂者，非惟无以妥神灵，而临斯地者，亦无以起敬畏矣。时有本村维那王尚忠等同发虔心，欲修废以举坠，输心修造，遂革故以鼎新。若此者，虽神明之灵感，亦人心善念之所由兴也。况观音菩萨本御灾捍患而作善者，岂不降之以百祥耶！兹数人者，各捐己资，以为工匠构架妆塑之费。于是选择良工，榱栈朽腐者换之，绘画凋残者饰之，垣墉颓堕者筑之，瓦木损亏者增之。前建卷棚，后接香亭，新塑真武□师，□妆观音圣容。内外砖砌，其堂宇周围咸补其石基。但见金碧［碧］辉煌，焕然维新，其视前之规模不唯广阔，亦且完美。如此则神人俱妥，而见者莫不敬畏矣。今兴工于春三月，落成于冬十月，未及一载，而工靡不周且备焉。诚有如鸟斯革、如翚斯飞者矣。乡村有施舍资财以助厥成者，俱刻于碑，以为后世作善之基。是为记。

　　黎庠生魏郭撰

　　府掾□尚德书

　　维那施主王尚忠　任□直　刘魁　任用　李朝宗

　　阴阳生周朝辅　木瓦匠王子付　申朝宰　丹青徐应科　徐应登　徐

应及　徐应第　徐贵荣　石匠杨进京　杨进朝　杨进善

大明万历十七年岁次己丑冬十月廿六日立

【碑阴】

碑额：民后碑记

　　本村维那施□用大社梁一支　板□百□　本巷兴工王□忠　妻张氏　男王保安　王重安三□□三钱一分　喜舍后□小钟一课　母王氏　男任邦直　妻梁氏　男任小　妻任灯夫银□□两二分　刘魁　妻任氏　男刘喜春　妻李氏□　男刘□银一两三分　父□祭宜任有全　母□氏　男任尚德　妻乔氏　路氏□　任用　妻李氏　男任二龙银一两六钱　父李□　母刘氏　男李朝宗　妻刘氏□□八钱三分　杨天禄　妻台氏　长男杨思忠　妻刘氏　长男杨思孝　妻王氏□　男杨思贤　妻张氏□　男杨贵安　杨永安　杨□荣　妻张氏　杨□　妻霍氏　杨荣安　杨增安　杨束住　后潘□□　重孙杨扶碑银二两　□曹主施主　杨文良　妻任氏银二钱三分外化银一钱七分　任周　妻郭氏银二钱外化银一钱七分　母□氏　男王友敏　妻侯氏　男王友□银二钱三分外化一钱七分　任邦宰　妻路氏　男任来□　妻杨氏银二钱五分　任民渠　妻杨氏银二钱　李金库　妻申氏银二钱　原守言银一钱五分　申朝宰银一钱五分　……□□银一钱　刘朝银一钱　杨思智银一钱　王尚宰银一钱　杨思万银一钱　杨思孝银一钱　李尚朝银一钱　原世保银一钱　李勤银一钱……

（十六）古寺头村

村庄概况

　　上遥镇古寺头村，位于县城西北，镇境东北，地处大山谷深处，坐落在广志山与老慢顶之间，距县城33.5千米，距镇政府所在地15千米，旧时走山路经烟子、古县进城仅15千米，东与洪井镇鸽子峧村隔山为邻，西与后庄村相连，南同洪井镇南信村隔山相望，北依广志山与岚沟以山为界。总面积7.8平方千米，耕地366亩，现有98户，283人。古寺头村地处深山，山高林密，水草丰富，以农业为主，兼营林牧，盛产核桃、花椒、党参等，矿产资源丰富。

关圣帝君庙

庙宇概况

位于古寺头村村东，地处山谷，北高南低，四面环山，无有平地。关帝庙坐西朝东，东西两侧为河道，南侧为乡村公路，北侧靠山，东西宽5.1米，南北长8米，占地面积40.8平方米。据庙内碑文载清咸丰四年（1854）创建，现存建筑为清代遗构。下层为石砌基座，中设拱券过道，上层建关帝殿，面宽三间，进深五椽，单檐硬山顶，板瓦屋面。关帝殿梁架结构为六檩前廊式，前檐下设有斗拱七攒，柱头科四攒，平身科三攒，均为三踩单跳。墙体青砖砌筑，原置隔扇门窗缺失。

碑刻资料

咸丰四年（1854）古寺头村关圣帝君庙重修碑记

【碑阳】

盖闻莫为之前，虽美弗彰；莫为之后，虽盛弗传。以是知天下事，不有作者，谁成善举；不有述者，谁嗣修葺。故古寺头村西南旧有山崿水流，林壑清泉，往来之间，人所共仰，亦胜观也。壬子年，邑人共议创建关圣帝君阁，选地于斯。斯地也，山崿层层而来朝，水流曲曲而入怀，一若造物者为圣而生其地也。况关圣帝君功施社稷，德被生民，英灵昭乎百代，忠义垂于千秋，尤祀典之甚重，民心之不忘报也。于是同志者经营缔造，不辞艰辛，土木之费，固难取足于一邑，而群工之资唯望同任于众善。鸠工庀材，不数月而告厥成焉。是虽人力之所至，亦莫非神功之有感矣。工成完美，庙貌圣像焕然一新。聊志由来，抑亦见成功之不易云尔。

　　阴阳学杨遇淳选地

　　慎修斋翟琳书丹

　　募化僧悟勋　悟勤　徒孙常兴

　　维首张文德施钱三千文　程恭施钱一千文　程子则施钱三千文　李维良施钱一千文　原有财施钱五百文　程仓则施钱五百文

　　师蒙施兽二对

　　木匠李太林

　　泥水匠范壬子

　　丹青匠李桂

　　玉工康耀林　康德富

　　大清咸丰岁次甲寅八月初十日立石

【碑阴】

　　洪岭社施钱二千　学庄社钱二千五　王家庄社施钱二千　南委泉社施钱一千　源泉社钱一千五十　西井社施钱一千　堆金社施钱一千　石背底社施钱二千　堆金社施钱五百　朋庄社施钱一千　牛居社施钱一千　下黄唐施钱八百　下庄社施钱一千　□□施钱一千　渠村社施钱一千　北河南社施钱一千五　榆树平钱一千五　人庄社钱九百五　应佛寺施钱一千　中庄社施钱三千　前庄社钱一千五　邢曹社施钱二千　后庄社施钱二千　禅居社施钱五百　前白云施钱三百　上瑶社钱二千文　郎庄社钱一千文　南信社钱一千文　河南社钱五百文　西社村钱五百文　□则社钱五百文　吴家庄钱五百文　峧口社钱三百文　阳贝坡钱三百文　□峧社钱三百文　言井社钱五百文　桥上大社钱五百文　宋家庄钱五百

文　□豉社钱四百文　□亩村钱五百文　侯家庄钱七百文　丰盛永钱一千文　李景章钱一千文　高发昌钱一千文　李富钱一千文　三合公钱五百文　恒恕公钱五百文　忠盛德钱五百文　乾享永钱五百文　三益永钱四百文　久盛斗钱一百文　王敏玛钱二百文　武邑赵官富钱一百五十文　赵怀良钱一百文　□茂景钱一百五十文　杨盛钱一百五十文　悟勤钱五百文　□□钱二百文　永成钱一百文　刘信钱一百文　原秉高钱二百文　师孟钱二百文　杨遇淳钱二百文　吴克良钱一百文　焕盛德钱三百文　苗清兰钱一百文　李永昌钱一百文　王清山钱二百文　杨德龙钱一百文　张守智钱一百文　李玉林钱一百文　李长法钱一百文　李当久钱一百文　李有□钱一百文　李常亨钱一百文　李淮林钱一百文　李克□钱一百文　杨遇库钱一百文　李贵钱一百文　李晓林钱一百文　李富贤钱一百文　秦昌永钱三百文　高兴德钱一百文　同心合钱一百五十卫培仁钱一百文　李有福钱一百五十　杨遇金钱一百五十　杨守业钱一百五十　卫富贤钱三百文　任凤岐钱三百文　王清花钱二百文　李秀林钱一百文　台红尚钱一百五十　王守财钱二百文　赵太□钱五十文　史俊芳钱五十文　□和钱五十文　杨元钱一百文　申建泉钱五十文　金成亿钱一百文　时义钱五十文　申保安钱五十文　申金彪钱五十文　韩德法钱一百文　张丙申钱一百五十　杨遇守钱一百文　李瑾钱三百文　刘公业钱二百文　李□钱二百文　申东林钱一百文　申苍钱三百文　栗松林钱五十文　栗有金钱五十文　栗毛良钱五十文　栗永富钱一百文　栗树德钱一百文　栗根昌钱一百文　栗聚仓钱一百文　栗聚康钱一百文　李粲林钱一百文　张永富钱三百文　张永吉钱三百文　张法洞钱八百文　张永库钱一百五十　张永法钱一百文　张永聚钱一百五十　张国昌钱一百五十　张余林钱二百文　张国太钱一百文　张国安钱一百文　张有林钱一百廿　赵广汉钱三百文　刘□誉钱三百文　姚魁钱五十文　李文森钱五十文　王油钱五十文　李进寿钱一百五十　李作檀钱四十文　刘克忠钱五十文　刘克礼钱六十文　刘克俭钱五十文　刘克信

钱一百文　韩来钱五十文　闫大书钱五十文　连永福钱一百五十　连清玉钱一百五十　来德当钱一百五十　集义当钱一百文　李万清钱三百文　李创林钱二百文　任永泰钱一百文　原保福钱一百文　张福太钱一百文　栗东林钱一百文　栗丑林钱一百文　栗喜财钱一百文　栗□林钱五十文　栗财则钱三十文　栗有林钱一百文　史俊芳钱一百文　杨俭钱五十文　王世富钱一百文　吴克良钱一百文　郎天民钱一百文　郎天枢钱一百文　王瑛钱三百文　王□弼钱一百文　王金甲钱一百文　王进京钱一百文　王思宁钱一百文　王松钱一百文　李显文钱一百五　李万荣钱一百文　李酉成钱一百五十文　伍聚斗钱一百文　郎万理钱一百文　兵万□钱一百文　李王林钱一百文　刘具温钱一百文　李起文钱一百文　李邺钱二百文　王春生钱一百五十文　刘伏彦钱二百文　李□栋钱二百文　李作□钱二百文　李作祯钱□百文　程添祯钱三百文　冯得满钱一百文　李富□钱一百文　李进保钱一百文　史红桂钱一百文　申丙寅钱一百文　张天成钱一百文　吏有艺钱一百文　冯郭全钱一百文　原先富钱一百文　王红则钱一百文　李根钱一百文　德兴盛钱二百文　景丰当钱一百文　德盛永钱五十文　永兴恒钱一百五十　和盛号钱五十文　王根顶钱一百文　恒兴□钱五十文　张玉林钱一百文　张永林钱一百文　李攀云钱一百文　高琮钱一百五十　申起芳钱二百五十　李逢泮钱一百五十　李凤鸣钱一百五十　申□久钱一百文　申起手钱一百文　王清荣钱一百文　原钟淳钱一百文　原九□钱一百文　程子全钱三百文　段思英钱二百文　□子敬钱二百文　原先良钱一百五十　任忠文钱二百文　马大昌钱二百文　王广钱二百文　□保□钱三百文　王世兴钱二百文　杨□□钱一百五十　杨长成钱一百文　杨毛孩钱一百文　杨全保钱一百文　□有元钱一百文　王日新钱五十文　东德王钱五十文　康耀林钱五百文　康狼林钱一百文　康世法钱五百文　李晚成钱一百文　吴小卯钱一百文　康兴林钱一百文　李经运钱八十文　康永昌钱一百文　康永清钱一百文　康永丰钱一百文　康士宝钱一百文　康进仓钱一百文

范安松钱一百文　康士端钱一百文　康腾龙钱八十文　康九体钱一百文　赵仓狗钱一百文　赵凝林钱一百文　赵永庆钱五十文　赵沛林钱五十文　赵祥林钱一百文　康士廉钱一百文　常有仓钱一百文　张泮林钱一百文　孟希孔钱一百文　原文林钱一百文　李长山钱一百文　原九思钱一百文　申有李钱一百文　杜守仁钱一百五十　原九龄钱一百五十　郭满清钱二百文　原九思钱一百五十　郭子铭钱一百五十　范法玉钱一百文　原九□钱一百文　孟生玉钱二百文　郭存德钱一百五十　原九贵钱二百文　李俊钱三百文　翟福金钱二百文　翟福银钱二百文　董安顺钱一千文　翟兴钱一百文　杨娃则钱二百文　翟希刚钱一百文　翟贵钱一百文　董玉忠钱三百文　翟锦钱三百文　翟融钱四百文　翟永维钱二百文　翟希祥钱一百五　翟松林钱一百文　翟贞钱一百五十　翟经钱一百五十　翟缮钱一百五十　翟纶钱一百文　翟廷柱钱五百文　翟鸿钱二百文　翟希禹钱二百文　翟乐新钱一百五十　翟琳钱二百文　翟英钱一百文　翟希成钱一百五十　翟乐芹钱三百文　翟乐地钱五百文　翟凤钱一千文　翟乐仁钱一千文　翟乐洋钱五百文　翟乐善钱四百文　翟□钱一百五十　翟希夏钱一百五十　□世珍钱一百五十　原从善钱一百五十　阳魁元钱一百文　翟希舜钱一百文　德聚永钱三百文　郭起凤钱二百文　孟生德钱二百文　李金锁　王法棠　郑起兴　聚仙馆　魁锦堂　程□先　武遇林　焦娃则　聚顺兴　王□孔　复兴号　王廷瑞　酿泉酒房　中和酒房　高建相　恒元久　苗洲　苗统　马引林　李得云　杨先鸿　韩鸿风　韩其兴　李福林　申时珍　梁秉瑞　武根深　赵岗玉　公合成　杨建富　李季汤　张世元　贾培龙　孔□聪　孔□孟　孔庆则　孔庆云　孔庆元　王洙　申积各施钱一百文　陈德芳钱二百文　王树善钱二百文　王广善钱一百五十　高仰韩钱二百文　张□宗钱一百五十　张守福钱一百五十　岳锡光钱一百五十　原里成钱二百文　王永太钱五十文　义盛馆钱五十文　荣盛酒房钱五十文　申起兴钱一百五十　韩克明钱一百五十　双兴酒房钱三百文　马志宽钱一百五十　李起钱二百文　赵松钱二百文　广

明钱二百文　李有方钱二百文　暖岩寺钱三百文　江奇峰钱二百文　赵进宝钱二百文　张殿礼钱二百文　霍增丰钱二百文　霍增魁钱三百文　梁俭秀钱二百文　梁进秀钱一百五十　梁□月钱一百五十　王秀兰钱三百文　刘赵锁钱五百文　富□□神社钱一千文　德聚永钱一百五十　江景昌钱三百文　德聚盛钱一百五十　永和昌钱一百五十　顺兴号钱二百文　原宗创钱二百文　李和钱一百五十　李美钱一百五十　李绍宗钱一百五十　张世敏钱二百文　慧智钱一百五十　朋庄寺钱三百文　李锁林钱二百文　李成□钱三百文　台卖力钱三百文　韩占庆钱五十文　安经明钱五十文　申嵩令钱五十文　申士彪钱五十文　孔宪相钱一百五十　郭文炳钱二百文　孔宪涌钱一百五十　王醇钱三百文　义兴和钱二百文　王命钱二百文　王希良钱三百文　秦建福钱二百文　福聚恒钱二百文　王本立钱二百文　杨自展钱二百文　张桂芳钱五十文　广兴楼钱三百文　李义钱二百文　王清钱二百文　李太林钱五百文　万兴德钱二百文　王□钱一百文　王保和钱一百文　双义皮坊钱一百文　□太号钱一百文　五聚号钱一百文　温聚锦钱三百文　薛育成钱一百五十　温聚□钱二百文　杨汝梅钱五百文　王广钱二百文　积源楼钱四百文　狼□社钱五百文　张法祥钱五百文　郭贵彪钱二百文　郭贵德钱一百文　明造钱一百文　马家峪村钱五百文　程四则钱五十文　申□则钱五十文　申三则钱五十文　王保锁钱五十文　王仁吴钱五十文　□□□钱五十文　程文则钱五十文　□凤海钱五十文　候永孝钱一百文　李酒则钱二百文　李氏客钱三百文　程如意钱三百文　张子仓钱四百文　张子忠钱四百文　程明则钱三百文　任和□钱四百文　程□优钱五百文　张宗孝钱三百文　原今春钱三百文　李保云钱三百文　程子敬钱二百文　李□□钱二百文　李□春钱二百文　□□□钱二百文　原富旺钱二百文　栗富财钱二百文　程富仓钱二百文　原小孩钱一百文　栗□科钱一百文　程子花钱一百文　任和明钱一百五十　程毛则钱一百五十　原□戍钱一百五十　程子德一百文　程便钱一百文　张孔如钱一百文　郎丑则钱一百文　张章卯钱

一百文　五千亩钱八百文　程秋则钱一百文

佛庙

庙宇概况

位于古寺头村村西，坐南朝北，一进院落布局，东西宽17.1米，南北长20.9米，占地面积357.39平方米。创建年代不详，据庙内碑文载清光绪二十四年（1898）重修，现存为清代遗构。中轴线上建有山门（倒座戏台），正殿；两侧为东、西妆楼，东、西廊房，东、西耳殿。正殿建于高1.5米的石砌台基上，面宽三间、进深五椽，单檐硬山顶，灰布仰板瓦屋面；六檩前廊式构架，前檐下设有斗拱七攒，柱头科四攒，平身科三攒，均为一斗两升交耍头，各间设六抹头隔扇门装修，墙体青砖砌筑。山门由两部分组成，下为山门通道；上为倒坐戏台，面阔三间、进深四椽，单檐硬山顶，灰布仰板瓦屋面；五檩构架，前檐柱头一斗二升交耍头斗拱。

碑刻资料

（1）雍正十年（1732）古寺头村佛庙无题名碑

　　维首人程国元　张国要　程国先　此因创建庙地一处无下落　合村人等
　　乞化张秀　张良　程谷珠　程召周　程已周　程玉周　程海周　张名成　张名山　李成金　程绪周　程全周
　　本邑禅房寺伍佛比丘僧　仁恺　徒进环　进玘　进琏　孙可智　可聪　可慧　重孙成芳　成玄　垒孙性悦
　　施入古寺村龙王庙基地一处，地名翁嘴则，此照。
　　仁洪施米一斗
　　阴阳杨文弼
　　大清雍正岁次壬子十年乙巳四月癸卯十六日立

（2）同治八年（1869）古寺头村创修社房玭记

碑名：创修社房玭记

李□施树一株　赵石成施钱一千三百文　杨子福钱一千文　杨子见钱一千文　赵建俊钱七百文　杨子宽钱七百文　李恭钱六百文　赵根耳钱五百文　赵来成钱五百文　任凹儿施社房基地五间　李丙文施钱三百文　李登云钱四百文　张逢元钱三百文　李二牛钱三百文　赵元钱三百文　李得太钱四百文　赵元林钱三百文

维首原合春　任凹儿　李维良　张文德　原有财　程恭　程信　张丑汉

木工李永

泥水工赵恃

玉工王四

同治八年六月立石

（3）光绪二十四年（1898）古寺头村重修庙宇碑记

【碑阳】

碑额：永垂不朽

碑名：重修碑记

伏以善作者不如善述，有始者尤贵有终。自古庙宇之创建，未有不赖后人之增修者也。古寺头村，旧有佛殿一座，以及文昌殿、马鸣王、牛王，又有乐楼五间。年远代遥，日就倾圮。入庙者，莫不目击心伤。是以耆老聚议，开工于己丑之春；幼辈勇往，成功于壬辰之秋。但广厦之设非一木所能支，集腋之成，赖众擎而始益。伏念邻村善信各捐囊资，共襄盛举，庶旧贯一新，感神恩于无穷也。群峰环翠乃是金牛转车，曲水清涟，映祥光之彩焕。则神之功德可能知哉！

本邑童生张凤岐敬撰

儒学生员李渐鸿鸦涂

维首宋水则　程步展　原先桂　原永成　李发祥　张鸣吉

催工程泰则　张丑汉

本年香首程小金　李重舆施榆树一株

木工李海鱼

丹青乔人保

玉工康占魁　康占元施四百文

大清光绪二十四年十一月立石

【碑阴】

碑额：流芳

　　□□社　中庄社各施银四千文　前庄社　后庄社各施银三千文　上遥社　大市社各施银两千五百　平□社　□庄社　石板社　小坂社　河南社各施钱二千文　孟家庄　□社　□社　□沟社　东柏峪　西社　前白云　烟则社　王家庄　□雯泉各施钱一千五百文　上马岩　寺底村　牛居社　南信　遥头　□□各施钱一千文　□□□　郎庄社　吴家庄　柏峪脑　孔家峧八观斋　峧口社　古县社　晋元庆　河西村　官□局　桓益德　石贝底　北河南　北寺底　霍家窑　北委泉　千午　东落驼　曹庄　长畛背各施钱一千文　渠村社钱三千文　□□峧　百官庄各施钱八百文　北□花　榆树村　葫芦脚各施钱七百文　……　前贾岭　源泉社　上黄堂　五十亩　□□社　太和永　天兴永　大兴王　瑞霞当　鼎新长　长河社　李住兴　武福云　天兴号　后白云　襄邑德盛庆　杨家庄　洪河各施钱五百文　张廷云　李作□　李作宾　李周松各施钱四百文　杨□霄　日升昌　贾立江　□□□　□□□　申丙成　王德林　□则背　原四丑　蔗村各施钱三百文　德□裕　李六则　石保住　李秋生

贾振林　李北瑞　王禄　申双则　任掌群　陈村社　原九公　霍毓珍　崔源　栗冬生　李世勋　原崇奇　白合公　杨瑜　王存连　申进仝　杨步云　永顺合　申敏□　□□□各施钱□百文　□□□　□庄社　上桂花　麦合社　白房□　七里店各施钱一千文　元村社　城西村　李庄社　小窑头　赵家□　东关社　范林　复兴□各施钱五百文　栗□太　刘宗天锡□　南社村各施钱二百文　刘桂业钱三百文　常□金钱二百五十文　庆和源　天兴成　□景云　□□会　申庄　李世全各施钱□□文　李世均　栗永全　栗聚才　原□虎　□进则　原住存　连兴王　连富奇　三合公　李结仁　贾立言　程大美　□太任　李春融　台堂奎　杨步阶各施钱一百五十文　杨进仓　李宽荣　杨天盛　原体仁　原九江　杨景昌　李兴则　栗德昌　张海□　彭云才　复义□　鸿太成各施钱一百文　李春发　李时显　李秀荣　李根丑　栗永泉　原景烟　李宽和　新街□铺　原万和　杨□　杨掌文　李人水　王□住　白儿昌　杨朱　白□昌　杨进则　原荣文　王□朝　杨长全　任德兴　杜存文　栗召□　双兴□　杨守河　李狗□　李二□　范元祥　康廷林各施钱一百文　康根元　孔家岐八观□　三合公　申富才　杨德住　申合则　原猛虎　刘庚则　同协成　刘王保　王玉炳　杨□奇　王天德　刘起□　原戍□　李秋□　栗德则　弋庚申　杨进河　李进昌　申元年　张守奇　□召群　□戊戌　栗□和　王□海　李毛孩　杨费则　栗海□　申旻则各施钱一百文　刘好芊　原德仓　杨俊狗　李丑金　原虎昌　李创则　李守命　杨金全　任和巧　李海鱼　程小金　程建山　程会保　张景和　李水成　李水泉　原太昌　原□住　□盛王　原九春　杨䦕则　杨保则　武修文　庞玉辉　盐店　李□□各施钱一百文　六洞社钱五百文　□禄　□益　复兴斗　李壬和　李根林　魏双才　李王八　□庚辛　李思□　李思家　李起手　李起德　申王孩　杨良庆　杨良玘　刘进思　刘进彦　李□汉　李三丑　李根□　李五云　李炉则　刘金水　陈遭旦　刘□兴　□金水　王二小　连松则　高和则各施钱五十文　段永□　韩发□　李安宁　刘双福　刘

王保　谷玘堂　兴成□各施钱五十文

（十七）望儿峧村

村庄概况

上遥镇望儿峧村，位于县城西北部，镇境西北面，坐落在北马鞍山南麓，地处大山沟之山坡上，距县城33千米，距镇政府驻地14.5千米，东与河西村为邻，西与襄垣县洪洞脚村隔山相望，南与河南村群山相连，北与青红底接壤。总面积4.85平方千米，耕地255亩，现有44户，115人。

龙王庙

碑刻资料

同治五年（1866）望儿峧村重修庙宇碑志

碑名：重修庙宇碑志

　　特惟神圣之福世，犹日月之经天，河海之行地。日月容光必照，河海不择细流，神圣之极天播地也，何独不然。黎之西乡望儿郊村庄上，旧有康惠昭，白、泽、苍龙王殿一所，创建不知何年，背山面涧，临于村右，固一方之所庇也。但历年久远，栋宇倾颓，神像模糊。居是地者，不忍坐视。壬戌之春，捐资重修，第功程浩大，独力难支，不得已，募诸四方善信，各解囊共襄盛举。是役也，经始于九月，告成于十月。一方之人乐于趋事，上以答神明之灵应，下以广编氓之嘉贶，嗣后择吉开光。一时焚香者感叹龙德之洋溢，有感斯通，岂非日月之容光，河海之支流乎。事蒇将赞，输姓氏与董其事者刻石为记。非市功德也，姑以永垂不朽云尔。

郡庠生杜建业沐手敬撰

小河南村史鸿猷沐手敬书

河西社施钱二千文　河南社施钱一千五百文　中庄社施钱一千五百文　石板村　杨家庄　小河南　青红底以上各施钱一千文　吴家庄　膺福寺　大寺村　李有桓　申进则以上各施五百文　刘育朴　柳富　永兴王　刘重华　杨永涛　常存叚　王锦田以上各施钱□□□　杨□春　李柱则　杨曲泉　李玉山以上各施钱六百五十文　史九施钱□千文　□□□施钱□文　王备施钱六百三十文　王木□施钱二百一十文　李胡田　李建法　□元良　杨安□　□忠　□□□　广□□　□是杨　王□□　□龙　郎成材　□□□　王庆□　后连社　王景春　王木杨以上各施钱□□□　庆□□　□□□施钱二百三十文　王□施钱□十文　杨墙祥施钱□□十文　任旭才　□廷福　王锦境　杨□章　台□　杨□□　杨廷俊　杨伏武　李根桂　张□　票兴联　刘金才　杨□龙　河口磨　复生堂　杨贵云　王银　杨泽　杜□□　吴充□　王振刚　王廷明以上各施银□□□　王青山　王清则　李聚魁　王完则　郎天桩　杨得保　杨□保　杨进森　李□彦　杨淇元　李满仓　白合温　杨有句　杨根句　任万兴　任午云　常保昱　刘□正　刘秉福　申□潮　申□都　兴盛赵　杨有桂以上各施银一百文　王良昕施银四百五十文　赵应□施银四百五十文　王五□施银三百文　刘文义　申育长　票九林　杨□□　申文秉　宇文备　同众永　申刘□　申合鸣　王沂　李四则　刘辛□　刘育会　双合公　杨礼　杜建巩　郭起□　杜建相　栗保家　复生堂　李士杰　刘孔甲　刘孔全各施百文　史满喜施银七百文　史满喜施银□□文　赵第方施银□□文　刘永富　刘治云　杨建安　杨建利　申泮桂　申泮聱　杨宜桂　苗培杰　李伏金　韩保成　刘根富　郝兆□　任□成　□盛兴　李辛仓　□福元　□福□　□永宥　赵□唐　刘存□　□福村　赵□□　史庆□　刘康□　刘□□　□方以上各施银五文　杨保文　刘沼　刘起□　票成明　德盛合　杨永河　韩秋　永兴恒

南坪斗　杨全　王世天　郎林刘　杜天申　杜建朝　刘廷珍　刘玘□　刘有才　刘法玉　刘永兴　刘有□　刘有生　刘秋根　大兴□以上各施银五□文　薛廷樑　薛□杰　□□□　李五则　张金林　李克明　李克玥　李克满　李休金　李庚寅　王廷旦　王□则　李丹方　赵镜　任闰成　赵玉瑞　杨池　赵地保　赵大□各施银五十　赵文　□朝施银六十　□□□西施银五□□　□保成施银八□文　□□施银五□文　□□任施银□文

维首史□鲁施银二十千文　王伦施银一千文　史□施银三百文　赵根才施银□百文　赵存富施银九百文　史和施银四百文　史宽施银一百文　史万和施银一百文　王□施银三百文　王财施银一千文　任福朝施银□□□　□元成□□　史□成　史□□

场地□□□

木工□□□

丹青□□□

石工谢兴太

玉工魏仁栓

龙飞同治五年腊月中浣之吉

合村仝立

（十八）石板村

村庄概况

上遥镇石板村，位于县城西北部，镇境西北面，坐落在浊漳河北岸，地处山沟之平地，地势西北高而东南低，距县城30.5千米，距镇政府所在地12千米，西与杨家庄为邻，与河西村隔河相望，东与前岭村隔沟为邻，南同渠村、新村接壤，北与襄垣县井背村隔山为界。村中现有 171 户，共 460 人，村民以农业为主，人均一亩地，种植有药材。村中有抗日政府区公所、抗日政府乡公所、奶奶庙、观音堂、昭泽王庙等建筑，每年农历八月初一在奶奶庙举行庙会。

观音堂

庙宇概况

位于石板村村西，坐南朝北，单体建筑，东西宽 4.2 米，南北长 3.8 米，占地面积 15.96 平方米。创建年代不详，据堂内碑文载清嘉庆十五年（1810）重修，现存建筑为清代遗构。观音堂建于高 0.8 米的石砌台基之上，面宽三间，进深四椽，单檐硬山顶，仰俯板瓦屋面，五檩无廊式，檐下无斗拱，墙体青砖砌筑。

碑刻资料

嘉庆十五年（1810）石板村重修观音堂碑记

碑额：万善同归

碑名：重修观音堂碑记

  尝闻有其兴之莫敢废也，有其举之莫敢坠也。石板村之有一观音堂也久矣，考其由来，不知创自何代，年远日久，庙貌摧残，雨洒风飘，神□毁败。村中老幼目击之余，不禁扼腕，同聚公议，奋力重修。因为鸠工庀才而更新之，且扩大之。功竣之日，问记于予曰：佛门之有三大士，犹儒门之有西□□□大□无以□章圣□□，其三大唯无以阐明佛旨。故通都大邑之宝殿灵阁，□□□□，金碧辉煌至于撮尔小邑，亦各就其形势，结构精严，奠安而移□□□□，一村之民，父子祖孙，源流相承，以弗替香火，将见民安物阜，不但修废□坠以感昭于冥冥中耳。是为序。

  邑庠生李文锦熏沐撰书

维首□福　李永锡　杨起江　李蒂惠　李思敬　李彦海　杨让　李成可　杨悦中　杨执中同合社等

木工人杨禹中

阴阳生邰登科

玉工人王□□

时大清嘉庆十五年六月中浣吉旦立石

昭泽王庙

庙宇概况

位于石板村村中，坐北朝南，东西宽20.6米，南北长29.2米，占地面积601.52平方米。创建年代不详，据庙内碑文载清光绪二十五年（1899）重修，戏台随檩枋题记载民国十年（1921）修葺，现存建筑为清代遗构。一进院落布局，中轴线上建有山门（倒座戏台）、正殿，两侧为妆楼、厢房、廊房、社房、耳殿。正殿建于高0.9米的石砌台基之上，面宽五间，进深五椽，单檐悬山顶，筒板瓦屋面；梁架结构为六檩前廊式，前檐下设有斗拱十一攒，柱头科六攒，平身科五攒，均为一斗两升；墙体青砖砌筑，原置隔扇门窗缺失。

碑刻资料

（1）嘉庆二十一年（1816）石板村合村禁赌碑序

碑额：遗训千秋

碑名：合村禁赌碑序

尝读圣谕训子弟，以禁匪为一条，窃叹天语，煌煌立章，赫赫其立法也。□□其垂教也□矣村世之匪为，而不法者比比然哉，抽头、放赌、不务正业，小则倾家败产，大则亏体辱身，甚至勾留□□引诱良家子弟，淫荡作匪。种种弊端莫可究极，岂但风俗之日乖乎？实大有于□

国法也，观斯□□者不得不总为□之因，纠合村公议恪遵。

  谕奉例严禁勒石刻铭，永远不开。自禁之后，如有私行偷赌者，被社它人查出，先交乡地□……者之家长量力罚处，所□钱物社内应得十之七，首赌者止得十之三，倘不遵□乡地□……官究治至，到县所需盘费合社照地亩均包，日后倘有限年乡地，意欲□赌循情不首者，许村□……将和地□□，重整社规。□系老少情愿，不许推诿一人，恐其半途而废，故刻石以图永久。

  邑庠生李文锦熏沐撰书

  □乡地　杨林秋　李建岐

  各股维首李全当　杨先明　李苻惠　杨□中　李成法　杨起江　李成可　邑庠生杨立中仝合社等立

  时大清嘉庆二十一年新正元□吉

（2）道光二十年（1840）石板村昭泽王庙无题名碑

  尝闻积贮者生民之大命，故古有常平仓、有义仓，至宋朱子又立社仓，法良意美，民称便焉。而行之既久，三者均不能无弊，即如仓之设于下庄也，殷实之家受累者不少。为此，合社公议，有膺社长者，按地亩起钱，则一人充其名，而众人助其费，庶不至倾一家之产而为害尤甚也。因勒诸石，俾村人勿得首鼠两端尔。

  乡约李成喜　杨油

  维首杨花则　李秋生　邑庠生杨立中　李成法　杨英淇　李建禄　李生春　杨树声仝合社人等

  玉工杨遇唐

  大清道光二十年新正吉立

（3）光绪二十五年（1899）石板村重修各社庙记

碑名：重修各社庙记

  闻之修废举坠，非其大本领者不能。然朴实自好之士，苟力除因循姑待之习，亦未尝不可以鼓舞而振作之也。黎邑西乡石板村去城五十余里山庄也，村中旧有社庙数处，年久失修，渐就倾圮。光绪十五年春，佥谋葺之。于是岁六月间，经维首杨进福等，庀材鸠工，次第修理，工程犹未完毕，而苦于力之不足，几踏姑待之辙。村人有杨暄者，大发善心，愿竭力劻勷，以成此举，多方劝募，昼夜经营，直至二十三年冬，始克告竣。计重修苍龙王大殿五间，马王殿一间，续建舞楼两间，东西廊房十有余楹，马棚四间，饭棚两间，观音堂一座，震方关帝殿三楹，坎方三仙圣母殿及左右子孙、明灵王，灵官角殿，舞楼三间，东廊房三间。又土地祠、菩萨堂，鳌山观音阁，坤方百子文王殿等处，坏者复之，缺者增之。总核工料及开光等项，费钱五百余缗，内由各村上布施钱一百一十余千，本村按地亩派疏数头钱四十五千，杨暄募劝梳头钱八十余千，社内得息钱七十五千余。起地亩钱一百九十八千余，藐尔一村独力难支，使非众善信余囊相助，其何以废者修而坠者举哉？用将布施姓氏另泐于后，非敢言文，亦不没人善之意云。是为记。

  赏加五品顶戴直隶候补县丞高麟台顿首拜撰

  邑庠生李春华沐手书

  维首杨暄　杨进福　杨增福　李考则

  木工马玉林　王存礼　申润安　王永兴施钱七百文

  丹青史秉阳　范海旦施钱五百文

  十三年栽植松柏树　主持杨国基施钱七百文

  大清光绪二十五□□月吉□

（十九）广志山

村庄概况

上遥镇广志山俗称广志垴，又名中阳山，位于黎城与襄垣两县搭界，海拔1799.9米，素以山势高耸、风景美丽而驰名。西北接武乡，西南接襄垣。此山巍峨险峻，峭壁如削，峰头耸入天际。晴天丽日，在此登高望远，百里之内，尽收眼底，令人心旷神怡，胸志开豁。这里腹地坦阔，草绿如茵，林泉相映，环境幽美。山上有人参、党参、元参、牡丹、贝母等43种药材。当地年平均气温10℃，日照充足，四季分明。

玉皇庙

庙宇概况

位于广志山玉皇顶，坐北朝南，东西宽16.18米、南北长58.02米，占地面积938平方米。据庙内碑文载创建于雍正二年（1724）。现存建筑有玉皇殿和碧霞宫，两建筑之间有石桥相连。玉皇殿现为新建，碧霞宫为清代遗构，建于高2米石砌台基之上，面宽三间、进深五椽，四周为廊，原为硬山顶，补修时改为单檐歇山顶，琉璃筒板瓦屋面；梁架结构为六檩前廊式，檐下斗拱柱头科四攒，三踩单下昂；平身科三攒，三踩单翘，出有斜拱；墙体青砖砌筑，内设隔扇门窗。

碑刻资料

（1）康熙四十八年（1709）再撰广至中阳山重修天仙庙序

【碑阳】

碑额：碧霞圣母殿

碑名：再撰广至中阳山重修天仙庙序

　　夫广至为黎邑名山，其一切崔巍峻绝之势与清泉幽异之况，固已备见于前作矣。弟传闻未详，不过录其大概。□阅数日，友人复以图寄曰：是山也。东临双凤九□之雄，西接漳水鳌头之胜，马鞍、风洞巍然而耸于南，中方陇阜□然而峙于北，此中阳之名犹有可详者也。至其□□之精，则有所谓歇马殿者，一进三院，立于此山之下，有所谓天仙亭者六檩三楹，立于此山之上，而由下而上，则创修石桥，有复道行空之势。于戏盛哉！此中阳之景备见于图者也。惟即图以观，则群峰之环翠如在目前矣，宫殿之参差如生笔端矣。谓为名山，信不诬也。而独是天晴气清之日与阴雨连日之时，使得二三文人学士登高望远，其流连光景之辞，当有非图所能尽者，而予以足□□缪为作记，始得于闻，仅于闻之所不及者录之，而闻之所不及者固多遗也；继得于图，仅于图之所及者录之，而图之所不及者仍多遗也。中怀歉然，因为诗以咏之，诗曰：

　　　　　　闻说中阳无与齐，耸然独峙古黎西。
　　　　　　楼台疑□是峰表，陟降想经万丈梯。
　　　　　　天遇晴明望海间，时逢阴霾觉云低。
　　　　　　何时得遂登高愿，共憩霏林听鸟啼。

　　古黎□进士王发祥子长甫撰
　　邑学增广生刘馥远桂齐书丹
　　阴阳生杨文弼
　　内阳各村维首化主等　禅房主持僧□修　后庄村　前庄村　中庄村
行曹村　古寺庄　各村维首仝立石
　　玉工张洪工　杨双奇　杨显奇镌
　　时康熙四十八年岁次己丑仲吕月中浣之吉

【碑阴】

碑额：黎城县

　　禅房寺满龙　满仓　仁当　能亮　徒仁当　仁英　仁恺　进停　仁乐　孙中伦　杨图平　原海　任福　李大坤　任□明　杨尚志　任□元　李增玺　王禄　后庄村　王士福　杨国泰　李显明　杨乐山　任夕先　原明德　张进亮　王大　任庆工　任旺　王士宾　张进王　任门杨氏　任□良　杨保山　任成祯　原明礼　原□付　原世纲　李门杜氏　王门杨氏　□逢江　杨逢全　杨德润　杨德富　原增珊　李王壁

　　维首原三桂　男原世守　侯门姚氏　原世厚　杨逢臻　郎自英　石国余　杨德全　原增琂　杨文贤妻李氏　申门原氏　杨文章　原世积　杨文孝　杨德厚　李国□　杨德海　中庄村　李运清　原门李氏　原门黄氏　原世臣　杨逢王　杨文宣　原世国　杨德□　李运翠　刘自英　杨元□□　杨门石氏　原世广　杨逢资　石国鼎　原增琦　原增王　杨德正

　　化主原三益　原世□　妻吴氏　王门张氏　原自法　霍资　杨文绪　原增玺　李运瑞　侯国□　杨逢元　妻杨氏　杨门原氏　王自玘　杨文□　原增琅　杨德滨　杨德便　杨德禄　李国典

　　维首李自虎　杜文忠　李天坦　杨文展　李善躬　李奇英　李奇武　杨文修　张怀德　杜文交

　　前庄村杜海　李国显　李国玘　李天文　杨文谟

　　化主杜河　李奇美　杨文诰　李文王　李淑躬　杨逢亮　李国章　杜文章　李天祯　刘文章

　　维首赵自成　李进先　李门□氏　杨门侯氏　张门和氏　李门刘氏　行曹村李进金　李增福　张门赵氏　和门李氏

　　化主李进银　李增新　李门杨氏　李门王氏　和答明

　　古寺庄程明　程国元　程国先　李的先　张国英　程国亮　任国

柱　张全　潞城县刘家庄小沟村　魏门□氏　刘旺　闫门李氏　曹门牛氏　原宇法　闫宗德　王门侯氏　诸家川　安门陈氏　郭门李氏　张门赵氏　籍门秦氏　郭门李氏　陈门牛氏　张门张氏　崔门关氏　河拜村□门曹氏　曾门曹氏　□门常氏　□三□　河南村　王门□氏　徐门高氏　徐门李氏　□方月　付□　王门刘氏　□三玄□还　鲜门□氏　西白□村　□村　韩□仪　韩教梁　郝成　□门……　韩门侯氏　北村杨门……　宋村河西庄　□门韩氏　男□□　辛庄村　王门李氏　鏪村韩门申氏　子韩崇阳　韩佘阳　妻□氏　霍氏　南村　徐富一　本县堰村　刘门王氏　刘门郭氏　刘大□　妻原氏　吴家庄　杜名□了□□□仲庄□□□　刘门关氏　杜门王氏　郑安俊　郭门杨氏　杜名德　佳口庄　郎自成　郎自文　郎自武

（2）乾隆五十一年（1786）广志山重修大楼碑文

【碑阳】

碑额：永垂不朽

碑名：重修大楼碑文

　　辛丑春，友人以广志山重修娲皇圣母妆楼，问序于予，予既草小序以贻之。今岁又以落成碑文托予，盖以事有借以传言，无征不信，信今传后，此物此志耳。予观夫广志一山，据西北之胜，领袖群山，俯视万壑。凭高望之，时有灵气往来，葱葱蔚蔚，古称洞天福地不过如是。山之麓琼楼飞阁，映碧流丹，为神明之所楼。其楼创建不知何年，重修不知几次矣。今又焕然一新，使登是楼者悚以惊魄，真大观也。抑予有疑焉，考之荒史诸书，咸以为娲皇圣母，为三皇氏之妹。共工氏怒触不周而天柱折、地维裂。圣母炼五色石补其隙，功德及于生民，故祀者众。此其事有无，不可知，如其要有有，则亦必魁伟奇异，如世所传天人之状，其起居服食当与人异。如云凤鬟云鬓绿黛之为，万无是理。而妆楼之立胡为沿古今而不废哉?《易》曰:神道设教。《礼》曰:其气发扬于上为昭明,熏蒿凄怆,□百物之精也。又曰:郊则天神格,庙则人鬼享。昔之瞠人岂徒为铺张扬厉以骇人世耳目,使承祭祀者要在其上,如在其左右乎?盖必有动于不能已而后设坛圻立庙宇,委曲繁重,求其象于渺漠之天也。故人之于利,其趋若鹜,至于捐金供神,即鄙吝之夫无不乐输恐后,亦可识其故矣。今广志山其祛灾赐福,不鉴观于黎邑之人也,左右前后,方圆数百里无不惊心动魄也,捐金捐粟,以有斯盛信乎?灵异之气感召于人者匪浅也。予故因其请而序之如此,以为后日乐善者劝。

恩贡生候铨复设教谕高曰从信山氏撰

邑庠生崔一峰敬书

维首募化

申芝　邑庠生申克猷施银五两　□贡李子敬施银三两　学生申祐施银三两　邑庠生原步青施银五两　杨泩施银一两　原日杜施银二两　原日鹤　原日进施银三两　原加田施银二两　申藩施银五两　申衍施银五两　原日中施银一两　杨招　杨英施银一两　原加教施银一两　李蒂敏施银一两　薛金银施银一钱　原日新施银五钱　时文会施银五钱　申宠施银五钱　李敏施银五钱　杨锡施银五钱　时宣施银四钱　时富施银五钱　时显施银五钱　杨继瑢施银五钱　李仁施银二钱　时杰施银五钱

募化僧性惠　徒悟生　住持僧　心俭　心勤　徒孙佛经施银一两

木匠王谨庠施钱一千

瓦匠杨生齐等施钱二千

丹青匠王义金像一尊

玉工杨怀玉　杨玉林施钱五百

乾隆五十一年岁次丙午阳月之吉

【碑阴】

　　王文霏银五钱　郎庄　郎维烈银一贯　□伏□银八钱　郎聚用银五钱　票建仓银五钱　郎维智银五钱　郎维□银三钱　郎维浩银五钱　郎□余银五钱　郎维然银五钱　郎众江银三钱　郎维增银三钱　□□□银三钱……　□聚□　刘□　□进斌　刘□涑　□福　刘彦士　刘汉　吴安　刘功　刘会　刘浦各捐银一钱　□悦　刘进世　□正义　崔生宇　刘子敬　刘存仁　刘□业　刘子烈　吴英　王尔仓　刘子能　杨贵周　刘天赐　刘天赐　刘□□　刘水安　原景枝各捐银□钱　河南　王岱　王□　王星　□□□　王三多各捐银一钱　王乐群　王文蔚　王真　王文明　王贞　王文清各捐银五钱　王文炳　王尔昆　王文方　张居　王之松　王文峯　王文花　王□　王文通　王□　王茂德各捐银二钱　王□申　王赐烈　王尔星　王文彩　王尔璞　王保定各捐银一钱　王尔宝　王文元　王文式　王朴各捐银一钱　王永　王英才　郭万银各捐银一钱　东沟各村原加善施银一贯五钱　杨宰瑞　杨林瑞　杨□　李拴　原景顺　申常喜　杨坤　杨茹　申常功　原□尧　原□禹各施银五钱　原景从　原景来　岳世宦　刘全成　刘补成　霍贵芳　原□贺　杨□　杨伸　原□□各施银二钱　原景茹　郎汇拴　杨朗瑞　杨宿　杨堵　原先科　原先庚　原景悦　□□盛　原尔快　各施银一钱　中庄村观音社施钱三十一百　□□□　各施银□□　原李氏　杨好瑞　杨宦　杨祥瑞　杨群　原景重　原先宝　原先保　李梅　原小房　杨勤瑞　□□□　李让　李□仁　杨长瑞各施银一钱　原秀生　杨□□　原景丰　原先道　原先第　刘双成　原加好　李茂会　原景梅　□□□　原景仓　原加德　原景福　原景常　王□□　原景秋　原景□……　西沟各村庄　申□观施银二钱　时文观　申时　时尚富　申万元　申佐　申□　申会　李体各施银三百　台□　台□　冯耀　张□　申□都　台珍　申□　申万朝　申端　李翠　冯英　薛□□　李安　李□枝　申基　台□各施银

二百　□□芳　冯进京　张满有　申□　申□□　申□　申盘　申万福　申□……申万四　申禄　□成福　申万亨　申杰　刘喜　□金库　申正和　台海　路果　王居松　申万同　申正均　各施银一百　裴薛氏　裴元福　各施银二钱　□□福　裴长福各施银一钱　裴全福　侯相　侯□□　侯长动　申永各施银二钱　裴然施银五钱　史举施银五百　□如□　□□富施银二百　载杨　王宽杨　各施钱一百　李□　李□　李蒂惠　□□□杨□　杨宿　杨深　李永乐各施银五钱　李成栋　李王杨先甲　李永江各施银二百　李永锡　李成可　李永必　李永盛　李永河　李永茂　李全有　杨起守　杨起周　杨起禄　刘平□　杨□　李全好　李全必　杨悟　杨梅　杨全　李成稳　李成漳　杨水　杨根贵　杨丑生　杨先明　李永瑞　杨快　杨栋　李建□　杨先庚　杨先智各施钱一百　杨忠施钱一百　李永躬　施银一钱　李世□　李世才　李旺　杨三昌各施银三钱　杨得地　杨星瑞　李夏　杨会各施钱三钱　李顺　李全　李正保　李聪　李世田　各施银一钱　李玉才　杨法　杨考瑞　李正旺　李世昌　李秋　杨现瑞　杨茂　李定各施钱一百　李蒂生　李永平各施银一钱　李永郎　刘有法各施银□□　李永保　李永□　李永长各施钱一百……薛斌　薛□□　薛同　李增□　李□　□保　王□　任玉珍各施银一钱　王成　王文高各施银二钱……

（3）道光六年（1826）广志山重修玉皇殿碧霞宫并石桥记

碑额：姓氏流芳

碑名：重修玉皇殿碧霞宫并石桥记

邑庠生申咸豫谨撰

距村十里许曰广志山，旧有玉皇殿、碧霞宫各三楹，木桥一座。创建于雍正二年，余先高大父与前辈杨奇、李运清、原世守，殚精毕虑，迄于告成，迨今历百余年，栋宇剥落，脊瓦倾圮。家严与诸君每顾而兴叹，欲从而更新之。于是，鸠工庀材，日夜焦劳。自此，需木、需石、需铁、需瓦、需砖、需灰；畚者、插者、寻者、引者、斤者、锯者、塑者、绘者，无晨无夕不来聒于两耳。俾宫殿轮奂如故，危桥易木以石，维精维坚，以巍以焕。庙貌聿新，妥侑斯在。始事于乙酉之首夏，竣工于丙戌之旦明，历十数月而始告成，四方来观者见其金碧庄严也，雕墙峻宇也，规制之宏而飞翚之美也。第□帝德难名，秦皇封表，止立无字之碑，开元观铭，聿有为之縠。以仆庸鄙，何敢轻拟天倪，窃比老彭之述，特书甲子以昭来许，是为记。

邑庠生李守庸敬书

襄邑　北坡　庄头

香首冯玉勋　李旺元　许如峰　宋来宾　建的宝　连天来　连天水等施钱五十千文

维首李佩兰施钱一千文　申克猷施钱十千文　杨立中施钱十千文　原起蛟施钱五千文

住持慧智

泥水匠白僧伟

石匠邱康□

道光六年岁次丙戌六月吉旦

（4）光绪三十一年（1905）重修广志山娲皇庙碑记

碑名：重修广志山娲皇庙碑记

上古制作未备，娲皇氏出。多所创造，尝炼石利用，以弥造化缺陷。后世附会其词，遂谓天体有缺，神求五色石以补之。又言神掌人间嗣续之事，则因"女娲"二字误之也。余以为代远年湮，荒渺难稽，不必逞辞而辩。而神之灵昭昭也，则有确乎其可信者。公孤宏化，尚以燮理阴阳自任，矧圣人参赞化育，其能佑启人后，俾正无缺何疑？尝见乡间善人勤务职业，广积阴功，从不争攘田产以侵损于人，又能敬天地，礼神明。其始孑然一身，久则子孙繁衍，成为巨族，若是者，神实庇之也。而不知为善必昌，亦其人之有以自致，神则如天之生物，栽者培之耳。

黎邑西北有广志山，其巅建娲皇庙，环山下十村主其祀。地居深山，风俗近古，人多善良，耕田凿井，芸芸穰穰，远至百数十里外，皆羡其得神之佑，亦相率谒庙，申其祷祀，而香火日以盛。

山西南石板村著姓杨氏，以善行传家，于娲皇神祀典尤为敬重。雍正二年至十三年，耆宾杨奇经理募化，创建楼阁，乾隆十四年至二十九年，奇子庠生梁有；乾隆五十一年至嘉庆八年，梁有子洴皆继志重修；道光十三年，洴子介宾立中，建石桥及乐楼。嗣后社会日衰，祀事不修。同治十三年邑侯陈公举立中曾孙贡生国辅为首事，会乃复振，事皆载之碑记。三十年来，风雨剥蚀，庙貌摧残，国辅子功德主监生暄誓行修葺。自光绪二十八年迄三十一年，四年之间修理大殿、子孙殿、灵官殿、土地祠、药楼并新廊房三十余间，凡费金钱二千余缗，皆维首等竭力募之。噫！杨氏惟好行善，故代有达人，主神事者且七八世。今暄又能绍先徽，吾知神降之福，垂浴后昆子若孙，将振振而缉缉，即十村人乐事赴功，与夫遐迩施主输资赞助者，类皆能种善缘、结善果，终必同荷神庥，昌大其后。此实神人相感之至理，谓神之主其宰也可，谓人之操其券也亦可，余歆其事，故乐而为之记。

疏头内钱不满百数者，共花户六千六百零六名，共捐钱二百三十八千一百零九文。襄邑合行捐钱七十千文。

诰授中宪大夫赏戴花翎运同衔直隶候补直隶州井陉县知县乙亥恩科举人永安郭钟秀撰文

赐进士出身敕授承德郎兵部主事职方司行走武乡李华炳

钦加五品衔直隶补用县丞高麟台

恩贡生候选教谕历署辽州学正平张县教谕高世泰

岁贡生候铨训导王逢源

廪贡生候铨训导泰征王永昌篆额

邑庠生子实李春华沐手敬书

募化人李春成　刘希进　王若令　妙法　赵凤仪

维首杨立仓　杨义仓　李九河　程步展　申起辟　王泰昌　原体志　李鹏让　王根丑　李国辅

木工秦德堂施钱一千二百文

瓦工马维良施钱一千文

丹青韩支顺施钱一千文　史秉惠施钱一千文　范书文施钱五百文

住持张德隆施钱一千五百文　魏吾宁施钱三百文　康文则施钱二百文

大清光绪三十一年岁次乙巳南吕月上浣吉立

（5）广志山残碑

□□□……

□村　杨门□氏　杨门张氏　杨门薛氏　杨门原氏　杨门□氏　合□□

老□村　□文明　□文□　□□村　□□堂　程天工　程进财　程进银　郭楚皇　郭磐郭福皇　故祚□　郭祚珫　郭祚章　郭宝□

赵门□氏　辛庄村　张起　□□　任光　□□□　李林　李□　□河则

（6）广志山残碑

……□□□施洋三元　台□暄施洋二元　程永年施洋二元　张守业施洋二元　原阳好施洋二元　王永兴施洋二元　李新昌施洋二元　李拴

则施洋二元　杨显树施洋一元　□枝则施洋一元

　　玉工王始发　王始生施洋一元

　　丹青郎景堂

　　住持张义善施洋一元　马福顺施洋一元

　　……

（7）广志山重备顶上玉皇殿三仙殿□序

碑额：玉皇大帝

碑名：重备顶上玉皇殿三仙殿□序

　　夫前人创设庙宇□……重祀□，而……吾□西广志顶上□……玉皇殿、三仙殿□□楹殿列山□之首，□□林□，又闻面礼群山，可供□□顾背依陇阜能展□示题永□……峰，真天□……地也，帷斯□庙□……雨露之摧残□辟殿宇易于……村维首维……山高岭□……难遇道路崎岖，百□□易伏首□□不□瘁诸工何敢告□……是民国十六□……告兴工□……之□值初冬□……七年孟秋□□神像彩□殿宇□……得以□善哉……计前□……六百余块□□……夫行族□……继□□之使神明常□

　　毕业锦□李振荣书　县立□□□……

　　□……□水永　已锁　杨发崑　杨书元　李□德各施洋一元

　　……兴贵　付全功

　　瓦工李逢昌

　　丹青申江海

　　玉工赵寅申

　　住持……

　　……浣吉立

（二十）西下庄村

村庄概况

上遥镇西下庄村，位于县城西北部，镇境西北面，坐落在广志山西北侧山脚下，距县城32.5千米，距镇政府所在地14千米，东至平头，西至东坡，南依广志山与贤坊村为邻，北隔山与襄垣县井背村搭界。村中有238户，649口人，主要姓氏为杨、索、李、马姓。村民以农业为主，原有九百多亩地，主要农作物为玉米、高粱、谷子、山药、萝卜等，盛产花椒、核桃、党参等。该村现有129师旧址（被服厂），原有奶奶庙、土地庙、龙王庙，均不存。庙会每年农历七月初五在大庙举行。

北观音堂

庙宇概况

位于西下庄村村北，坐北朝南，单体建筑，东西长7.2米，南北宽5.8米，占地面积41.76平方米。创建年代不详，现存建筑为清代遗构。下层石砌基座，中设拱券过道（已堵），上建观音堂，面宽三间，进深五椽，单檐硬山顶，筒板瓦屋面。梁架结构为六檩前出廊，前檐下设有斗拱五攒，柱头科两攒，平身科三攒，均为一斗两升。墙体青砖砌筑，前檐增砌土坯墙体，原置前后隔扇门窗缺失；内部东、西两山墙残存壁画，面积约5平方米。

碑刻资料

（1）万历四年（1576）西下庄创建观音阁记

碑额：创建观音阁记

碑名：大明万历三年岁次朔己卯月丙子吉日良辰建立功德主李宗科李宗

积同立

是得本村起盖南堂，朱雀来朝，北缺玄武，心中锋意各发，虔心启建观音阁一所，座于青龙之上，永护一方众善人等康宁吉庆。宗科因母郭氏有难，祚大山进香八次圆满，立心盖阁，接补摄厦，又绪西楼一间，功成完备，各拾资财昭名造。

圆满修齐

功德主

李宗科　妻岳氏　男李谦　妻王氏　次男小根锁白银六两又银四钱　婿王体义　妻李氏　父李才　妻郭氏　杨氏白银一两

李宗夆　妻王氏　男李思　妻台氏　次男李意　李志白银一两又银一钱

大通扶柱人　李宗朗　妻张氏　男小扶柱白银五钱又银一钱

李宗善　妻吴氏白银一两二钱　长男□　妻台氏白银五钱　次男李书妻　连氏　李文又银五钱

李宗缘　妻侯氏白银六钱　长男李土银五分　次男李风

李宗积　妻台氏　男李□　李清白银三两□□□又银六钱

李宗良　妻杨氏　男李朝　妻□氏　李相白银三钱六分又银一钱

李宗民　妻申氏　男李差则白银五钱又银□分

李仲白银三钱　妻刘氏化缘银八钱　男李宗直　侯氏　男李祥　妻薛氏　李桂白银四钱

郭氏　男李孟登　李孟科　李孟夆白银三钱　登坐　妻李氏　男□应士　妻李氏白银四钱又银二钱

赵家庄张户　妻李氏白银一两又□一千四百

男台朴银一钱

铁匠谢公道

阴阳李孟登　李□□

□匠侯朝□　李景来

木匠李彦雨　李景花　刘威　刘□保　徐应科

丹青徐应登　徐添才　徐应　徐应财

石匠□□□　□□□　□□□

万历四年岁次己亥月庚辰吉日台志宪书

（2）乾隆元年（1736）西下庄观音堂重修碑记
碑额：重修碑记

　　传闻下庄村北有观音宝阁一座，年深日久，壁圮像坏，遗有本村维首等公同商□，募化修□……功告成，属予作文以记之。予曰嗟彼大士潜居南海，嗟□力士化行四万，一花五□，始出□□四色□□□永离我，相作善积福，惠□无疆，建宇修祠，克复后□维兹众生，名福□已藏□铭于石□□□□。

　　平头村李户施点辛二妆

　　本村官施点辛一妆

　　襄垣县儒学增广生买路如衡熏沐撰书

　　维首李自玺　长男李□施银七两　冯布勋　长男冯元施银三钱五□申万王　长男申礼施银四钱　李自秀　长男李起施银五钱　申□悦　次男申□强施银七钱　李逮　长男李自朝施银一两　李自财　长男李伦施银五钱　申万锦　长男申浩施银一两　李野　长男李进海施银五钱　李自□　长男李周施银二钱　李考　长男李进惠施银二钱　李香施银二钱　李祥　男李路姐施银一钱　李素施银三钱　李佳友施银一钱　李□施银三钱　时含金银三钱　申浦施银三钱

　　清乾隆元年一月二十九日立

（二十一）岚沟村

村庄概况

上遥镇岚沟村，位于县城西北部，镇境东北面，地处西沟南面的大山沟内，岚沟是一个总称，没有实际村庄，由十多个自然庄组成，它北与红石片村相连，南与洪井镇黄草迪村隔山相望，东与大山同松后村依山相连，西与古寺头村隔山为界。村中有167户，360人。村内还有奶奶庙、小型五道庙、八路军岚沟被服厂129师旧址、129师青年队、八路军朱总司令旧居地。该村以农业为主，兼营林牧业。本地所产的花椒、核桃、党参等，在国内享有一定盛名。

三皇圣母庙

庙宇概况

位于岚沟村村中，坐北朝南，东西宽19.6米，南北长22.9米，占地面积448.84平方米。创建年代不详，据庙内碑文载清嘉庆二十一年（1816）、光绪二十二年（1896）修葺，现存建筑为清代遗构。一进院落布局，中轴线上建有倒座戏台、正殿，两侧为妆楼、偏殿、大门（东侧）、廊房、耳殿。正殿建于高1.8米的石砌台基之上，面宽三间，进深五椽，单檐硬山顶，筒板瓦屋面；梁架结构为六檩前廊式，前檐下设有斗拱七攒，柱头科四攒，平身科三攒，均为五踩，平身科出有斜拱；额枋下设雀替，内容为荷花、牡丹图案，雕刻精美细致；墙体青砖砌筑，内置隔扇门窗。倒座戏台木雕精美，保存较好。

碑刻资料

（1）光绪二十二年（1896）岚沟村重修庙宇碑记

碑名：重修碑记

邑之西北七十里许有岚沟等村，旧有五瘟神、娲皇殿、明灵玉圣宫一所，二十余楹，其地为崇山峻岭环绕，四面茂林盛木映带左右，水明山秀，真山间之佳境也，故主□卫列山得神庙，而愈见其结作祈福保安圣德，因山川而更效其灵应。无奈其年久也，墙倾□颓，既难甚而公自鸣□出□，易见而伤心礼，所谓有其举之英，敢废者其谓之何□曰：前人自乾隆业有所创□前，后人至于今却不□□□于后乎。故村中执事者立意重修，秉虔起造，沿村唱募，比亩捐资，于是充其工，而选其材，补其缺，而修其□□□。已以至乙未三载，来既勤朴□，又丹□殿宇。由是而辉煌神像，自是而改观当其年余舌耕于大□执事者，求予为文予学甚鄙□，不能为文聊书数行，□语以志，其不忘云尔。

邑内县学生员苑廷华沐手拜撰敬书

维首李克月　李文天　刘桂业　李国辅　刘起创　刘进彦　刘卫汉　连辅棋　王永禄

住持刘有林

捐地施土王移房

每亩起钱一百五十文

玉工□得起

水工刘进彦　连三则

丹青匠史秉阳　李木林

光绪二十二年岁次丙申六月十五立石记

（2）岚沟村三皇圣母庙捐施碑

碑额：流芳

平头社捐钱七千　石板社捐钱六千　上遥社捐钱二千五百　侯家庄

捐钱二千　胡芦脚捐钱二千　强记社捐钱二千　河西社捐钱一千五百　洪岭社捐钱一千五百　阳贝坡　上马岩　渠村　中□□　行曹村　古寺头　杨家庄　河南社　交光洞　西坡社　牛居社　青洪底　赵永□　姚明禄　□□才　□□德　锦□德　□□琳　申松今以上各施钱一千　申咸侯　隆□□　李□生　李春唐　□□锐　程学明　李宁仓　复义范　土地脑社　□众全　史本聪　范孝社　史永祥　任辛明以上各施钱五百　李逢春　申松生　李好唐以上各施钱四百　□鸤鸣　刘富海　申致　申鳌　申宁然　申丕俊　申敏　李贵□　李□显　李城显　李然义　马的义　李俄桂　□有才　□□展　吴欢富　李富兰　李有生　杨田　福义堂　李守廪　赵聚启　白永兴　李知和　韩修　杜海　张士禄　史富池三锡　史连成　史昂　毕□表　赵文良　魏祥禄　粪永清　史良玉　刘聚堂　王世全　史来荣　史注□　史堂王　鲁的宽　郑良以上各施钱三百　永青募缘钱五百文　刘全然募缘钱二千　李进青募缘钱一千　李文材募缘钱五百文　申保安募缘钱五百文　赵太元募缘钱一千　桓□募缘钱五千五百　郭富仓募缘钱四千八百　王世仙募缘钱一千五百　□□募缘钱三千　□□□募缘钱一千五百　□龙募缘钱七百　史永□募缘钱一千五百　□喜成募缘钱二千　崔□募缘钱三千三百　王永□募缘钱一千二百　杨仕□募缘钱二千三　百姓□募缘钱二千　任申维募缘钱一千八百五十　经明募缘钱一千二百　韩占梦募缘钱一千三百　□兴贵募缘钱五百文　薛□□标募缘钱五百文　齐家□募缘钱二千二百　王春秀　王进京　路天善以上各施钱二百五十　申补林　申贵　□□□　申□□　申□□　申咸宜　申□□　申壬彪　台世富　李成会　李生聚　李生风　李生岐　时才　李明飞　魏敬□　侯满　王进斌　赵同……　申保安　任辛贵　赵维昌　□□忠　郎天玉　景有□　史花　□□　杜□　刘明玘　田□秀　李庄云　吴聚天　韩双　李四海　李澍　□隆当……　□□□　史永盛　史赵福　刘朋根　杜富才　史祁元　史永明　赵瑞枝　积善堂　李的栋　□安全　史守仁以上各施钱二百　刘王兰钱

一百　慧知施三百　李中积　李生兰　李希增　王香住　史峯明　史天和　□当……　申王起　李永　史间　史范　韩有银　史□成　马文兴　韩有富　李日　白生福　杜生才　史玉俊　史求来　兴盛□　以上各施钱一百……　薛富捐钱七百　史永□捐钱七百　陈牛则捐钱二百　郎天林捐钱二百五十　□盛义施钱□□　李文林捐钱□□□　王凤□捐钱□□□　西宁□□□□　史□……

观音堂

碑刻资料

（1）咸丰九年（1859）岚沟村观音堂重修碑记

【碑阳】

碑额：万善同归

碑名：重修碑记

　　尝思建庙，所以隆报功之典重修，亦以表如在之愧神明，降祥之地而人岂忍恝然哉。吾土地港距县七十里，村西迆路旧有观音堂一座，不知创自代，盖欲威镇夫山急水泄之患，以凝紫气。但世远年□，风雨倾颓，吾村□老幼莫不伤心，于是合社公议，按地捐资，鸠工庇［庀］材，卒致庙宇辉煌，佛像焕辉，故接笔。以志显末云而。

邑庠生李士范撰书

童生刘潘拙笔

维首李进福　刘克礼　刘克信　李□□　李□□

潞邑木工史□□　丹青李金□　玉工杨□□

大清咸丰九年三月吉日合社勒石

【碑阴】

碑额：流芳

　　平头社　大居社　石板社　□炉脚社各捐钱一千　会术施钱□　大兴益　侯家庄社　杨贝坡社　文玘守　刘有生　李守义各捐钱五百文　土地港　八宫斋施钱五百五　赵永富　李文生　□盛主　文廷珍　郭起法　王宗二　连永福　连清玉　王永清各捐钱四百　□房社　施钱五百　李得安　史永　史富　史永奎　冯崖社　李喜生　伍全盛　杨金兰　刘玉恭　刘福　刘存业　李文王　李克月　李长维　李克明　崖永　伍福庄　王清的　史永财　姚忠维　刘□子　社春各捐钱三百　戊□捐钱五百　连永福捐钱二百　王云先　郭子兴　赵□堂　□智　梁世秀　史永忠　梁怀庆　史育□　史永考　赵旭史　长月　魏锁　姚金锁　伍金命　刘□□　郎春玉　郭庆安　□红则　王守清　王来福　刘王根　李文林　李文良　李文承　李文□　李文□　刘春发　王汶威　杜发奎　向□　曹的宽　李广□　李守福　□兴□　姚忠锁　姚守荣　姚温　刘甲子　□二则　杜秀　杜璿各捐钱二百　李秀书捐钱五百　刘全□捐钱五百　王九难　牛忠维　□王七　任成义　胡的财　胡的意　李守敬　段玘　刘清业　刘丑吃　刘治业　刘玉良　刘玘旭　刘王誉　王有　杨存　赵良财　刘发业　李文的　刘有生　李守泮　李守祯　房□且　□白且　□有至　李□□　□玉明　刘玘王　□锁　赵珍　赵九魁　杨进发　赵迈富　刘杉业　段培庠各捐钱一百□五　杨清忠　刘富百　李金全各捐钱一百　刘根广捐钱一百文

　　主修庙宇共花费钱九十五千一百文

（2）岚沟村观音堂石柱

　　……李顺共蜄氏银一钱六分

……连□□妻李氏银一钱

……李□□妻郭氏银五分

……王□银五分

（二十二）平头村

村庄概况

上遥镇平头村，位于县城西北，镇境西北面，地处山沟之平地，坐落在伟回山与西凤凰山之间。石（梁）阳（和脚）公路贯境而过。从县城走下桂花、上桂花、北马等地至此30千米；走长邯、石阳两公路经石梁、东社、正社等地至此35千米。东北至子坊头1千米，东南至红石片1千米，南至西下庄2.5千米，西临小背、前脑两村，西北与河西隔河相望。清康熙二十一年（1682）《黎城县志》载"平头"。原名平凤，因坐落在凤凰山麓之平地而得名，后人认为山沟不如平川，想将山头削掉变为平地，故易村名为平头。村中有303户，632人，以农业为主，盛产山药、党参等。该村旧有龙王庙（西庙）和山神庙，龙王庙已不存。

村委会

碑刻资料

平头村捐施碑

碑额：碑记

武乡□施银　□频一钱　仲日成二分　曹中一钱　来碗一钱　武成仁一钱　间成□五分　间体八分　马有七分　间成常四分……木邑韩守业三钱　涉县冯合一钱　曲沃原家唐一钱　生员贾圣一钱五分　长治

县　申见□一钱　开德才一钱　申国喜一钱　张要一钱　胡芦□　□伏□一钱　王□京一钱　李自□五分　李秦五分　李□五分　李□□分……　侯□□一钱　侯显贵八分　侯显清一钱　侯的正五分　侯显忠一钱　侯天荣六分　侯显积五分　侯天德五分　侯丙六分　侯国昌六分　侯□□一钱五分　侯佐一钱　侯的顺一钱　侯显□一钱　侯公君一钱五分　□公义一钱五分　侯漠一钱　侯时一钱　侯星一钱五分……　侯天仁一钱　侯万户五分　观脑福宜八分　信金一钱五分　上马岩　李厚二钱　李积二钱　李深一钱　李宋一钱　张岁海一钱　张珍一钱　张默一钱　陈世苛□□　张成泮□□　张成林五分　张云五分　张哥八分　张相五分　张成喜六分　张书五分　张成莫五分　张成王六分　张成才六分……　刘子郊五分　刘便五分　刘元六分　刘金仁　刘增仁六分　刘深四分　李直公五分　刘昌五分　刘□五分　陈兴奇五分　刘奇六分　□门秦氏□□□□　刘显仁一钱　王之胡八分　莫成伏一钱　刘怀法一钱　刘浩一钱　刘□一钱　吴树国一钱　刘国珠一钱　刘栋朝一钱　福村　李向六分　□旺七分……　王之有五分　王六海五分　原加直五分　吴保国三分　吴满国五分　原加浩五分　吴英五分　刘坦五分　刘家拆一钱　石校村　杨郝林一钱　李和云一钱　□□和□□　□杨良有二钱　生员杨富□□　何富□□　李和原□□　李交日一钱　应福寺……　李门张氏一钱　时合王一钱　李祥六分　申万秦六分　申万恺六分　薛□□□　申万勤五分　申□五分　冯而动六分　申万则六分　薛会洋一分　申万祥六分　申万□六分　李起六分　李伦六分　李书六分　李成金□□　时……　李成广□分　申明□分　台□□□分　李金智□□　冯展重□□　申万台□□　台日□□　台日□□　禅房庄　可谣一钱　李相□一钱　时军一钱　时国珍一钱　时国干一钱　李军深一钱　李□富六分　李奇六分　李运贵六分　李运文六分　李运□六分　李运宾一钱……　郭□一钱　李住五分　王林绪五分　王林祭六分　刘适五分　刘必奇五分　刘还运五分　李和坤□□　李和今□分　李伦八分　李□

八分　李□八分　李和仁五分　郝进全五分　王林所六钱　王林□六分　刘玘连二钱　刘法连一钱　李和少□□　刘景庆五分　刘广□□　刘唐□□　李宽一钱　曾见有□□　李……　老君殿　买明一钱　□□圆智一钱　李章□分　杨伦五分　杨积一钱　连世岁六分　□□□　□□□　连世琛一钱　连世广六分　连世后六分　郭良全六分　裴显贵六分　侯显春六分　□□村　粟恒一钱　李□一钱

安泽庙

庙宇概况

位于平头村村中，坐北朝南，东西宽24.5米，南北长40.5米，占地面积992.25平方米。创建年代不详，现存正殿为元代遗构，其余为清代建筑。现仅存正殿和东殿，倒座戏台坍塌。正殿建于石砌台基之上，面宽三间，进深四椽，单檐悬山筒板瓦屋面；四椽栿通檐用两柱，前檐下设有斗拱七朵，柱头斗拱四朵，补间斗拱三朵，均为四铺作单下昂，昂下设有异形华头子，耍头蚂蚱型，里转后尾出踏头呈蝉肚状。墙体青砖砌筑，原置双扇板门，直棂窗缺失。东配殿为清代遗构，建于石砌台基上，面宽三间，进深四椽，单檐硬山顶，筒板瓦屋面，前檐下设斗拱七椽，柱头科四攒，平生科三攒，均为三踩单跳。

碑刻资料

（1）嘉靖二十二年（1543）平头村安泽庙残碑

香首李孟□仓喜十铜钱一文　王景宜一又一钱二分　王体义银一又二钱　李贵日五钱　李传银一又三钱四分

嘉靖二十二年先祖薛其金妆□天圣母□修　孙男薛登全银一又七钱　甲头李芳银一钱一分　裴铎银五钱二分　李朱银五钱　李登银五钱二分　王诏银五钱二分　王要银五钱八分　李孟满银三钱　王希孟银三

钱一分　宗礼银三钱二分

　　□社□……李孟库……李孟登……李□银……王体□……王□□……李邦银……连应银……王景□……王希方……王孝银……李金□……王弟□……王美□……王义……薛登□……李□□……王□□……王希孔……李美□……王玉□……裴□□……

（2）平头村灵通济物慈惠法师道行碑铭
【碑阳】
碑名：灵通济物慈惠法师道行碑铭

　　前进士京兆府路教授李庭撰
　　明真体常大师潞州管内都道正任志润书丹篆额
　　天地之间，仙山灵狱，必为异人神士之所居，如广成子之于崆峒，陈希夷之于太华，司马子微之于天台，陆修靖之于卢山，烟萝子之于天坛是也。大抵山之有仙则名，水之有龙则灵。若山无仙，虽峰岩耸翠、林麓参差，亦空山也。若水无龙，虽澄澜湛滟、浪涌波源，亦空水也。山仙相资，乃所以成洞天福地；水龙相契，乃所以成龙宫水府，或山名而镇一方，或水灵而应百里。古今学仙者，无不逸志于名山福地、洞渊水府也。今而符斯理者谁欤？吾于灵通济物慈惠法师见之矣。师讳守中，字惟正，温其姓也，汾阳古陶人氏。父讳宝，母武氏。生而敦敏，幼而好学，长通经史，深味义易、道德、庄列大义，雅嗜性命之学，见善如不及，见不善如探汤。适壬午岁冬十月，颖悟入道，师本邑前主持清虚观，今改太平崇圣宫，赵真人随几杖亲炙教道不少离焉。佩受长生，三五都功正一盟威，秘箓传以天心正法。时致大元隆兴天下，征□□长春，丘真人应诏还燕，玄风大振。时甫与师卜故里阎梁村，建瑞云观，传经印法，启证真筌，顿有所得。及师之登霞志乐肥遯。岁在庚寅冬十二月，药囊经卷，杖履而启行，径造绵山、汭山，而东涉沁河，宿铜匙，渡漳水，入天党，上崆崘之山，参洞灵真人庚桑子之圣，踪穿大禹山，寻葛仙翁洞，投宿于白鹤观，憩三仁庙，下微子岭，黎涉之间山水嘉处无不遍历，所过郡邑，识者莫不以法器见许，有无求之色，不屈之志，道骨仙风，迥出人表，岂凡庸之流可同语哉？用辛卯秋七月至，于平侯庄陇阜山，一见群峰拔秀，洞穴幽深，坎有丽洪金钩白云之洞，震有清凉玉泉栖云之峰，离有王至山杨大师之故址，兑有汆虎洞仙人崖之遗踪，上有南北洞之圣水，下有昭泽王之古庙，周围嘉山景气人物，英华不览手之，舞之，足之，蹈之。噫，似有宿，昔隐逸之所也，既而拉其仁人王潇然、王默然、宋冷然、史澹然，四然为冀逆之友。采岩阿之蕨，汲间壑之流，朝餐暮饮，喜则□□，若而共谈物外，倦则曲肱而枕之，乐亦在其中矣。里人王谨道辈，闻其风，而慕师之德，施地构庵，命以居之。日□□□□以资于道者，造□□□□胁不沾席，衣不解带，绝迹人间九年矣。再于东南翠峰山下，凿石建垂玄观，贮以道德之经，晨则□□□□□□□存黄庭内外□□□□秋八月。闻掌教□□演道，至圣德大宗师丘真人自燕来并汾，□出山参授□□……

【碑阴】

碑额：题名

本村王华观门人女冠张守全严守道路
□军□知观严守攻

黎城县天池山兴真观　宗主默然子王志宁　知观王志渊　都功法师李志真　前知观胡道朗　潞州在城玉清神霄万寿宫　赐紫致真大师前潞州道正傅时正　知宫明真大师许时昌　黎城县郭内特赐通仙观都功法师魏时和　知观贾知元　冯知善　北马村王清观　前知观杨时瑄　田时广　知观陈时用　坑西村凝虚庵女冠李守纯　王守　侯泰　王忠　韩□　杨□　冯添　薛仪　李高　高美　侯玉　元整　王玘　李□　李添

李显　李通　李宽　灵宝会众李祥　薛淮　李梅　侯贵　李德秀　侯旺元二　侯珏　下庄助缘人名李英　李遇　李百林　李巧　李仪　李宝　李玉　李榷　冯信　薛泽　王□　冯□　下迷中　郭通　郭替　河西村杨展　杨明　韩成　韩展　杨宝　堰村吴显　吴赛　刘忠　高贵　刘瑁　王瓒　□庄　徐堡张□　郭庄　郭添　帘仲　帘秀　郭聚　郎让　郎展妻卬氏　郭添　张斌□　郎晁　郎孜　付良　郎淑　常全　常道　下迷西　李全　大市□　牛林　襄垣县□菅村　水碾村　王添　□□□　郭瑄　邯郸社　祁林　北□□　吴秀　赵添　郭进　南强记　赵□　赵负　段保村萧沔　刘璨　李潮　李昌　李福　李贵　杨美　杨成李　潞城县常村□大才　王潮　常宁　申平　□定　南垂村李润　靳村　崔元　襄垣县宁静村　郭佐妻韩氏男郭南　杨进妻李氏　杨裕　壶关县土河村苑玉　襄垣县保底村李惠　壁底村杨秀　桂□　元□　郭瑄

（3）乾隆三十五年（1770）平头村重修三清庵碑记

碑额：重修碑记

碑名：重修三清庵碑记

　　尝闻莫为之前，虽盛而弗□，莫为之后，虽美而弗彰。然必前有作后有述，则传其美而彰其盛矣。即如古黎西七十里有庄平头，村中有一庵，又名曰"三清庵"也。东临岚泉，西跨仙堂，龙洞居其北，堂阁在其南，青山耸峙，足以□灵，绿水□绕，可以旒秀。三清庵之所关已匪轻矣。然则创自有宗，历年难考。但风雨漂[飘]而栋析，□□□□残，壁颓垣毁。峰头十景，只目松林含烟，大殿而无火军，有则□鼯栖栋，石阶翻茅苇伸，难伸鼯豆之仪焉。神容坐涂炭，莫展椒醑之献。论地固因神而灵，而神亦得所而获□。□□□□圣□式凭下民，奚以蒙庇，惟是村中父老虔心起造，立愿重兴。

　　乾隆己亥之岁仲春二旬之吉，敬诸仙之昔会捐资乐贡，运公输之鬼斧，鸠工经营，大功方成，细务未就，村人中有道而云：□成半途而涸谢。当年之维首者，迄今仅存有二，虽前人之志事未终，依后人之继述可就，复于在岁在己丑仲春塑□丹其庭，俾庙貌有翚飞之观，金妆其像，使三圣有辉耀之光。雕楹画栋，其非寻常，堂构之比，碧瓦丹题，若天市云霄之府。陈俎豆于金阙，欣观殿宇之辉煌。献□□于瑶台，乐观神威之重新。而后喜舍乐施四方之协力者，乃亦有就，自始迄终，十五载之勤劳者，厥力克成。此之谓父集于前，子述于后，询天地间孝贤之事，斯世中美盛之举也。敢沥芜语，永垂不朽。

婴城子郭安宅斋沐谨撰

维首王法礼　男王彩　李瑄　男李天长施钱乙一千五百文　薛丰成男　薛达　任京　男任丕璋　薛聚成　王典　王居和　襄垣县连□□施百四十　李万聚施三百文　韩天桂施二百六十　冯起成施二百文　张万动施一百六十　武乡韩海施一百六十　□玉施八十文　房法薛施八十文……各施钱四百文　刘进有　刘必□　刘□□　王俊　侯封文　侯长□　时宾　张惠各施钱四百五十　李永乐　□□□　连世珍　连世□　连起平各施钱二十　刘必奇　连起□　连起生　连起长各施钱一百四十　妙觉寺僧人　进长　进法各施钱一百二十　□村□　□□□　□显　王文兴　张其藩　张成林　李无偏　裴全福　李□廷　杨起京　侯清　裴禄福　李海廷　李永江　杨志　杨宿　□□　杨□　申丁善　郭良□　李全□　李□□　杨琛　杨玘□　杨栋　杨培　时明　时显　侯彬　李适　□□　杨海　刘有法　杨先中　王林□　时尚王　□常□　裴永福　裴盈福　裴智福　侯王□□　侯王襄　侯振金　侯振当　侯王宽　侯□武　□文宽　四层各施钱一百文　潘杨□　□李□　□□申　万□□　刘进□　□□先□　李丕祥　杨先　王家时　申丕玘　李永生　□□　□□　□□各施钱二百文　□□□　李直兴　李浩兴　李中兴　李清兴　李清宇各施钱十　李□□□　李唐　李清　刘必□　李百　杨深　李永茂　李永安　杨林奇　李□　申安　连有成　侯□　刘金富　李保元

申万朝　申万卿　刘进才　申王通　□□　侯昌大　侯封　侯□□　侯天宁　侯连　侯显□　侯显□　侯显贵　侯振奇　侯□周　张成住　侯登社　张守业　侯相　李□□　李染　申端　郭良□全　侯高　郭生富　王房钦各施钱八十文　宁永定　李全成　杨英　李□　李金□　李金□　李□　侯□周　□□平　杨悦　裴天福各施钱七十　李存　时文备　李高枝　侯昇各施钱六十　婴城子　王林□　冯进才　时英　□□□　冯英　侯礼　刘□□各施钱四十

玉工王赐位　王赐禄

丹青王义

瓦工张文彩

铁匠马讨鸣

木匠耿显枝　耿起枝

乾隆三十五年岁次庚寅冬月穀旦

（4）平头村安泽庙残碑

……平头村中有一庵□名曰三清庵，□庵也□□庙泉西□□龙洞□□……成半途而凋谢□年之维首者□□□之生有其二姓□□之□□未□□□……于玘台乐观神威之重新□而喜□乐施四方之协力者□亦有□有始□□十五□□□……垂不朽□□□……郭赤□□沐谨撰□□□……

在城铁匠王升□　马讨鸣　薛□成

□□□……白□□□□……张文□□□……王义王□牛王□世□□□……　王赐禄　王赐仕　□匠人之□□□维首人轮流□裕　募缘僧人　心慧徒宁□

维首王法礼男王□□□□□　李瑄男李云□施银一千五百　薛丰成男薛□□□□　任京男任石□□□□　薛聚成　王典　王居和　李进岩

施银二两　薛王成　王显　薛常成　建省　□居宛　□□□　任□珍　王年　李沟　李兰　王必　□□□　王思昌　王成　薛江　耿显枝　耿□枝　王薛　□连　王翠　王□　李安　李诰　王□　□薛

（5）民国二十二年（1933）平头村复禁凤凰山碑记

碑名：平头村复禁凤凰山碑记

且夫天下之事，业有贤者倡之于前，必须有负责任者方能继之于后。倡之于前虽难而易举，继之于后虽易而难为。先倡后继，其□一也。平头村□东依主山，因形而名之曰凤凰山，其山脉绵延，□岭起伏。近视之林木茂盛，森林丛集，远望之无异乎一村之伞。况此山之荒芜与否，非只将来森林之利于村，亦且关乎村中有无水患之祸也。考前清咸丰十一年碑碣，曾经村民将此山四至划定，议有规则，严禁之后，不许再有樵牧垦开情事，一旦有违，村规议罚。不知行于何年，因何开禁也，只旧有森林，砍伐一空，即旧坡亦尽垦成禾田矣。以致数十年来，不但村中无沾林业之利益，且每逢天降大雨，山水滂沱之际，水入村中，民舍尽成淤泽，山水为村之患。故本年五月初，村民公议，此山若不严禁，长此以往，则村中水患何可设想。益纠众公议，重定罚规，照旧年禁碑上四至以内，复即严禁，并将西崖头、榔柿坡二处亦添列严禁之中，非不可樵牧，即不能垦殖。此项禁后，非将来村中能沾林业之利，即能免水湮居舍之祸也，又恐时远年久，无所考据，遂将议定规则，列于碑石，并上至腰道，下至牛羊道，南至生地两圪梁，北至龙蛇港圪梁，以作永久之志云尔。

山右中学校毕业常恩善撰书

计开：

一、羊群入山者罚银洋三元。

二、骡马驴牛入山者罚银洋二元。

三、人入山砍伐者罚银洋一元。

罚头拿获者，与社均分。

发起人杨进全　李仁海　胡俊□　王□会　薛维钧　连□□　王至仁　刘万存　李太和　宋文顺　薛海水　王丕　王新和　常国琦　薛满仓　任太昌　王得柱　任双秋

指定崖底阳坡为牛羊来往路

玉工常树和

中华民国二十二年十月中浣立

（6）平头村安泽庙残碑

上内阳刘瓚　刘二　刘恩　任济　任坦　李资　田成　任贤　任仲

下内阳李旺　李海　贾七　李和　霍山　□□　□□　霍添　费贵　李深　元闰　□□堂松　台山　台进　元海　□□义

圪西村马进　马驭　马温　王全

西水阳开和

靳曲村马智　杨宽

北马村郭玉　古谷　李英　李让　李仲　李祐　李伟

平……　郝……　东……　闫……　王家……　道……　□元……　巩家……　辽山县……　姜川……　鞮县……　赵宽……　东田村……　常香……

（7）平头村安泽庙残碑

……厚水渺山雅人……性善存乎，在其根本，若心意之既立则其德而自……上者□茂二公……泽之绅也，中居圣母仝座一殿，功各有□路，黎西六十……众境来攒东有……山，皒磴南来，广志祥云，西洞神仙居窟。北有众……我朝之间山□……整殿像陨沉□足容观也,有诚信……何了憨哉也……

(二十三)后家庄村

村庄概况

上遥镇后家庄村,位于县城西北,走长邯、石阳两公路经石梁、东社、正社等地至此,距县城36.5千米。东北至庙觉寺1千米,东南至平头1.5千米,西南与拉姜坡毗连,北至上马岩1千米。清康熙二十一年(1682)《黎城县志》载"侯家庄",因姓得名,"后"与"侯"同音,且书写方便,俗称后家庄。又因该村坐落在上马岩之下方,故又名下马岩,现已不用此名。村中有人口62户,148人。本村以农业为主,兼营山利,盛产山药、党参等。村中有八路军军火仓库旧址、129师抗大分校旧址、八路军副总司令彭德怀旧居、庙觉寺、十龙庙等建筑。该村曾每年农历三月十五日在十龙庙举行庙会,后因村里人都到城里赶会,庙会取消。

关帝阁

碑刻资料

万历十六年(1588)后家庄村建昭泽普济龙桥记

【碑阳】

碑额:泽龙桥记

碑名:建昭泽普济龙桥记

黎城西七十里侯家庄,群峰环抱,烟云相接,俗传距昭泽龙神显灵之下庄甚近,以□聚气藏风,榭馆楼台,飞翚耸峦,雄甲□□。约百步许坠地名石岭，地介两峡中，陡岖直逼，有河为险，每过雨则浪涌波掀，横冲四塞，居氓[民]艰于攸往，亘古迄今，旷典也。或侯君同宗君宾倡议奋兴，慨然以创桥自任，矢志设盟，除各捐己资外，遂□金募粟，鸠工僿巧，众形培址，运石层砌，立槛御危，长短应正，宽侠得体，假之宜高低合上下之势，深厚坚巩，坦然一固行矣。经始于万历戊子二月二十八日至四月中，即落成仅五旬，□□予记。予谓，桥达世□，垂誉大都，有所因而□新者易，无所缘而开造者难，创于通衢要津者易，而营于山僻穷谷者难，何也？□可为而功易奏，通衢要津则方多赖而锋于众轻。今二君当舟车艰运之一区，而创自我作始之新桥，且功成不日，意喜其非出于寻常万万矣乎。愚独慨杂桥居而前后左右者，人亦伙也。溯古今而以年考之，时亦久也，曾无一人奋建桥之志树戍，独于二君是赖，则二君济人利物，启后光前，信历百代而不磨矣。予嘉乐之，是以不顾谫陋，而附会其说，使后辈登斯桥而追□无前伟业，其有攸归乎！侯君学礼，字子立，宝字国信，系河西里，家世耕□，重义好施，人皆仰慕，因并□篇末，以识不朽。

施主

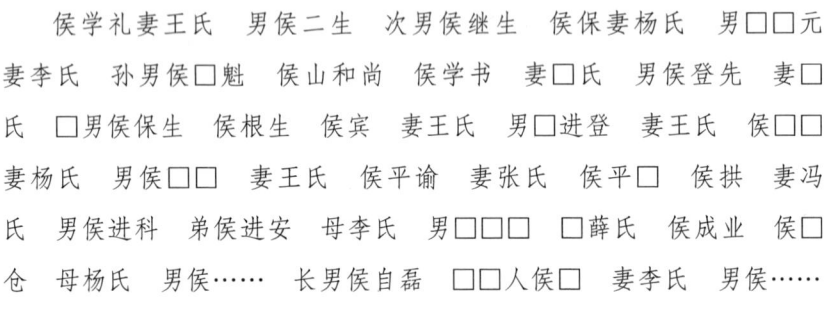

侯学礼妻王氏　男侯二生　次男侯继生　侯保妻杨氏　男□□元妻李氏　孙男侯□魁　侯山和尚　侯学书　妻□氏　男侯登先　妻□氏　□男侯保生　侯根生　侯宾　妻王氏　男□进登　妻王氏　侯□□妻杨氏　男侯□□　妻王氏　侯平谕　妻张氏　侯平□　侯拱　妻冯氏　男侯进科　弟侯进安　母李氏　男□□□　□薛氏　侯成业　侯□仓　母杨氏　男侯……　长男侯自磊　□□人侯□　妻李氏　男侯……

阴阳生李孟登　阴阳生侯平讲

襄垣县铁匠程孟夏

泥匠侯朝卿

木匠李景□　杨建□　杨进善　杨进朝

石匠杨进京

万历戊子四月吉旦立石

邑庠生□泉赵□光撰

奎封徐大生书

【碑阴】

碑名：新立桥记

　　……德仪　德保　德成　德未　德□　德定　□□县施主张孟杨妻□氏　百谷里施主李思汉　本县□□□　徐翠生　本县□关庙　刘聚水　秋树庄施主□□余　李□行　阳和脚施主侯景运　侯景付　石朽村施主□□礼　侯□□　李□科　庄村维那申登坐　李孟登　妻侯氏　王头村维那连登科　妻杨氏施各不等　侯世威　本村施主布侯诗　张□□　肖奈官申修　德花芳李泽春　妻侯氏　王行书　李良廷　王登科　妻连氏　裴世□　□仓　杨得红　李宦　申登朝　李保锋　王永禄　施主王玉良　王景浩　侯来臣　侯□□　刘永国　李良臣　王登锋　侯□□　□思　杨拱　台志言　李宗积　申进忠　李孟秋　□□□□　侯永年　侯学富　□□□　赵思聪　范守东　师进福　李良库　李登□　侯得库　□善　杨佩　李聚登　李宗郎　李聚□　李孟科　王进善　侯全科　侯学招兴□　周文仓　□□□　□□□　□庄杨　□□□　刘进□　李登锋　□□□　□□　李□□　李诸　冯从福　李孟仓　王体乾　□□　侯宗礼　……李□□　李登□　赵□花　李进保　杨顺　李□臣　李朝臣　李朝乡　薛代金　李孟库　王体□　侯先祖　□金　……刘进得　魏朝□　李支　李进学　李进京　申登科　申登相　台志虎　李孟锋　李登　侯□艮　侯继文　……郭邦辛　陈交贵　张代兴　李森　李景□　申登雨　台杨　李□□　姚臣　侯□　张根　……郭□臣　李进根　刘仓　李□□　杨修纪　李□　申登禄　李保民　李思成　李孟厥　侯□　侯交□　侯善　……连温　王成　任得金　任得良　杨臻　李亮

□等云　王贵　裴镜　王永祯　陈文　……张孟法　孔万仓　李景春
□□清　李朝禄　裴鏲　李奉郎　……连□□　连放　李朝用　李思义
裴铀

（二十四）上马岩村

村庄概况

上遥镇上马岩村，位于县城西北部，镇境西北面，地处漳阴，依山面河，面临浊漳河，南依大山，地势西北高而东南低。走长邯、石阳两公路经石梁、正社、东社等地至此，距县城37.5千米。东与东坡上隔河相望，南至后家庄1千米，西北至武乡县大河坪1.5千米，北至石门沟1千米。村后有马刨泉，常年不断，可助耕灌。相传，村后马刨泉，系神马刨岩而泉出，故以泉名称村马岩。因后家庄居于马岩之下方，故名下马岩，马岩始称上马岩。村中有人口61户，195人，以农业为主。盛产核桃、花椒、党参等。矿藏有白云石等。

昭泽龙王庙

庙宇概况

位于上马岩村村北，坐北朝南，东西宽20.6米，南北长23.4米，占地面积482.04平方米。创建年代不详，据庙内碑文载明正德六年（1511）重修。原一进院落布局，中轴线上建有山门（倒座戏台）、正殿，两侧为东西马棚、廊房、耳殿。现仅存山门（倒座戏台）、正殿，为清代遗构。正殿建于石砌台基之上，面宽三间，进深五椽，单檐硬山顶，板瓦屋面；梁架结构为六檩前廊式，前檐下设有斗拱五攒，柱头科两攒，平身科三攒，均为三踩单昂，平身科出有斜拱；墙体为土坯墙外包砖，原置隔扇门窗缺失。殿内存有清代壁画，约 6 平方米，内容为龙王出巡图。

碑刻资料

（1）正德六年（1511）古黎重修昭泽龙王碑銛记

【碑阳】

碑额：修碑

碑名：古黎重修昭泽龙王碑銛记

　　夫神者造化之迹显而异见，造化之理微而难明，而神者周流乎天地之间，□通乎六合之内，其为德可谓盛矣。寂然不动，有感必通，虽无形无声之可□□□无体，而自有昭彰之应，古之人而奉神者，乃尽其诚敬也，推其神之效□□□之实迹，然竭忠而尽诚，建庙而塑神，洞洞乎其敬，属属乎其诚，洋洋乎□□。□谨致祭，率由旧仪者，居郡西乡陇阜侯家庄贤士侯瓒，可其兴废始者，□□意佣工，遂广其垣，庙廊门所碧玉辉焕，郎[朗]朗在目。有父二任致仕，安家□□□攒，捐己金资，妆严圣像。妙觉奥寺，平头庙貌施采甫毕，重一新之，洁诚□□□靡不获应。公生有功于民庙于祀典，至宋大观宣和间，两锡茂恩。职曰公□□，封至于王矣。按《礼经》曰：以劳定国，除乱勤事则祀之，能捍大患则祀之，有利于民则祀之。如公之术，约束蛟龙，禁伏邪媚，止水救旱，殄寇利民，兹非劳定国捍大患之功乎？享乡人之血食，又何诒焉。余得传于出家，辞致肤浅，序事□□，□繁证谬以就本实，庶不诬后观者云。赞曰：

　　巍巍圣德，帝代龙王，祖贯九师，爵封大唐。时遇亢旱，禳于□□。不逾旬日，甘雨滂沱。祠偏上党，庙盈沁阳。七月五诞，伶伦□□。两郡寮寀，享福寿昌。黎民永赖，神安世香。

　　时大明正德六年岁次辛未孟夏上吉日立石

　　撰篆生员侯勋

　　襄垣县石匠常晓　男常恩刊

【碑阴】

……贫妻□氏　男侯恕　男妻王氏□　男侯□□……侯□□□　侯绪炽　男□□　生员侯动　侯临……弘□□　侯绒　弟侯□　侯贵　侯法……侯艮　妻王氏……未　男侯表　侯祯　侯鼎　侯昂　侯昌　侯世清　侯嫩　侯禄　王笛……厚　侯盛　侯梅　侯永　侯重　侯绅　侯俊　侯宁　侯旻　侯昱　侯直　侯山　侯云才　侯□□……□□　侯云昉　侯云增　侯云　侯雷　侯博　张文兴　李能　陈中　张敬　始秀　栗聪　马皮周朝　张良……前八脚　侯彦龙　侯彦秀　侯锡　侯容　侯谭　侯隆　侯□　汪志仁　王文深　原交才　侯□　侯□……杨和脚　香老赵端　赵清　赵云　赵聪　侯云直　赵信　赵仲　赵会　侯□　杨林郝□　张通崔□□□……平头　香老王曾　王守志　王守贤　李世英　王文夅　程岱　张会　张经　李仝　佳绒　李友　张开　李海□□□……下庄　香老申俊　申□□　李文举　马得才　侯意　侯付　马得保　赵付　李文高　薛刚　李□　冯得进　张仲得　□□……石□上香者李福　李□　杨□　杨代余　李文高　李善　李鼎　王定　张□　张子顺　李住□□……

　　本县耆老王彪　义官　郭祯　贾凤　郭中
　　下庄台云李聪　台支贤　台□全　李举
　　襄垣县义官赵经　杨世宗
　　□西补里义官史敏　史文辉　史记方　史文经
　　□□女善人侯氏　侯氏　侯氏
　　平定□　□工人　董□才　李弘　李文聪
　　□□士县　李大
　　□□坡庵　金旦平　杨和脚庵
　　广展　□□　定天　樊缘　王聪
　　□□门徒　定奈　张文良

清遇　本增　清昭　清缘　圆兴　圆喜　道辛　门徒　净名　净□
圆也□□……

油匠男张钗

王安铁匠

丹青程禄　李隆书

武乡县　乐□　□晓　男姬文彪

（2）同治五年（1866）上马岩村重修庙宇碑记
碑名：重修碑记

赫赫洋洋，神之在上，所以建庙设神者何也？为保一方之□□也。今上马岩旧有武帝庙一所，年远日久，渐致倾颓，风雨剥蚀，于是庄人共举修理，议者言，旧址弗昌，另选高原建立庙宇。此地□□来朝，烟云相接，乃人杰之地□矣。越四月，鸠工庇［庀］材，日费营做，旬日□□□□□，金妆圣像，画栋雕梁，焕然一新。功成告峻［竣］，卜吉开光。同荷□□□□□□□功劳，王室功□，古今至义，莫不尊仰大德，永享千秋，厥□□□，□□□捐金，邻村等乐输尺壁者，仝立于石，永垂不朽耳。

王秀沐手撰书

马广贵　下庄社　平头社　葫芦脚　下平坡各施钱一千文　贤方社渠村　羊圈　土地港各捐钱五百文　侯家庄捐钱三百文　秋树　山庄两庄捐钱二百文　羊和脚捐钱□□文　王嘉行……　申旭才捐钱□百文　李彦凤捐谷二斗　李其林施地八分　施谷二斗

木匠史存正

丹青匠史秉阳

玉工杨步云

时同治五年嘉平月望日立石

（3）民国九年（1920）上马岩村重修庙宇碑记

【碑阳】

碑名：重修碑记

  天下事创于前者难，而继其后者亦不易。前无创之，则后无因；后无继之，则前功几废。是有创之者，即不无继之者也。

  黎西七十里上马岩，旧有康惠昭泽龙王行宫，灵应异常显然，目前生民多赖之者。但历年久远，重修不知几次，风雨剥落，墙堵倾颓，而且规模狭隘，不足以展诚敬而答神庥也，况东南基础欠缺，不能阔展，安能成其方圆，凡居于斯土者莫不恻然而动心。于是宣统元年春，村人申焕章提倡修葺。东南创建石台一壁，始能成其方圆，阔其基础，高其栋宇，鸠工庀［庀］材，重修正殿三楹，创建乐楼三楹，东西廊庑十五楹，马棚五间，又建说华龙王庙一座，土地祀一座，文昌、武帝庙一座，观音堂一座，一切改良重建扩充之，数年来经营拮据，不辞辛苦，以成其事，未及彩画。迨至民国二年，按亩捐资数十余户，力不胜其任，因而募缘四方全力相助。圣像金妆，殿宇丹碧，鸟革飞翚，焕然一新，告厥成功焉，是为序。

  高等小学校毕业第三师苑肄业张庆义撰书

  维首马兴安 马德昌 申焕章 马兴州 马德良 秦三泰 许科元
李九功 王步恒 雷玉宾

  香首马银卯 程吉昌 马兴县 秦守江 张恒泰

  石匠赵双根 石秉富

  木瓦工王九贵 石金锁

  丹青史秉直 苗梅树

  玉工赵庚申 赵月魁

  民国九年六月二十六日立石

【碑阴】

碑额：永久

　　平头社施钱二十一千文　侯家庄施钱十八千文　西下庄施钱十一千文　阳和脚施钱十五千文　葫芦脚施钱十千文　阳贝坡施钱八千文　石板村施钱七千文　渠村社施钱七千文　岚沟社施钱七千文　上遥镇施钱六千文　东社村施钱五千文　范家庄施钱五千文　本村维首申焕章施钱十五千文　马德昌施钱十二千文　马兴安施钱十千文　马兴州施钱九千文　王步恒施钱八千文　马德良施钱八千文　秦三泰施钱八千文　许科元施钱六千文　雷玉宾施钱六千文　许年则施钱五千文　马兴县施钱六千文　贤坊社施钱三千五百文　李大国施钱三千文　秦守江施钱三千文　许法施钱三千文　杨□施钱三千文　祥大盛施钱三千文　□石壁施钱三千文　□义施钱三千文　胡佃山施钱三千文　前庄社施钱三千五百文　王振财施钱三千文　王成银施钱三千文　秦守河施钱三千文　仙堂寺施钱三千文　史顺□施钱三千文　东宁□施钱二千五百文　石抱年施钱二千五百文　中□社施钱三千文　东堡社　西宁静　洞口社　大市社　朗庄社　桑清仁　河南社　霞堡社　古寺头　申发裕　□马社　马金隆　郝钟秀　石庆春　石庆高　石庆学　张德云　五里各施钱二千　马德福　五在朝　南河坡　岭则社　后庄社　河西社　刘焕庆　史顺玉　刘明伦　吴家庄　石清枝　王成银　张兴贵　申郭兴　六洞社　牛居社　小石坡　城南社　强计社　西柏峪　张焕则　常太和　刘金府　吴继本各施三千五百文　杨会昌　刘金城　靳起山　王成玉　王成有　马福真　秦聚银　靳守昌　马永福　固村社　斜坡社　陈九财　王永禄　石银朝　郭发顺　永和泰　马德明　桑步山　申贵直　张清秀　咬口社　张恒旺　下黄堂　义和恒　刘建壁　刘朝栋　石礼新　石清秀　马保住　杜烈　张金保　张立行　张国玉　王义和　申士英　干午社　马永贞　杨重保　杨德泉　德义永　刘贵业　殷黑则　刘希进各施钱一千文　张太和　杨

桃岭各施钱一千二百文　石清田　刘金魁　岳凤花各施钱七百文　安长维　李照林　石香保各施钱六百文　林茂堂　史新年　赵兴昌　赵兴顺　芦家兴　韩凤越　杨永坡　胡金成　李春芳　段景春　石平天　石官□　马和则　陈聚金　刘德盛　王万和　桑元兴　张益元　王德全　姬登来　雷越方　杨继和　韩存玉　程聚敏　曹金铭　赵师章　王□　天合成　石重喜　韩成富　土地脑　陈聚凤　杨占福　杨顺邦　赵喜云　石抱花　李玉恒　郝金富　岳奎元　刘聚河　李□□　马□□　申□□　石青州　韩金文　韩广富　连三虎　石四　李三太　张成才　马照泉　马敖　朱钟　董百余　冀来成　李太河　杜明　孔庆义　李平科　公善堂　程义发　朱林中　永和堂　崇德堂　李凤义　常安□　杨钰　马步青　□俊□　李春华　申越群　秦守泉　和方　任学鸿　马福元　马明德　申越海　朱荣生　吴虎江　史顺华　杨树枝　李国辅　石振安　张文□　李进业　史仁江　张端阳　马福聚　马兴玉　义聚和　史光辉　韩凤日　李均　史玉章　三盛源　刘铭善　刘铭九　义生应　三十亩　王和则以上各施钱九百文　杨永禄　韩马成　李发才　马福祥　王金成　江泉永　杨孟堂　王章兰　秦九会　张富禄　张富祥　程万钟　张生贵　天兴酒　曹振远　杨守仁　陈聚和　史忠齐　石清吉　张双福　秦九思　王在景　胡升月　王进祥　梁法　韩照兴　梁得周　马合小　冀兴元　张兴来　杜□　杜高杨　胡金河　张里成　朱明远　马金元　苗喜堂　温二王　程万和　李艮□　李锐　李庆　朱汉　顺足　赵思舜　冀满仓　张培文　韩九冀　天□太　连□□　史玉琢　史玉锦　史官元　刘焕炯　刘泉禄　刘殿邦　刘铭亮　史福约　张世明　李兴廉　王玉升　申冒枝　芦艮生　焦根宿　李青成　马明标以上各施五百文　恒盛魏　董厚堂　张万益　王永来　张万钟　史刚　马狗凹　栗培□　杜祥云　王喜才　张安仙　刘来山　高映科　桑清海　刘文　刘广茂　李蕊　郗存义　朱三兴　刘焕炯　刘焕成　刘启秀　刘明经　李恒　秦王氏　石成先　申起合　付字　王金福　刘来山　程杨存以上各施钱□□　韩凤吴施钱百文

冀凤施钱八百文　　石记存施钱八百文　　冀有年施钱三百文　　石秉富施石一块　　马在忠施钱二千五百文　　程吉昌钱三千五百文　　张恒太钱四千文　　刘凤钱二千文

（二十五）葫芦脚村

村庄概况

上遥镇葫芦脚村，位于县城西北部，镇境东北面，距县城40千米，距镇政府所在地21.5千米，东与阳火角村接壤，南与阳坡村为邻，东与西井镇仟仵村马耳背隔山相望，北与武乡县牛家岭以山为界。本村地处漳阴，依山面河，面临浊漳河，南依大山，地势西北高而东南低。该村人口33户，60人。村中有300亩地，其中耕地150亩，主要农作物为玉米、谷子，核桃树、花椒树分布较多，柿子树分布较少。村内有奶奶庙和关帝庙，关帝庙坐西朝东。

观音堂

庙宇概况

位于葫芦脚村村南，坐南朝北，东西长约6.2米，南北宽约5.2米，占地面积约32.24平方米。创建年代不详，为一处清代遗存。现建筑为新建，遗址上存有清嘉庆九年（1804）重修碑和同治五年（1866）禁碑各一通。重修碑为青石质，圆首，方座，通高1.35米，宽0.45米。

碑刻资料

（1）嘉庆九年（1804）葫芦脚村重修观音堂碑记

碑额：重修碑记

碑名：重修观音堂碑记

普者庐山既关银殿飞来，汉观初开王梁自下凡由神异无债经营，然而龙宫象抢匪属天成，白马青鸳皆缘□□，今斯庄之有观音堂也，年远日久，倾圮更甚，居是地者安忍坐视。栓是甲子之秋捐资重修，凡使一村之民，父子祖孙，源流相承，以弗替香火。工成告竣，刻石为记，非市功德也，姑以圭不朽云是为序。

邑庠生李文锦沐手拜撰

武邑童生赵树人量沐敬书

总管维首王□　冯德保

经理人赵宿良　王文列　王文敬　李成宽　胡满　原景业　桂明富

施钱一百文

阴阳台登科

丹青马景原　原景美

木匠白□□

玉匠赵□□

石匠韩永□

大清嘉庆九年腊月中浣日谷旦立

（2）同治五年（1866）葫芦脚村合社公议李根重□施碑记

碑额：禁碑

碑名：合社公议李根重□施

观音堂地基四至明台，南至庙后石渠地，北至庙前道下柏树坡根底堰，东至道，西至界石，四至以里，柏树大珠，日后不许牧放牛羊，如有放者，罚钱五百文，不遵者禀官究治又禁。龙王庙圪皁亦然。又禁小岭地坡各照旧界。

时大清同治岁次丙寅年端午月合社同立

龙王庙

庙宇概况

位于葫芦脚村村北,坐北朝南,东西宽16.8米,南北长19.5米,占地面积327.6平方米。创建年代不详,据庙内碑文载清嘉庆九年(1804)、咸丰八年(1858)均有重修。原一进院落布局,中轴线上建有倒座戏台、正殿,两侧为大门(西侧)、东西厢房。现仅存倒座戏台一座,为清代遗构,其余均为旧址新建。戏台建于高1米的石砌台基之上,面宽三间,进深五椽,单檐悬山顶,板瓦屋面;梁架结构为六檩无廊式,前檐下设有斗拱七攒,柱头科四攒,平身科三攒,均为一斗两升;墙体为土坯墙,内置屏风缺失。

碑刻资料

咸丰八年(1858)葫芦脚村龙王庙捐施碑记

碑额:万善同归

无平头社施钱八千文　阳背坡社　贤房社　下庄社　石板社　上遥镇　岚沟社各施钱三千文　侯家庄社施钱二千五百　王家庄施钱二千五百　河南社　牛居社　上马岩社　阳和脚社以上各施钱二千文　大市社　河西社　渠村社　上黄堂社以上各施钱一千五百文　前庄社　中庄社　古寺头社　土地港社以上各施钱一千文　下黄堂社施钱八百文　阳家庄社　青红底社　后庄社　秋树社　堆金社以上各施钱五百文　西营行社施钱二千文　洪岭社施钱一千五百　义和药店施钱一千五百　老和添施钱二千六百五　归子石社施钱一千文　保记社　石桥背社　义兴成　恒聚永　魏存庆　魏富安以上各施钱一千　李秀堂一千五　布政司理问　魏晋阳施钱六百　□正魏怡施钱八百　军功　魏悦施钱三百　杨来喜施钱七百　李林施钱七百　德盛山　魏患　史进国　广成恒　德顺成　王世兴　侯明　恒盛赵　大兴益　元吉亨　晋昌泰　全兴药店　李通　刘根年　魏印　永昌　应福寺　化波　忠心要　李有生　李□　李

坪社　张义有　薛长林以上各施钱五百　黄山寺施钱四百　史永财施钱四百　王三则施钱四百五十　王增盛施钱三百五十　史俊灾　慧智施　王云仙　王国仁　史永盅　李有林　申丙寅　李喜生　吴照昌　史保国　冯广富　王浩明　杨士俊　天盛□　李作美　李作栋　刘魁德　□永崔有值　泰和成　益昌荣　晋昌泰　王言义　韩凤来　韩文科　永源恒　魏传薪　李连治　王清锦　张□贵　史永连　刘克聪　陈德元　杨成林　杜文泰　□永富　□富贵　史梁以上各施钱三百　赵想　双盛杨　泰□　刘□　兴盛山　李景　同春合　魏生阳　魏懋　李木广　赵明学　义聚恒　兴盛刘　刘丙公　高法昌　李万清　申业　李作祯　和顺成　郭子兴　焦鹏龄　恒有章　韩世张　韩虑　韩义所　韩有银　韩有富　李义　梁起登　韩俭　杜秀　吴管　韩廷增　魏锦祚　崔秀义　魏育奇　郝迎春　杨言魁　马德功　韩自祥　张进宝　赵四狗　侯田　刘逮　薛连祥　王崇德　薛保林　赵进保　江奇峯　郭建清　□仙和　栗有财　王日明　张保　李景花　王焕兴　张玘成　澐盛隆　杜文永　赵观财　李存保　崔保　李汉　源盛永　李进保　石可源　李泮林　刘进福　张进魁　通盛公　万兴当　永成当　赵右香　刘统　李三成以上各施钱二百　住自木　史永桂　梁昌泰　梁昌英　冯广亨　景银　刘俊　鸿盛王　杨林　王法　魏居易　永贵　李侯差　王秀　王元　李三锡　赵尚玉　王天林　王长惟　韩金　韩义和　魏运□　澐心号　魏永赫　兴德元　韩有宝　魏多福　合义永　张天顺　韩玉林　魏福业　史广元　赵兴文　范保　王保以上各捐钱二百　刘万和施钱二百　李成川施钱二百四十　薛春生　正兴号　义盛号　范昇　和合楼　金兴德　德众永　源兴楼　姚虎岁　复盛馆　尚荣　魏恂　魏面阳　赵进福　赵子宽　刘治清　刘根泉　兴盛赵　赵泰春　赵义生　雷集旺　刘德隆　李有财　李有成　薛景玉　薛连标　李世芳　李世蕃　齐富泰　付克伶　李太重　杨九鹤　韩登云　韩玘兴　王进□　韩德广　申希英　焦解优　李国秀　李国广　韩文焕　王法　吴聚太　冯二桂　冯心龙　冯玘林　赵全时　赵小

□赵八□ 李福贵 李谨 李永 李诵 韩俭 韩杰 韩升堂 韩林 史占广 连云谦 刘三益 刘谦 李成主 魏桐 王成栋 郑存贵 南烟社 杜海 和合李 李直 冯其信……李□□ 王焕业 王广 朱□ 陈来吴 巩德存 赵位广 杨保则 栗守才 栗才则 李全科 李金法 李金元 杜栯 杜禄 薛明 薛玉林 赵广元……付□□ 东双□ 刘三余 史日韩 陈□ 刘进福 李冯氏 李成林 冯云桂 史有义 郝来评 史根元 史有温 史有忠……

咸丰八年

（二十六）阳火角村

村庄概况

上遥镇阳火角村，位于县城西北部，镇境东南面，是黎城西北面最后一个村庄，距县城42千米，距镇政府所在地23.5千米，坐落在中方洞山之腹，地处山坡之阳，南与西井镇仟仵村隔山相望，东、北与武乡县老黄角等村庄隔山为界，西与葫芦脚为邻。该村有人口39户，82人，80多亩耕地，农作物有玉米、谷子、山药、高粱、小麦，其中玉米和小麦为主要作物。村中有昭泽庙一座，五道庙（小型）两座，村内发现有彭德怀住址和兵工厂旧址。

龙王庙

庙宇概况

位于阳火角村村东，坐北朝南，一进院落布局，东西宽18.17米，南北长22.02米，占地面积400平方米。创建年代不详，据庙内存碑载清宣统三年（1911）重修，现存建筑为清代遗构。中轴线上建有戏台、正殿，两侧为东院门、廊房。正殿建于高1.1米的石砌台基之上，面宽三间，进深六椽，单檐硬山顶，板瓦屋面；梁架结构为七檩前廊式，前檐下设斗拱五攒，柱头科两攒，平身科三攒，均为一斗两升；墙体青砖砌筑，原置隔扇门窗缺失。

碑刻资料

（1）嘉庆元年（1796）阳火角村大圣之古庙迁移重修碑记

【碑阳】

碑名：大圣之古庙迁移重修碑记

　　古殿者始居丑山午向如坎地，乃古而今者，有求者必有而应之矣。黎民从心者乎！人有善愿，天必从之神。乾坤社稷之间，古庙如其太高也，乃其不的方圆之至也，不能以报圣恩也。合社公议，迁移古庙座寅向申而艮地之处，乃重修青云宝殿之福利。夫神者造化之迹显而异见，造化之理微而难明，而神者中方黄龙大圣，洪府雨露之恩，光之大德，诚润之功周流乎天地之间傍通乎。然不□有感而应之矣。古之人而明奉神者，迁尽其诚敬也。访其神而尽其诚，建殿而塑神，巍巍乎神功浩大，洋洋乎如在其上，祈祷者无不应验矣。乃黎民恨发虔心，重修新造座殿之处，兴改□地，神光普照于天。然左右龙虎相交，山青水秀茂盛，兹恩广被，乃座殿之地。裴广生施地五分，基地粮银三分正，又有戏楼、两廊坐落之地，系裴广悦、裴广明施地基，粮银三分正。以上二宗共粮银六分正，此粮过入社内上纳，合社公议，永无异说。功程浩大，花费资财，岂易为哉？

　　神圣均感恩增万福，降大吉祥，流传后世，永垂不朽矣。

　　大哉圣明，中方黄龙康建，黎民□叩拜神香。

　　大清嘉庆元年丙子月

　　裴广悦撰书

　　维首裴广明　侯自谟　侯自成　裴广法　裴广义　裴广生　裴监　裴谦　侯自得　侯瑛　裴梅　侯自玘　裴周全立

　　石工王赐位　王金拴

丹青王定干

木匠耿生富

【碑阴】

碑名：古黎重修碑记

募缘布施开后：

平头村施银二千五百文　石板村施银二千八百文　渠村施银二千文　岚沟施银一千二百文　侯家庄施银五百文　上马岩施银一千二百文　贝里施银一千一百文　圪卢脚施银九百九十文　平庄则施银五百文

前四甲杨股内施梁一条　李久文施银一千二百七　高岭上施银三百文

下庄村施银六千八百文　金口平施银二百文　贤房村施银五百文

（2）同治九年（1870）阳火角村重修中方洞庙宇碑记

【碑阳】

碑名：重修中方洞庙宇碑记

窃思宇宙大势，两山而一川无足异也，所异者名山大川耳。邑西有泰星山，山上有洞，名曰中方，固黎之名山也。庙宇建于兹者，不一而足。神境灵爽，遐尔咸闻。第代远年湮，殿垣颓废，临村士庶，不忍坐视倾圮，公谋修葺。鸠工伊始，适遭饥馑，诸维首自觉地隘人贫，欲中止而不忍，欲告竣而难继。不得已而广伟募缘，赖寸铢之积，裹浩大之功。既成，来求记于余，且谓泰星山人迹罕到，若建碑于兹，善信乐施之雅事，恐难以尽知，不若立碑于阳和角，使往来行人共芳齿颊也。余闻其言，深嘉其有符于圣贤扬善之公，因不揣固陋，援笔为之记云。

邑廪膳生员高世泰撰

邑学生王树梓书

维首监生王进朝　赵士　裴起业　吴凤岐　冯广贵　范泰和　裴起殿　韩会　裴起家

佃主王起财　李进德

管账王泰荣

木工刘鼎　杜文遇

丹青永和公　史升耀　宇文纶

住持了学

玉工杨超云　孟土成

大清同治九年岁次庚午黄钟月穀旦

【碑阴】

谨将捐资人姓名开列于后：

韩九荣　郑林则　远福　朱祥云　张进保　原有福　姚虎成　郭文丙　杨德元　赵祯　杨门王氏　张文会　李观群　王占鳌　同盛元　高世志　姚永全　王有成　温□贵　和合楼　赵子库　右二十名各捐资二百文　高世太　和合店　李纮秀　王温　王悦书　王保艮　马德朝　韩义德　韩凤科　任中根　申长江　李裕根　申宿照　梁鸿　曹世培　路考业　路时浩　路考文　魏长管　魏印成　魏多财　万恒产　右二十二名各捐资二百文　锦豊大　裕隆久　左生财　梁上富　梁富太　李庚明　李尚英　李艮照　王玉珠　巩文林　刘秉锁　赵维恒　史豹义　史有德　赵纲　韩福　韩伦　张进来　赵福　陈吉厚　魏正　右二十一名各捐资二百文　王燠兴　王镇　原重周　史进阶　韩门史氏　申金元　陈九新　杨起云　王启仪　杨有亦　刘清山　王来喜　薛有明　王兴永　李成禄　王管　开起业　马功　郭月桂　王廷俊　大裕号　王橧　右二十二名各捐资一百五十文　祥兴永　刘夏则　裴玘云　梁玘云　韩玉林　李门杨氏

史雨　史花　马占福　韩□　张□□　张玘月　郭天杰　芦金梁　崔永福　史兰元　王来成　韩魁连　朱曲　魏管　马德云　马德孝　右二十二名各捐资一百五十文　马朱　栗从周　赵产然　杨相则　魏钲　李辛孩　韩椒清　杨□则　温具宽　史守仁　史更福　赵纲　史永旺　陈金元　□金杨　申鈗　李自昌　魏长安　张进宝　刘福　马良　魏创魁　右二十二名各捐资一百五十文　李天昌　路连魁　魏根旺　魏惠安　魏祥远　魏蕙兰　张万福　魏永赫　杨天法　魏永太　崔守义　李永安　崔裹科　崔致文　白生元　李永和　魏朱仁　魏存才　王更连　王得保　王聚祥　王士桐　右二十二名各捐资一百五十　马德武　魏业文　右二名各捐资一百五十文

（3）同治九年（1870）阳火角村龙王庙捐施碑
【碑阳】

谨将捐资人姓名各开列于左：

监生马广贵施钱二十五千文　范和太施钱一十一千四百四十文　平头社施钱一十一千文　下庄社施银一十千文　侯家庄施钱六千文　天兴益施钱五千五百文　上马岩　石板上　河南社　冯郭全　了学　右五名各捐资五千文　卜观斋施钱三千文　云峰寺施钱四千二百五十文　法云寺施钱四千　杨背坡施钱三千五百文　岚沟社　强计社　右二名各捐资三千文　贤房社施钱二千五百文　正礼施钱三千文　城底社　葫芦角　右二名各捐资二千文　渠村社　张国安　中庄社　魏富安　恒聚永　右五名各捐资二千文　王子安施钱一千八百文　郭义佰施钱一千七百文　韩守科施钱一千二百一十文　大市村　牛童阳　财神社　上黄堂　平头卜观斋　王法书　千午社　永富　寺底社　吴克明　右十名各捐资一千五百文　王进朝捐钱一千四百文　韩会捐钱一千四百文　吴凤岐捐钱一千四百文　刘鼎　杜文遇　二名各施钱一千文　孟土城　薛文秀　右二名各捐资一千一　阁室杨超云钱一千一百五十　裴起业　能庆　小

河南　青红底　吴家庄　后庄社　原秉高　王荞　南揭庄　古寺头　前庄社　行曹社　杨连俊　李老　王世兴　井上庄　土地港　下黄堂　右十八名各捐资一千文　牛居社　东骆驼　正社村　永昌　韩凤仪　佛堂寺　杨斌　赵福拴　王天锡　马丙午　魏麒麟　侯明　冯富楚　孔家峧　卜观斋　前贾岭　陈府堂　丰余兴　张富贵　南委泉　堆金社　赵福玲　化和尚　右二十二名各捐资一千　黄九号　牛房社　刘根牛　桓有章　申文桂　致生堂　义和太　益昌荣　晋昌太　全兴永　宠进德　右十一名各捐资一千　北委泉　李逺　右二名各捐资八百文　永盛当　裴起展　王起财　赵士　杨产财　右五名各捐资七百文　车元社施钱六百　仁义公施钱六百　李梦林　裴起家　胡连魁　董麒麟　李进德　张春明　杨秋年　王学会　恒有韦　陈□堂　李根发　益昌荣　赵福开　杨家庄　赵兴隆　李廷俊　赵明学　王保才　王登和　王协和　王显成　王恒庆　右二十二名各捐资五百文　王学误　温聚锦　王生少　王宪清　东凹社　义生成　信诚笃　晋太昌　德顺正　德隆久　万盛顺　广和□　太求庆　牛居卜观斋　委泉卜观斋　刘根元　王皋鸣　冯广兴　杨巳孟　王富云　赵法　原九耀右二十二名各捐资五百　李玉金　李玉贵　刘赵元　王仁子　王子良　开玘业　元吉亭　同仁元　魏守魁　刘福兰　李平社　李祥云　史遇功　赵林　家佛堂　袁有玘　王进宝　刘逺　侯廷俊　侯永泗　李世芳　薛玉林　右二十二名各捐资五百　王富　杨遇大　李发生　杨青芳　杨英梁　杨国治　杨廷栋　杨攀佳　韩长盛　张人庆　陈培鸿　王志宽　曹兴旺　史宗鲁　史鸿猷　史守仁　王可成　骆驼社　萧天乙　白鹤温　西宁静　王抡会　右二十二名各捐资五百　□□　□□　常汫　姚成　张进忠　白脚庄　秋树庄　卜观斋　董金局　城雨社　亭河铺　义盛昌　王学章　合古宦　义兴隆　冯有知　王汝安　陈古魁　王松长　右十九名各捐资五百文　暖岩寺　顺成德　右二名各捐资四百文　连先生□□　杨荣云　□相　右二名各捐资□□□　曹有太　杜艮秀　郑福贵　杜万中　德生昌　魏铭　暴三卢　刘德守　魏□举　义兴永　广义

德　王俱金　□伦其　郝思成　魏兴　杨继□　李丙文　任有怀　刘富海　右十九名各捐资六百文

大清同治九年岁次庚午黄钟月榖旦吉立

【碑阴】

谨将捐资人姓名开列于后：

魏门韩氏捐资八百文　张思温　郭玭禄　刘矛世　德盛聚　德生昌　马自文　马纶　李好福　赵存山　魏锦庄　车□魁……李□　韩巍　朱□　朱□　□□□　□□□　李□　崔永福　曹布锦　魏□□　杨盐□　王五斤……薛廷标　王奇　李起富　王丙兰　薛玭富　任进仓　杨春荣　李伏龙　□□□　□□□　□□□　季胡　史□□……王季坐　王毅　张廷合　张广林　马子义　赵德　……各捐资三百文……杨成林　王存则　史江贵　梁怀明　□发　杨玉开　郝来法　刘永艮　刘永贵　右二十三名各捐资三百文　……王　卜观斋　王清锦　史敏　牛同林　王梁　吴法贵　三汤金　申嵩生　王亦杨　右二十三名各捐资三百文……韩金仞　韩必吴　史太德　史本良　史创义　郝永才　史升杰　温孝恭　王钱□　右二十三名各捐资二百文……韩义万　史富云　□□本　杜□　张成奇　聚复源　张□和　张薛正　恒有章　岁恒礼　董贵保　董□德　董广　董明德　董积德　王□□　王贵富　右二十三名各捐资二百文……顺太　通顺永　永德昌　侯法　张民则　石其林　史永茂　王□□　张天云　王有大　□□□　王天富　右二十三名各捐资□□□……王秉温　王希来　王学张　王显庆　王□　王玭法　王宠乐　韩满仓　王忠良　王　□□　王□□　王爱良　右二十三名各捐资二百文……王艮和　王锁　李临　路伙登　王贵德　王贵桐　王满朝　王兴银　王清海　杨□□　李发财　杨聚□　张渠　右二十三名各捐资二百文……王玭贵　杨辛孩　薛明　任丑　任兴　王□宽　李忠　李林德

李成富　杨来桂　王温　王悦书　王保良　王子和　右二十三名各捐资一百文……王铺彪　高法北　王凤盛　王米　申保发　程信　□□□珠玉堂　李三永　火天盛　王清花　张天花　魏根　右二十三名各捐资……宇文伦　韩学艮　东永仓　双义房　李升林　四合成　魏明坐　大成号　韩九荣　王凤礼　王永印　……

（4）宣统三年（1911）阳火角村龙王庙重修碑记

【碑阳】

碑名：重修碑记

盖闻，欲木之茂者必固其木根，欲流之远者必浚其泉源，思里之美者必隆其祀典。以是知庙宇之设，昔人有创于前，今人不可不继于后也。黎西阳和角，旧建护国黄龙王庙一所。斯庙也，东有中方古洞，西有河水萦带，北连权星，尊严恍犹神威，南映崇山，松林列如屏风。左右环视，诚妥神之胜地，信祈福之佳所也。无如历年既久，圮毁殊甚，峻宇彤墙，尽属风雨所漂［飘］摇，一遇圣诞祭祀之辰，凡焚香人等莫不为之惨目。居斯土者岂忍然独无愧乎？于是有维首吴记本、刘金魁等，偶发善念，重新修理，所有正殿三楹、乐楼三楹，东、西两廊以及厨房等处，遂不惮劳苦，一切嗣而葺之，基虽仍于古人，工实倍于古人也。况又因创牛马王庙一座，重修观音大士阁三楹，文公土地祠一间。庙宇既多，费用自广。故既比亩捐资，更以沿村募化，自甲辰以至庚戌，鸠其工而庀其材，补其缺而修其废，竭数岁之勤劳，始告厥成功焉。行见庙貌巍峨，大异昔日之倾颓；金像辉煌，迥殊前此之泥沙。此虽众人之易于用力，而实神圣之阴感于不穷者也。工成勒石，索序于余。嗟呼，余才疏学浅，何能为文，但嘉其将事之勤，而羡其心志之虔，因不揣鄙陋，援笔为之记云。

黎邑儒学生员云路马步青谨撰沐手敬书

维首刘金成　刘金魁　吴纪本　刘金府　申起合　靳起山　张振发　李玉焕　杨永禄　卢银生

木工杜晚昌　李守成

丹青史秉贞　胡中福

玉工赵五堂　赵钰

大清宣统三年岁次辛亥孟秋月上浣吉立

【碑阴】

碑额：永垂不朽

上马岩施钱十五千文　西下庄施钱十二千文　葫芦脚施钱十千文　侯家庄施钱十千文　平头社施钱八千文　常太和施钱八千文　阳贝坡施钱七千文　岚沟社施钱五千文　石板社施钱五千文　吴记本施钱四千文　刘金魁施钱四千文　刘金成施钱四千文　靳起山施钱三千五百文　张振法施钱三千五百文　石庆宽施钱三千文　贤坊社施钱三千文　岭则社施钱二千五百文　申起合施钱二千五百文　卢银生施钱二千五百文　李玉焕施钱二千五百文　申焕章施钱二千文　马德昌施钱二千文　东堡社施钱二千文　中庄社施钱二千文　前庄社施钱二千文　杨永禄施钱二千文　妙法施钱二千文　杨喧施钱一千五百文　东社村施钱三千文　上遥镇施钱二千文　河南社渠村社　马德青　马兴安　王步恒　申泮龙　申发裕　史如山　冯金龙　申贵直　牛居社各施钱一千五百文　冯金龙　申天合成　刘门申氏　郎庄村　望儿峧　李九功　刘玉禄　孔庆义　石廷璧　马起秀　潘德全　江景清　张立全　史顺荣　韩义　河西社　张德云各施钱一千文　秦守合　王成银　桑清仁　马德良　嘴则社　石庆春　石庆高　石庆学　薛富兴　雷有敬　秦三太　许科元　上黄堂　樊社　南河岭　德义永　赵书云　杨家庄　申万福　石印堂　南委泉　东柏峪　后庄社　北马社　刘桂业　大寺社　行曹社　马兴县　马兴州各

施钱一千文　平上社　李尚德　正社村　固村西社　固村社　胡林章　吴金本　王永兴　杨树芝　峧口社　吴家庄　魏怀宝　马德云　石清林　李朝荣　古寺头　申增禄　申发禄　石保花　刘廷璧　张恒昌各施钱一千文　王聚财　薛庚成　胡金良　百官庄各施钱八百文　吴念本　韩凤午各施钱七百文　朱林　崇德堂　崔保存　青红底　韩凤田　韩凤翔　芦聚邦　韩凤岐　张太和　申逢德　杨见青　马步汉　谷玘大　王家庄　吴姚气　马金元　马兴平　石振山　台宽则　台得则　台进全　张义钟　王进福　王进库　李金锁　赫钟秀　史顺玉　张换则各施钱五百文　张成秀　杨维屏　李朋让　李玘德　李银库　王成玉　张郭玉　桑清礼　连辅乐　王存住　薛宗海　朱玉森　许良则　李太　韩金旺　韩广富　王盛源　里正社　史玉林　屈常玉　朱重　永德堂　朱水泉　张立库　石抱玉　申迟群　焦庚成　李崇吉　台法鱼各施钱五百文　李清成　郝玺富　史忠奇　白同玉　岳全忠　刘朝栋　刘得胜　杜晚昌　石抱金　张智方　岳保成　李景红　任招群　常国奇　桑金明　王根丑　李国辅　刘土成　飞如堂　飞如太　王义方　李盛和　史国佐　李海金　李既有　李成　申会全　魏三则　白李存各施钱五百文　元庄社　源泉社　三十亩　孔家峧　车元社　千午社　寺底社　马兴来　申郭兴　王和则各施钱五百文　小瑙庄　石清周各施钱四百文　李太和　程恒章各施钱一千文　小河南　李发财　杨永坡　王双　岳逢花　申茂英　申午己　索正荣　杨维仓　姚起家　石成仙　吴洞本各施钱三百文　石清吉　台春隆　张□义　薛迩庚　杨鸿章　任海堂　王金元　李新昌　桑清义　杨根平　李周行　擦则背　王邦则　刘义德　刘立支　王树奇　石玉存　崔廷斜　王耿则　成克复　天元公　申安方　石进仓　薛海隆　李缘庆　石全吉　申王族各施钱三百文　申□□　吴谨　吴□干　宝善堂　李心安　广明堂　白玉江　申增贵　忠义斜各施钱三百文　申绑河　王丑汗　杨长维　李富成　马九成　薛五则　张双福　刘聚河　李思敬　桑步山　张人贵　马二则　程吉昌　许法元　秦守江　秦守全　白玉珠各施

钱二百文　□存则　申运兴　刘还成　韩住则　彭全辅　赵□山　江保平　张满斜　恒盛源　朱明远　李鸣凤　宝书堂　李玉珍　石记存　韩进牛各施钱二百文　桑广存　李六则　李言锁　宽裕堂　李玉锁　韩堂华各施钱一百五十文　史来富　李□竹　李玉修　李廷成各施钱一百文　□□□施钱六百文　石把发施钱三百文　衡须公施钱二百文

修庙开光通共花钱七百五十四千八百九十三文

（5）民国二十三年（1934）阳火角村重修泰星山中方洞庙碑记

【碑阳】

碑名： 重修泰星山中方洞庙碑记

　　从来庙宇之建设，所以重祀典，亦所以表人之善心也。人心之善恶以祀典之隆盛、庙貌之巍峨可见其一端也。黎邑西，距县七十里许阳和角村，旧有泰星山中方洞雷音寺弥勒佛庙一所，菩萨、关帝、三教圣人、伽蓝、韦陀、监斋、孤魂、送子观音阁、土地祠、黄龙洞、井泉龙王以及廊庑数十余间，历年久远，崖壁塌坠，神像被摧，目不忍睹，村人屡欲重修，以重祀典。适届民国革政以来，首倡破除迷信，建庙祀神，尤在禁例。又恐工浩需巨，村小力薄，不敢轻举。于民国二十二年间，有法师果得，募化于此，游历斯山，见庙塌神颓，无所式凭，祀典将绝，下民亦难蒙庇。故与村中商议，愿助募化，虔心重修。于五月初兴工，法师远方募化，不惜酷暑崎岖之苦，村人捐资，鸠工经营，不敢半途而废，逾数月工始告竣。既勤扑斫，又涂丹腾。庙宇辉煌，非寻常堂构之比；碧瓦丹题，俨若云霄之天。府献椒花，神威之重新；山明水秀，人杰而地灵。谚云：举千钧之鼎，集腋而成裘。需资既巨，端赖于四方。村人恐年代远，捐名湮没，故索序于余，数辞不克。既不才，何敢为文。聊书数言，垂诸金石，以志千古不朽云尔。

山西省山右中学校毕业惠庵常恩善撰书

维首卢鸿璋　刘金府　刘金城　卢金生　石抱聚　靳岐山　靳玘隆石抱花

　　监工刘金魁　申玘合

　　催工白竹亭　张振富　吴靖和　张振法

　　木工杨远　李延昌

　　丹青杨更江　傅守德

　　玉工傅长有　傅守德

　　住持代发起人法师果得

　　中华民国二十三年孟夏月上浣吉立

【碑阴】

碑额：流芳百世

　　法师果得施洋三十二元　石抱花施洋十二元　靳起隆施洋十元　申玘合施洋二元　男长锁施洋五角　石抱□施洋八元　刘金城施洋五元　男同朝施洋一元　媳卢氏施洋一元　男同级施洋一元　媳高氏施洋一元　靳岐山施洋五元五角　妻李氏施洋一元　男六合施洋一元　男六弦施洋五角　刘金府施洋五元　妻马氏施洋一元　男银武施洋一元　男银贵施洋二角五　卢金生施洋五元　妻冯氏施洋二元　卢鸿章施洋五元　妻石氏施洋五角　吴清和施洋三元五　妻李氏施洋一元　男东周施洋一元五　媳岳氏施洋五角　张根富施洋二元　妻申氏施洋一元　卢银生施洋二元　妻石氏施洋三角　平头社施洋十元　□家庄施洋八元　葫芦角　西下庄　岚沟社以上各施洋五元　西柏峪　东社以上各施洋四元　石板社　范家庄　阳贝坡　上马岩　中庄社以上各施洋三元　后家庄施洋二元五　常国琪　河南社　遥城镇　胡亮兴　付姣德　程恒章　河西社　贤方社　南委泉　贾家庄　刘万存　弋文生　渠村社　前庄社　岭则社　槐柿湾以上各施洋二元　石纯玉　吴家庄　李魁成　土岭社　申

增贵 仟午社 李金玉 张俊□ 古寺□ 行曹社 □□太阳斋 中起元以上各施洋一元五 刘兴法 杨俊金 李□荣 石抱金 □富保 下芄庄 王家庄 大市社 青红底 玘代太阳斋 刘丙文 李世昌 孔安昌 德和义 成顺天 刘□宽 张立库 中国恩 陈□库 石玉存 乔立柱 东□□ 刘跭 桑义林 斤会平 李士豪 申仙周 王仁 张李增 程置西 石抱平 弋乃球 鸿生□ 石抱成 申遇法 贾怀珍 法白步 横嵌社 申宪章 □患臣 西宁静 李坪 上黄堂 石玉昌 刘振光 石玉仁 邵希□ 东庄铃 李堡社 北社 岐口 上遥镇 城南苏村 正社 子锁 东骆驼 源泉 柏官庄 车元 刘德江 元□村 □□□ 上桂花 大坪 刘立支 刘□顺 弋元 石抱秀 刘建勋 石锦鸿 雷金海 孙存善 任子瑞 张同心 陈兴贵以上各施洋一元 卢申成施洋一元 母刘氏施洋五角 刘金科施洋一元 妻王氏施洋三角 张振法施洋一元 妻李氏施洋五角 弋怀林 弋进法 资则社各施洋一元 程官林 杨桃岭 车□社 松岭社 南河坡 宋牛 曲金仁 北□ 刘同瑞各施洋八角 白织缮施洋七角 母芦氏施洋三角 申增智施洋七角 母芦氏施洋三角 石玉会施洋七角 母染氏施洋三角 李崔保施洋七角 母张氏施洋三角 秦三名 王成有 张勤各施洋七角 雷玉崑 郭美录 申天恩 桃□林 弋廷美 刘振宽 宋全则 程美西 王守业 史青河 雷占霄各施洋六角 马云成 王全旺 常中祥 常中心 石连保 张迎秩 原天金 付良怀 石振有 胡生才 宋记金 王鸿法 马步汉 台查则 连辅乐 常振岗 石振玺 宋□□ 宋□□ 秦怀□ 张窗成 程立窗 石平栓 莫逻贵 胡生意 张法科 李志江 张□ 陈辰艮 杨占林 陈元国 陈广昭 陈辰和 杨顺郭 石永江 申西旺 王泽光 张嘉林 斤安富 母杨氏 斤祥则 李金 刘周 刘全□ 申义祥 刘步梅 杨天义 □□□……王存林 桑朮光 刘文珍 彭克修 王德金 邢兵圭 秦三仲 秦三科 □鸿 □□心 石进云 李元成 李付心 李九艮 李九心 李九成 张久□ 付九六 石□□ 李

玉成　三岔龙宫社　朴风祥　朴去　李有斌　王连存　王秃　石沙有　马法州　范保贵　马茂昌　冯梅竹　吴守心　张迪孟　张迪彦　□锦文　杨奎阴　陈岂风　李斌　□　□章　杨国采　王□药　白香保　杨景光　秦步和　杨生元　王义昌　秦怀志　杨法元　许进国　□云中　李海金　李周兴　石花国　石抱□　陈广志　陈广仁　程大义　弋三和　刘德□　冯辰艮　岑振奋　岑振兴　白秀　弋□云　张金来　付昭玘　李兴勤　张迪曾　□维钧　刘斗川　南社　王佩义　隔道社　马秀林　李庄社　王世光　朱家山　弋占文以上各施洋五角□□□　郭法顺　南塔社　王李氏各施银三千文　石成榜　寺底社　孔家岐各施银二千五百文　前贾岭　五大社　谷练社　斗村社　元庄社　芦来顺　□二□　王□伏　弋和□　□□□　张仲来　王成才　史宋孔　马永贞　马建贵　马建花　马建宝　马□例　刘□例　东柏峪　王□□　□□□各施洋四角　白顺江　白顺海　荣梦堂　天元山　朗□　坑西社　台廷宣　桑步云　石□炎　刘纯玉　李玉昭　石玉庵　王成□　陈起义　马建□　杨延耀　李彦芡　李心昌　李仁库　李□盛　李府昌　王永和各施洋三角五　王尚存　焦更戌　申鸿德　斤王氏　石抱法　石有年　雷□昌　寺底村　石振堂　李周私　石□郝　孙锁□　李林□　杨六则　义和林　刘二□　江鸿吉　郝三名　王锡兰　宋义昌　宋□泉　杨金全　张府心　石抱□　任顺有　杨为贫　杨为林　张加滚　付□　宋彩顺　石二则　秦三库　王在和　石进金　马守合　秦玉章　马建兀　秦玉恒　申金□　马守库　刘得库　石进库　石生□　刘石□　石□□　□山刻　白来顺　常玘宽　张志山　张丙□　牛玉生　刘德全　曲全有　秦官□　程□□　伍佩贵　王锐　王保金　李建动　西羊岐　王□文　杨中□　王林其　王二烈　弋光成　杨润芸　白顺泳　付长太　王艮罗　杨中信　王锁　王玘士　李玉焕　石出支　彭德贵各施洋三角　郭家庄　龙王庙　西骆驼　弋廷元　付玘昌　苏家岐　石师科　王文俊　马建科　马建泉　马建库　刘三　术二则　李□廿　杨伏田各施洋二角五　陈三银　申□　石

存元　王玉贵　王□群　王照瑞　冯月墨　管全贵　任成　孙云归　□芦　崔瑶　索堡锁　桑步川　杨成顺　杨全　王进西　石玉珍　陈玉生弋□□　王双尘　王应成　杨交寅　邺付恒　邺宋氏　贾连孝　北□□长凝社　朱家瑞　梁永五　史玘法　朗□□各施洋二角　王世茂　高石沙各施银八百文　谷□信　王海存　杨润方　许存杨　王王氏　王心起　邺巧　朗寺　邺刘氏　杨永□各施银五百文　邺杨氏　邺王氏　邺杨氏各施银三百文　丰玘合施毛十丁　石抱□施毛十一丁　固村社施银十二千文　朱家山施洋一元文　大果角施银三千文　许有德施银一千文　王□还施银五百文　李正宗施银五百文

(6) 民国二十三年（1934）阳火角禁山碑志

碑额：不朽

碑名：阳火角禁山碑志

　　考世界各国之版图，地广人稀、物产丰富，以中国为之冠，而尤以森林事业为最盛。自民国革政以来，培植林业定有高例，况此举不但能防旱御灾，即将来之利益何可计也。由是村人公议：将中方洞阳坡，东至黄龙洞东岭，西至采井洼西岭，下至旧界，上至大崖。南贝旧有松林，四至照旧。村下堂耳坡及马王庙坡，均在造林地点以内，俟河不许樵牧，又不许开垦，如有违者，定有规条，垂诸金石，以志不忘云。

　　罚款，入社一半，巡守一半。

　　牛羊入禁，罚大洋一元至二元。

　　骡马驴入禁，罚洋一元至三元。

　　入禁砍者，罚大洋二元至十元。

　　黑夜犯者，量身罚之

　　民国二十三年夏六月合社同立

关帝庙

庙宇概况

位于阳火角村村西,坐北朝南,单体建筑,东西长7.48米,南北宽5.24米,占地面积39.2平方米。创建年代不详,据碑文载民国十二年(1923)重修,现存建筑为清代遗构。建于高0.6米的石砌台基之上,面宽三间,进深五椽,单檐硬山顶,板瓦屋面;梁架结构为六檩前廊式,前檐下设柱头科斗拱四攒,均为异形拱;墙体青砖砌筑,隔扇门窗缺失。

碑刻资料

民国十二年(1923)阳火角村关帝庙重修碑志

【碑阳】

碑名:重修碑志

　　从来庙宇之设所以重祀典也,亦所以表人也,庙宇周而祀典常隆也。村西旧有关圣帝君庙宇一所,夫神结义桃园,兄弟也,君臣也。威振华夏,四海扬名,挂印封金,曹某羡爱,兼秉烛达旦,汉封亭侯,神功浩大,民感其德,岂敢坐视庙宇倾颓者乎。左傍又有五道将军庙宇一楹,斯庙设立于涧水之上,中方古洞之下,北达翠山为屏,南连龙山相抱,诚哉乎妥神之灵地也。无奈历年久,风雨吹渍,渐就倾颓矣。村有善士芦银生者,目睹心惨,鸠工庀材,协众存心修理。村东有黄龙圣殿以及两廊乐楼,凡廿余间,缺者修之,废者补之。斯工兴于庚申年季春,朝斯夕斯,奋力督工之苦;经之营之,不惮拮据之劳。至辛酉年季夏,工始告竣。又涂丹膜,初神像行者无不焕然悦目。化费资财,并未募诸邻封一毫。工既告克,索予为文。嗟乎,予生不才,何敢为文,但嘉兴工之苦,聊书数语,以为好善乐施者志。

　　儒生符信白映瑞沐手敬书

　　维首杨永禄　卢银生　石永合　卢金生　吴纪本　刘金诚　靳玘山

木工常富岐施钱五百文

玉工石丙富施钱五百文　常富贵

丹青杨怀王施钱五百文

中华民国十二年岁在癸亥时仲冬上浣谷旦吉立

【碑阴】

芦艮生施钱三十千文　吴纪本施钱一十八千文　又施树一株　芦金生施钱一十五千文　靳玘阶施钱一十五千文　石永合　刘金诚　石抱花上各施钱一十二千文　刘金府　□□山上各施钱九千文　□□富施钱八千文　杨永禄　申北合各施钱六千文　靳玛忡施钱五千文　李工学施钱四千五百文　白秀山施钱四千文　张楼桂施钱三千五百文　申增治施钱三千五百文　刘金魁　申方福　崔庄科　□立库以上各施钱三千文　石抱秀　石王苗　桑方林以上各施钱二千五百文　白同玉施钱三千二百文　李彭科施钱二千文　石抱堂施钱二千文　桂□孩施钱一千八百文　崔水林施钱一千八百文　王择广　靳环珍　□清泉以上各施钱一千五百文　王树棋　刘立芝　杨润芳　石抱年以上各施钱一千文　申会全施钱八百文　石玉存施钱八百文　靳守富　石抱艮　陈立库　陈章　石丙富　石永金　岳保富　李金玉　曲全仁　石爱运　石抱金　石牝王　赵小平以上十三名各施钱五百文　杨艮仓施钱三百文　杨□双施钱二百文

……

共布施钱二百一十九千文　修庙用光挟碑侊

共化钱五百八十千零三百元文

观音阁

庙宇概况

位于阳火角村村中，坐北朝南，东西宽 5.6 米，南北长 6.8 米，占地面积 38.1 平方米。创建年代不详，现存建筑为清代遗构。此阁由上下两部分组成，下层石砌基座，中设拱券过道，上建观音殿。观音殿面宽三间，进深七椽，单檐硬山顶，板瓦屋面；梁架结构为八檩前后出廊，前檐下设斗拱七攒，柱头科四攒，平身科三攒，均为一斗两升；墙体青砖砌筑，隔扇门窗破损。

碑刻资料

（1）乾隆三十八年（1773）阳火角村重修庙宇碑记

碑额：永垂不朽

观音菩萨迁移重修□玄天上帝初建新修青云宝阁。

古堂者，始居青龙山，因合村人口不旺，迁移太行山青秀灵□，重修观音菩萨之福利，玄天之洪恩。夫神者造化之迹，显而异见，造化之理，微而难明，而神者□流乎天地之间，傍通宇然不动有感必通难，无形无声之可闻无□无体，而自有昭彰之应，古之人而春神者迁书其诚敬也。推其神之数，驰访其神之实迹，然竭志而尽诚，建阁而塑神巍巍乎，神功浩大洋洋乎。如在其上神□者无不应验矣，黎民恨发虔心□，造阁座安隆宝地，众神□照出□□。然右龙虎相交，山时俊水秀茂，兹恩广被座阁之地，基于官骆东山，化地基，裴全稿，施舍议地一段八官三分，正内有榆树一株作价，社置西山，化地基五尺价，价作三千文，合村公议永无异说，工程浩大，化费资财岂易为哉。

神圣均感龙山增万福，虎山降千祥，传于后世，永垂不朽矣。

巍圣德观音玄天黎民求赖神安世香

古韩襄邑张秀宝撰

圪炉脚王门李氏　男王文章施塔一挂

分剑□洲　郝魁明

石工潞城　王赐禄　王赐社

木匠耿玘枝　王居忠

丹青王仪

维首裴全福　侯升　裴显经　裴长福　裴智福　侯夆　裴门刘氏　裴添福　侯清　裴居福　侯相　裴永福　侯长功　裴有仁　裴有玲　裴监

大清乾隆岁次癸巳年甲子月乙丑日合社士民仝立

后　记

本书是山西大学民间文献整理与研究中心（以下简称"中心"）为庆祝山西大学建校120周年的校庆丛书之一，同时也是近些年中心致力于太行山田野作业的阶段性成果之一。中心自2013年成立起，就立足于太行山，展开大规模的田野作业，9年来奔走在环太行山三省一市（山西省、河南省、河北省、北京市）十二地市一百余县的一万多个村落中，展开环太行山历史文化遗存的普查工作。中心的田野作业以庙宇为基本单元，以碑刻、文书为史料重点，将碑刻等民间文献归户到对应的村落之中，将庙宇放到村落环境之中，再将村落放到所调查区域的社会背景之中，从而实现以"史料之获取、整体之认识和同情之理解"的调查目标，这与以往其他学科的田野调查方法并不完全一样。因此，本书的出版是秉持中心"走向田野与社会"学术理念的一次集中体现。

本书的史料收集来源于数次黎城县乡村田野作业。黎城县乡村田野作业最早可追溯至2018年，该年5月4日至13日，中心的孟伟老师带领魏春羊、张玮、李善靖等研究生对南太行山传统村落展开探路式调查，其中就对黎城县的南委泉、南桑鲁、孔家峧等村庄展开了田野作业，从而初步厘定了暑期黎城县乡村田野作业的规划。之后的7月至8月，中心的周亚、魏晓锴、刘伟国、杨建庭、晏雪莲、张霞等老师及历史文化学院的研究生和本科生共30余人对黎城县的传统村落展开了系统调查。在田野作业的过程中，中心师生不仅要克服酷暑与突发状况的侵扰，还要经受长途跋涉带来的身心疲劳。他们凭着对史学研究的满腔热血，白天翻山越岭、徒步乡村、寻访古庙、勇闯危殿、拍摄照片、抄录碑文，晚上就一天的调查展开讨论与总结，撰写调查简报与日志，并对收集到的照片和资料进行归档和命名整理。2018年9月至10月，利用周末和节假日的时间，中心的刘伟国老师带领学生又对黎城县进行了补充调查。至此，中心完成了对黎城县全部乡村的田野作业工作，本书中的村庄概况、庙宇概况，以及碑刻资料也在这个过程中大体收集完成。

  本书村庄、庙宇信息的整理，以及碑文的录入与校对工作是在黎城县乡村田野作业后资料整理过程的基础上完成的。按照惯例，每次田野调查结束后，中心师生要对收集到的民间文献、口述访谈等资料进行整理、录入和研究，并开展调查报告和专题论文的撰写。本书的资料整理和碑文录入坚持的是"谁调查，谁整理"的原则。田野作业结束后，调查各小组根据村庄调查表、庙宇调查表对各自调查的村庄与庙宇信息进行了整理，之后又结合黎城文保单位数据和《黎城年鉴2021》中的资料进行了校对。与此同时，各调查小组又根据碑刻总量进行合理分工，展开碑文的录入工作。在碑文的校对过程中，针对部分碑刻图片拍摄不清晰的问题，2019年5月9日至13日，中心刘伟国老师带领学生专门赶赴黎城县相关村庄进行了补拍工作，从而确保了碑刻校对的准确性。可以说，本书是中心诸多师生心血、汗水和智慧的结晶，是集体劳动的成果。

  在田野调查和资料的整理校对过程中，中心师生得到了黎城县及各乡镇政府、各村委领导，以及村民的热情接待、真诚帮助，还得到了黎城县史志办、炎帝文化研究会、八路军研究会等相关单位工作人员的支持和认可，这为田野作业和后期资料的整理校对工作的顺利开展提供了诸多便利。此外，还要特别感谢黎城县人大常务副主任孙广兴先生的帮助，他自始至终参与到黎城县乡村田野作业的筹划和开展工作中，并对本书的校对工作提供了有价值的参考资料。在这里，谨以中心师生的共同名义，向他们的无私帮助表示衷心的感谢！

  由于时间仓促，经验不足，才疏学浅，本书在资料整理与碑文录入校对过程中可能还存在错误、纰漏之处，恳请各位方家指正、补阙。

郝　平
2023年10月